数字经济创新驱动与技术赋能丛书

银行数字化转型方法与实践

转型框架、领域建模与业务模式创新

莫毓泉　余双全◎编著

U0336790

机械工业出版社

CHINA MACHINE PRESS

本书从方法和实践两方面介绍了商业银行如何进行数字化转型。在方法层面，给出了独到的行业数字化转型框架，讲解了领域建模方法，介绍了银行业务模式的创新方法；在实践层面，通过介绍一个银行数字化转型项目，对书中提及的理论及方法进行了验证。

本书读者对象为银行 CEO、CDO、CIO、IT 总监，从事企业数字化转型规划建设的相关人员。

图书在版编目（CIP）数据

银行数字化转型方法与实践：转型框架、领域建模与业务模式创新 / 莫毓泉，余双全编著 .—北京：机械工业出版社，2023.6
（数字经济创新驱动与技术赋能丛书）
ISBN 978-7-111-72979-2

Ⅰ.①银…　Ⅱ.①莫…②余…　Ⅲ.①银行业务–数字化–研究
Ⅳ.①F830. 49

中国国家版本馆 CIP 数据核字（2023）第 062378 号

机械工业出版社（北京市百万庄大街 22 号　邮政编码 100037）
策划编辑：王　斌　　　　责任编辑：王　斌
责任校对：张亚楠　王明欣　责任印制：常天培
北京机工印刷厂有限公司印刷
2023 年 7 月第 1 版第 1 次印刷
184mm×240mm · 20. 25 印张 · 512 千字
标准书号：ISBN 978-7-111-72979-2
定价：129. 00 元

电话服务　　　　　　　　网络服务
客服电话：010-88361066　机　工　官　网：www.cmpbook.com
　　　　　010-88379833　机　工　官　博：weibo.com/cmp1952
　　　　　010-68326294　金　书　网：www.golden-book.com
封底无防伪标均为盗版　机工教育服务网：www.cmpedu.com

推荐序一

"幸存下来的物种不是最强壮的或最聪明的那个，而是最适应变化的物种。"达尔文这句名言对处于社会中的各类企业组织也同样具有启示作用。在数字化时代，当组织面对各种颠覆者的创新冲击时，能够生存下来的同样是那些反应迅速、行动敏捷的。

近年来，银行积极拥抱数字化转型，希望通过数字化转型建立一个自我"智能"进化的敏捷组织，不仅能够对市场的快速变化做出响应，也能够以生态驱动者的姿态构建一个价值网络，并为价值网络中更多的生态资源创造价值交换的机会，从而在实现银行自我良性发展的同时，为社会经济发展做出更多、更大的贡献。

众所周知，银行已经拥有了成熟的各类信息化应用，多年来，这些应用有效地服务于客户与市场，服务于社会经济发展。随着数字化时代的到来，来自市场环境的需求对银行的业务能力提出了更高的期望，即创造价值指数级的增长。这就要求银行将这些业务能力与数字化技术进行融合，产生指数级的能力增长。而实现上述目标，需要银行从稳定的基本结构出发，以指数型思维，开展数字化使能的领域能力建设，从而应对不确定性的外部变化。

本书作者为此提出了一个银行数字化转型的系统性思路。银行需要建立数字化转型的系统思考方式，即数字化转型（DT）思维范式，利用DT思维范式导出并定义由六大焦点领域和敏捷企业架构（EA）构成的银行数字化转型的框架蓝图，并利用数字化技术赋能焦点领域的能力建设。为实现上述过程，本书作者提出并完整描述了面向构建块（领域能力建设本体）的领域建模。

构建块是银行在数字化时代的核心竞争资产，它是实现业务创新涌现物的基本单元。通过人工智能、大数据与构建块的聚合，为银行构建价值网络、实现价值创造提供了源源不断的创新动力。在这其中，新知识会大量出现，从而为银行建设学习型组织提供基础。组织知识资产的差异是未来银行竞争差异化的显著指标，并且这种差异所带来的竞争差距会呈现指数级效应。构建块与数字技术的结合，可以加速银行建立瞬时竞争优势，进而改变银行以往计划性、可持续竞争的战略选择。在银行数字化转型过程中，需要更多的银行业从业者加入到这个创新和共享的活动中，创建更多的银行"构建块"，积累越来越多的转型成功经验。

模型是对基本结构的本质阐述，一个好的模型可以成为管理、业务、技术等组织级统一的语言，这使得组织资源的能力协同更加有效，并降低以往业务与技术语言转换所造成的信息缺失。通过EA可以在模型中实现对组织变革蓝图的设计。领域模型的本质是人类的心智模型，是组织人力资源基于已有的知识结构、行业经验、外部信息等综合内容形成的符合现实世界运转的世界观。一个设计合理的业务模型可以加速组织数字化转型之路。作者在书中提出了一些银行业实践过的工业级模型，可以作为开展数字化转型工程的借鉴。

　　总而言之，本书是作者多年银行数字化转型工作实践经验的总结，既有理论高度，又有实际落地案例分享，很有价值，非常值得从事银行数字化转型工作的同仁们参考。

山东省城市商业银行合作联盟有限公司　黄鑫　博士

推荐序二

每一次工业革命都会引起行业的颠覆性变革。

现代企业软件的治理思想多来自制造业，数字化转型作为第四次工业革命的标志，在其发展过程中，将会对各行各业产生重要乃至深远的影响，银行业更是首当其冲。

作为信息化程度最高的行业之一，银行迫切需要在数字化时代重塑竞争力以在市场竞争中寻求独具特色的发展之路。尤其在 VUCA（易变性、不确定性、复杂性、模糊性）时代，当不可预测的变化属于常态化现象时，银行更应考虑构建怎样的敏捷应对体系。

银行业历来在积极拥抱新技术、新事物方面走在各行业前面。随着数字化转型的要求日趋迫切，各种数字化转型相关的解决方案也不断出现，这无疑会有效推动银行全面地认识数字化转型。同时，需要解答银行业普遍面对的一个问题，那就是：作为一项复杂的系统工程，银行的数字化转型工程该如何开展，有没有确切的规划路线与方案。

围绕上述疑惑，本书作者通过分析研究国内外近年来数字化转型的相关进展，建立了一套在国内银行实现数字化转型落地的方法论。该方法论建立在系统思考之上，由此导出银行数字化转型框架，以及围绕转型框架提出开展转型的指导原则。提出了以焦点领域为核心开展能力建设、以敏捷企业架构（EA）为策略，利用企业级构建块融合数字化技术来设计组织变革的模型、推动业务模式的涌现式创新，再针对焦点领域提出相应业务模型的数字化转型框架。通过这样一个连动式的转型脉络，为读者带来对银行数字化转型实践的崭新见解。

作者认为，开展数字化转型，首先需要建立组织内统一的共享认识框架——数字化转型（DT）思维范式。在开展数字化转型工程中，具体内容的观点可以不同，但得出观点的分析框架应是一致的，由此建立一种适合数字化转型的思维范式。

作者坚信这种一致的思维框架是形成数字化转型文化的更为实际的方案。

有了 DT 思维范式，开展数字化转型，组织就可以根据实际的领域情况建立框架模型，进而形成一套组织级通用的共享语言。在书中，作者也介绍了一些在银行业广泛使用的行业模型，这些模型可以作为开展数字化转型的通用语言，从而在管理、业务、技术资源之间建立更高效的沟通机制，加速数字化转型工程的推进。

本书并不是为银行提出各种具体的数字化业务场景。本书作者认为，这些数字化业务场景是拥有数字化转型基因——持续转型能力的自然结果，而构建持续转型能力才是数字化转型工程的核心目标。在数字化时代，"行业功能能力构建块"是银行的一项重要的核心数字资产，加持于数字能力的客户洞察，随着人工智能技术的不断发展，利用构建块与数字化技术可以涌现出更多的业务创新模式，构建块可以加速银行建立瞬时竞争优势，也是建立以银行为生态驱动者的价值网络之核心。

近年来，各行业关于数字化转型的相关著作出版得不少，观点百花齐放，而本书作者借助长期在金融行业一线的服务经验，力图对银行数字化转型落地工作提供切实帮助。本书呈现的内容展示了一种新的观察视角，以一种透彻而独特的思路解释银行的数字化转型内涵。希望读者通过此书的阅读，利用 DT 思维范式，能够形成自己对数字化转型这一复杂系统工程的观点，这样会在实际的数字化转型过程中贡献出有价值的见解，为组织赋能。我想这应该是作者的本意。

相信读者会从本书中有所收获！

黄　悦

IBM 公司全球业务服务部前合伙人

安永企业咨询有限公司金融服务部前合伙人

推荐序三

近年来，以人工智能、大数据、云计算等为核心的数字技术取得了令人瞩目的进步，并得到了广泛的应用。

2023年初出现的问答交互机器人 ChatGPT，更是成为人工智能技术发展的里程碑。其令人惊叹的人机交互能力，不仅给个体参与者带来极大的乐趣，也给产业界的数字化转型提供了无限的想象空间，让众多行业更积极地拥抱数字化转型，投身数字经济时代。

作为在信息化建设领域，始终走在行业前列的银行业，更是关注 ChatGPT 这一出色的数字技术所产生的深远影响。与此同时，对于正在开展和即将开展数字化转型的银行，也会针对具有颠覆性的数字技术，重新认识数字化转型工程的底层逻辑与当前各类数字场景应用等表象的内在关系。

然而，数字化转型之路注定存在各种困难，众多企业实施数字化转型失败率是相当高的。究其关键原因，是没有构建考虑周全的数字底座。

作为第四次工业革命标志，数字化转型其关键使命在于通过数字技术的赋能，为组织带来价值创造的指数级提升，特征表现为对不确定性市场变化的快速适应能力。数字化转型可以为银行构建瞬时竞争力、持续输出敏捷性，是一项复杂的系统工程，其实施难度与以往立足于实现业务功能为导向的信息化工程不可同日而语。

正如本书作者所提出的观点，数字化转型要求企业架构各层内容都要有数字技术的加持，并非局部改良就大功告成。只有这样，才能够使得组织应对客户服务能力方面，展示出行为的一致性，从而体现敏捷性。

为此，作者系统性地为银行开展数字化转型提出了：转型的思考框架、转型的内容框架（转型框架）、转型的行动框架，这三部曲的解决方案。

数字化转型以业务导向为基础，聚焦于是否为组织带来商业模式或业务模式的持续创新能力，思维方式的转变尤为重要。ChatGPT 所带给人们的影响，绝非是其回答问题所带来的乐趣，而是其对参与者的思维影响带来的前所未有的冲击。故作者将系统思考能力的培育作为组织拥抱数字时代来临的首要基础，这一洞见是值得赞赏的。

同时，作者就如何构建银行数字化转型的数字底座进行了阐述，为此提出了围绕数字化转型框架的相应解决方案，包括从业务模型到技术实现的方案。这实际上为银行构建基础的业务能力和业务对象模型提供了蓝图。

这本书中涉及的内容跨度较大，涉及了企业架构、组织战略、营销、组织结构、流程设计、业务模式、技术应用、行业相关领域模型等多方面内容。这与数字化转型的要求是匹配的，即：数字化转型本身就是一场人类对既有知识体系的深度聚合应用。

作为本书作者多年的同事，我能够深深地体会到，作者希望本书的内容能够带给读者及行业同仁新的看待数字化转型实施的视角，对银行如何构建更加高效合理的管理与运营机制，银行在数字经济时代最佳的运行模式有更全面深刻的认识。

相信本书内容会带给读者关于数字化转型有意义的思考！

边 婷

银行业务咨询及数字化转型专家

前埃森哲金融服务事业部资深咨询专家

前　言

近年来，人工智能（A）、区块链（B）、云计算（C）、大数据（D）、物联网（I）、移动应用等技术取得了重大的发展，无论是在理论层面，还是实践层面，以 ABCDI 为代表的数字技术，其能力表现已经让人类感受到一场"革命"即将发生。这场不可阻挡的"革命"就是数字化技术所引发的变革。按照世界经济论坛创始人兼执行主席 Klaus Schwab 在其著作《第四次工业革命——转型的力量》中所言：这是一场深刻的系统性变革，技术和数字化将会改变一切。这也正是本书所要描述的核心内容——数字化转型。

在数字化转型进程中，银行首当其冲。

数字技术对银行的业务活动影响极大。首先，银行所提供的服务几乎都由信息技术做支撑；其次，银行各种渠道众多、网点分布广泛、服务人群庞大并且类型不一，随着金融市场向买方市场的转变，客户对个性化的服务需求日趋提升，必须依靠数字技术的支持才能得以实现；最后，银行在服务外部客户的同时，还要面对来自监管机构的管理，需要分析自身的经营指标，需要不断优化自身拥有庞大人力资源的管理机制。这些情况都决定了银行必须加速开发数字化技术，转变运营管理模式，从而应对内外部的不断变化。

银行无可选择地迎接数字化转型。

银行数字化转型是一项系统工程，它与以往银行开展的信息化建设存在本质上的不同，主要区别有三点：

- 信息化建设阶段，银行主要是以功能建设为导向，快速从手工阶段转向信息化处理阶段，以支撑业务条线部门开展业务活动为主；数字化转型则是以管理为导向，自上而下，形成从战略到战术再回归到战略的循环往复、持续变革的闭环过程。

- 信息化建设阶段，银行主要注重于线性思维，关注的是垂直领域，以部门业务需求为主导的竖井式应用系统建设；数字化转型则聚焦于系统思维，关注的是不可预知的变化，敏捷地向客户传递和交付价值。所有资源的活动建立在全行共享的业务操作系统——数字平台之上并统筹安排，活动透明、管理透明、资源选择透明，系统性决策成为各自运营活动是否开展的依据。

- 信息化建设阶段，应用系统功能一旦建成，整体业务活动基本固化，即遵循一种计划特征的可持续竞争策略；数字化转型则强调敏捷，外部变化不可预期，且是常态化的改变，遵循的是瞬时竞争策略，根据变化由银行的能力资源建立一种瞬时竞争力。

综上，数字化转型改变了银行的竞争战略模式，也因此改变了银行运营的方式。银行需要具备适应数字化转型时代的能力，"敏捷应对"成为核心竞争能力。为此，本书按照上述思路，提出银行开展数字化转型所采取的策略建议。

1. 转变思维模式

数字化转型作为一项系统工程，首先需要转变的就是思维模式。需要从线性思维向系统思维转变，以匹配认知"系统"的能力。本书以彼得·圣吉的第五项修炼——系统思考的冰山模型作为起点，以构建银行敏捷交付价值的行为一致性为目标，这也是本书所有观点的立论基础。通过对冰山模型的扩展，形成数字化转型的 DT 思维范式，并将此认知数字化转型的思考方式作为银行开展数字化转型工程的统一认知框架，贯穿全局，最终沉淀为数字化转型时代开展持续变革能力的文化基础。

本书首先以行业开展数字化转型的必要性为依据，结合工业界对数字化转型最终要达到的目标共识——价值创造的指数级增长（10 倍速以上），作为 DT 思维范式的"现象"的切入点。通过分析"现象"背后的事件、模式以及系统结构，最后转入到原理的识别，即领域模型的构建。从而导出了银行开展数字化转型的指导框架（Digital Transformation FrameWork，DTF），确定需要开展数字化转型的领域及能力建设，给出了指导 DTF 落地的八要素，这些举措涵盖了以企业架构（EA）为基础、升级企业架构非功能属性的数字化能力。

2. 数字化转型框架引领银行数字化转型之路

框架（FrameWork）的好处在于信息结构化，框架作为最简系统结构，构建了一条认识系统结构乃至现象的通道，反映的是本体论（Ontology）和认识论（Epistemology）。

通过导入 Zachman 框架建立包含银行组成元素（业务概念）的本体结构，导入 BIAN 框架的对象模型建立对业务概念的关系结构，在确定了这两个结构的前提下，对每一个业务概念所涉及的领域进行构建模型。

虽然不同行业的组织都在推出自己的数字化转型框架，但因行业活动要素不同，创造价值的方式不一样，因此，很难将一个行业的转型框架推广到另一个行业。尽管有开放组织已经开始了此类工作：致力于构建一个工业级的行业通用数字化转型框架，但通用框架在实践中取得成功并不是一件容易的事。

有了可靠的数字化转型框架，可以在此基础上实施组织数字化转型的进程，包括制定合理的项目组合。随着转型成熟度的不断提升，最终为银行培育能力持续改进的转型文化。

3. 从领域模型发现银行运行的基本原理

转型框架包括了基本的业务概念（本体元素）及其关系，接下来，重要的工作是深入地认识这些业务概念的机理，即通过构建形式化模型来认识。

领域模型是企业架构实施的第一环节，它是认识银行运行基本原理的手段。

本书给出两种构建领域模型的策略：一个是源模型（Source Model）；另一个是元模型（Meta Model）。源模型是利用行业模型，如 BIAN（银行业架构网络）框架，这是一个目前非常有前景的支持银行业数字化转型的能力建设框架。元模型是源模型的模型，阐述的是领域模型的构建过程，更像是一种思考方式，领域驱动设计 DDD 可以作为一种元模型。

本书的相关章节对 BIAN 框架和 DDD 做了介绍，此外，也简要介绍了在银行业进行广泛实践的 IFW 框架中的基础模型。

4. 开启有效的工程实践

有了科学的 DT 思维范式、有效的转型框架和实施举措，以及行业实践的领域模型，银行就可以在此基础上开展业务模式创新。

本书就转型框架中的六个关键领域，如何开展能力建设给出了相关的创新举措。包括：业务战略、组织结构、业务模式、流程设计、产品构建、客户洞察。对每一个领域给出了能力提升的建议方案，以供读者参考，并通过一个虚拟案例 DTbanko 银行的数字化转型实践，来说明它们是如何应用到具体的数字化转型工程实践。

本书总体共分为 8 章。

第 1 章主要阐述了银行开展数字化转型的必要性，给出银行数字化转型的定义、目标、开展数字化转型面临的问题以及产生问题的根源。

第 2 章介绍了银行数字化转型的顶层建构思想，提出了数字化转型的 DT 思维范式，给出了银行数字化转型的框架。

第 3 章介绍了银行实施数字化转型的行动框架（DTDM）的概念，及其八个构成要素。

第 4 章介绍了开展银行数字化转型的六大领域。

第 5 章介绍了支撑银行六大领域数字化转型的关键举措——领域业务建模。

第 6 章到第 8 章以 DTbanko 为例，介绍了银行数字化转型的工程实践应用。

本书的撰写得到了多位昔日同事的鼎力支持，也得到了多位长期合作的银行界朋友的鼓励，在此深表谢意。书中的很多观点，来自于无数次与上述各界朋友对现实问题的有益探讨与思维碰撞。借本书的出版，希望各界有志于探索我国商业银行数字化转型的朋友们，继续深入思考银行数字化转型的发展路径，以提供更有益的方案，为我国商业银行数字化转型贡献力量。

在本书出版的过程中，尤为感谢机械工业出版社原副总编胡毓坚、计算机分社社长时静，以及本书的责任编辑王斌。感谢他们在本书的内容策划、出版过程中给予的指导和鼓励，这让我们在整个书稿的撰写过程中始终保持一份积极的心态，再次衷心地表示感谢。

特别感谢山东省城商联盟黄鑫博士为本书欣然作序，感谢黄博士的指导！

前华为高级专家周斌作为第一读者对全书进行了细致入微的审读，他对书中的很多阐述提出了极为专业的意见，并就书中相关内容的修改提出了宝贵的建议，使之表达更通俗易懂，在此表示衷心感谢。

感谢昔日同事李鹏，他在本书的写作过程中就国外数字化转型的发展情况给出了非常有价值的建议。

我们始终坚信：知识的价值在于传播，只有传播的知识才可以在现实中产生推动力。基于这种理念，作者愿意与各界朋友分享观点。但因作者才疏学浅，书中的内容难免有不准确的地方，希望读者指正。

技术在不断发展，思维范式也会产生转换，过程中的观念转变却是最宝贵的。

莫毓泉

2023 年 3 月 6 日

目 录

CONTENTS

第 1 章
必由之路：银行数字化转型

当完成数字化转型的企业开始"游出大海走向陆地"时，剩下的企业只能在竞赛中重新学会"呼吸"或面临被淘汰的下场。

——美国国家艺术与科学院院士 Thomas Siebel

银行是信息化起步最早、发展历史最长，同时也是信息化程度最高的行业之一。从过往 20 年的视角来看，银行各类对内、对外的服务功能均实现了信息化，一个中等规模的商业银行，其各类应用系统的建设，少则数十个，多则数百个，这些应用系统成为银行日常运行中不可或缺的资源，提供了不可替代的能力。在没有颠覆性技术产生的今天，已有的各类技术解决方案，对银行日常业务需求的支撑已相对饱和甚至完备。这将形成一种局面：在银行经典的商业模式不变（存贷利差作为主体收益）的情形下，产品和服务会日趋同质化，有限的市场空间内，银行之间的竞争越来越激烈。

为了打破竞争僵局，银行等金融机构一直在寻求变革，包括开展运营转型，加大金融科技的投入。但是，当某一个行业高速发展到一定阶段，在可竞争资源（市场或客户）有限的情况下，势必会达到增长的极限。在这种局面下，如果还是基于现有的运营模式，尤其是已有的思考范式，那么将很难获得新的突破。

因此，银行业需要转换思维范式，重新审视这 20 多年来促使自身高速增长的基础能力。通过某种措施，建立起一个新的组织进化模型，实现组织以指数级增长进行价值创造，从而开辟银行的第二增长曲线。

这个措施就是数字化转型（Digital Transformation，简称 DT），也称为数字化变革。

1.1　银行数字化转型的定义

提到银行数字化转型，需要首先给出数字化转型的解释。

数字化转型目前尚没有形成一个标准化的定义，其定义主要是由国际著名商业公司给出，形式上不一，但存在一些共识，即：数字化转型面向客户、以解决客户实际问题为首要目标，利用数字技术（人工智能-AI、区块链-BlockChain、云计算-Cloud、大数据-BigData、物联网-IoT，简称：ABC-DI）改变业务流程，提升业务能力，实现企业价值创造的指数级增长。数字化转型应由业务驱动，而不是聚焦到技术系统建设上，与以往企业信息化在着力点上有明显的不同。

由于提出数字化转型定义的厂商或组织比较多，在此介绍两个比较有代表性的定义。

《数字跃迁》的三位作者，拉兹·海拉门、习移山、张晓泉教授等给出的定义："数字化变革是一个组织借助数字化技术和数字业务让商业模式发生重大变化的过程，其目的是提高企业的绩效。"同时提出一个非常重要的观点："数字化变革本身并不是一项战略或者目标，而是一种实现战略目标的方法，即组织通过不断创新来适应数字化时代，并持续壮大和盈利。"该观点也作为本书对于银行数字化转型所持的一个核心观点。

美国艺术与科学院院士 Thomas Siebel 认为："数字化转型的核心是四种深刻的破坏性技术的聚合，即云计算、大数据、物联网、人工智能的聚合。"

银行不同于传统制造业，有其独特的运营特征。定义银行的数字化转型，需要明确其与一般意义的数字化转型有何不同。传统行业，本身在寻求市场竞争的过程中，其主要遵守的是工商管理范围内许可经营的内容，因此，在此范围内，企业改变商业模式更加灵活。但是银行不一样，存在一个金融监管机构，这决定了其经营的范围是有限的，面向外部市场的商业模式受到一定程度的约束。

银行自诞生以来，其商业模式比较固定，尤其是我国的商业银行：总体而言是"吸存放贷"，为个人和企业提供融资功能，尽管后续可能会逐步引入混业经营模式。

那么，数字化转型所寻求的商业模式持续创新这一目标在银行是否成立？笔者认为，这仍然是成立的。但在这里，我们以业务模式的称谓替代商业模式，尽管这两个概念从英文的角度是同一个，即 Business Model（注：更准确的翻译应该是"商业模型"）。商业模式的变化容易给人一种银行将变更主业的印象。业务模式将重点围绕银行的核心业务领域——运营与管理，来重新定义数字化转型所带来的深刻影响。

基于上述的认识，我们从管理战略与企业架构两个视角给出银行数字化转型的定义。

● 管理战略视角：利用数字化技术实现银行供给侧结构性重塑和升级，实现组织的决策机构、执行机构和监督机构在经营水平和价值创造上的指数级提升，提质增效。

● 从企业架构的视角：数字化转型就是通过创建三种构成企业能力的基本单元，即基础构建块（信息、能力、服务），并结合数字化技术组合产生价值创造的涌现物，实现业务能力的指数级增长。

1.2 银行数字化转型的作用

数字化转型本身不是银行的一个战略目标，而是为银行提供一种实现价值指数增长的方法。DT 的作用是，实现以营销 5.0 驱动的经营管理体系，使银行具备在 VUCA 条件下组织持续改进和敏捷应对的能力。作用主要体现在以下五个方面，如图 1-1 所示。

1）经营目标层面：建立银行与客户的共生发展生态，推动银行实现商业价值的指数级增长。

也有专家称为巨大增长，就其本意，都表达了一个相同的意思：即实现与以往线性增长所不同的非线性曲线增长（行业称为 10 倍速增长），正如 IBM 全球高级副总裁琳达·S·桑福德的观点："指数级增长不是一种线性的演变而是一种复合的加速变化的曲线演变"。

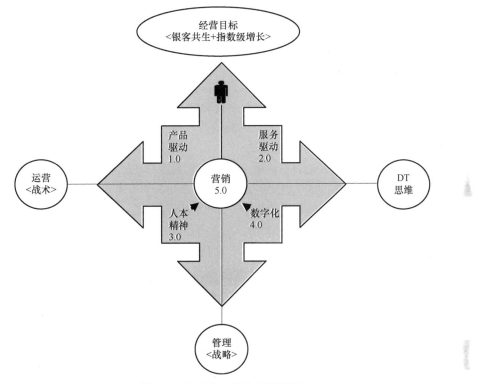

图 1-1　银行数字化转型的作用

2）营销层面："现代营销学"之父菲利普·科特勒基于市场变化比市场营销更快的情况，先后提出了营销 1.0（以产品为核心）、营销 2.0（以顾客为中心）、营销 3.0（以人为中心）、营销 4.0（从传统走向数字化）。随着数字化转型的全面展开，推出了营销 5.0（以人为本的技术时代），这是一种将 3.0 和 4.0 进行有机统一的营销时代。科特勒将营销 5.0 定义为"应用类人技术在整个消费者体验过程中创造、传播、交付和提高价值的活动。"（《营销革命 5.0》，机械工业出版社，2022）。以营销 5.0 作为核心驱动力量，是照亮银行开展数字化转型之路的关键灯塔。

3）管理层面：管理上就是把以人为中心的良好客户体验作为组织战略实现的最终衡量标准，体现为组织通过对客户体验活动中涉及的价值创造环节、价值收费环节、价值侵蚀环节等部分活动进行的商业模式创新。凡是与客户体验和商业模式目标的衡量标准不相关的组织活动，都不应该是组织战略的内容。故以营销 5.0 作为数字化转型的首要战略，聚焦于组织创造价值的无形资产——能力资源的敏捷组合管理，推动组织建立应对外部变化的瞬时竞争优势。

4）运营层面：建立数字技术加持下的企业级能力构建块，构建服务于客户价值主张、敏捷的组织行为一致性模型，实现由客户旅程地图中客户接触点活动所导出的各种任务。建立业务与技术的共享沟通语言，实现从组织战略设计到战术执行的一体化无缝衔接，从而实现以人本精神为核心的运营价值流体系的建设。

5) DT 思维层面：通过基于系统思维的深度思考，逐步推导出现象背后的模式、抽象出框架和元模型、内化为心智模型。它是一种集合了归纳推理（模式）、溯因推理（找到框架）、演绎推理（根据框架假设推出符合逻辑的结论并衍生更多的现象）的数字化转型时代的思维方式，保证了 DT 工作有方法可遵循。

在这里，银行数字化转型定义中包含以下核心内容。

- 数字化转型是实现银行战略的方法而不是目标，因此，需要一个体系框架作为支撑。
- 围绕核心领域——运营与管理，开展数字化转型。
- 利用数字化技术与现有的知识相结合，驱动业务模式的持续创新，包括：驱动组织资源在外部市场创造价值，在组织内部重构运营业态。
- 组织能力（决策、执行、监督三层能力）的指数级提升、商业价值的指数级增长。
- 数字化转型是组织在 VUCA（VUCA 是易变性 Volatility、不确定性 Uncertainty、复杂性 Complexity、模糊性 Ambiguity 四个英文单词的缩写）时代的永恒旅程，组织需要不断地适应变化与快速调整是常态，因此，需要建立 DT 思维与文化。
- 数据和领域模型原理是组织的战略资产，也是决策驱动的基础引擎。

银行在数字化转型的具体实践中会存在不同的侧重点，这取决于银行在准确评估自身数字化成熟度下所要采取的转型策略。尽管如此，不管是引入数字化技术重构组织基础能力还是倾向于数字业务的场景创新，通过数字化转型构建银行持续转型的能力已经形成了共识。

1.2.1　实现商业价值的指数级增长

1965 年 4 月，戈登·摩尔（Gordon Moore）基于客观观察发现了一个规律：芯片上晶体管的数量，每隔一段时间就会加倍增长。随着技术条件的进一步改进，间隔时间也做了相应的调整，通常为 18 个月左右，但总体上该规律仍然有效，这就是著名的摩尔指数增长定律。

摩尔定律揭示了计算机性能呈指数级增长，导致在此基础上，依托于芯片计算能力的各种数字技术应用也呈现了相应趋势：智能手机的普及、各种 APP 的发布数量、汽车芯片的增加（注：目前一辆汽车芯片少则数百个、多则上千个），都是在短时间出现了巨量的增长。

如果把企业组织比喻为芯片，各种依托于信息技术的数字化技术的应用比喻为晶体管，数字化转型也呈现了摩尔定律的特征。IBM 德国汽车业务副总裁 Uwe Winkelhake 为此阐述了这样的结论："如果把这一趋势推广开来，可以认为数字化渗透到企业内部的程度也将呈指数函数形式的增长，因此这将是一个非常重要的超速发展。"

另一个不可忽视的现象是：随着计算能力的高速增长、海量数据的产生，对现有知识的聚合运用也是一个关键因素，也同样呈现指数增长的规律。众多行业对企业架构 EA 的实践也体现了这一点，即 EA 需要近乎难以枚举的各类知识储备，彼此交叉引用（表现为指数级引用现象：一个知识点引用两个知识点，两个知识点关联四个知识点等），仅靠个别孤立的知识点，难以实现对组织在真实世界运行的数字技术仿真（数字孪生）。

计算能力的提升加上数字化技术的应用，使得信息获取、业务活动的决策反馈速度得到极大的提升，这就为组织创造更大的价值提供了可能。随着计算机计算能力的指数增长、AI 算法原理的进一步突破，通过对组织活动全面认知而展现出的数字化能力（商业模式创新的能力）将与组织管理能力不再匹配，技术奇点即将临近。这种情况下，组织的各项能力必须通过数字化技术的升级进行重构，以适应数字化转型的进程。

技术奇点则是计算机的计算能力（涵盖 AI）在某一时刻开始出现自我完善的智慧化局面。按照 Winkelhake 的观点："所谓的技术奇点，被理解为一个时间点，在这时候，全球所有机器和高性能计算机的处理能力总和，将超越所有人类大脑的性能总和。"

我们以电子计算机的发明时间（1946 年）作为起点，来展望一下技术奇点（假设 2045 年）出现后的情况。技术奇点之后的四种加速曲线如图 1-2 所示。

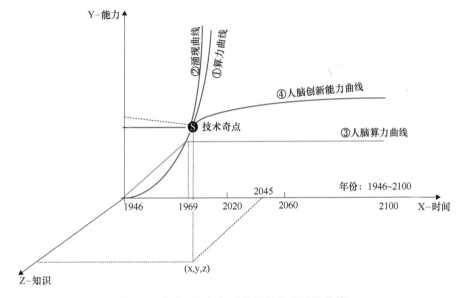

图 1-2 人脑、组织与计算机的能力增长曲线

① 代表了计算机（或机器）的算力增长曲线，技术奇点临近后，计算机算力将产生质的飞跃，算力呈现指数增长。算力增长的结果，将促使知识创造能力急剧提升，呈现"突变"式飞跃，各种理论和算法相继获得颠覆性突破，知识呈现指数级增长。这种结果又会反作用于算力，从而加速计算机算力的进一步增长，两者的增长将呈现叠加效应。

② 代表了现实社会中，各种创新物呈现指数级增长。涌现曲线体现的指数增长效应更显著，涌现物因算力与知识的叠加效应以更快的速度产生，进化算法得以实现。组织的竞争优势将不再出现差异化的价值链活动，组织增长达到极限。

③ 代表人脑的算力曲线，在开始的一段时间内，人脑的算力强于计算机（受限于晶体管数量等因素导致计算机的功能还有限），我们假定这段时间持续到 1969 年，即互联网发明的元年。人脑的算力（已有知识条件下的计算）在现有知识和生物学结构不变的情况下，达到一个平衡的状态，即很难有大的突破。

④ 人脑创新的能力（主要是创造知识）因知识的"突变"而产生思想的飞跃，但达到什么程

度（如：人与机器是否会相互加速突变进化），无法预期。

数字化转型将引导银行管理能力与数字化技术的融合，实现银行业务能力的巨大提升，进而体现在业务活动的方方面面达到前所未有的效率和质量的提升。这种情况下，势必会引领银行商业价值的巨大提升，即实现商业价值的指数级增长，实现如图1-2中的②所代表的增长曲线。

1.2.2 构建业务与技术的能力网格

数字化转型是为了实现商业价值的指数级增长，为组织构建一个全面、健壮的能力体系是数字化转型的一个重要目标。能力网格是通过结构化定义的方式，将组织各类资源所承载的能力，包括人的各种能力、存量应用（系统）的各种功能，经过数字化技术的升级，最终形成组织的能力网格地图。这些能力以单一职责的组件形式提供服务，通常依托于特定的物理载体：人或系统、设备、网络等。

能力网格中的各个内聚的组件是构建组织级原子化架构的基础，这些组件是构建业务模式创新的"积木块"，是数字化构建块的最小单元。银行数字化转型的一个工作核心就是不断围绕这些能力"积木块"持续进行组织能力的改进和数字业务的创新。

组织能力的"盘点"在企业架构EA中的业务架构环节进行，可以通过行业建模，如：IFW框架的功能模型建模、BIAN框架的服务域模型建模，对组织能力进行快速定义，通过导入这些模型来生成组织的业务能力组件地图。与此同时，在EA视角下，组件的能力需要引入数字化技术，形成一种数字化升级后的能力组件。

为了较深入地理解以能力网格为核心所构成的企业结构，我们借用"洋葱模型"来分析企业的基本结构（如图1-3所示）。

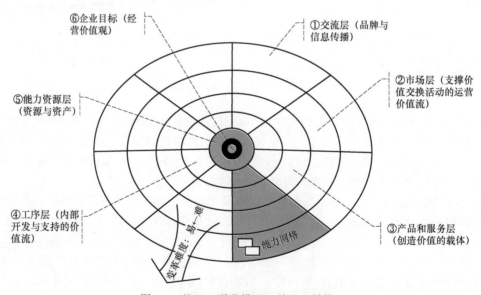

图1-3 基于"洋葱模型"的企业结构

Tom Goodwin 在《商业达尔文主义》中引用了欧文·阿特曼和达尔马斯·泰勒的社会渗透理论

来比喻公司，构建了一个描述企业结构的洋葱模型，洋葱模型从外到内依次是交流层、市场层、产品层、工序层，支撑以上四层开展活动的是能力资源这一核心（层），最深层则是企业经营目标。

- 交流层：该层表达了组织向外界传递的组织形象，主要的表达方式为媒体、广告等。
- 市场层：该层让消费者了解组织的产品或服务，以期产生交易达成的行为。
- 产品和服务层：是组织关于生产和运营的全部内容，包括创造哪些产品、提供什么服务、让消费者感受到何种体验等。
- 工序层：指生产运营过程中的一切活动，主要是指围绕产品和服务的各项业务活动。
- 能力资源层：组织支撑工序层的全部能力资源，人、系统、设备、网络是各种能力的主要载体，能力资源支撑组织的各种业务活动。
- 企业目标：用以向利益相关者传递价值观，企业目标渗透到洋葱模型的各个层次。银行的企业目标就是实现应对不确定性变化的敏捷组织。

企业结构中最为核心的部分是"能力资源"，它体现了一个组织与众不同的个性与能力。无论是交流层、市场层、产品和服务层还是工序层，最终都会将问题的解决路径传导到能力资源层。这就要求组织必须为能力资源构建一个具有"积木"特性的有序体系，即能力网格，从而敏捷应对各种不确定性。能力管理并非是一种行政指令的体现，它需要组织管理层对其有清晰的功能界定和描述性分类，能力本身虽然看不见、摸不着，但其可以通过能力载体作为企业活动的参与者来输出能力所创造的价值。

在这里需要说明功能（Function）和能力（Capability）的概念。

- 功能：主要是指具体的事物所拥有的某种作用或职能，通常不带有"能动"因素在里面，如：软件的功能、动物器官的功能、组织部门的功能（或职责）等。因此，功能归属于事物行为类的"属性"范畴。当功能"运行（Run）"起来时，即"能动"被激活，就会表现出某种能力。
- 能力：通常用作描述生物体展现出的一种"才能"，"能动"因素通常掺杂在其中，属于抽象概念，如：素质。个体展现的素质，当把组织赋予拟人化时，组织展现出的才能也称为组织能力等。与功能不同，能力不属于"属性"类的范畴。

企业结构的洋葱模型体现了各层关系是相互独立的，后面在介绍 Zachman 框架时，会阐述组织能力与组织流程是两项不同的业务变量，这直接导致两种不同的业务建模思路：基于流程活动分解形成业务能力定义的理论与基于组织资产类型的能力定义理论。

1.2.3 推动运营治理的新实践

1. 理论层面分析

在数字化转型的进程中，AI 和大数据是最为重要的两个推动组织运营绩效提升的数字化技术。如果说大数据是以信息形式描述组织业务活动的现象，AI 则是寻找组织业务活动现象中隐藏的真相：模式和结构。

DT 希望通过在组织内导入统一的认知框架，进而打造敏捷性组织，最终形成具有"能动"特质的持续转型的组织发展文化。实现敏捷组织的目的是为了能够实现敏捷有效的管理决策。在这个过程中，知识管理则是关键因素，知识是对模式和结构这一隐藏在业务活动中的内在逻辑进行的形式化阐述。DT 的另一个目标就是以知识管理为引擎,推动运营管理的新实践。

知识管理包括知识更新、知识创造、知识获取与转移等主要环节。将组织个体的隐性知识显性化,是知识管理的核心部分。新的管理实践就是开展以知识驱动的管理过程:重点在管理发展和管理者开发、管理决策、管理组织。

(1) 管理发展和管理者开发

管理发展是组织内管理活动的学习过程,其核心任务是针对企业结构的每一层进行具体内容的确认:交流层的品牌传播方式的选择、市场层的客户分析、产品层的规划与设计研发、工序层的流程管理、能力资源层的组件化构建策略制定等。按照德鲁克的观点:"管理发展类似一名创新者、颠覆者和批评者""业务是什么以及应该是什么"。对于组织,现实中充当具体管理发展"吹哨人"的就是管理中层,即:进行组织知识升级和知识创造的人员。

管理者开发是实现组织个体能力的提升,更为重要的是要体现个体在组织中存在的价值,最终促进个体从精神层面获得某种"意义感"。德鲁克对此表示:"管理者开发聚焦于人,旨在使个人能够最大限度地挖掘潜力、发挥优势、实现个人成就,即追求卓越""任何人都不能迫使他人自我开发,开发的动力必须源自个人内心"。这对现实中包括银行在内的所有企业都有非常深刻的警示作用。德鲁克认为,组织的个体作为成年人,其个性在进入组织时就已经确定了,任何组织承担个体的开发责任都是徒劳和无效的,这就决定了开展 DT 时为组织个体构建系统化的认知框架十分重要。

可以说,DT 存在一个更加本质的目标:完善组织中个体(人)的品质。

(2) 管理决策

决策就是对各种不同的选择项做出抉择,抉择的结果正确与否具有不确定性。虽然人是构成组织的核心元素,但组织不同于个体的人,组织的各种业务活动是"理性"行为的结果,即以某种预先的决策为基础。德鲁克指出:"多数人一开始就确信自己看待事物的方式是唯一的,他们从不理解决策(以及整个讨论过程)到底是关于什么的。"彼得·圣吉在《第五项修炼》中提出了同样类似的观点,人类认识现象习惯于基于自身固有的心智模型,"心智模型根深蒂固的惯性力量,会把最杰出的系统思考智慧淹没。"

如何降低"心智模型的惯性力量"?除了圣吉所倡导的提高个体的反思技能和构建组织挑战自我思考方法的文化氛围外,构建一种以客观信息为基准的管理决策将会非常重要。这种情况下,管理决策将成为以大数据为信息来源,以知识驱动为推动力的 DT 决策模式,这种近乎"中立"的方式能够有效摆脱心智模型的约束,增强决策过程的客观性。

例如:利用 AI 与大数据相结合,通过产生生成式数据可以预先模拟具有一定置信度的"业务活动"信息。由 AI 与人的协同作业,萃取去除噪声后的信号,这些信号最终系统化为合理的业务脉络(知识),最终形成与"虚拟现实"契合的解决方案,构建原型、付诸实践。

(3) 管理组织

美国著名管理学家艾尔弗雷德·D·钱德勒(Alfred D. Chandler)通过研究美国企业的组织结构和经营战略的演变关系,提出了"钱德勒的结构跟随战略",即企业战略决定着企业组织结构。

DT 时代会改变这种模式,钱德勒所研究的企业大多是工业时代的超大型企业,甚至是跨国企业,战略的制定通常预设为可持续的长期发展规划。在以数字化转型为代表的第四次工业革命时代，组织获取瞬时竞争优势将是企业的战略，随时主动或被动地调整价值链或价值网络成为常态。组织内因某种目的而即时（Just-In-Time）成立的新组织（如临时组织），或者对现有组织结构进行调整后的组织里，新知识不断地涌现和被创造，通过 AI 和个体能力相结合，会"突变"出某种颠覆性的商业模式，从而驱动组织"导出"下一个战略规划。

DT 的组织结构中，管理中层是知识创造的核心力量。德鲁克很早就提出了管理中层的作用，他在《认识管理》中对组织管理中层的定位指出："不像某些人的预言，中层管理者不仅没有消失，实际上甚至传统的中层管理者依然存在，但以往的中层管理正在转变为未来的知识工作。"管理中层将成为事实上的战略定义主体，管理高层成为传递战略的精神力量。

2. 实务层面分析

DT 实施后运营管理的目标有以下几点变化。

（1）决策机构治理目标

- 组织：在需要的业务目标范围内，由指挥——执行型组织变为敏捷型组织。
- 科技：从技术在业务场景化定位转移到基于业务创新的工具化定位。
- 文化：从基于"流水线"组织文化过渡到尊重个体的创新机制文化，从侧重基于实物资本的管理升级为基于运营与创新人才、知识协同的管理。
- 战略：从单企业、分业经营转型到生态体系建设、混业经营的变化；注重场景金融（含供应链金融）业务模式的建设，发挥核心企业信用优势，实现上下游企业受益，增加链条流动性；注重小微企业贷款业务、非金融机构分解信贷环节分工定位的助贷、与持牌机构的联合贷等普惠金融创新业务战略的持续深入；从被动应对利率市场化到主动出击并建立常态的敏捷业务战略，关注资产负债结构合理化；从基于线性决策方法到基于系统动力学的动态战略决策和预测；从基于管理会计和财务会计的半自动决策依据，到基于更实时、更丰富的科技决策依据。

（2）执行机构治理目标

- 人员：从个人价值的被动创造转变为主动创造，使个人目标和企业目标最大程度保持一致；从指挥—执行型人员的招聘，转变为创新型人才的育留。
- 客户：从客户业务需求到客户生活事件嵌入金融服务的场景金融；从被动接受客户寻求服务，到大规模个性化定制、设计思维的客户参与设计；从银行线上和线下的客户管理为主到主动尝试获取用户需求反馈、增强场景金融、助贷、联合贷等合作生态客户来源、跨业经营客户来源，同时增加普惠金融长尾客户。
- 企业架构（战略级、业务级、技术级）：从企业架构的业务流、信息流为关注重点，到关注知识流在企业架构中的作用；从可见的显性资产（客户、人财物）管理为主，到共享的知识成为基础性资源；从传统的存贷息差业务到中间业务占比提升，资产负债结构更加合理；从传统的银行信贷抵押业务到"信用共享""智能合约"等的普惠金融实践；从 IT 层次的半自动化运营到企业架构级的完整自动化运营。

（3）监督机构治理目标

- 主管部门、行业监管：金融科技的广泛应用使得金融业态、风险形态、传导路径、安全边界发生了较大的变化，所以金融监管机构需要从自身视角，主动对银行的业务执行进行合规监管。

从银行数据或报表半自动化地上报进行监管，演进为通过高频率、准实时的银行业务数据对监管工作提供支撑。

- 行业生态组织监管：从对银行机构的监管，演进到对助贷机构相关的监管，从而提升对企业生态组织的风险与责任的监管；从对信贷等传统业务的监管，演进到对普惠金融等创新业务的敏捷化、科技化监管。
- 内部监管：银行除了重点对资产负债结构和操作风险进行监管，还需要增加对跨行业、跨领域的银行生态组织的监管。

1.3　银行数字化转型面临的七大困境

开展数字化转型是一项系统工程，是对银行这个复杂的"组织动力系统"的一次全面审视和改造。由于这个复杂系统多年来表现的"稳定性"，开展数字化转型无疑充满着前所未有的挑战。

数字化转型失败率比较高，究其原因，主要是没能有效识别阻碍数字化转型工程开展的困境。纵使有各种转型方案的引入，如果没能解决开展数字化转型的预设前提，过程中就会遇到各种难以避免的妥协。最终的结果，除了交付一系列 IT 系统，银行没有在管理、文化、业务敏捷性等方面实现大的提升，更别提数字化转型推动组织机体"演进"为具有持续改进能力的"活的DNA"——这一数字化转型终极成熟度的特征。

由此，根据多年的实践经验，我们认为，银行数字化转型面临以下七大困境，涉及外部竞争、规划路线、系统现状、人员知识结构、环境因素、组织结构等方面。

1.3.1　业务趋同带来的创新窘境

由于总体经营环境的相似性，银行形成了高度同质化的业务发展模式，业务趋同带来"内卷化"竞争，使银行面临众多的窘境。主要表现在如下六个方面。

- 战略规划：顶层战略、运营管理和技术支持在企业架构层面上没有建立对齐的机制，能够支持战略转型的手段与策略十分有限，故难以主动构建价值网络和价值生态，更难以柔性把控银行这个复杂的"组织动力系统"。
- 客户关系：由于客户是银行的立足之本，总体来看，银行在客户关系管理这一方面基础比较好。问题是客户类型结构趋同，没有形成差异化显著的"优质客户识别"机制。优质客户的标准高度趋同，这样的结果是都在激烈争夺有限的大型企事业客户资源。此外，由于没有构建与中小微企业合作的价值生态，缺乏个性化的风控管理机制，导致优质的客户其价值主张反而难以被满足。
- 组织与文化：组织结构主要体现为结构化清晰的部门制，行政管理风格特征明显。由于管理者并非都是业务领域专家，加上业绩考核的压力，难免表现出激进地创造短期效益的偏好，行为层面更注重实用主义成效，因此，组织人员的工作行为就会体现为某种盲从现象。由于缺乏学习型组织的文化氛围，员工的归属感更多建立在物质激励基础上，层次有待提升。
- 流程与产品：流程与产品是目前银行业同质化最严重的领域，这和长期形成的信息化建设模式有关。由于早期对厂商的依赖较多，加上企业项目建设特点以同业案例复制为主，目的是降低实施风险和成本控制。这种情况，培育了银行向所谓"最佳实践"靠近的习惯，寻求无风险的案例模仿，这导致高度同质化的现象，严重抑制了业务创新。

- 人员能力：银行总体的人员素质在众多行业中是处于前列的。但是，人员的潜在能力无法得到有效的释放，难以匹配预期的价值创造收益。表现为习惯安于现状、少犯错误、创新意识动力不足、惯性思维严重。人员能力与实际的价值贡献预期之间的差距，由于受益于整体市场环境的向好，使得这种差距被"漂亮而满意"的经营效益指标所覆盖，这种错觉严重影响了人员潜能的进一步开发。如今，整体社会环境的数字化转型大趋势，将倒逼银行人员能力提升。

- 技术能力：银行历来在信息化领域走在各个行业的前列，并贡献了很多有益于行业发展的技术解决方案。但由于起步早，信息化偏重于应用级解决方案的实践，这主要是为了快速将业务战略落地，存在一段技术领域"野蛮发展"的阶段。如今战略转型，需要从企业架构角度重新审视银行的业务规划。数字化技术的迅猛发展，开放性的价值网络生态构建，技术能力本身的差异性会逐渐缩小，基于知识创造的系统方法论、以领域模型等为基础的解决方案将是大势所趋，这些解决方案能够深刻地反映银行运行原理，并有效支持数字化转型时代的战略决策。

1.3.2 对企业架构（EA）的重视程度不足

企业架构（Enterprise Architecture，简称EA）是对企业运行原理的一次全面解读，它超出了技术的范畴，是一种将管理、业务、技术融合为一体的关于企业如何运作的认知方式。

"企业架构"这一概念由IBM早期的员工John A·Zachman提出，他从传统建筑设计和商业企业的结构以及计算机系统取得灵感，由此创建了用于定义企业架构的Zachman框架（EAF）。

业务架构是EA的核心，业务架构不是仅仅指代业务部门提出的"业务类"需求，还包括组织业务战略、商业模式、组织结构、价值链设计等对企业运行产生关键影响的因素。EA需要将管理、业务（如：银行会计、管理会计实务）、技术实现深度融合，以探寻到组织运行原理的真相，从而建立一个最佳的"组织运转系统"。

开展数字化转型，是为了使企业面对持续不断的外部变化，做出快速有效的调整。EA的设计目标不以"业务功能"完备为全部使命，不是为支撑运营而构建几个IT应用系统，而是为组织构建一种灵活敏捷的能力构建体系，在组织需要时，可以借助数字化技术实现快速的应对。

因此，EA以实现数字化转型的构建块为重心，建立组织级的能力组件，这些组件如同"积木块"，导入到原子化架构体系，以开放接口的形式实现云端计算与应用编排，创造以银行为核心组织的生态价值网络。EA要实现运营的持续改进，需要设计内容完备的数据模型，让管理者实现对关键业务变量的行为趋势监测，发现这些业务变量之间的因果关系，从而建设高质量的运营体系。

EA架构更强调由业务导向转变为管理导向，主要是战略目标导向，而目标要产生两个效应：组织持续转型的文化和应对不确定性的敏捷行动。在EA定义了组织的能力地图后，需要对这些能力组件进行数字化升级，以提升这些组件的能力水平，创造更高的业务价值。

国内商业银行，尤其是中小银行对企业架构的重视程度不足，主要表现在以下五个方面。

- 对EA本身缺乏深入的认识：管理层大多认为EA与业务无关，更与管理无关，通常认为EA是"IT"范畴。

- 缺乏以系统思维考虑经管活动：EA需要整合管理、业务、技术于一体，以系统思维形成的视角全面看待银行的经营管理活动，而银行大多缺乏这样的能力和认识。

- 对市场长期连续稳定的认识：由于多年在市场中获取了稳定的收益，让银行将更多的注意力聚焦在追逐财务数字上，缺乏系统性看待银行业发展与市场不可预测的变化的视角。
- 由各业务条线需求导向驱动的竖井式应用系统建设：早期信息化系统建设的规划以快速实现业务部门的需求为主，缺乏企业级方案的考量，应用系统的功能封闭性导致应对市场和客户需求的变化不够敏捷。
- 无法体会到 EA 的巨大价值：这也是最为重要的方面，由于常年缺乏对 EA 的深入了解，就难以认识 EA 对银行发展所带来的巨大价值，造成这种现象最重要的原因是，在常年"稳定"的发展过程中形成的组织思维惯性和业务目标的功利性。

1.3.3　竖井式应用系统建设导致共享化程度低

我国商业银行的应用系统建设普遍呈现出竖井式建设的现象，主要原因是与银行的系统建设运作机制有关：由各个业务条线提出需求，技术部门向各个厂商寻求解决方案和产品，实现满足业务部门各自的功能需要。这种机制的好处是可以实现快速部署应用，支撑业务运转，但造成的后果是部门各自为战，银行各个部门重复建设具有同一功能的应用系统。

银行的应用系统众多、结构复杂，如果没有从企业架构层面进行整体的考量，结果就是功能的重复建设，造成浪费，管理复杂度增加，数据质量不标准，支撑运营的统计口径不统一，管理成本提升。这与数字化转型所倡导的敏捷、持续转型相差甚远。导致的结果是没有形成企业级的能力资产可以共享，后期的业务创新缺乏可继承性的资源。由于应用系统的开发来自垂直业务条线的具体业务需求，具有相当强的封闭性，这种大颗粒度的能力资产在支持企业级的业务创新活动中，往往表现得不够灵活，任何调整都会对系统整体稳定性产生影响。在银行业务目标发生调整时，需要支持的业务能力总是在以应用系统为单位进行互联集成，通过对复杂的现有功能改造以支持新型业务活动。

1.3.4　分散的人员专业知识结构

银行的人员设置一般按照银行价值链的构成进行划分，从事核心活动的运营管理人员，其专业知识独立于从事辅助活动的人员；而技术部门人员的专业知识基本仅限于技术领域。

上述情况在国内商业银行中非常普遍。这种人员知识结构的构成，遵循了这样一种假设，即：业务活动的目标是由这些不同专业分工的人员的知识"组合（Combination）"而成。

例如：银行要实现一个营销和业务处理一体化的运营流程，需要将相关岗位的人员组织在一起，包括：营销经理、业务受理柜员、运营中心人员、合规人员、运营管理人员、技术人员、风险控制人员等，协同完成流程设计。虽然从功能角度能够达到业务运行的要求，但实际上，经常会存在顾此失彼的情况，也就是说一旦对其中某个岗位的需求表述存在问题（因专业分工的不同，其他岗位的人员又难以判断该需求的准确程度），将会不断积累缺陷，形成"技术债"。

由于长期以来国内商业银行本身的信息化建设是以部门条线为单位分散建设的，拥有跨领域知识的人员非常少，缺乏懂管理、懂运营、懂信息化应用系统建设、懂数字化技术的人员，这种人员知识结构的不完整性会为数字化转型带来障碍。

1.3.5 缺乏培育设计思维的行业环境

国内商业银行无论在业务创新层面还是技术创新层面，一直保持着与外部资源，如咨询公司、实施厂商的联系，这显示了银行的开放性。这种长年实践的合作模式，也给银行带来了创新发展方面的负面效应。那就是过度地依赖厂商提供的解决方案和所谓的最佳实践。

向同业学习经过行业检验的实践方案本是无可厚非，但在实际过程中，银行更多采用的是复制现成的方案。这对一些只是与业务无关的技术类解决方案或产品是没问题的，但是，如果是与业务相关性较高的解决方案，模仿甚至复制就会阻碍银行自我创新的动力。

遗憾的是，上述现象至今在银行业非常普遍，尤其是中小银行，引入现成方案的这种惯性思维逐渐让银行丧失了自主创新的能力，银行离学习型组织渐行渐远。银行对外部的关注仅限于同行推出了什么产品和服务，然后组织人马、引入厂商进行快速复制，一旦外部环境出现了不确定性，才想起运营转型、资源优化等补救措施。

1.3.6 支撑业务创新的组织结构不够敏捷

国内商业银行的组织架构中，既存在部门型组织结构，也存在事业部制的组织结构，总体上仍然属于静态的组织结构形式。在计划性为主的市场环境中，这种组织结构不存在太大的问题。但是，如果面对充满不确定性的外部市场环境，与追求"瞬时竞争力"为首要能力的银行进行"同台竞技"时，上述银行在组织结构上的弱点就显现得十分明显了，即无法及时通过组织人员和能力进行快速有效地响应业务变化。

由于数字经济的快速发展，众多银行纷纷加速开展了运营转型，开展流程银行建设。通过拓展渠道触角的延伸增加与客户接触的机会。依托移动技术开展移动网点、云网点、视频银行等业务办理模式，大力发展共享服务后台，实现获客到业务服务一站式的流程处理，降低了以往先取得客户意向，然后在约定时间到物理网点办理业务的模式，剪切掉同业竞争获客的中间空档期，通过建立统一的后台实现大运营模式。这是一个良好的开端，但总体上，银行的组织结构仍然是静态构成的。

数字化转型需要在营销、产品设计与研发、服务、决策、风控、质量管理等各个层面获得全面提升，需要更灵活的资源组合机制，实现敏捷的能力输出。动态组织是必不可少的一种资源配置形式，它根据一个共同的主题目标，临时组建资源，通过进行一个或几个 Sprint 周期迭代，完成目标，再各自归位的一种组织运转机制。

动态组织的建立，能够为业务创新和变化响应提供一种敏捷的资源组合方式，鼓励以交流为主的学习型组织的培养，这需要管理者做好打破现有处于稳定"平衡态"组织结构的准备。

1.3.7 遗留系统和新建系统的关系定位不清

银行在面对数字化技术带来的业务机会时，对待遗留系统和新建系统在什么范围和程度上实现数字化并没有考虑清楚，如何在遗留系统和新建系统间分配数字化转型的资源也没有一个清晰的规划。

举例来说，新的数字化技术是在众多的遗留系统上应用还是在新建的系统上应用？如果两类系统都要应用，二者的定位和区别是什么？各自要做到什么程度的数字化？二者之间的企业投资比例如何分配？

如果在遗留系统上应用新的数字化技术，那么需要在哪些业务上实施？仅仅是依靠寻找业务场景应用数字化技术吗？这样做是否合理？另外，企业组织结构的变革、企业员工转型、企业文化转型等是否也要在旧有系统范围内进行？如果在新建系统上实施数字化转型，需要做哪些数字业务尝试？形成数字平台、实现能力输出一定要依靠构建块组合才行吗？诸多需要变革的领域怎么规划才有效？

以上这些问题没有考虑清楚，是银行数字化转型难以获得圆满成功的重要原因。这就需要清晰的数字化转型框架（DTF）的思维范式和行动范式，才能够理清这些问题，规避导致数字化转型失败的陷阱。

1.4　银行数字化转型面临困境的根源

通过对银行数字化转型面临的困境分析，笔者认为，产生这些困境的主要根源是：缺乏行之有效的方法论、缺乏持续转型的组织文化与数字化领导力，缺乏颠覆性创新的机制。

1.4.1　缺乏行之有效的方法论

很多银行已经在实施数字化转型，但是，大多聚焦在引入数字化技术实现场景优化这一层面，数字化转型工作开展得不够系统。导致这一现象的重要原因是缺乏行之有效的数字化转型方法，该方法应能够支持数字化转型落地，并给出未来持续转型的实施路线图。

开展数字化转型是一项系统工程，需要一套缜密的实践方法论。

方法论为组织提供行动的指南，从行动的愿景、面临的约束、资源的情况、能力建设的领域、需要的理论基础等多维角度为组织提供开展 DT 的方案。

为此，业界提出了多种数字化转型框架，有了框架，组织就可以围绕它进行系统化的 DT 实践，制定有序的分项实施步骤。

可惜的是，目前这些 DT 框架大多由国际著名咨询公司主导，所能提供的大多是理论重于实际的纸面方法，隐藏在其中的实践真知如何却是未知。如：选择需要能力建设的领域，其选择的理由是什么？支撑这些领域能力建设具体开展的支撑模型又是什么？业务模式的创新与框架又存在什么关系？

此外，到目前为止，还鲜有专门适用于针对银行数字化转型的框架，尤其是针对国内商业银行的数字化转型框架。由于国内外银行经营的环境和相关监管制度的差异，造成了两者所对应的转型框架存在侧重点不同，因此，国外银行的转型框架难以直接映射到国内银行的 DT 工程中。

1.4.2　缺乏持续转型的组织文化与数字化领导力

几乎所有的数字化转型框架中，都提到了组织文化的重要性。但是在国内银行，组织文化始终是一个知其重要性、但又可暂时放到一边的事物。毕竟，组织文化不需要反映到资产负债表上。

可以说，组织文化是数字化转型最为重要的一项。为什么这样讲？

原因之一：开展数字化转型将最终推动组织人员的主动创新意愿，这与通过行政指令委派任务的工作机制是不同的。激活组织的创新活力，不是企业领导一句口号就能解决的，也不是一次物质激励就能改变的。需要改变的是在工作中使人员从精神层面获得激励。我国商业银行普遍在这方面欠缺得比较多。员工工作积极性不高、完成上级交代的任务即可、听从上级的安排、依靠上级的专业能力等，结果是工作效率低、人员流动率高、创新基本以模仿为主。

因此，银行需要构建一种可落实到工作中的组织文化，这种文化能够真正地让员工参与其中，从而能够在其中认可自身存在的价值。

组织文化定义的方式有很多，不同的组织存在不同的诠释。我们在这里提出的主要是针对推动数字化转型所应该开展的组织文化建设，即建立一个自上而下组织级的共享认知框架——DT 思维范式，通过它来引导观念、思想和语言，进而在开展转型过程中的任何行动层面，形成统一的共识。

通过共享认知框架的构建，实现个人思考范式的变化，进而建立群体的规范。在这一点，引用金·卡梅隆与罗伯特·奎因教授在《组织文化诊断与变革》中的一句话：个人变化是文化变革的关键。

数字化领导力是另一个决定数字化转型成败的关键因素。对于同时涉及管理、业务运营、信息技术与数字化技术等高度融合的组织级工程实践，仅仅靠各个领域专家在一起协同作战是不够的。DT 需要一个具备数字化领导力的“指挥家”——无论宏观把控，还是具体细节，都能够对 DT 这盘大棋实现精准的布局。

这个“指挥家”就是数字化转型需要的 CXO，其作为 DT 这盘棋的布局大师，精准控制每个棋子的走位，过程完全在掌控之中，一个有能力胜任 CXO 的指挥家，对于 DT 是至关重要的一个因素。

1.4.3　缺乏颠覆性创新的机制

1. 什么是颠覆性创新

颠覆性创新是将昂贵或复杂的产品及服务，转变为更实惠、更容易被广泛人群获得的产品及服务的创新。克莱顿·克里斯坦森在《创新者的窘境》中提出的观点是，拥有良好管理水平的公司并不能确保其在变幻莫测的市场中取得优势，反而会时刻面临来自颠覆性创新的威胁。

2. 银行是否需要开展颠覆性创新

通常认为，银行的商业模式是稳定的，其社会职能决定了其无法像其他行业的企业那样，可以根据市场的情况随意调整“业务模式”甚至变换“赛道”。因此，银行大多开展的是延续性创新。

但是，这并不影响银行开展颠覆性创新，相反，颠覆性创新会推动延续性创新，颠覆性创新的成果能够形成一种新的延续性业务模式。对于银行开展颠覆性创新，恰是利用新技术提升产品和服务的价值创造能力，并没有改变银行的经营许可范围，但与此前关于产品和服务的生产模式与输出形态具有显著的区别。例如：利用 AI 设计定制化的产品组合，极大降低产品的总体研发成本。这里的新技术就是 ABCDI 等数字化技术，通过这些技术突破现有发展过程中遇到的瓶颈问题。

随着 DT 时代的来临，如何在业务趋同的"内卷"中及时调整方向，颠覆性创新是银行建立新的竞争壁垒的制胜要素。

3. 银行为何缺乏颠覆性创新的机制

创新是一项耗费成本的活动。相比于模仿，创新是一项有风险的活动，其失败率比较高。更为重要的是，创新在思维领域具有一定的"叛逆"性，难以避免地会挑战"权威"。由于没有相关的参照物进行比较，其难以预期的结果，导致没有资源愿意"担保"这种冒险的行为。因此，创新对于寻求稳健经营的银行来讲，推行起来并不容易。

长期的市场红利，让银行习惯聚焦于财务数字，此外，成熟的管理结构与现有经营活动的稳定彼此形成了乐观的匹配，从而形成一种惯性思维，任何结构性调整未必带来预期的效果。因此，银行整体经营活动持续在以常规模式开展，没有积累形成产生颠覆性创新的机制和土壤。面对外部环境的变化，银行需要调整战略，配套的业务能力也随之需要优化升级，底层的支持资源必然要同步进行结构性调整，这一系列的连锁反应，对于银行来讲，带来了前所未有的挑战。

第 2 章

银行数字化转型的顶层设计：应用框架思想

如果我有一小时来解决一个问题，那么，我会用 55 分钟思考问题本身，然后用 5 分钟给出解决方案。

——物理学巨擘 阿尔伯特·爱因斯坦

众所周知，银行的信息化建设起步早，信息化应用程度高，相对于其他行业，银行信息化始终处于领先地位，银行作为金融服务机构，对信息化依赖的程度最高。也正是因为信息化成熟度较高，导致面临数字化转型这种企业级工程时，难免会出现大船难掉头的局面。

数字化转型要为企业实现指数级价值增长的目标，这是信息化时代（第三次工业革命）的运营范式所无法支撑的。作为第四次工业革命的标志，DT 将推动企业做出结构性的调整，银行也同样需要做出转变，面对 DT 的冲击，银行以什么样的姿态去迎接 DT 的挑战？

笔者认为，银行开展数字化转型对于多年建立起的信息化格局和运营管理风格都将产生深远的影响。这就需要银行将信息化时代所形成的惯性思维清零，从顶层设计视角来思考数字化转型。

本章主要阐述了应用框架思想进行银行数字化转型的顶层设计，通过建立数字化转型的 DT 思维范式，为银行开展 DT 构建一个组织级的共享认知框架。在此基础上，导出银行数字化转型框架，确定影响 DT 的关键领域，为后续开展领域转型和业务建模奠定基础。

2.1 系统思考——转型文化的根基

数字化转型框架是银行开展数字化转型、实施领域能力建设的基础。

在构建数字化转型框架（DTF）之前，我们首先提出支撑转型框架的 DT 思维范式结构，目的是在银行范围内建立起思考业务活动的统一"语言"，打破银行人员固有的心智模型，重新认识银行这个复杂的"组织动力系统"。通过对该"动力系统"的深入分析与解构，导出银行数字化转型框架。

2.1.1 什么是系统思考

1. 系统思考的定义

"系统思考"是把复杂的事物当作系统去看待的一种思考方法。它构建一种全面综合的思考方式，目的是找到事物背后稳定的规律，因此，"系统"是可以被理解的。通过分析事物的现象而寻找事物内在的结构，并分析结构之间的交互关系，在整个思考过程中，不断地建立一种结构与关系相平衡的理念（即限制过度整体论或是过度还原论），以达到对事物本质的认识，可以用于决策，对系统思考的成果检验，可以通过预测结构创造新的涌现物来实现。

管理学大师彼得·圣吉将系统思考列为第五项修炼，提出了著名的系统思考的冰山模型（Iceberg Model）。

2. 系统思考的冰山模型

无论是物理学还是事理学，可以发现一个认知共同点：通过对各自领域所产生的现象进行观察，通过思考来发现其中的行为模式并总结成可描述性的规律，然后利用这些规律能够解释更多的现象。典型如物理学的基本思路是：观察现象、总结内在行为模式、分析成因，然后构建一个具有普遍意义的规律。这种从现象归纳到逻辑演绎的系统思考方法，成就了人类今天各个领域的知识体系。

数字化转型属于事理学范畴，同样需要系统思考来发现其中的行为模式。著名的冰山模型，反映的就是系统思考的思考模式（如图 2-1 所示）。该版本的冰山模型是由著名管理学家彼得·圣吉

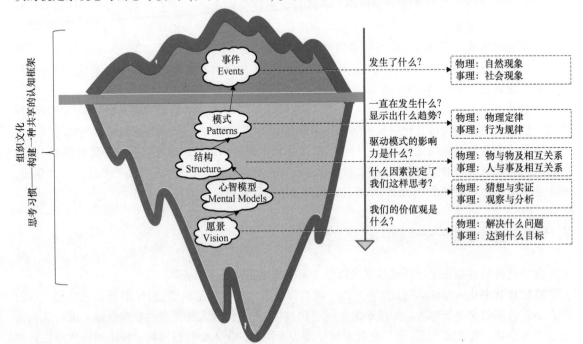

图 2-1 系统思考的冰山模型

（Peter Michael Senge）所提出。

使用冰山模型分析问题，主要是改变应对问题的思维方式，聚焦于"究竟发生了什么？"而非关注结论，只有这样才可以更准确地观察现象，从现象中取得更为有效的信息。

冰山模型分为五个认知阶段。

- 事件（Events）：是当前所发生的事情，存在于自然界、组织或社会中。
- 模式（Patterns）：是已经发生过的事件以及显示的趋势（Trends），模式是具有可重复性特征的事件（Events）。
- 结构（Structure）：影响这些模式的因素以及这些模式的连接关系。
- 心智模型（Mental Models）：反映的是形成这些系统（Systems）的价值观、信仰或假设，带有强烈的主观色彩。
- 愿景（Vision）：表示想要达到的目标是什么。认识现象不是最终目的，而是创造对人类有价值的新现象。

目前国外很多机构在开展数字化转型中用到了圣吉的冰山模型，将该模型作为系统思考的工具。但是，作为要深入解剖组织运行原理的思考框架，导出银行的数字化转型框架，还需要对上述模型内容进行扩展，即：形成数字化转型的 DT 思维范式。

2.1.2　数字化转型的 DT 思维范式

范式（Paradigm）是科学哲学家托马斯·库恩提出的概念，"'范式'用来指代科学家从事研究时所持的核心概念，以此加深他们对世界的认识。"库恩将范式定义为科学行为"公认的模型或模式"。

为什么要提出数字化转型的 DT 思维范式？数字化转型（DT）是一项企业级的系统工程，涉及组织的"多方利益相关者"（Klaus Schwab），包括组织内部价值链以及整个价值网络生态的全部资源，Schwab 对其描述为"周边系统"。组织成员都会在这项工程中成为参与者，他们会在 DT 中实现自我能力的进一步提升，是组织实现指数级增长的不可替代的力量。

既然如此，就需要在 DT 开展之初，建立一个统一全员共识的思考习惯，全体组织成员在 DT 工作中建立一种通用的语言，在组织内进行有效的沟通，形成共通的"思考模型"，这就是我们所提出的数字化转型的 DT 思维范式。

建立统一的 DT 思维范式对于 DT 至关重要。在以往全球性企业的每一次重大变革过程中，建立统一的思考方法都是首要关注的核心内容。IBM 前总裁郭士纳（Louis·Gerstner）在《谁说大象不能跳舞》一书中对当年建立"全球服务部"时就提出了类似观点："这是一项艰巨的任务——在全球基础上形成一个共同的解决问题的方法，建立一套共同的方法论、术语、技能以及知识领悟和传播方法，而且每年还要招聘培训数千名新员工。"

DT 思维范式结构及 DT 相关的要素如图 2-2 所示。DT 思维范式以系统思考的冰山模型为核心基础，针对 DT 关注的上下文要素，对冰山模型的内容具象展开。

DT 思维范式的整体结构包括四个模型：系统思考的层次纵深模型（分析过程）、设计思维的模型（设计过程）、思维范式的运动循环模型（整合过程）、思维（成果）实现模型（产出过程）。DT 思维范式反映了 VUCA 条件下高频迭代、敏捷交付的思想。

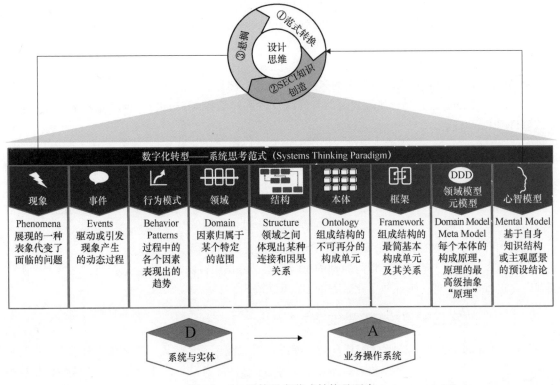

图2-2　DT系统思考范式结构及要素

（1）系统思考的层次纵深模型

纵深模型建基于冰山模型，并对冰山模型中的事件、模式、结构这三个要素进行了扩展，演变为：现象、事件、行为模式、领域、结构、本体、框架、领域模型及元模型，再加上心智模型共计九个要素。其中，要素"框架"再扩展为五个子要素。这些要素构成了系统思考由现象到本质的认知层次，贯穿在数字化转型的工程实践中。这些要素的每一个都可成为一个独立的主题进行阐述，本书主要围绕数字化转型"框架"（DTF）来阐述这些要素的意义。

在解释这些要素之前，需要对系统与实体、功能、操作数等重要概念进行说明，它们是DT思维范式结构中逐个环节都会涉及的基础概念。

● 实体（Entity）：一般是指可以独立存在、构成现象本原的东西或事物，实体拥有属性并通过属性（或特征）来表明实体的定义（或存在）。

● 系统（System）：由一组实体及关系所构成的事物（Thing）或单元（Unit）称为"系统"，其中，事物或单元也是实体。

实体与系统的关系是：实体（也称为元件、部件、模块等）为具有形式或功能两种属性的系统，形式代表实体是什么（What），功能代表实体用来做什么（Do What）。一个实体如果再细分，该实体就升级为一个系统；如果一个系统A归属于上一层的系统B，系统A则是一个子系统，同时，这个子系统就降级为一个实体。即实体也可以是系统，系统也可以是实体，实体可以无限分类，分类方式包括按照形式或功能两种方式。

1）现象（Phenomena）确定了我们所观察、感受到的问题，现象是事物（或系统）表现出来的、能被人感觉到的一切情况，分为自然现象和社会现象。在数字化转型中，现象是面临要解决的各类问题，如：数字化转型本身就是一个待研究的企业进化现象。

2）事件（Events）通常是可确定行为主体的现象（Phenomena）。数字化转型中，事件代表了有人参与的各种业务活动。

3）行为模式（Behavior Patterns）是由现象总结出的行为规律，具有可重复性。数字化转型中，行为模式作为可复用的资源，成为引入 ABCD 技术的重要赋能对象。数字化转型所必需的原子化架构，就是建立在模式的思想基础上，如：企业架构的构建块（Building Blocks）模式。行为模式的发现采用行为趋势图（时间与业务变量的曲线关系）或散点图。

4）领域（Domain）：行为模式从属于一组界限清晰的领域，并由领域能力所实现。数字化转型中，领域代表了一组能够输出行动、创造价值的能力。这些领域可以是：组织领域、文化领域、技术领域、人员领域、客户领域等。又如，企业架构中涉及的如业务领域、应用领域、技术领域等范畴。

5）结构（Structure）是系统的组成要素（承载领域能力的载体）及相互关系、可能引发的效果。包括了要素之间可能的因果关系、反馈作用等。结构的发现以行为模式的分析结果作为输入，根据在同一时间周期内可能相关的业务变量之间的变动情况，确定其中的反馈回路（增强回路或调节回路），确定业务变量之间的因果关系。结构包括本体和框架两部分。在数字化转型中，系统的结构重点分为构成企业资源的本体结构和支撑企业运行的框架。

6）本体（Ontology）：识别构成结构的基本单位。将组织视为一个可描述性的分类系统，本体是构成企业的基本单元。银行数字化转型的本体结构分析方法，可以借助 Zachman 框架，对组织资源进行精细化分析。分析结果包括产出的能力网格等资源，可以帮助组织实现数字化转型投资的 ROI 达到预期。需要强调的是：在后面提到的转型框架中，将本体和本体能力分离，本体是以"实体"为基础的描述性定义，本体能力是体现本体"存在"的定义，实体是其载体。

7）框架（Framework）：呈现模式中的规律的因果关系，支撑模式的同时又对模式进行约束的动态运行系统，核心是支撑能力。框架是现象最终内聚的表现形式。框架中包含可确定产生模式的关键领域（Domain）。框架也是不可细分的系统结构形式，它上面没有无关紧要的部分，拆除任何一个，都会引起系统的结构性崩塌。在框架中填充本体的内容可以形成系统的完整结构，最终解释现象，框架也是产生涌现物的基础。框架包括：基本要素（组成框架的有限本体定义，要素代表的实体具有创造价值的能力，该能力在 DT 开展时需要进行数字化升级）、要素间关系、理论基础（框架存在的合理性理由）、框架功能，此外框架还包含其使用的意义。

8）领域模型（Domain Model）及元模型（Meta Model）：领域模型是对现实世界概念类或对象在软件中的建模表示，它描述了一个领域选定方面的知识、影响或活动，用于解决与该领域相关的问题。本质是隐藏于结构和本体中的规律，这个规律有待于企业架构师去发现、去总结。这类似于物理学，当发现构成自然现象的底层结构和构成本体时，物理学家需要进一步地认识是如何给出一般意义的规律总结（借用数学或自然语言表达），规律揭示了现象的最终本质。例如：银行业务流程涉及很多实体：参与者、合约、产品、地点等等，需要对这些实体进行有序地抽象，形成一套领域模型。数字化转型中，对本体进行领域模型的建立是一项重要的规划内容。在银行业务建模中，

BIAN 框架的业务对象模型（BOM）是描述本体中关于实体的领域模型，服务域是描述本体中关于功能的模型。

元模型（Meta Model）：元模型是模型的"模型"，即对于领域模型，其发现过程也是建立在一个模型基础上，就是元模型，这是更为抽象的模型。例如：BIAN 的业务对象模型（BOM），BOM 有很多与服务域（Service Domain）对应的领域业务对象，这些业务对象模型遵循一个共同的抽象模型。DT 思维范式的执行过程，通常希望得到领域模型的元模型，这样可以将领域模型控制在一个有序、可控的范围内。

9）心智模型（Mental Model）：心智模型反映了组织或个体基于现有的知识储备下对系统结构的认识，包括对本体、框架的认识。认识的方式是通过构建模型来实现。心智模型的改进通过三次认知循环来完成：首先，按照固有的心智模型构建模型来认识现象的本质，形成对本体和框架的第一次建模；然后进行认知升级，进入到下一个认知循环，放弃已有理解框架，通过思维"悬搁"充分地去体验现象，形成第二次心智模型，此时和第一次心智模型构成冲突，进入第三次模型修正的阶段；第三阶段，根据改进的心智模型实现对现象的本质把握，同时，实现新知识的创造，即知识创造是在模型的建立过程中完成的。知识作为体系性的逻辑内容，将散列的信息系统化，按照野村郁次郎在《知识创造的企业》中阐述的观点：组件化是显性知识创造的源泉。

心智模型在系统思考中与个体经验最为密切，对认识产生的结论影响巨大。圣吉曾对此提出："多数人可以想象，个人的观点随着时间如何逐步自我强化，从而形成心智模型，形成未经检验的假设和习惯性的观察方法——比如，我们会对某一类人形成'老套'的成见。"哲学家维特根斯坦给出了更为深刻的观点，他认为假设在表述之时就开始发挥作用："个体表述对世界的认识实际是'诠释'，当我们诠释时，我们形成了假设，而这假设可能是错误的。"为打破这种"老套"的成见，圣吉又提出"悬挂假设"的理念，即将个体的假设摆到桌面上，由大家共同讨论，为此，给出了一种开展悬挂假设的实践方法：推断之梯，如图 2-3 所示（资料参考来源：彼得·圣吉《必要的革命——深层学习与可持续创新》2018）。

圣吉用梯子做出了比喻：旨在表明我们的大脑习惯从观察到的数据（梯子的最底层）迅速转向对数据做出各种推论。在这个过程中，个体的观点容易根据对方的陈述（数据）形成推论，而该推论却没有经受过任何验证，结局是难以形成一个有效共识的结论。通过悬挂假设，对假设进行验证，这样在个体间通过交流讨论，不再固守自己的立场，正是通过这种"彼此学习"的方式，改进了心智模型。

心智模型的改进需要不断地进行反思思考，该模型被众多国际银行广泛应用于客户旅程分析及业务模式构建。

（2）设计思维的模型

通过系统思考的纵深模型，完成了关于问题分析的过程，形成了认识现象的心智模型（包括组织或个体）。接下来，需要将心智模型转换为有价值的方案改进与设计过程。我们可以根据客户与市场的诉求给出要开展 DT 的领域，接下来就需要在这些领域中寻找解决方案和更好的客户体验，这需要设计思维（Design Thinking）来解决。

设计思维的精髓有二：一是所有利益相关者一起参与需求与设计过程（Co-Design），而且视他们地位相同，每方观点都受到尊重并达成一致的结论；二是对达成一致的结论进行小步迭代和验

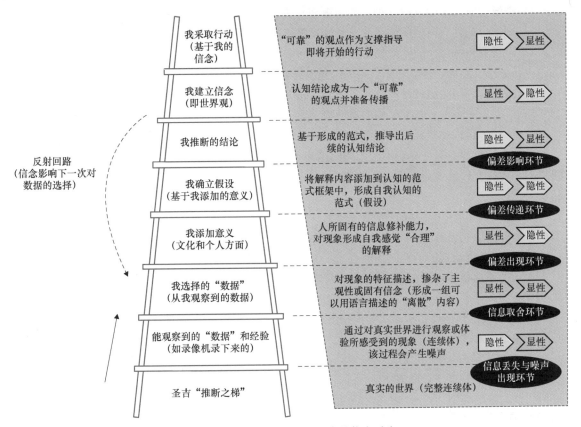

图 2-3　推断之梯与认知过程中的信息丢失

证，利益相关者阶段性持续评审。如此循环迭代，直至产品或服务落地。设计思维与系统思考在 DT 实践中根据具体面临的问题可以交叉使用，系统思考侧重对现象的分析，寻找内在的结构和运行原理，设计思维则能够创造出新的"现象"——解决方案，以实现组织的能力建设，推动 DT 的前行。在这里，引用哈索·普拉特纳软件研究所（Hasso Plattner Institute）的六步设计思维法，作为开展 DT 的设计思维工具，如图 2-4 所示。

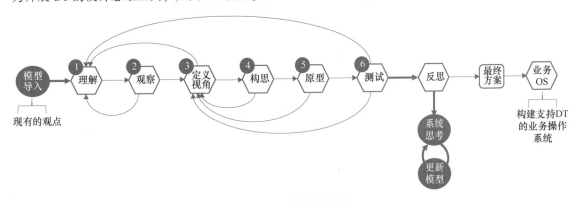

图 2-4　六步设计思维法

1）理解：对导入的模型（如：领域模型）进一步理解其隐含的需求。

2）观察：通过对模型所解释的现象过程进行观察，进一步理解需求。

3）定义视角：导入的模型作为心智模型的产物，通过跨领域专家协作，把各种观点进行汇总，并进一步分析，然后，建立一个共同的描述语言基础。

4）构思：利用头脑风暴的方式，结合不同个体的方法，得出一个初步的方案。

5）原型：一个拥有基本结构的输出物，即初步的方案。

6）测试：运行并验证输出物与最初的理解和观察是否相符。

上述六步过程中都会存在不同的回归迭代（图中的返回曲线），意为在经过测试确定一个原型可以被采用后，还需要通过反思思维（Reflective Thinking）对原型进行进一步完善以达到工程化推广的要求。

DT本身涉及众多跨领域的资源（知识、人才）的协作，因此，设计思维体现的是整合不同背景的能力资源协同创新。

（3）DT思维范式的运动循环模型

运动循环模型体现了在DT思维范式中心智模型的改进过程。心智模型改进通过三次认知循环来完成。

- 第一次认知循环：初步认知模型的构建阶段。按照固有的心智模型构建认知的对象模型来认识现象的本质，形成对本体和框架的第一次建模。

- 第二次认知循环：认知冲突产生与升级的阶段。在该阶段，首先要打破惯性思维控制下的初步认知模型，放弃已有理解框架，通过思维"悬搁"充分地去体验现象，形成第二次心智模型。此时再次构建的模型和第一次心智模型形成冲突，需要建立新的认知范式，进入模型修正的第三次认知循环。

- 第三次认知循环：根据改进的心智模型实现对现象的本质把握，同时，在这个过程中，实现新知识的创造。

因此可知，知识创造是通过模型的建立过程中完成的。作为体系性的知识将散列的信息系统化，形成条理化的内容。

完成上述三次认知循环过程需要善于运用以下三种认知方法。

- 范式转换：库恩认为，范式就是一种公认的模式。数字化转型就是组织成长道路上的一次范式转换。Tom Goodwin（《商业达尔文主义》一书作者）认为，企业在推动创新和发展设计方面，需要释放范式转换的力量。组织应该在发展的过程中不断地思考此前的"假设"，即通过更新组织固化的心智模型，积极地寻求改变——一种模式在此前的范式中运用，在另一种范式中也会大获成功。如：组织的某个领域能力（如运营）在经典EA架构中发挥作用，在数字化升级后将产生更具影响力的作用。因此，我们认为范式转换是组织的一种新型颠覆性创新，它将打破既有范式下组织竞争能力趋同的局面，在范式飞跃中寻找组织的第二增长曲线。

- SECI知识创造：在DT思维范式中，通过隐性知识和显性知识相互转换的一套方法（详细内容参见4.3.2），实现认知能力的改善并创造出新的知识。

- 悬搁：DT思维范式所强调的一种"沉浸式"思考方式，即：通过摒弃固有惯性思维，重新建立反映客观事物真相的心智模型。

（4）思维（成果）实现模型：业务操作系统

业务操作系统这一概念由组织文化之父埃德加·沙因在《组织文化与领导力》中提出："'操作系统'一词的含义远不止 OSX 或 Linux；这些抽象化和标准化的 OS，可以使得企业和个人用户在高度复杂的机器中找到通用的工具。我们现在已经进入了一个全循环——我们借用个人计算机隐喻来描述商业结构和功能。'业务操作系统'概念将对组织工作方式的描述标准化。公司文化是一个抽象概念，现在我们认可文化是'业务操作系统'必不可少的组成部分"。

业务操作系统反映了 DT 思维范式中，经历分析、设计、整合过程后将成果落地实现的过程，该过程随时可以在整合阶段完成后启动，从而不断将最新的思维成果实现。心智模型驱动的三次认知循环结果正是为了构建组织的业务操作系统。现实中，它是 DT 时代开展组织设计与变革的数字平台，平台承载了各种以系统和实体为单位的业务活动构建资源，包括能力、信息、服务等企业级构建块。

这些构建块支撑了组织设计的一项关键的工作：将组织工作方式标准化，并将组织日常工作聚焦到设计各种创造价值的业务创新活动。如：以 BIAN 的服务域（Service Domain）为基础进行业务模式创新。这种依托于业务操作系统而建立的工作机制将成为 DT 时代一种鲜明的企业文化。

2.1.3　建立指数思维

1. 什么是指数思维

指数思维是彼得·戴迪斯曼和史蒂芬·科特勒提出的概念，是指善于寻找以指数级增长曲线发展的指数级技术。指数思维依赖强大的聚合知识应用，指数级技术包括以指数级增长的 CPU 技术以及分布式网络技术。基于指数级技术，我们可以设计各种业务场景。

2. 指数思维对于数字化转型的作用

为了在数字化转型中实现价值的指数级增长，我们不仅需要善于寻找指数级技术，同时要善于利用指数级技术构建价值创造活动。

为此，我们需要建立一种"非线性"的思维习惯，这与以往的"线性"思维方式有所不同。线性思维通常聚焦于局部资源，例如：设定一组目标客户，开展一项业务活动。非线性思维则不以局部资源为焦点，而是向"全网资源（价值网络或社区资源）"同时发起"连接"，以创造更多的价值交换机会。

因此，指数思维对于数字化转型而言，就是依托数字化技术，实现一种急剧提升组织资源价值创造效率的机制，其增长曲线呈现指数函数的特征。在数字化转型中，符合指数思维的典型场景如下。

- 构建并行计算能力：将组织的能力资源分布部署在云端，利用云端资源的并行计算能力实现业务效率的提升，如：利用 AI 与大数据进行决策分析。
- 引入更多的参与者开展创新活动：将组织的业务组件向社区资源开放，引入更多的参与者协同创新，提升组织创新活动的效率，降低新产品的推出周期。
- 对人的管理转变为对人的能力资源管理：将人员的能力进行精细化定义，按能力资源单元

（一个人有多种能力，定义为多个能力分区）进行企业级调配，充分发挥人的能力资源效能。

● 跨领域知识的深度融合：利用大数据和 AI 技术，提升对多种知识的综合使用能力（大规模信息检索或自动化建立知识图谱），加速组织业务创新步伐。

● 大规模定制产品与服务：产品设计与数字化技术的结合，实现大规模客户定制化的产品方案，提供个性化的敏捷服务。

2.2 银行数字化转型框架

框架（Framework）是系统（或现象）的基本支撑结构，可以围绕框架构建具体的目标内容。

数字化转型的最终目标是让组织在 VUCA 时代，成为一个具备随需而变、快速调整能力的"组织动力系统"。因此，组织必须存在一个应对变化的基础框架，这种框架具有所谓"结构的基本特征不变"的性质，即：基本的元件（如：微服务）功能刚性不变（或变化微小可控），但"结构"可以应付任何来自内外部的需求变化。

数字化转型框架（Digital Transformation Framework，简称 DTF）是指导组织开展 DT 的基础，聚焦影响 DT 成败的若干领域，明确了在相关领域中需要开展的相关能力建设，提供了如何实现能力建设的具体方法。

DTF 为银行 DT 工程规划了一个行之有效的实施路线图。银行数字化转型就是要实现 DTF 中所规划的领域内容，将这些内容与数字化技术相结合，提升领域能力的指数级增长。

2.2.1 银行数字化转型框架的构成

1. 银行数字化转型框架的构成

银行数字化转型框架（DTF）意在构建一个指导银行开展数字化转型的蓝图：从何处着手开展能力建设、达到什么效果。围绕数字化转型框架实施数字化转型工程，是银行成功实现数字化转型的有效路线。

（1）利用 DT 思维范式导出银行 DTF

由于 DTF 对于银行开展数字化转型意义重大，那么，DTF 的设计合理性就显得尤为关键。为此，需要基于 DT 思维范式，导入实施 DT 的目标，推导出 DTF 的基本组成元素及其关系。也就是要确定数字化转型框架的元模型（Meta Model），推导数字化转型框架的基本思路如图 2-5 所示。

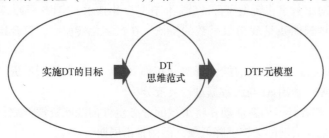

图 2-5 推导数字化转型框架（DTF）的基本思路

有了元模型，就可以继续进一步分析构成 DTF 中的每一个组成元素，最终为银行建立一个体系合理并具有可行性的数字化转型框架。

首先，要确定银行开展数字化转型所要达到的基本目标和必要条件。

- 基本目标：银行要实现价值的指数增长并具有持续的自我改进能力。
- 必要条件：银行要有适应 VUCA 敏捷性要求的能力。只有具备敏捷应对不确定性变化的能力，银行才能够把握来自市场的各种机会，才可以在机遇面前快速地提供解决实际问题的方案。

确定了实现基本目标的必要条件，就需要进一步分析满足必要条件应具备哪些组成元素。为此，按照 DT 思维范式逐层推导出这些元素，如图 2-6 所示。

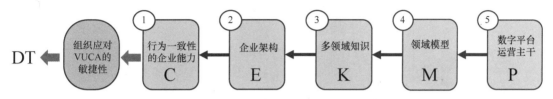

图 2-6　基于 DT 思维范式推导出 DTF 元模型

- 银行如果具备应对 VUCA 条件下的敏捷性，就必须要展现出组织行为一致性的企业能力（Capability）。也就是说，对于来自银行内外部的任何变化，组织行为模式都表现为能够快速输出一组彼此可以"有效配合"的企业级业务能力。
- 企业级业务能力，必然完整反映在企业架构（EA）的各个层级（领域），包括：业务架构、应用架构、数据架构、技术架构等。因此，企业架构就成为进一步不可或缺的元素。
- 如果要求组织具备企业架构的各层能力，那么就需要组织拥有完整的 EA 中与所有重点领域相关的知识（Knowledge）结构，如：业务架构就需要掌握银行价值链的各个活动所需要的知识。
- 领域模型就是上述所要求的知识具象化的表达形式，其提供了最合适的建模方法，存在的形式是可复用的业务组件、技术组件的组合。各领域知识向企业能力跃迁的过程是通过领域模型（Model）来完成的。而通过模型实现组织变革的蓝图恰好是企业架构的核心定义内容。
- 数字平台与运营主干就是上述领域模型最终得以实现和运行的平台（Platform），在此平台上，实现数字业务创新和盈利业务的卓越运营。

以上就是利用 DT 思维范式推导出银行的数字化转型框架 DTF 的元模型过程，揭示了 DTF 所涉及的五个关键组成元素。数字化转型框架的组成元素再结合数字化技术，就能够实现银行数字化转型的基本目标。

（2）银行 DTF 定义与内容

接下来，就 DTF 元模型中的五大要素：行为一致性的企业能力、企业架构、多领域知识、领域模型、数字平台与运营主干进行分析，这五大要素构成了银行的数字化转型框架（DTF），如图 2-7 所示。

1）行为一致性的企业能力：转型涉及的关键领域。

银行如果要具备行为一致性的企业能力，就要在顶层的六个组成部分实现"有效配合"，这六个组成部分分别是客户洞察、业务战略、流程设计、产品设计、业务模式、组织结构。这六个组成部分是组织设计所关注的领域构建块，也是支撑银行开展数字化转型的六大焦点（或关键）领域。

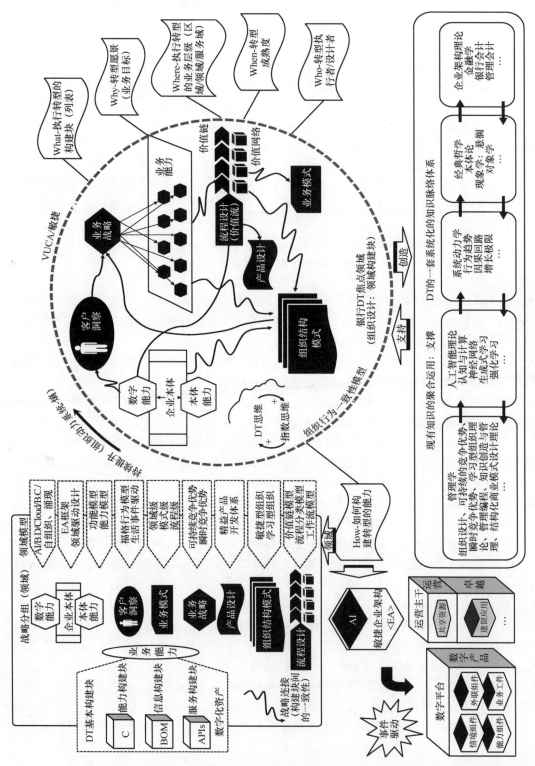

图 2-7 银行的数字化转型框架（DTF）

- 客户洞察：价值创造活动的起点，是组织开展营销活动的核心部分，客户洞察为组织后续的活动提供了关键性的输入。这里的客户泛指银行所有的利益相关者。
- 业务战略：组织针对输入的客户洞察而开展的规划。通过对利益相关者环境的分析，构建以数字化技术与人力资源相结合的敏捷方案，为运营活动奠定发展方向。
- 流程设计（价值流）：本着为利益相关者创造价值的目标设计实现共赢的价值流，从而以价值流为核心（构建块），全方位服务于客户的生活（或商业）事件，进而实现组织的价值链/价值网络，以获得竞争优势。
- 产品设计：数字化转型时代中的价值创造的产品和服务（Offering），体现出个性化、组织的人本精神、利益相关者互惠终生的精益产品“生产”体系。
- 业务模式：通过为利益相关者提供的价值流活动，构建出一种在市场生态网络中创造价值的商业模式或业务运营模式。
- 组织结构模式：支撑业务战略实现的组织构建机制和架构形式，人力资源的能力分区化管理与快速适配业务活动的需要，最终体现为组织的敏捷应对外部变化的能力。

现实中，银行需要针对上述六大焦点领域逐层分解更为详细的不同颗粒度构建块，最终寻找到支撑起企业级能力的基础构建块，也就是构成企业本体的资源。本体资源反映出创造企业价值的能力，即本体能力；在此基础上，借助数字技术赋能，增强本体能力，从而使本体资源展示出数字能力——数字经济时代组织应该具备的新型能力。

此外，DT 思维范式和指数思维在上述六大焦点领域的能力建设和业务运营中，在指导转型工程具体开展、确保工程成果有效方面具有不可或缺的价值与意义。主要表现在对转型工程提出基于 5W1H 形式的问题：执行转型的构建块列表是什么（What）；转型的愿景，即为了达到何种业务目标而转型（Why）；执行转型工程的业务层级，即在哪里（业务区域/业务领域/服务域）开展转型（Where）；当前执行转型的业务层级的成熟度，即转型工程演进的程度（When）；转型的执行者/设计者，即转型工程管理的责任者是谁（Who）；如何构建转型的能力（How）。

在这里没有将“技术”作为聚焦点，主要是考虑到银行的信息化程度、数字化成熟度起点较高，特定技术的引入不是关键问题。行业已经形成共识：DT 成败的关键是业务转型。

2）企业架构：企业能力构建的全景地图。

企业架构（EA）是通过模型设计来实施组织变革的蓝图，是组织构建转型的能力所必需的工具。EA 所定义的业务架构、应用架构、数据架构、技术架构等内容覆盖了组织运行所需要的全部资源定义。

通过 EA，组织可以构建企业级不重复、可共享的各类资源。这些资源的“有效配合”确保了组织输出行为一致性的企业能力。

此外，数字技术加持下的企业架构过程可以构建适应 DT 时代的敏捷企业架构（关于 EA 的相关内容参见 2.2.3）。

3）多领域知识：支撑 DT 作为第四次工业革命标志的理论基础。

作为第四次工业革命的标志，数字化转型应该如前三次工业革命一样，有 DT 自身的理论基础。然而，目前尚没有统一的 DT 理论，主要是咨询公司为代表的行业领域理论作为基础，用以构建数字化转型框架。

虽然 DT 与前三次工业革命相比，没有革命性的知识产生，但是，恰是这些人类发展到今天所拥有的全部知识，构成了转型框架的理论基础，为转型框架置入了的稳定性特征。

Schwab 在《第四次工业革命——行动路线图》中指出了这一点："推动第四次工业革命的新兴技术建基于以往工业革命的知识和系统，特别是第三次工业革命的数字技术。"

对于银行业而言，所有外部显性化的竞争模式（如营销手段、产品、服务流程等等），都可以在很短的时间内变为趋同，最终导致在一个有限的资源环境中竞争，业务发展也将达到"增长的极限"。要改变这种局面，需要银行具备一种善于持续构建差异化的竞争能力。

基于数据与知识的决策能力就成为银行 DT 中一项核心的能力建设目标。因此，银行要有极强的知识创造与对各类知识的综合应用能力。

构建完备的知识体系涉及的领域非常广泛，就银行业而言：管理学、金融学、企业架构、系统动力学、数学、甚至哲学的一些思想都会引入进来。应用系统的竖井式建设注定要被抛弃，知识的竖井式获取同样也会被摒弃。DT 时代，需要组织具备一项融合能力，将各类专业的技能知识，转变为组织一项独特的知识创造，从而构成组织独一无二、他人难以模仿或者要花费巨大投入成本才能匹配的隐性资源。这与波特关于整合后的价值链难以学习模仿的理念是一致的。

数字化转型可以说是组织的一次"能力奇点"的建设，即：在知识体系完备的情况下，结合 ABCD 等数字化技术，组织能力将达到一个高度智能、敏捷的运行状态。

4）领域模型：切实要落地的具象化知识。

银行数字化转型会涉及许多不同领域的业务知识，在这一方面，Zachman、Roger Evernden（IFW 框架发明者）通过行业的实践和理论研究，总结了在银行业相关的领域模型，这些模型得到了行业实践与验证。银行开展数字化转型，需要将相关领域模型与 ABCD 数字化技术相融合，以加速提升银行的业务能力。

领域模型是构建六大焦点领域的能力建设所需要的全部确定性知识。这些模型大多是行业已经实践并且逻辑严谨的业务模型或方法论。例如：与企业本体、数字能力、本体能力相关的 ABCD 等数字化技术模型、自组织与涌现模型、EA 框架模型、领域驱动设计、功能模型、能力模型；与客户洞察相关的有福格行为模型、生活事件驱动模型；与业务模式相关的领域级、模式级、流程级各种模型；与业务战略相关的可持续竞争优势模型、瞬时竞争优势模型；与产品设计相关的精益产品开发体系；与组织结构模式相关的敏捷性组织、学习型组织等方法论；与流程设计相关的价值链模型、流程分类模型、工作流模型。

利用这些模型，可以有效地对六大焦点领域所分解的各个不同颗粒度的构建块进行业务建模（这部分内容更多参见第 5 章）。利用领域模型进行业务建模的成果，能够为银行输出在数字平台上可技术实现的数字化业务能力，这些业务能力可由 DT 基本构建块进一步构建成能力构建块、业务对象构建块、服务构建块。

5）数字平台与运营主干（系统）：支撑数字业务创新与卓越运营的平台。

Gartner 曾提出过双模 IT 的概念（bimodal IT）在业内盛行，记录型系统（类型Ⅰ）与交互型系统（类型Ⅱ），前者如核心系统（ERP）、HR、CoreBanking 等，侧重于"做的正确"；后者则是变化速度较快，由各种（来自市场或客户需求等）事件进行驱动，需要快速地响应反馈，通过试验找到最能满足客户需求的方式，侧重于"做得快速"。

数字平台是支撑业务模式创新（适合推出最小可用产品 MVP）、数字产品设计与发布的平台，平台支持这些活动的主要资源是各种情境组件、能力组件、访问共享资源的外联组件、业务工件；运营主干（与数字平台可高频推出 MVP 不同，主干系统更强调准确性）则是银行利用遗留的各种业务应用（或账务）系统，如：CoreBanking、ERP 系统等，开展卓越运营。运营主干的主要资源是访问众多遗留系统的一组共享资源（数据、流程、规则、应用、知识库等）。

上面阐述了 DTF 的五个重要组成元素的相关内容。接下来，关注 DTF 所揭示的六大焦点领域在银行持续转型中所呈现的复杂系统关系。

2. VUCA 条件下领域构建块之间展现出的非线性关系特征

信息化时代，银行总体遵循的是建立可持续竞争优势的战略，业务活动的种类总体相对稳定，银行向市场提供的仍以标准化的产品和服务为主。DT 时代，买方需求强烈影响着市场行为，消费者在与服务者的博弈中呈现优势地位。这种情况下，以往同质化的服务将会使银行竞争乏力，银行需要做出改变，随时为不可预测的市场行为与客户偏好提供定制化的产品和服务。

上述差异反映在框架层面，就是领域构建块（包括业务能力、反映业务变量的业务对象（BOM）以及基础能力构建块等）之间的相互影响程度，体现为非线性关系。

信息化时代，不同领域构建块的业务能力输出形式，大多是这些构建块对应的应用系统中内聚的一项功能，即：银行提供的标准化业务（流程）服务，领域构建块之间彼此产生的影响相对较小。

DT 时代，领域构建块之间的影响波动就很明显了，此时构建块的业务能力输出形式为分布式部署模式下的企业级共享的基础能力构建块的组合，表现为产生的涌现活跃度提高，反映到市场就是高频的业务创新活动。如果组合中的某个基础能力构建块表现的效能（受参与者等其他资源影响）较低，那么，将会对整体业务能力的质量产生重要的影响，如图 2-8 所示。

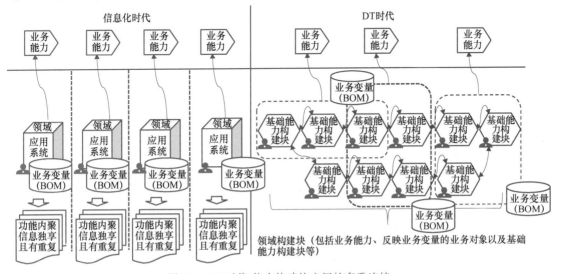

图 2-8　DT 时代-能力构建块之间的多重连接

因此，DTF 明确了需要对领域构建块之间的反馈回路（调节回路、增强回路）进行分析，包括利用数字化技术洞察领域构建块之间存在的各种影响。现实中，通过对领域构建块中各类业务变量的行为趋势变化分析可能存在的因果关系，从而做出相应的业务调整（如运营模式），优化的结果与成效最终都会反映到 CAMELS+评级指标中。

综上，在 DT 时代，组织自我持续改进成为常态，那么，就需要关注数字化转型框架内的领域构建块之间因业务变量（或业务对象）波动传导而体现的系统动力学关系。如：价值链/价值网络的优化调整对组织结构的影响，反过来，组织结构调整对于价值链形成的影响；业务模式对价值链活动（如：人力资源的分配活动）的影响；价值链/价值网络调整反过来对业务模式的影响等。

图 2-9 显示了银行各个转型领域（顶层领域，子领域还可细分，从而形成更为复杂的回路）之间由于业务变量的波动变化而产生的相互影响（一个领域的相关业务变量波动会对曲线箭头指向的目标领域产生影响）。在 DT 时代，银行运行体系呈现为一个复杂的"组织动力系统"。

银行在持续改进的过程中，可以根据领域的业务变量相互变动（如：资源分配调整、行动策略调整等）的影响和业务目标，确定改进策略，调节回路或增强回路，让"组织动力系统"处在一个动态均衡的发展过程中。过程改进的情况也要准确地形成数据记录，尽可能扩大数据内容的维度，DT 所要求的不仅是业务数据，还应包括内部流程的改进数据，总之，丰富的数据更有利于后续分析因果回路图，为改进计划提供合理的依据。

3. DTF 的价值

DTF 为银行开展数字化转型提供了一个信息结构化的有效方案，一个推动转型工程开展的全景视图。依据该方案，银行可以清晰地看到自身当前的数字化转型成熟度，具体包括在企业架构视角下，哪些领域构建块已经实现了数字化技术赋能并为组织价值指数增长提供了预期的支撑；哪些领域构建块目前数字化技术加持的覆盖面还不够，需要银行进行补强。

通过对逐层分解而形成的不同颗粒度领域构建块，银行通过对这些构建块的业务建模、业务活动的运营、分析、优化等工作，可以为银行积累宝贵的数字化转型的经验，建立可为后续持续转型提供智力支撑的知识库。数字化技术的深度应用，在帮助银行创造价值增长的同时，也能够发现很多仅凭人的经验是难以发现的"暗知识"，这都会成为银行提升竞争力的宝贵资源。这些因转型活动而不断产生的新知识，有效地推动了银行向学习型组织进化，也为银行形成了一种持续创新的 DT 文化。

综上，数字化转型是一项系统工程，它横跨多个不同的学科领域，从管理到业务实务，从企业架构到数字化技术。因此，银行开展 DT 就必须从构建数字化转型的"核芯"开始，而数字化转型框架 DTF 就是支持 DT 的"芯"。DTF 本身同样是一个"复杂系统"，其涉及多个领域实体及领域实体的关系，以及实体通过交互产生的涌现验证与预测，故需要运用 DT 思维范式去理解。

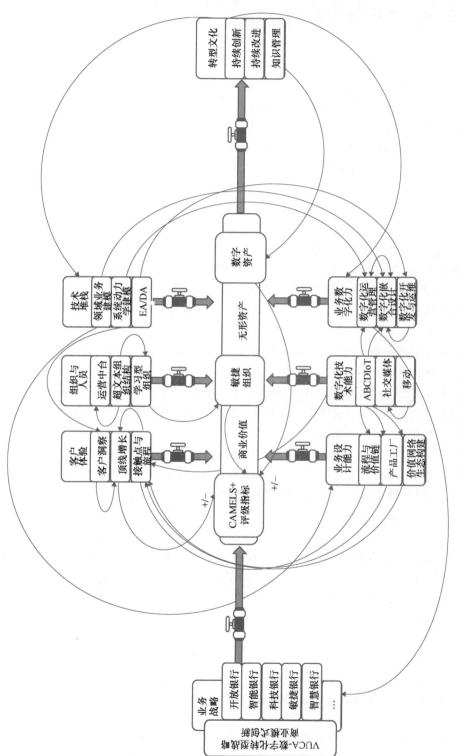

图 2-9　DT 与银行 "组织动力系统"

2.2.2 转型框架的构建原理

1. 根基于对复杂性系统的认识

银行数字化转型涉及内容广泛，是一项系统工程。DT 是从整体到局部对组织的一次全面梳理，从而包含银行经营管理过程所涉及的全部要素——业务领域，要素之间存在着复杂的关系。

数字化转型框架的构建原理正是根基于上述认识，通过一个稳定的结构来把握银行这个复杂的"组织动力系统"，并从稳定的结构中识别出一组基本的实体。

企业运行是一个典型的事理学现象。我们通常把一个业务活动目标的实现归因于设计，但也发现一个现象，我们设计的方案有时并不成功。问题出在哪里？

我们在分析业务活动目标实现的原因时，通常关注的是"可见"的关键因素，实际情况是，还有一些"不可预见"的因素在某种程度上产生了作用，进而影响了关键因素。系统动力学中有一种"混沌"理论，描述的现象是，微小的初始条件变化将会使整体产生意想不到的结果。目前，银行间业务发展同质化，很大程度上根源于对不可预见因素的忽视，过度地聚焦在所谓"关键"因素。

DTF 从顶层定义银行 DT 的焦点领域，通过逐步细分，形成企业级关于这些领域的各种基本构建块，这些基本构建块囊括所有业务活动中的"可见"要素与"不可见"要素，这些要素是具有业务意义的变量。通过发现这些业务变量之间的关系，观察反馈回路，进而洞察（利用 AI 与大数据技术）业务活动中可能出现的扰动并及时进行调整。因此，DTF 是系统思考 DT 这个复杂系统的必然结果，DTF 的构建离不开 DT 思维范式。

构建 DT 思维范式，就是希望组织以转型框架为抓手，建立起多视角看待与分析问题的习惯。包括：自上而下、自下而上、自中向上而下等。进而把控经营管理活动中出现的不可预见的现象或事件，做到后续解决方案及时跟上。

现实中，我们期待系统顶层设计者精通其战略（Strategy）、经营（Management）、业务（Business）、技术（Technology）及操作运营（Operating），从而有利于推动组织开展 DT，但这并不容易。围绕数字化转型框架则可以有效地改变顶层设计的效率。

2. 建立在认识企业的运行原理之上

对组织运行原理的认识，可以分为两类观点：一类是纯管理学派下对组织运行原理的解释；另一类是通过 IT 信息系统的构建重新认识组织运行的原理。前者在管理学的发展中很少与后者产生深入的联系，正如 Rado Kotorov 博士在《Data-Driven Business Models for the Digital Economy——How Great Companies Run on Data》中指出：在过去的一百年里，商业教育一直都是关于管理物质、财务和人力资源的。

如何管理数据和数字资产，商学院从未教过。后者则是 20 世纪 80~90 年代随着企业信息化建设的开始，由 IT 人员因系统建设的需要，从而"被迫"去了解组织的运行原理，由此提出了各种框架（FrameWork）。正是这种基于 IT 系统建设的视角，为深入了解组织运行的原理打开了一个新窗口。

接下来，我们就从认识企业原理的四种视角来分析转型框架的构建原理。

（1）科斯交易成本理论

科斯的交易成本理论认为，企业规模的变大导致内部交易成本（由协调成本和激励成本构成，如：信息搜索成本、沟通成本等）上升，当内部交易成本高于外部交易成本时，企业规模将停止扩张。

由信息化与互联网而生的网络经济挑战了经典的交易成本理论。网络为企业运行降低了交易成本（典型如交易费用结构），但在降低企业决策成本领域仍未达到极限。数字化技术的引用，将进一步降低内部交易成本（如业务创新成本），提升决策的效率与质量，加速创新频率，建立新的企业管理机制等。

为此，满足交易成本降低需要分析构成企业的基本元素是什么。这些基本元素能够解释企业运行的全部过程。Zachman 框架给出了描述企业基本元素的本体结构，在此基础上，可以为企业构建业务活动涌现基本构建块，将构建块与数字化技术相结合，会使企业活动的构建和执行效率得到极大的提升。与此同时，与以往的交易成本相比，此时企业会节约更多的交易成本。

（2）德鲁克的事业理论

德鲁克的事业理论核心思想是：企业若想获得成功，需要清楚地知道所处的环境、使命和核心竞争力。

数字化转型作为第四次工业革命的标志，是一项全社会的工程。因此，对银行来讲，开展 DT 既是一项主动行为，也是一项被动行为。随着各行各业开展 DT，企事业组织陆续融入整个社会价值网络生态，将迫使包括银行在内的所有行业组织成为一个开放系统，并在其中开展各类价值交换活动。对企业来讲，这种开放不仅仅是提供一项产品或服务，而是内部能力的开放。

企业的使命也将发生变化，对于银行来讲，向客户输出服务将转变为与价值网络生态中的合作伙伴实现价值交换。这将改变银行与客户以往建立的关系，如今，银行日益将客户视为银行战略制定的重要参与者，而非原来的单一客户身份。成为开放型企业后，银行更加需要增强学习型组织的建立，确保与价值网络生态的各种开放能力对齐，明确银行的客户是谁，应该提供什么样的业务。

企业的核心竞争力，从业务能力表现层面，在价值网络生态中因共享开放而失去"隐蔽性"，能力被复制或被赶超将会频繁出现，此时，企业的核心竞争力是什么？

对于银行来讲，DT 时代的核心竞争力就是知识创造能力，唯有隐性的知识才能成为开放系统中难以被模仿的资产。具体表现就是利用 ABCD 与以往知识进行聚合，升级基本能力构建块，持续地进行业务创新。

在社会价值网络生态中，变化是常态，银行为应对这种不可预测的高频变化，需要具备一个稳定的框架作为基础，实现以不变应万变，这就是转型框架的存在理由。

（3）熊彼得的创新理论

熊彼得认为，企业获取的利润是短暂的，竞争对手的不断赶超将迫使企业只有通过不断地创新才能获取不断利润，这种持续性创新理论影响了克里斯坦森的破坏性创新理论的出现。

创新的本质就是企业（能力）资源实现无限可能的"交易"连接与组合。企业如果实现持续创新，首先需要构建尽可能多的能力资源，只有充足的能力资源，才能建立更多的可能连接。如果这种机制与数字化技术相结合，产生连接的速度与效率将得到指数级提升。

转型框架从银行顶层的焦点领域着手，开展能力建设，包括定义企业级 MECE 的基本能力构建块这项工作，这些构建块可以通过组合连接构建更多的业务能力，而更多的业务能力产生更丰富的业务活动，这就为企业持续创新打下坚实的基础。

(4) Zachman 企业本体论框架

Zachman 从 IT 视角第一次真正开始了对构成企业运行要素的深入分析。Zachman 通过结构化的方式，给出了构成企业的实体要素，这些要素支撑了企业的运行，Zachman 企业架构本体论框架由一组不可重复并且稳定的基本实体构成。

而这些 MECE 的实体，可以再细分为基本构建块。Roger Evernden 在深入分析了 Zachman 框架后，给出了金融行业的信息框架 IFW 模型，更明确地提出了银行的本体构成要素。

对于银行基本原理的理解，穆拉德·乔德里在《商业银行导论——原理、战略合风险管理》中提到："所有银行的基本业务模式都是相同的"，并深刻总结了历史上银行业务模式的基本要素，它们是：杠杆、缺口（资产负债错配）、流动性、风险管理，如图 2-10 所示。

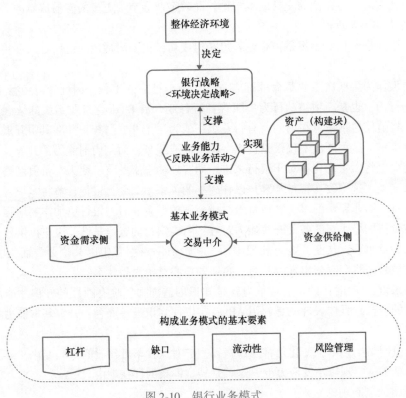

图 2-10 银行业务模式

2.2.3 企业架构（EA）

2003 年，一项对 104 位 CIO 的技能需求研究发现，企业架构（EA）被列为最为重要的业务领域技能需求。

长期以来，企业架构（EA-Enterprise Architecture）在人们心中被赋予了太多的"技术"烙印，致使在企业研究中，企业架构的地位始终没能达到"企业级"的顶层关注层级。在相当一段时间里，大多组织将企业架构理解为"IT 架构"或"信息系统架构"。近年来，随着各种行业推行数字化转型，企业架构再次成为关注的重点。

西方发达国家很早就关注企业架构，并将其作为承载业务战略落地的核心方式，并在企业架构领域开展了深入的研究与实践。如今，企业架构已经发展成为一门独立的学科，利用众多不同领域的知识来认识企业的结构与运行原理。

可以说，企业架构是信息化时代开启的一种新管理学实践。

什么是企业架构？不同行业及组织给出了多种定义和解释。在这里，我们引用美国联邦政府总问责办公室（GAO）对其的定义：

"企业架构（EA）是在模型中定义的组织变革蓝图，这些模型描述（以业务和技术术语）实体当前的运营方式以及未来的运营计划；它还包括向这种未来状态过渡的计划。"

EA 是一种（可形式化表达）模型。在这个模型中，可以实现对组织战略的落地情况进行预先推演；在推演过程中，可以对相关模型变量进行调整或纠错，从而能够降低组织战略和运营的试错成本，并能够有效分析现实的演进情况。从这个意义上，企业架构是认识企业这个复杂"系统"不可或缺的方式。

因此，组织引入企业架构，首先就需要将其从"IT 技术"领域解放出来，EA 所能做的工作远远超出技术范畴，它是开启 DT 时代深度认识企业的一把钥匙。

需要说明的是，企业架构中所指的企业并不只是市场环境中以盈利为目标的公司，而是所有的泛组织类型。

接下来的内容按照图 2-11 所描述的依赖关系（图中 3～6 步）展开，以说明 EA 在数字化转型中的重要作用、演进和意义。

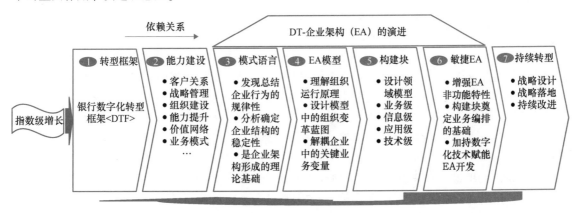

图 2-11　企业架构（EA）在数字化转型中的位置

图中，以转型框架为基础驱动引擎，在焦点领域开展组织能力建设，此时，需要 EA 的介入。其中，模式语言的发明提升了对企业结构的深度理解，并为企业架构的形成奠定理论基础。EA 模型展示了对企业运行原理的理解，并实现在模型中开展组织变革活动，Zachman 框架、IFW 框架是重要的 EA 框架；通过解耦企业中的关键业务变量，使 EA 工作可以按照领域定义基础构建块。构建块是数字化技术赋能提升业务能力指数级增长的实现基础，有了构建块与数字化技术的加持，敏捷 EA 成为可能；有了敏捷 EA，企业对市场与客户需求的感知与应对能力得到极大提升，从而成为敏捷组织。

1. 企业架构：探索企业运行的原理

企业架构发展至今已有 30 多年，通常以 Zachman 先生于 1987 年提出的 Zachman 框架为始，尽管当时没有 EA 的概念。时至今日，Zachman 框架是仍然具有重大意义的企业架构框架（EAF）。

企业架构的思想溯源可以称之为认识论上的飞跃，如果要理解企业架构，最好的方式就是了解企业架构的发展历程。接下来，我们介绍一些对 EA 产生和发展起到重大影响的事件，通过了解 EA 先驱们的工作，来理解企业架构的思想内涵。

可以毫不夸张地讲，企业架构就是一部探索企业运行原理的思想史。

接下来，介绍 EA 发展历程中的三个重要事件：建筑模式语言的诞生、Zachman 框架（EAF）的出现、IFW 框架的出现。

（1）建筑模式语言：分析与解释现象背后的趋势或规律的关键方式

C·亚历山大（Christopher Alexander）是哈佛大学历史上第一位建筑学博士，加州大学伯克利分校终身教授，美国艺术和科学院院士。作为一名具有历史性贡献的建筑学家，同时，也作为最早使用计算机辅助进行建筑结构设计的建筑学家，Alexander 提出了对后续软件架构设计产生深远影响的建筑模式语言，在计算机领域，极限编程和测试驱动开发、设计模式等都受其启发。建筑模式语言也为企业架构的产生带来重要启示。

在系统思考的冰山模型中，认识事件需要识别隐藏其后的趋势，即模式。识别模式是关键的一环，当找到了事件遵从一些模式（或规律）后，为进一步认识事件的真相奠定了基础。

Alexander 通过关注建筑设计中的结构，他发现这些结构以及结构之间的关系具有重复出现的趋势。这一深刻的洞察带来了设计模式的革命。

Alexander 针对建筑设计领域，整理了 253 种规模不同的模式。这套模式可以作为一个共享语言在设计中与他人分享，同时，可以根据现有模式的规则打造一套新的规则。实际上，这就成为了现代软件模块重用与组装、企业业务建模中能力组件复用组合的思想。

建筑模式语言的出现，为理解企业的结构成了一种可能。也就是说，如果能够识别企业这个复杂系统（事件或现象）背后的某种趋势（模式），那么，就有可能找到其背后存在一个稳定的结构。

Alexander 的思想为业务创新提供了理论基础，他提出了不从"需求或需要"入手，而是从"趋势"入手。因为他觉得人并非总是清楚自己到底要什么。这种分析是符合现实的，如果能够识别到大众所追求的趋势，就可以通过假设来科学地验证自己所认定的趋势是否成立。如今我们知道，如果用若干种趋势（模式）进行有效组合，就可以创造出一种符合客户心里需要的新"趋势（或模式）"，从而实现业务创新。

Alexander 的思想主要反映在他于 1977 年出版的两部杰出著作《建筑的永恒之道》与《建筑模式语言》。至于 Alexander 的建筑设计理念，则受到了 20 世纪世界著名的哲学家海德格尔的影响，海德格尔曾对建筑学给出了哲学意义上的解释。

海德格尔的建筑模型是以人类体验的质量为中心（这与今天企业所倡导的以客户为中心是何等

相似！）。他声称应通过在家中周而复始的日常生活，而不是通过任何类型的完成品来探究建筑的本质。这种思想在 20 世纪 60 年代及 70 年代，对 Alexander 产生了重要影响，认识到寻求非专业建造的有效经验的重要性。数字化转型就是要根本性的解决客户问题以及为客户服务，它是企业架构的最本质驱动，认识企业运行原理不过是一个必要的过程。脱离这一点，企业架构就成了形而上的思想实验。

综观 Alexander 的模式语言思想，他始终关注秩序的产生原理。

Alexander 思考问题的方法对计算机领域的结构化分析问题有重要的启示意义，包括我们分析问题所使用的整体论和还原论。对于 Alexander 来讲，研究问题就是解构系统、分析现象、总结结论、再组合起来。

按照 Alexander 的观点，我们对事物（实体）存在的定义，是根据其在事件过程中展示的特征来体现的。在本书后面的数据模型内容介绍中，利用特征描述实体，并借鉴了亚里士多德在《范畴篇》中对实体进行概念定义的十范畴理论。

（2）Zachman 框架：企业架构的本体

企业是包含各种资源和行为的复杂动态系统。模式语言的诞生，为揭示企业这个复杂系统所隐藏的模式提供新的分析方法。

其中最引人著名的是 Zachman 框架，其描述性分类表示为企业中各个业务变量（企业资源）的解耦做出了里程碑式的贡献，也为认识企业结构和运行原理提供了影响深远的视角。

1）可识别的企业结构。

企业架构先驱杜威·沃克（P. Duane Dewey Walker）在 20 世纪 60 年代是 IBM 信息系统委员会的架构总监和规划人员。

沃克的早期贡献是开发和实施了业务系统规划（BSP-Business Systems Planning）方法。这项工作的主要成果是发布了一份正式的关于信息系统规划的指南，用于制定能够满足不同需要的信息系统规划：企业的短期和长期信息需求（IBM，1975 年和 1978 年）。

这份规划的意义深远，已经超出了信息系统规划，强调了战略导向的重要性。架构（Architecture）将成为战略（Strategy）和实施（Implementation）连接起来的桥梁。Walker 的这项工作成为行业第一次进入企业架构（EA-Enterprise Architecture）领域的突破。

企业架构的意义建基于非常高的起点：作为承接企业战略方案付诸实现的责任。

纵观国内信息化的发展史，由于长时间缺少企业架构这一环，造成战略规划与实现之间巨大的鸿沟。战略的思想基因几乎从未植入到信息化建设体系中，结果产生了普遍看到的烟筒型的应用功能系统，这些系统代表的更多是一种操作层面的视角，没有与战略规划建立起有效连贯的思考脉络。

企业架构就是根据企业业务活动的模式分析，梳理所有支持业务活动的资源（实体），形成统一的资源结构视图行描述，让管理层认识到企业的各种资源在业务活动的生命周期中所表现的能力和创造的价值。这些资源包括战略、组织、技能、业务、信息系统等各种动态能力和静态资产。

通过将企业结构有效地描述出来，再分析这些结构之间的关系，最终以企业架构"模型"来认识和理解企业的运行原理，每个结构作为一个领域，又包括了领域知识。

2）Zachman 框架思想：企业架构的本体。

受 Walker 的影响，其产生了两个对 EA 领域有深刻影响的门徒：企业架构框架（EAF-Enterprise Architecture Frameworks）之父 Zachman 和企业架构规划（EAP-Enterprise Architecture Planning）之父 Stephen Spewak（1951-2004）。

企业架构框架的提出，为企业架构的后续发展掀起了革命性的浪潮，Zachman 也成为企业架构领域最有影响力的人物之一。

John A. Zachman 先生自 1970 年以来一直专注于企业架构，是"企业架构框架"（The Zachman Framework）的创始人，该框架已在世界范围内被广泛认可，是企业架构工程中必须要了解的框架，对信息时代的软件工程、软件架构、业务管理、企业管理影响深远。

Zachman 在 IBM 公司工作了 26 年，于 1990 年从 IBM 退休。后来创建了教育和咨询公司 Zachman International©，任董事长。Zachman 拥有美国西北大学化学学位，这不由得让人联想：这个专业背景是否对他创建 Zachman 框架产生了某种启示作用，这体现在 Zachman 框架和元素周期表在形式上表现的相似性上。

Zachman 说他后悔最初将他的框架称为"信息系统架构框架"，而不是"企业架构（EA）"，因为该框架实际上与信息系统无关。

Zachman 框架采用了二维行列矩阵的表达形式，如图 2-12 所示（参考来源：https：//www.zachman.com/resource/ea-articles/54-the-zachman-framework-evolution-by-john-p-zachman）。

- "列"建立在原始疑问词上的 5W1H 沟通法，这是一种对未知领域发出的永恒之问，通过 5W1H 能够建立对问题"现象"完备质疑的思考方式，不会存在遗漏。
- "行"代表构思实例化的人工制品，表示为：辨别（对象）、定义（概念）、表达（逻辑）、规定（实现规格）、配置（实现工具）和实例化（运营）。体现了假定的抽象观念到具象实例的转换过程，也就是由"知"到"行动"。

Zachman 框架是如此朴素，但又如此深刻，以至于到今天我们都很难突破它的框架，尽管随着现代管理学的发展，又增加了成本（How much）等 5W2H 的扩展，但也仅此而已。在 Zachman 框架中 5W1H 分别是：什么（What）、谁（Who）、哪里（Where）、何时（When）、为什么（Why）以及怎样（How）。通过对 6 列疑问词所产生的结论，对想法形成一个完备的综述。

Zachman 框架最终目的是描述一个复杂的对象，一个企业。从这个意义上说，Zachman 框架是企业架构的本体。它不做的，是告诉你如何（How）做企业架构。Zachman 框架是对企业的复杂结构采用一种描述性表示的分类定义，而方法论则是如何去做企业架构，如 TOGAF©、DoDAF 或其他方法论框架等。

Zachman 框架是一个元模型，强调的是本体结构，其特点是一针见血地指出企业架构所涉及的全部"元级别"的对象内容。在此基础上，对每个元胞（Cell）所涉及的领域内容、知识以及跨元胞之间的处理及效率、质量进行深入分析。每个 Cell 能够导出企业所涉及的全部跨领域学科，包括管理学与信息技术领域。

3）解耦企业变量与管理领域实践。

Zachman 框架更具意义的是对组织运行涉及的因素或业务变量进行了深入的解析。

从 Zachman 框架中读出哪些重要的信息？接下来，我们通过观察企业资源管理的视角来理解 Zachman 框架，这有助于对后面 BIAN 框架的理解。

企业架构的Zachman框架 v3.0
企业本体（The Enterprise Ontology）

观众视角（企业名称）	数据（What/什么）	功能（How/怎样）	网络（Where/哪里）	角色（Who/谁）	时间（When/何时）	动机（Why/为何）	分类名称（模型名称）
高管视角（业务上下文规划者）	库存识别列表：库存类型	流程识别列表：流程类型	分布识别列表：分布类型	职责识别列表：职责类型	周期识别列表：周期类型	动机识别列表：动机类型	范围上下文（范围识别列表）
经理视角（业务概念所有者）	库存定义：业务实体/业务关系	流程定义：业务转换/业务输入/输出	分布定义：业务位置/业务连接	职责定义：业务角色/业务工作产品	周期定义：业务周期/业务时刻	动机定义：业务端/业务方法	业务概念（业务定义模型）
架构师视角（业务逻辑设计者）	库存表述：系统实体/系统关系	流程表述：系统转换/系统输入/输出	分布表述：系统位置/系统连接	职责表述：系统角色/系统工作产品	周期表述：系统周期/系统时刻	动机规范：系统端/系统表示方法	系统逻辑（系统表示模型）
工程师视角（业务物理构建者）	库存规范：技术实体/技术关系	流程规范：技术转换/技术输入/输出	分布规范：技术位置/技术连接	职责规范：技术角色/技术工作产品	周期规范：技术周期/技术时刻	动机配置：技术端/技术方法	技术物理（技术规格模型）
技术员视角（业务组件实施者）	库存配置：工具实体/工具关系	流程配置：工具转换/工具输入/输出	分布配置：工具位置/工具连接	职责配置：工具角色/工具工作产品	周期配置：工具周期/工具时刻	动机配置：工具端/工具方法	工具组件（工具配置模型）
企业视角（用户）	库存实例化：运营实体/运营关系	流程实例化：运营转换/运营输入/输出	分布实例化：运营位置/运营连接	职责实例化：运营角色/运营工作产品	周期实例化：运营周期/运营时刻	动机实例化：运营端/运营营方法	运营实例（实施）
企业名称	库存集合/集合	流程流动/流动	分布网络/网络	职责任务/任务	时间周期/周期	动机意图/意图	

图 2-12　Zachman 框架

以银行为例，通过对 5W1H 的内容分析，观察企业业务变量是如何实现解耦的。

- 首先，企业所有的资源包括：静态的固定资产、动态的可变资源（如：业务能力或客户关系、银行产品）。这些资源归由 What 来描述，即以数据形式表示这些可以为企业创造价值的资产，而这些资产的存在独立于流程、组织、战略、地点。

- 其次，这些资源必然存在生命周期，包括资源入库、改造增值到"回收"（价值关闭），这是一个如何处理（How）的过程。

- 再次，这些资源由谁（Who）来负责执行这些 How 的过程，这里的 Who 更倾向表达为能力职责，人或组织（注：组织是一个由目标、人、结构（或关系）形成一个有序整体）不过是能力职责的物理载体。

- Why 表示行为的动机，通常可以是企业的战略意图，制定战略意图时，并不需要考虑流程、组织结构（按照管理学大师钱德勒的观点：（组织）结构跟随战略）。

- Where 表示流程与地点的解耦，也就是说，企业流程的运行并不依赖于地点的选择，银行开展的共享服务中心，其业务流程不会变化，但包括服务中心、渠道等任何地点都可以随意地迁移。

因此，资产（数据）、流程、组织（岗位）能力职责、战略、地点这些业务变量在企业管理过程中表现的独立性，对于企业架构的结构稳定十分重要。同时，可以在 EA 模型中独立地调整某些业务变量以改进企业创造价值的能力，这种调整不会对其他变量产生致命的影响，进而导致企业架构的总体不稳定。此外，业务变量的独立性有利于分析和改进企业运行质量，更容易导入战略意图，为数字化转型构建敏捷组织奠定了理论基础。

在现实中，企业管理实践同样符合 Zachman 框架范式。

为了实现企业战略目标，需要构建各种承载目标实现的活动集合——价值链（该模型的提出时间与 Zachman 框架的推出时间均属于 1980 年代中期左右），如：人力资源、财务管理、运营管理、风险管理等现在都是专业的领域。每个领域也成了组织部门设立的基础。

企业中的人力资源由于个体专业能力不同，他们会分属在不同的领域，即形成所谓的部门人员。这些部门资源构成了企业价值链的活动参与者。随着流程再造理论的出现，实际上，真正的参与者是以人为能力载体的能力资源，并不一定限定在某个部门。这样，部门实际上就和能力资源进行了解耦。

流程的参与者需求主要面向的是能力资源，而人所在的部门并不是流程所真正关心的内容。流程目标是部门目标的结构化组成（即：最后实践的子目标），如果没有部门，流程依然成立（但需要指定流程参与者：能力资源）。因此，流程和部门同样实现了分离，作为两个独立的"企业资源自变量"进行发展，如图 2-13 所示。

但是，部门在现代企业中依然是标准配置实体，原因是作为一个有序的资源聚合体，其承载了企业战略目标下的活动子目标。同时，企业家更需要卓越的部门经理来协同完成其管理意志。故取消部门设立，将会失去部门目标的管控主体，但可以打破部门墙壁垒，服务于流程目标的实现。

流程银行的建设，目标是打破部门墙壁垒，并不是取消部门制，在保留部门组织架构的同时，将业务活动聚焦于承载实现部门目标的可实践的流程目标。

（3）IFW 框架：基于多维思考的企业架构框架

IFW（Information FrameWork）信息框架由 IBM 公司开发，早期关键的构建者是 Roger Evernden，

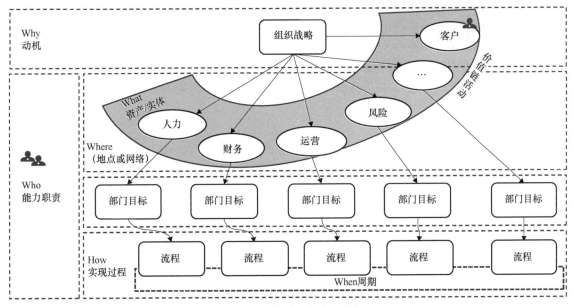

图 2-13 企业关键业务变量的解耦

他在 1996 年在 IBM 的 Systems Journal 上发表了关于 IFW 的开创性文章。作为一个具有重要影响力的企业架构框架，IFW 的适用性虽然最初源自金融机构，但其结果可以应用于管理任何行业的复杂信息结构。

IFW 框架体系庞大，主要包括框架本身、领域模型、模型资产。在这里，我们主要介绍 IFW 框架所蕴含的架构思想，以此来理解企业架构的设计过程。

1）IFW 框架的价值：企业架构的思考方式。

IFW 框架的建构过程为企业架构开创了许多行业新实践，主要包括如下几个方面。

● 多维思考构建企业架构。IFW 采用了一种多维思考模式来构建企业架构，由于企业架构需要聚合多个领域学科，这些维度反映了来自不同领域学科的关注视角。例如：分类学、方法论、管理学（组织、战略、流程、价值链、商业模式等）、信息技术等。后面内容会介绍 IFW 框架的六个维度。

● 提出领域模型，成为业务架构最主要的一项内容。

从 DTF 中，只有到了领域模型这一层级，才能真正着手解释和改进组织变革蓝图。如果说业务架构是 EA 核心内容，那么，领域建模就是业务架构中最为重要的一项工作。IFW 框架为运营系统提供了一种思考：一切资源可通过体系结构模型和模式来管理。在提出的领域模型中，FSDM 数据模型是最主要的一个基础模型。作为一个重要的起点，FSDM 为业务活动提供了一个抽象定义的概念模型，该模型包括的九大数据概念能够衍生出企业业务活动所有的业务信息。FSDM 模型为后续功能模型和工作流模型、业务对象模型乃至流程模型的出现奠定了基础。领域模型的出现使业务架构的工作提升了一个新的高度。

● 为企业分析与定义构建块奠定基础。领域模型为企业架构的构建块建立提供了理论基础。

有了企业级构建块（组件），就可以通过构建块的调整和组合，加速实现组织变革蓝图，提升企业应对变化的敏捷能力。

- 构建通用语言，加速 EA 在企业级的推广。IFW 框架和领域模型都是企业级的规范，从而可以作为组织内的通用语言，加速业务资源与技术资源的协同。

此外，IFW 汲取了许多知识源的基础，包括面向对象理论的"框架"概念，如提出了业务对象 FSOM 模型。

2）认识 IFW 框架。

IFW 框架采用了 5×10 的矩阵来描述结构化组件，同时包括了六个架构维度（Six Dimensions）。架构维度体现了 IFW 框架在执行时需要考虑的架构策略，如：从 D1-信息类型、D2-约束级别、D3-单元格内容、D4-结构变换、D5-所有者、D6-路线图，如图 2-14 所示（图片参考来源：Roger Evernden. Information FrameWork（IFW）：1996 Systems Journal Article and 2011 Update . 2018. ）。

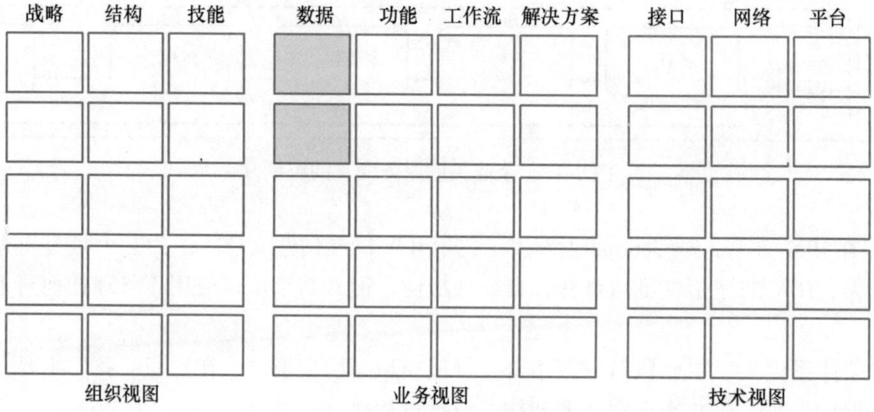

图 2-14　IFW-信息框架

为了把多年的信息系统（架构）、战略规划、业务流程再造等众多项目的经验和信息资产进行管理和总结，Roger 等人对这些复杂的信息资产按照列（不同类型人员视角的信息类型）、行（对某类型的信息能做什么分析的类型）两个角度同时进行了分解，把信息管理的复杂性降低，从而形成了一个二维网格结构的 IFW 信息（管理）框架基础。

这样，所有的信息资产，被分解为了若干个行和列的交点所确定的单元格。每个单元格被定位为"对某类信息做某类事儿"的职责分工。既然 IFW 称之为框架，那么除了信息划分为单元格之外，Roger 还赋予了 IFW 相关的信息管理方法论，包括：信息类型、约束级别、单元格内容、结构变换、所有者、应用 IFW 的路线图（详见后续讲解）等，由这些内容一起组成了信息（管理）框架的定义和应用指南。

由于金融机构之间的现代信息很类似，因此在 IFW 框架按照自身方法论提供的可交付物（信息组件、模型、模板、应用程序构建块、代码）产出之后，在行业内进行新的项目解决方案制定时，就可以把这些已验证过的交付物运用到项目中，可节省大量工作。因为信息被分解为了众多小颗粒度的单元格构建块，从而，降低了信息间的耦合性和管理复杂度，也提高了其在定义其他项目或跨行业解决方案的可复用程度。这就是 IFW 的价值所在。

IFW 信息（管理）框架如图 2-15 所示（图片部分内容参考来源：Roger Evernden. Information FrameWork（IFW）：1996 Systems Journal Article and 2011 Update . 2018.）。接下来，从六个维度对 IFW 框架进行说明。

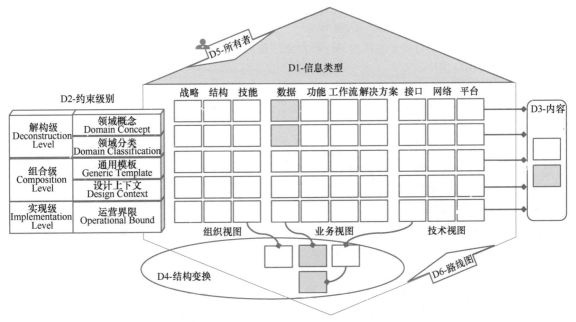

图 2-15　一个 IFW 执行的思考框架（IFW 框架与六个维度关系图）

◎ 维度 1：信息类型。

在 IFW 框架中，组件（Component）代表信息。从企业结构的三大资源视角来分析，这些组件映射为企业的"结构"，这与 Zachman 框架分析企业的本体结构有相似的地方。

组织、业务、技术是任何一个企业开展价值创造活动的基础要素，也是构成企业的三大资源。其中，组织代表了企业开展活动的价值创造主体，核心是"人力资源"；业务代表了企业价值创造的"原材料与产品、无形资产等"资源；技术代表了企业价值创造的支持资源，属于设备、工具等。

如果继续分析组织、业务、技术三大领域活动的趋势（或模式）以及背后的支撑结构，就可以发现每一个要素都包含几个关键组成。

以组织为例，组织开展活动所表现的趋势为，定义企业活动目标，选择一个合理的资源配置结构，根据不同的资源技能通过业务活动实现企业目标。趋势背后的支撑要素就是战略（包括商业模式，不过 IFW 提出时，商业模式还没有从战略中分离出来）、结构、技能。

继续观察业务活动，发现其体现的趋势是以企业的各类实体为基础，根据实体拥有的功能（或能力），依托功能所能从事的基本活动，将实体、功能、基本活动整合为一个实现企业目标的解决方案。支撑这一切的基本要素是数据（描述实体）、功能、工作流、解决方案（具体业务流程活动），这是一个顺序关系。支撑上述四项要素的模型基础分别为 FSDM、FSFM、FSWM、业务流程（BPM）。如果要完整地描述业务活动的全部逻辑，则需要建立 FSOM 对象模型。

技术视图中的支撑要素包括接口、网络、平台。

- 维度 2：约束级别。

约束级别本身代表了认识企业这个"复杂系统"的过程。约束级别有解构级、组合级、实现级三个大类，体现了对"复杂系统"的理解。

其中解构级代表对银行等金融机构的一种抽象理解过程。该过程形成了领域概念及分类，以及领域级的各种通用构建块。

组合级利用解构级产生的这些通用构建块，进行高级业务逻辑模型的设计。

实现级利用组合级的成果实现可运营（Runtime）的能力涌现物。

- 维度 3：内容。

单元格表示在特定约束级别（行）下定义的信息或组件（列）。这些单元格的内容涵盖了组织信息、业务信息、技术信息，对应的模型有组织模型；FSDM、FSFM、FSWM、解决方案模板或概要设计；技术模型、应用架构模型等。

- 维度 4：结构变换。

知识经济时代，组织的信息（或组件）已经成为重要资产，需要从组织整体的角度按照系统思考的方法去管理，而不再是单个应用孤岛式地管理，这就要求组织实行基于 IFW 整体框架的管理转型。

所谓结构变化，是指随着时间的变迁，信息资产的范围以及具体内容也会发生变化，例如：IFW 提出的时代，数字化技术还没有发展如今天，一些新技术推动而产生的组件势必会扩充原有信息资产的范围，典型如商业模式、非结构数据、人工智能、云计算等。IFW 怎样适应信息的变化和怎样做好对信息的变更管理，也是企业信息系统运行过程中要考虑的必要问题。

- 维度 5：所有者。

所有者是对框架中的单元格（即信息或组件）进行全面管理的责任主体。以框架中的"列"为例，每个列的约束级别涉及多种不同角色的所有者资源，列中的具体单元格与特定角色的所有者对应，即特定所有者资源负责管理该列中对应单元格的生命周期。通过确定不同的级别：全部行业级、特定行业级、特定企业级、部门级、个性化级。以建立在不同级别的演进过程，包括不同行业同一层级的单元格资产复用。如：数据模型（L2-领域分类）在银行的运营部（部门级）定义完毕后，可以在财务公司的运营部使用。

- 维度 6：路线图。

在企业组织、业务、技术整个生命周期的分析和设计过程中，每个阶段的方法论或工具可以根据企业实际情况进行选择，这样形成的整个方法论或工具的链条就是 IFW 在一个项目中方法论或工具的实际路线图。

Evernden 后来将 EA 框架的构建思路转移到元框架（Meta FrameWork）上，即由一些基本因素组成（单独的和组合的）用来创建对每个特定项目有意义的 EA 框架。对于 EA 框架来讲，元框架就是"授之以渔"，有兴趣的读者可以阅读 Evernden 的著作《Enterprise Architecture——Eight Fundamental Factors》，即构建企业架构的一种元框架：Evernden 八原则。

2. 从数字化转型框架（DTF）到敏捷 EA

敏捷 EA 主要是在数字化技术加持下，加速对业务变化的感知和适配能力，通过推出最小价值产品（MVP），或者 MVP 再分解作为精益切片，根据反馈加速客户洞察验证与战略规划的有效性，尽可能反映出即时（JIT）的 EA 迭代模式。基于银行对风险高敏感的特征，精益切片的模式可以在内部或社区先行发布，根据反馈结果加速迭代步伐，从而改变经典 EA 各个阶段粗颗粒度推进的分析与设计模式，实现 EA 中的企业愿景、战略规划、业务架构、逻辑架构、技术架构、投资组合、项目执行、迭代改进的 EA "自动化流水线"。

数字化技术和 EA 构建块二者的结合是实现敏捷 EA 的必要条件。其中数字化技术的核心是 AI，其次是大数据、云计算等技术；构建块是 EA 每个设计阶段都涉及的内容，它代表了业务创新涌现的基础资源。

接下来，说明敏捷 EA 架构的组成和执行特性，如图 2-16 所示。

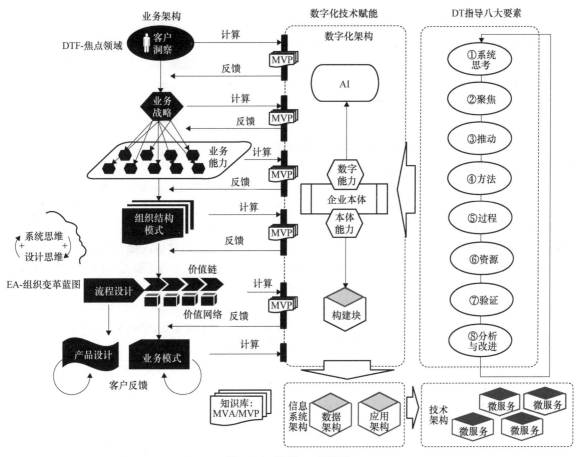

图 2-16 敏捷 EA 的架构

（1）敏捷 EA 的基本架构

主要包括业务架构、数字化架构、信息系统架构、技术架构四个部分。

1）业务架构。

- 业务领域的导入。敏捷 EA 的业务架构由数字化转型框架（DTF）导入的焦点领域构成，这些领域代表了企业关键的业务变量。虽然这些变量可以独立地调整，但在业务变量调整后，需要及时验证整体 EA 模型的调整效果。

- 业务领域之间的循环演进。由于每个领域都由若干个基础构建块组成，构建块之间建立了基本的交互规则和规范，这就为每个焦点领域的 AI 使能提供了基础。利用 AI 进行构建块的编排与组合，可以实现该焦点领域 MVP 的快速构建和验证（图中的 MVP 表示为一个可独立进行的任务，该任务可度量并有一定的价值创造能力）。之后把任务导入到下一个焦点领域继续进行类似的 AI 计算工作并把计算结果导入到再下一个焦点领域，直到把该 MVP 产品推到市场，接受市场客户反馈，这样一个 EA 业务变革的循环就完成了。之后可以根据需要再进行下一轮的焦点领域变革迭代。

整个 EA 业务变革过程描述如下：

① 对客户洞察的结果导入到数字化架构，经由 AI 分析与计算，形成的若干个洞察结果，映射到相应的业务战略模式并产生反馈，对业务战略模式定义优先级。

② 业务战略通过 AI 分析与计算，确定所需要的业务能力，并依据结构跟随战略的规则，形成匹配的组织结构模式。

③ 组织结构模式通过 AI 分析与计算，生成支持业务战略的价值链链或价值网络。

④ 价值链或价值网络通过 AI 分析与计算，形成可创造价值的业务模式。

⑤ 业务模式以 MVP 形式投放社区或市场进行客户验证。

2）数字化架构。

- 通过构建块编排输出 MVP 各级架构。对 EA 业务架构 MVP 进行如上一系列 AI 计算并最终得到客户验证后，数字化架构得到这个变革后的业务 MVP 结果，并继续进行该 MVP 逻辑及技术架构的输出工作。由此，我们可以看出数字化架构的主要任务有两个，一个是扩充传统 EA 的非功能属性，使 EA 具备数字化能力；另一个是按照新能力要求，建设新的被植入数字化能力的 EA 构建块（业务级、数据级、应用级、技术级），从而为 MVP 在架构层次上的计算提供构建块的编排服务。这样带来的好处是价值生态的参与者可以方便使用服务，创新速度加快，管理也更具有灵活性。

- 数字化的 EA 各级构建块。DA 主要是利用模型来定义 EA 的非功能属性，每个属性都使用相应的数字化技术来实现，从而提供 EA 敏捷性的关键组成部分。其关键的内容包括数字化技术与建设的 EA 各级构建块（业务级、数据级、应用级、技术级），这些构建块被植入了数字化能力基因。数字化架构中的能力资源在输出（计算）时接受转型八要素的指导。对各级构建块的建设，需要涵盖企业的经营管理、业务、技术、支撑职能等多个方面。例如，领导力、客户洞察、企业战略、组织结构模式、价值链和价值网络、业务模式；银行各类业务（存、贷、汇）；数字技术、治理机制、交付能力、知识共享；人力、财务、基础设施等。这些内容越完整，企业敏捷程度就可能越高。

3）信息系统架构。

EA 各级构建块的起点为业务构建块，业务构建块的设计成果通过某种确定性的规则映射到其他各级的构建块，从而实现 EA 架构的可回溯性。AI 在这个过程中同样赋能各级构建块之间的转换过程。

例如：IFW 框架中的 D2 维度，其定义的五个级别可以形成相应的 MVP 成果，这些成果具有概念层面的一致性。因此，业务架构作为 EA 的核心，其设计有效性核心体现在构建块的规划，而构建块的质量取决于领域模型的建构水准。

故信息系统架构的敏捷能力体现在对业务架构交付成果的快速导入，这需要数字化架构中的数字能力构建块加持实现。

4）技术架构。

无论从部署上还是运行效率上，以及确保业务连续性的稳定性上，分布式微服务架构都具备支撑上述能力以指数级增长的贡献。DevOps 与 AI 结合提升该架构能力输出的敏捷性。

（2）敏捷 EA 的执行特性

1）快速支持组织 EA 变革蓝图的构建：细化经典 EA 三阶段（业务架构、信息系统架构、技术架构）的工作颗粒度，不以文档作为评价标准和交付成果，而是靠知识库来记录和输出 EA 变革过程。在每个阶段都可迭代的基础上，每个阶段基于数字化技术的计算都参与其中，从而可以产生 MVA、MVP，并可即时（JIT）验证。

2）各级构建块：可以利用行业模型，如 Zachman 框架、IFW 框架等，以及后续将要介绍的 BIAN 框架，融合数字化技术，形成各个层次新的 EA 构建块（业务级、数据级、应用级、技术级）。

3）数字化技术遵循指导 DT 的八要素：数字化技术赋能时，需要遵循 DT 的指导规则，这有利于沿着 DT 的方向而不偏离（相关内容参见第 3 章）。

4）知识管理方式变化：MVP 流程，MVA、MVP 的标准，需要原子化规范，以实现对具有稳定性特征的构建块进行拼装，这个拼装的过程就是流程，将这些处理流程导入到知识库中，利用机器学习分析流程中的业务活动，将学习结果转化为知识资产。数字化架构会源源不断地产生知识图谱，包括组装的过程，涉及关键点，从而改变以往 EA 三阶段依赖文档工件作为知识转移的方式，使用 MVP（构建块为基础）改变了文档难以验证最终结果的局面。

5）敏捷 EA 的开发过程可以借用 TOGAF© 　 ADM，但不再依赖。

企业使用增长和迭代的方式来发展战略和计划，不再依赖 ADM 定义一个大颗粒度的战略计划，也不再用文档工件进行阶段验收并将其作为进入下一个阶段的条件，而是将战略 MVP 快速提交给后续阶段尽快实现和验证，利用 AI 和各级构建块快速分解为业务和技术能力，这些业务能力的活动进行优先级排序（投资组合 EDGE），进行小颗粒度战略推进。

因此，基于企业业务变量的独立性，决定了可以进行小规模的战略推进，并从 EA 中获取自助服务，如构建块、业务编排、技术编排，从而为实现敏捷组织提供了保障。

3. EA 的六个非功能属性

EA 的非功能属性主要表现在六个方面：通用语言（业务建模）、可重用性、互访自适应、开放资源、可回溯性、可计算性，如图 2-17 所示。

上述六个关注方面最终将和 AI、大数据、区块链、云计算、物联网、移动通信等数字化技术进行融合，使得 EA 功能属性（业务架构、信息系统架构、技术架构等）的效能获得指数变化（放大或衰减），EA 交付的（业务、应用、技术）功能也会创造巨大的商业价值。

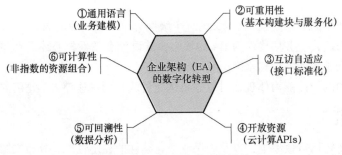

图 2-17　EA 的六个非功能属性

（1）通用语言

通用语言是组织开展 EA 行动的基础，它为 EA 过程建立一个一致性的沟通规范，该规范可以形式化输出相应的产出物。数字化转型是一项系统工程，通过为组织创建一组企业级的构建块来实现对数字业务的敏捷构建（编排或组合），这些构建块以技术组件的形式存在并对外发布接口（A-PIs），从而在商业生态环境中根据彼此创建价值的需要进行互联，形成价值网络为组织创造商业价值。

构建块的创建涵盖组织价值链的所有活动，包括核心活动与辅助活动。这就需要建立一种企业级的通用交流规范，在不同的部门、业务条线之间进行有效的沟通，即：能够将各自部门级的专业语言通过一种"通用语言"在组织范围内形成无障碍地沟通，从而加速构建块的生产质量和效率。

例如：构建一个业务流程，涉及贷款、运营和财务三个部门关联，如果存在一个通用语言让三方容易识别出：功能（目的）、接口、参数，对于专属各自部门的专业业务实务，就不需要互相进行深入的理解与掌握。如果流程是以 APQC PCF 的五级分类模型为基础构建的，那么在第 3 级就能形成组织级通用的语言，第 4 级和第 5 级属于各自部门专属的专业业务实务。

通用语言应该如何建立？

业务建模是企业架构的一项重要工作，建模过程通过深入理解企业运行的原理、涉及的资源及相互关系来完成。业务建模通常会输出形式化产出物，通过规范业务建模的描述形式，我们可以将业务建模定位成通用语言。

因此，按照转型框架，我们为组织构建了一个统一的共享认知框架：系统化思考范式。现在，要为组织引入一套建模形式，使其成为组织沟通的通用语言。作为有效沟通的语言，要有两项基本功能：

一个是基于 DT 思维范式下的统一业务逻辑的认知；另一个是采用行业较广泛使用的形式化符号描述体系，如银行业 BIAN 框架体系。

当然，在建立统一的业务逻辑的认知体系后，可以采用所谓"原生语言"创建组织通用语言的模板，例如：可以用 ArchiMate© 工具进行表达（ArchiMate 本身也包括了很多从战略设计、组织设计一直到流程设计等模板）。

通用语言利用业务建模对业务活动进行虚拟化描述，该语言将成为组织管理层、业务运营层、技术层共享且进行业务活动描述的一致性语言。业务建模的内容包括几乎组织的全部活动：从战略制定、商业模式设计、价值链设计、价值网络设计、业务流程设计、组织设计、人员岗位设计、运营管理设计等全部的企业价值链活动。

通用语言的构建质量反映了组织对整体企业运营活动的理解深度。针对数字化转型，通用语言的构建将以实现原子化架构为宗旨，设计出具有边界清晰、结构化程度高的能力组件，最终为导入云计算平台、微服务架构、开放资源（API）奠定基础。

（2）可重用性

用通用语言构建形成的资源（功能组件、产品资产、流程资产、规则资产、各种计算模型等）成为数字化转型的领域构建块基础，这些构建块具备可重用特性。

企业架构的数字化转型，需要企业架构能够表现出实现数字业务的敏捷性。在这里，敏捷不同于灵活，灵活是有计划地适应不可预见的外部情况，敏捷是根本没有计划地"遭遇"外部不可预见的情况。

这就要求构建块具有"开箱即用"的组合特性，根据需求条件的变更或组织定义的价值主张，快速创建价值链或价值网络。

构建块具备了形成可重用特性的基础，就会提升资源的应用价值，后续就可以利用产生的过程数据进行可回溯性跟踪，形成资产优化的闭环。这些资产通过组织能力的输出对外创造价值。如：BIAN 基于服务域定义的能力分区（Service Domain Capability Partition），APQC PCF L3 形成的能力构建块。

资源的可重用性可以精细地测算组织资源的投入产出情况，是银行开展精益运营的基础。

（3）互访自适应

可重用性的一个重要输出工件是组件服务（Component Service），这些以构建块为基础的组件服务之间具有可试错的互访自适应能力，即：组件的定义中包含可使用该组件的前置条件（如 FSDM 物理数据模型定义的业务参数字典），以及价值链层面定义的组件所代表业务活动的前后逻辑关系。

此种机制为 AI 创造了使用价值，AI 根据定义的约束关系，计算出许多的组合关系（但最好不要违反"可计算性"的属性），从而供人员与 AI 协同判定一个"最优"的业务活动（价值链或价值网络）以及需要的资源投入量（活动涉及有成本的参与者资源，包括：人、系统、设备、网络等）。

互访自适应为技术组件（构建块）快速地创建价值链或价值网络提供了友好的协议规范。为加速组织创造商业价值，提供了一种资源选择的便利性机制。

例如：根据上述两个约束条件，可以在构建块存储库中快速获取匹配的技术组件，通过人与 AI 的协同、试错，产生符合价值主张的业务模式。互访自适应能够为组织产生了一种额外的收益：这些包含数字化能力的构建块，成为组织业务模式的创新素材库。如果形成了持续转型的组织发展文化，就会让组织数字化转型的路线图进化到"活力 DNA"阶段。

（4）开放资源

组织能力通过某种形式（如 API）部署到云端，形成开放资源，可以和组织内跨地域、跨业务条线、跨部门的资源形成价值链，也可以和行业的开放资源形成价值网络，以创造更大的商业价值。开放资源的具体形式可以按照 APQC PCF 的五级分类流程模型，提供不同层级的开放标准：场景级、应用级、组件级等。

以 BIAN 框架为基础构建面向未来且兼容的银行微服务基础设施，以解决遗留核心基础设施带来的永久挑战，构建面向价值网络生态的"无核（Coreless）"开放银行。

（5）可回溯性

组件的每一次能力输出都会产生业务和过程记录，即数字化转型所要求的生产与交付过程的数字化。可回溯性则是利用大数据与 AI 的结合，实现价值链活动中的每一个环节的效率与质量分析，最终回溯到企业架构的合理性与敏捷性以及资源组合的有效性，以进行持续改进和价值创造。可以说，可回溯性是 EA 过程中始终要保持的一种设计思维。

可回溯性以支持组织未来持续转型为目标，在业务架构设计阶段就要引入进来。组织结构设计要达到的效果能够回溯到最初设计目标，识别目标与结果是否对齐；业务流程同样如此，对运行的流程进行价值量评测的结果是否与最初业务流程设计的目标一致。

制定可回溯的机制需要在企业架构的业务战略阶段开始。以往组织对企业架构的重视程度不足，很难上升到业务战略阶段，业务架构的理解范畴仅限于业务实务所代表的需求导入并由应用实现为主，最后交付的应用系统在进行回溯测试时，要么出现回溯路径中断、要么缺乏回溯信息，回溯的结果与最初的业务战略目标偏离度非常大。结果是组织应对不确定的变化时，敏捷应对的能力较弱。在 DT 时代，这种做法根本满足不了建立"瞬时竞争优势"的需要。

（6）可计算性

可计算性在组织业务活动中有两种类型：

一种类型的可计算性是指 DT 时代的组织管理展现出的一种特性，是指组织在形成模块化（如：组件化运营）的运营管理模式后，可根据战略选择进行灵活的业务调整。例如：企业实现业务模块化运营后，可以根据不同地域的市场运营成本随时进行资源切换，实现业务模块的"搬迁"，对组织运营过程中可变成本进行有效管理。银行共享服务中心的运营就是基于此种模式。

数字化转型要求企业架构在业务架构阶段即开始预埋"可计算性"特性。

通过层次化、结构清晰的流程设计，实现不同级别（如：L1、L2、L3）的业务模块，这些模块具有独立的资源，甚至可以单独形成独立的运营机构，资源的选择不受物理地点限制。

另一种可计算性是指基于构建块进行有效的组合形成商业模式创新。主要体现在，根据企业架构形成的数字化构建块进行计算"有限"的组合，以快速推出一种业务创新模式或价值链优化策略。如：选取的业务模块化基本单元为 BIAN 服务域（Service Domain-L3）或 APQC 的 PCF 三级流程。这些业务模块根据以往运营产生的数据，可以利用 AI 与人协同分析，形成有效的应用价值链或价值网络。在这个过程中，存在两种衡量指标：一个是可接受的计算时间的复杂度，即不存在超出计算资源承受能力的指数级计算量（注：根据算力资源情况，组织可以自行定义不同的计算复杂度标准，超过标准需要降低模型的表述难度）；另一个是能够计算出一个有效的结果，而不是产生了全部杂乱无章、只有"噪声"而没有"信号"的涌现物。

2.2.4 扩展 EA 的数字化架构（DA）

数字化架构（DA）的建设是对企业架构（EA）的架构扩展，通过使用数字化使能技术，使企业架构（EA）具备数字化架构能力，通过智能调整企业级的能力网格组件，加速提升企业架构（EA）实现组织变革蓝图的效能，以适应 VUCA 情况下敏捷组织的构建、数字业务运营、数字化技术平台能力建设，数字化架构能力主要是对 EA 非功能属性的扩展。

在 EA 过程中，需要为数字化技术的应用创造必要的条件，也就是说，在业务架构的设计环节中，除了保证功能性的需求设计，还需要考虑后续数字化能力的"发挥"，即 EA 非功能性属性的实现，非功能性属性要达到的目标就是敏捷。

数字化技术主要表现在：根据合理的数据内容进行分析处理，为发现业务变量之间的系统动力学关系提供依据（行为趋势分析）。利用 AI 对标准的能力网格组件进行分析、组合，为实现生成式业务流程（与生成式数据类似，利用 AI 能力来模拟人创造业务流程，使得业务流程的有效性降低或不再依赖人的主观判断）、业务场景提供可能；实现企业级的分布式服务运行机制；创造可追溯的安全机制。

对数字化架构（DA）建设的必要性和迫切性，从银行外部环境（供给侧）、内部环境（需求侧）两方面就可以看出，如图 2-18 所示。

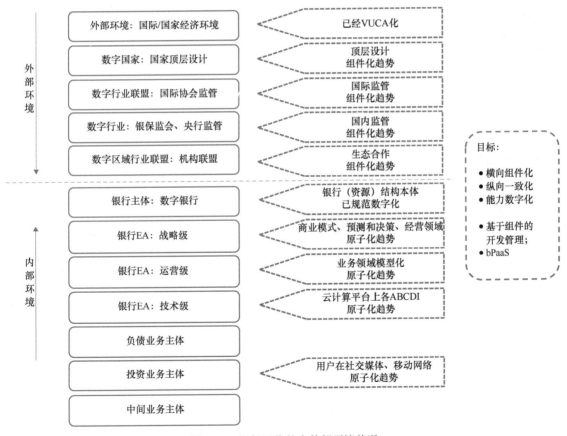

图 2-18　银行面临的内外部环境状况

1. 银行的外部环境影响

在图 2-18 中,数字银行的供给侧上下文中,国家层面、行业联盟、区域联盟、监管等不同层面上都在进行数字化转型。银行则处在该外部环境影响和监管的背景中,无法独善其身,必须对 EA 实施数字化扩展,实现组织战略分组(不同层级的业务领域,按照 BIAN 框架定义的战略分组,就是业务区域、业务领域、服务域)与生态资源的互联互通,以敏捷应对外部环境因优先开展 DT 所带来的价值交换请求,完成面向价值创造的战略性连接。通过增加 EA 的数字化能力,遵循企业架构(包括数字化架构)框架进行建设,一是可以实现平台与知识的共享,减少浪费和学习成本;二是可以减少业务系统供应商对银行的技术捆绑程度,降低更换厂商的风险;三是有利于企业集团在战略、经营、技术架构层次上的快速融合,这对于企业金融控股公司在银行、保险、证券等混业经营的趋势下开展业务更有意义,因为即便是中小银行业的合并也面临着企业架构的整合问题,横向能否做到业务组件化合并、纵向战略-业务-技术能否一致性对齐,是不可回避的经营问题。

另外,助贷、联合贷、普惠金融、供应链自金融等业务模式,使银行挂牌机构、非金融机构、担保公司、科技公司之间的生态合作已经启动,对合作公司架构的数字化能力提出了更高的要求,银行必须对企业架构进行扩展,使之具备数字化架构特征,才能输出数字化能力。

2. 银行的需求环境影响

过去银行"研产供销服"的顺序模式,正在被市场上的投融资个体所影响。正是因为数字化程度的加强,信息不对称和投融资方式得到了极大改善,金融市场上非银行机构已经截获了融资方、投资方的大量流量入口。移动网络、社交网络、非银行机构支付结算平台等应用的广泛推广,使得各方信息基于个体颗粒度的共享变得更为方便。

因此,银行企业架构作为迎接 VUCA 时代下实现组织变革蓝图的落地载体,一定需要敏捷的组织结构。即:面对外界环境不可预期的变化和波动,组织势必要采取迅捷有效的应对,包括定义合理有效的战略分组,否则经营就面临越来越多的挑战。

从一般意义上讲,银行要做到敏捷组织,通常需要做到两点:一是银行决策机构、监管机构和实施机构团结一心、目标一致;二是银行决策机构的业务战略、决策,要迅速向下传导至实施机构,开展无理解偏差的执行活动,并能把银行的整体业务组件快速编排出客户需求的业务服务。运营一线接触到的经营信息要能快速传递到决策机构,进行战略设计、业务运营设计的决策,甚至是商业模式的调整。如此形成正向循环。

这一切的数字化应用实现都需要企业架构通过扩展原有 EA 的数字化架构来承载。

那么,敏捷组织需要哪些能力?也就是需要什么样的数字化企业架构呢?

一是响应的适应性。通过在统一的 EA 框架内,利用数字化技术重新配置松散耦合的交互组件来实现,也就是企业架构中的业务组件化。这些具有"智能体"特征的业务组件,在能够扩展的框架中具有可重用性和可重构性。而实现上述能力的背后,是组织机构对资源有效管理和应用知识的能力,这就需要企业架构的非功能属性(可重用性、可自动扩展性、互操作性、可回溯性、可替换性、安全性等)的支撑和加持,即:数字化架构能力。只有这样,银行在面临竞争机会时,才能够快速对业务组件资源进行编排并采取行动。

二是机会的适应性。敏捷企业响应系统覆盖的领域越大、响应的效率越高，经营机会就越多。所以，主动转型、主动提前把银行自身的数字业务能力组件化，适应变化的组织能力的要求就会同步提升，需要通过数字化架构开放出数字业务服务。

上述两项能力的前提是业务组件自身可重用、具有接口可扩展，这样构成的数字化架构对于银行把握市场机会以维持竞争力至关重要。

3. EA 非功能属性的重要性与数字化技术

由于数字化架构能力主要是对 EA 非功能属性的扩展，那么，数字化架构必然会关注 EA 非功能属性与数字化技术的关系。

有些银行已经实现了不同程度的业务组件化，但没有数字化技术的支撑，会使银行对市场响应的敏捷程度受到不同程度的影响。以上讨论的敏捷组织需要的两种适应能力，落实到企业架构上，就是企业架构的非功能属性。而增加数字能力的适应能力，就是使企业架构的非功能属性得到增强或添加。

既然敏捷组织对适应性响应要求这么高，为什么以往银行业务系统建设时，系统架构功能属性要比非功能属性要多得多？

这是因为以往银行由于是业务应用竖井式建设方式，每个单独的建设系统在企业架构角度看，规模够不上"复杂的系统"。它不是整个企业的架构，而是单个业务系统的架构。企业架构如果规模小，关注重点就在功能特性；而企业架构规模大，关注重点往往在非功能属性。功能需求描述了系统必须"做什么"，而非功能属性或称之为质量属性需求，描述系统必须"如何做"和"做到什么程度"。

系统的质量属性，如性能、安全性、可伸缩性和恢复力（它是如何做到的）源自其内部实体元素的质量属性，这些属性最终表达了从外部观察者的角度所描述的系统行为。由于一个系统的整体质量属性只与其表现最差或最脆弱的内部实体元素的属性对齐，所以企业架构的非功能属性是多么重要。

因此，为了抵御未来的破坏性数字风暴，企业架构通过业务组件化和支撑其的数字技术获得了敏捷性，使得 EA 非功能属性得到了增强和添加，即在 EA 的组成属性的任何性能度量中出现指数变化。

具体来讲，EA 的非功能属性及其对应的数字化技术情况如下。

● 通用语言。对应需要的数字技术：大数据、AI。借助业务建模，实现数据模型、流程模型的标准化定义，从而提升数据质量与流程的规范性，有利于确保 AI、大数据分析业务活动质量，为持续优化奠定基础。

● 可重用性。对应的数字技术：大数据、AI、云计算（分布式）。同一组件在不同的业务场景下使用，能够利用 AI 与大数据衡量评测组件的使用情况，安全性、效率、对场景的支持能力等。如：某能力组件在不同的业务流程场景嵌入时，运行产生的效率、质量存在很大的差异，那么，可以对组件的跟踪控制记录产生的数据进行分析，根据分析的结果与组件标准的评测指标进行比较，通过标准差判断偏离度，这样，就可以有效地评估究竟是哪个人、哪个部门、哪个流程环节的处理效率和运行质量下降，引发下降的原因是什么。

- 互访自适应。对应数字技术：大数据、AI。组件互访自适应是指，通过 AI 计算快速地将相关组件进行组合，生成多种处理流程或业务场景，通过 AI 与人的协同判定，萃取可发布的业务模式。
- 开放资源。对应的数字技术：移动通信、云计算。为手机、IoT、可穿戴设备等移动设备的连接，企业价值网络、行业生态系统的创建奠定了基础。
- 可计算性。对应的数字技术：面向服务的计算（SOA、微服务）、云计算（IaaS、PaaS、SaaS）、大数据计算、情境感知计算、IoT 计算、区块链计算、基于 AI、模糊逻辑、人工神经网络、遗传算法等。

2.2.5　敏捷 EA 的开发过程

与以往按照业务架构、信息系统架构、数字化架构、技术架构划分的经典 EA 开发过程不同，敏捷 EA 的开发过程采用另一种四阶段的划分方式。

- 业务领域分析。
- 设计构建块。
- 编辑构建块。
- 交付构建块。

1. 敏捷 EA 的作用

敏捷 EA 承载数字化转型战略落地的要求。银行定义数字化转型战略是为了强化对市场变化的感知能力并建立瞬时竞争优势，在此基础上制定相应的业务战略。

DT 时代，数字化转型贯穿各个行业，最终将形成社会价值网络生态，在这样一个开放的数字化空间中，将迫使组织改变对自身的定位。对于企业来讲，需要在开放的数字化空间中建立优势地位；对于银行来讲，需要成为价值网络中的驱动者，改变以往根据细分市场进行的战略跟随模式，而是以领先者姿态改善生态环境的价值交换规则。因此，组织需要具备不断地调整业务战略（包括设计战略分组以及分组连接）的敏捷能力。

业务架构、信息系统架构、技术架构总体秉承一种顺序关系，虽然在 EA 执行过程可以独立进行，但其产出物之间在内容上具有一定的耦合牵连。这就使得 MVP 的交付周期相对较长。更为重要的是，产出物的验证方式（基于文档）并不能保证 MVP 的交付质量，文档在各阶段传导过程中，尽管领域分析专家和技术架构专家可以组建敏捷团队进行工作协同，但由于阶段工作性质不同，需要对文档内容进行术语转换及重新解释（从业务到技术），这就难免出现对内容理解的扭曲，进而加剧对战略目标理解的偏离，各阶段的成果交付过程总体表现出价值收敛特征，即：交付成果的价值创造能力与战略目标规划的预期差距较大。

按照业务领域、设计构建块、编辑构建块、交付构建块四阶段开发 EA，可以避免上述情况的发生，这是因为：业务战略目标的导入，首先需要做的是构建承载战略目标的功能单元，功能单元构成组织行动的关键要素，行动体现了战略目标的实现过程。这些单元按照某种非线性关系形成一个稳定的系统结构，以确保战略最终的落地。

敏捷 EA 的四个开发阶段，主要由敏捷 EA 的非功能属性（①通用语言、②可重用性、③互访自适应性、④开放资源、⑤可回溯性、⑥可计算性）支撑。

2. 敏捷 EA 的核心要素：构建块

功能单元就是系统的构建块（Building Blocks），这里的系统泛指一切存在的事物。构建块对于敏捷 EA 的意义重大，是结构的核心要素。构建块的定义可以适用到社会中的任何领域，大到社会组织，小到企业、部门或某个领域以及实现领域价值创造的基本能力（如：业务能力构建块）。

接下来，我们对构建块给出更直观的解释，如图 2-19 所示。

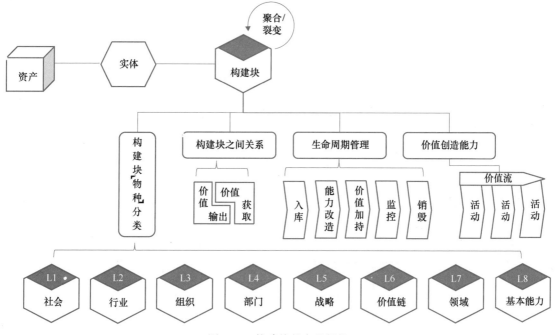

图 2-19　构建块的定义规格

- 构建块是企业的资产，本身也是一种实体，在 EA 框架中利用数据模型进行描述。同时，资产本身能够创造价值，因此，资产具有功能属性。
- 构建块的"物种"分类。之所以用物种类比，主要是考虑到构建块是一种思维方式，即理解事物或现象的一种方式：基于构建块概念认识一切系统，通过不同视角和维度形成的构建块，会成为一种范式结构，在此范式基础上，构建块可以形成价值涌现物。构建块颗粒度越小，产生的涌现物种类越丰富；反之，构建块颗粒度越大，产生的涌现物类型就越有限（图 2-19 中 L1 ~ L8 的细分过程）。也就是说，构建块的设计规格决定了系统的演进能力，反映到企业层面就是对战略调整的支撑能力，尤其是构建瞬时竞争优势，构建块的涌现能力至关重要。
- 对构建块的定义与实现描述均采用企业级的通用语言，原则上，业务与技术无须进行术语转换。
- 构建块可以通过组装形成新的构建块，即多个构建块组成的聚合体；构建块也可以通过裂变产生颗粒度更小的构建块。现实中，根据组织战略规划的实际情况，通过对构建块的聚合或裂变，构建适合支持战略落地的颗粒度。

- 构建块之间的关系表现为价值输出与价值获取，这表明构建块是具有价值创造能力的资产实体。
- 构建块具有生命周期特征，从入库创造、能力改造以具备创造价值的能力、再到对构建块生命周期过程的监控管理、最后到构建块的能力关闭。
- 构建块的价值创造能力主要表现为一组活动构成的价值流。因此，组织创新活动就是围绕设计价值流而嵌入不同的构建块作为支撑要素。
- 构建块可以独立地配置其他资源（人力资源、容器资源、云计算资源等），拥有确定的 ROI 评价指标。

3. 敏捷 EA 的开发阶段

敏捷 EA 的开发过程包括四个独立的阶段，分别是业务领域（A）、设计构建块（B）、编辑构建块（C）、交付构建块（D）。之所以说相互独立，主要体现在构建块内聚体现的能力逻辑稳定性与多个构建块形成聚合的灵活性。前者的变更可以在阶段 B 进行，调整构建块的能力逻辑不影响构建块之间的聚合关系，主要是构建块的接口具有生命周期内的一致性，这种调整对于历史版本的价值流不存在影响。后者的开展可以在阶段 C 进行。阶段 D 由于构建块作为微服务的映射单元，故也无须考虑应用系统的部署复杂性，如图 2-20 所示。

（1）业务领域（A）

由于 EA 承载战略目标的实现，这就需要深刻洞察业务领域中所有关键业务变量（构建块）之间的关系，许多 EA 框架假定这部分内容是默认的预备能力，有些也只是列出了一些众所周知的业务领域。但实际上，搞清楚业务领域恰恰是设计 EA 模型的核心，也是 EA 开发的关键工作。业务领域的分析是所有其他工作的基础。那么，业务领域阶段具体有哪些任务？

1）步骤 1：业务领域中有多少个构建块？按照数字化转型框架（DTF），确定六个焦点领域作为业务领域的构建块：客户洞察、业务战略、组织结构模式、流程设计（价值链/价值网络）、产品设计、业务模式。

2）步骤 2：确定这六个业务领域构建块之间存在什么关系？也就是说，六大领域构建块之间存在一个基本逻辑关系，如图 2-20 中从客户洞察到产品设计、业务模式。支持六个业务领域转型的功能单元为业务能力，业务能力是设计构建块阶段的核心工作。捋清楚这个基本逻辑关系，能够为下一步领域内构建块的分析确定一个总体方向。

3）步骤 3：为每个业务领域构建块确定采用的分析方法和行业模型，例如：DDD 或 IFW 框架、BIAN 框架等。

4）步骤 4：确定这些业务领域能力提升的 DT 转型机会以及可能涉及的数字化技术。所有步骤涉及的行为过程形成知识库。

（2）设计构建块（B）

六大焦点领域确定后，接下来，需要开始对各个业务领域进行构建块的分析。主要策略是延续战略目标，确定每个业务领域中的关键构建块（如：业务战略可分解企业级战略、业务单元战略、职能级战略），这些构建块可成为 MVP，然后将六大业务领域之间的关系，通过构建块展开以分析

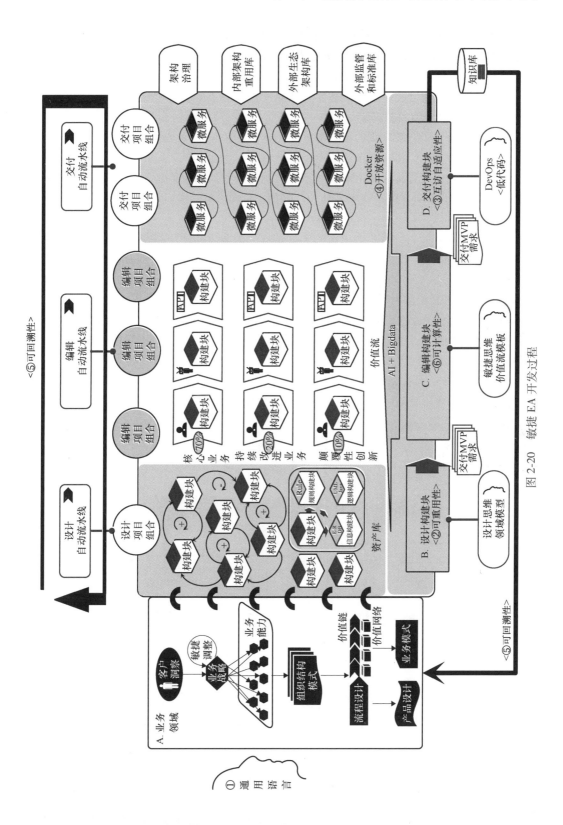

图 2-20 敏捷 EA 开发过程

更为复杂的拓扑关系（图2-20中A阶段中描述的构建块之间系统动力学关系），进而确定业务领域内部的构建块集合。需要说明的是，支撑实现这些构建块的规则统一属于业务能力构建块。

本阶段的开发工作会用到设计思维和领域模型。

1）步骤1：设计项目组合，主要根据数字化战略所涉及的主要业务领域设计项目组合，以支持可延续性、改进型、颠覆性的要求。

2）步骤2：确定每一个业务领域的核心构建块（通常是多个）。领域构建块的实现需要映射到业务能力构建块。

3）步骤3：分析这些领域构建块之间的关系，以确定构建块的价值是否会对其他构建块产生影响。通过构建块形成的拓扑关系，观察构建块之间的正反向影响，进而确定和分析反馈回路，形成最优的运行系统。

4）步骤4：确定业务能力构建块后，再确定其结构，即能力构建块裂变之后的子构建块，主要包括：规则构建块、信息构建块、逻辑控制构建块，完成入库注册。整个步骤过程被记录并形成知识库。

（3）编辑构建块（C）

在编辑构建块阶段，主要进行构建块的价值创造能力的构建，这是一项组织新的资产，形成的资产作为新的构建块入库（可创造价值的商业化组件资产库）。项目组合可按照核心业务、持续改进业务、颠覆性创新等进行创建。

本阶段主要利用敏捷思维（指数思维）、价值模板指导构建块的编辑和项目投资组合的设计工作。

下面展示的是银行开展DT过程中，用EDGE的精益价值树定义的项目投资组合，目标可支持OKR导入，如图2-21所示。

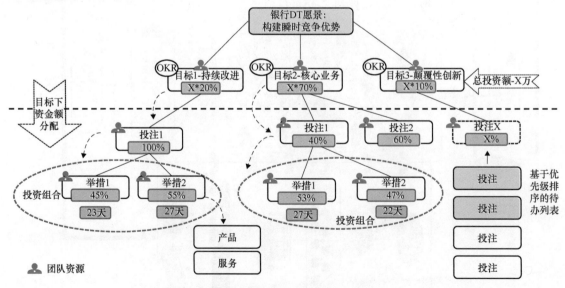

图2-21　银行DT项目投资组合示例

1）步骤1：确定支持业务战略所要开展的具体项目类型：核心业务、持续改进业务、颠覆性创新业务，可利用数字能力分析这些项目类型涉及的业务上下文，以确定所需的投资内容以及预期的 ROI 及客户价值成效。

2）步骤2：根据项目类型，确定需要开展的相应活动，进而确定价值链或价值网络，确定需要的业务能力构建块资源，内部架构重用库，外部生态架构库，外部监管和标准库，确定业务模式。

3）步骤3：设计具体的价值流，反映银行或客户价值主张。确定构建块的资源需求，包括人力资源、人工智能资源、能力服务资源等。通过编排组合业务能力构建块，生成执行运营任务的价值流模板。

4）步骤4：指定构建块所需要的容器资源计划，可以利用内部或社区资源验证价值流所反映的客户价值成效，整个过程形成的反馈信息归档到知识库。

（4）交付构建块（D）

根据 C 阶段提交的容器资源计划，进入 DevOps 过程，交付价值流模板并导入到容器资源，在分布式微服务架构体系中对外输出能力服务。

1）步骤1：根据价值流模板以及定义的构建块相应的容器资源计划，申请交付运行的技术资源。

2）步骤2：确定构建块涉及的所有资源（信息、规则、控制逻辑、编排构建块所形成的流程设计模板等）的部署时间窗口，指定自动化部署或迁移计划。

3）步骤3：根据自动化部署或迁移计划，开启自动化部署或迁移的流程。

4）步骤4：根据监控构建块服务的执行情况，定义迭代升级改进计划，并反馈相关信息到知识库。

2.3　管理与技术融合的数字化转型框架

数字化转型框架构建的过程中深度考虑了银行运行的基本原理，在此过程中，管理、业务与技术的深度融合是 DTF 最终实现的关键。数字化转型作为一项业务驱动的组织能力建设实践，面向管理业务的思维至关重要。现实中，要避免数字化转型演变为一个 IT 系统实施为主的项目。

这是因为：引入 ABCDIoT 的目的是驱动业务模式的持续创新，并为银行建立起具有持续转型、自我改进的能力。尽管在这期间，涉及了 IT 系统的建设内容，但也需要明确 IT 系统在 DT 中的定位。如果需要构建的 IT 系统没有对管理能力（质量与效率）与业务运营模式产生重大的改变，通常，将其定位为普通的 IT 项目。只有构建的 IT 系统使业务模式产生了改变，实现了指数级价值提升，那么，才可以说开展了管理与技术深度融合的 DT 实践。

目前，通过调研分析发现，很多银行在开展的数字化转型，大多数属于 IT 升级项目，并没有基于顶层设计，从战略、文化、组织结构三大引发组织能力质变的因素去考虑 DT。就其原因，还是对 DT 没有形成企业级的认识。

2.3.1　三种能力的深度融合：管理、业务、技术

如果要实现数字化转型的目标，即：价值的指数增长，那么，需要组织能力产生整体性的提

升。任何仅在局部的改良都难以承载这样的目标,而且,数字化转型的结果要求组织形成持续转型、敏捷转型的企业文化,文化是组织行为能动性的表现,行为受到思考活动的驱使,而思考活动则表现在组织内形成的共享认知框架。

因此,银行需要在管理、业务、技术三种能力上构建组织数字化转型的"第五项修炼"——基于系统思考的深度融合能力。这就要求组织应在四个方面实现三种能力的深度融合,如图 2-22 所示。

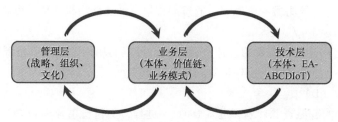

图 2-22 管理、业务、技术的融合关系

1. 思考范式选择的一致

要求管理、业务、技术(管业技)三大组织条线建立统一的系统思考文化。例如:按照 DT 思维范式来认识数字化转型,在认识 DT 的过程中消除理解上的偏差,进而为银行建立一个理性审视 DT 的"心智模型",有利于 DT 解决方案的构建。

2. 达成对 DT 解决方案的共识

DT 工程的解决方案包括三部分:管理层规划制定的总体蓝图、业务层制定的战术执行路线、技术层制定的技术实施方案,这三部分共同构成了 DT 解决方案。尽管管理、业务、技术之间对该方案的关注点不同,但最终形成的方案是三方经过反复沟通探讨之后达成的共识。

3. 开展行动的目标一致

对解决方案达成了共识,就可以确定行动的目标。无论管理层、业务层、技术层,都需要围绕行动的目标建立一致的行动计划。每一项任务都应明确对行动目标的支持方式,并具有相互验证的策略。管理层可以验证业务层的任务执行是否存在偏差,业务层验证技术层的任务执行是否按照预定的路线进行。通过采用一些数字化技术支持的验证方式,对阶段性成果在"管业技"之间进行交叉验证,从而确保开展行动的目标一致。

4. 开展行动的准则一致

开展行动的具体战术可能会存在差异,但是在行动准则上,"管业技"三种资源同样遵循一套管控原则,这套原则会将组织资源的业务活动按照一个合理的方向演进。

总之,"管业技"三种资源的深度融合形成一个高度秩序化的"组织智能体",创新行为建立在一个合理共识的认知框架下,这样会更容易产生有效的行动,降低资源的损耗,也是组织未来支撑持续转型的基础。

2.3.2　采用多维要素指引的转型管控原则

有了数字化转型框架这个抓手——领域能力建设的蓝图，需要采用合理的方式来在该框架下开展具体的转型工作，这是一个由静态到动态的过程转换。因此，需要建立一套多维要素指引的转型管控原则。

转型管控原则包括八个核心要素（系统思考、聚焦、推动、方法、过程、资源、验证、分析与改进），体现了使用 DTF 开展数字化转型工程时的行动方法论，这八个要素在 DT 过程中会频繁使用，是管理 DT 过程的八个思考维度。应确保 DT 中的每一个决策都是这八个要素指导的结果。这些要素定义的根据来自于 5W1H 认知工具，也是系统化思考的产物，能够保证思考问题的完备性。

在这里，把 DTF 比作数字化转型工程所要面对的本体，八要素管控原则就是开展 DT 的执行方法，如同 Zachman 框架是企业的本体结构，TOGAF® ADM 是企业架构 EA 的开发方法。

2.3.3　聚合构建块资源的业务操作系统——数字化组件平台

组织推动价值创造的指数增长，需要不断地尝试构建面向各种商业目标的价值网络，最终提取某种有效的组合，在市场环境中形成差异化的竞争优势。

数字化转型框架构建了组织能力建设的内核，为输出商业价值指数增长奠定基石。这些能力建设的关键领域需要构建各类"可自足"的组件，组件的构建属于组织本体定义的内容，也是一种实体。实践中可参考 IFW 框架、BIAN 框架等。在此基础上，最终形成组织级的业务操作系统——一种创造价值的商业平台，不断创造可商业化的组件和产品，推动组织业务模式创新。

组织级的业务操作系统囊括组织现有所有的能力资源，并在管理逻辑和商业逻辑的驱使下可即时构建符合管理目标和业务目标的价值链或价值网络，为提升内部的管理能力和构建对外创造价值的能力服务。

能力资源以组件化的形式存在于业务操作系统中，这些能力资源组件可在价值网络生态中与合作伙伴建立价值交换的接口服务，如图 2-23 所示。

1. 构建内部价值链的基础：能力组件集合

首先，在这里提到的组件是业务概念上的组件，非诸如软件程序实现的技术组件，后者依赖于前者的定义。按照 IFW 框架的定义，信息即为组件，也是 Zachman 框架中的本体基元（Cell），但此处需要具象化为能力组件，对应的是 IFW 中的 FSFM（功能模型）或 BIAN 中服务域（Service Domain），通过这两种模型可以构建组织的业务组件地图。这些组件都是从业务上进行定义的，同时，技术需要清楚其服务化要采用的机制和方案；此外，组件的能力需要进行数字化技术的升级，这需要针对不同的组件能力恰当的引入 ABCD 技术。

2. 支撑组织活动的商业平台：业务操作系统

正如计算机操作系统（OS）是由内存、硬盘、CPU 等组件构成的一样，业务操作系统是由一组组件（或构建块）构成的平台，在此平台上，组织可以根据需要设计和实现各种业务活动，进而创造组织商业价值。现在银行都在建设的业务中台的核心就是业务操作系统。

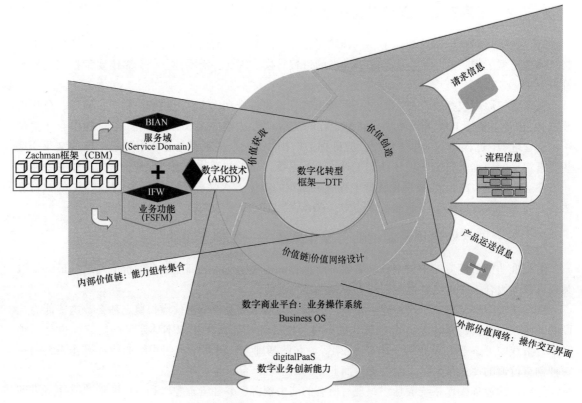

图 2-23　基于组件化构建的业务操作系统

3. 创造价值的交互标准

作为商业平台的业务操作系统，需要建立组件内外交互的标准，目的是更敏捷的构建价值链或价值网络，从而创造尽可能多的"连接机会"。

在第 5 章中，介绍了 BIAN 框架及其服务域能力模型，该框架提供了规范的组件定义形式，接口规范、基于 Rest API 的连接方式。以 BIAN 框架为基础的实践中，可以将服务域（包括服务操作 API）部署到业务操作系统（bPaaS 平台），由此向价值网络生态输出业务能力。

2.4　数字化转型框架的现实意义

通过构建数字化转型框架，沿着框架脉络去深入的理解组织的运行原理，通过识别组织内外的相关约束条件，进而为优化组织活动提供了合理的调整策略。在这个意义上，数字化转型框架是开展数字化转型的行动引擎。

数字化转型框架囊括了所有开展 DT 的焦点领域，通过对这些焦点领域的数字化赋能，让组织全面认识到现有的不足之处以及未来的价值创造空间，进而产生持续创新与改进的动力。DTF 帮助组织对自身的能力资产进行全面的盘点，进而树立起企业级共享资源的概念，为建立业务操作系统及与之配套的创新生态奠定基础。

框架犹如地基，其构建的合理程度和稳定性能够确保数字化转型工作的成败，因为其构建了支撑组织运行的底层逻辑。目前，行业开展的数字化转型，都会把转型框架作为开展数字化转型的着手点。从框架出发，迈入一个可预见的数字化转型蓝图。

2.4.1　指导转型工作的有序开展

1. 信息结构化

在前面，我们用 DT 思维范式分析了数字化转型这个"复杂系统"，并最终将数字化转型的核心问题聚焦到框架、本体与领域模型。其中，框架为 DT 引擎，本体分析是为了建立基本构建块，领域模型是描述构建块的业务逻辑。

上述过程，总体策略体现的是信息结构化，而信息结构化是建立框架分析的目的。这是一种还原论的思维范式。在企业架构（EA）的最佳实践中，Zachman 框架、IFW 框架在构建过程中都利用了信息结构化方法。

虽然我们认为组织运行具有系统动力学的特性，是复杂性系统，应该从整体论进行考量，但实际上基于信息结构化的还原论仍然是我们认识复杂性系统的重要策略。

化学反应模型"普罗斯—谢赫模型"的创建者之一的埃迪·普罗斯在《生命是什么》中提到："'整体论'绝不是说为了将系统作为一个整体来处理，所以要避免对各个部分进行分割。整体论的方法和还原论的方法一样，将复杂的整体分割成不同的部分，但是却以一个更现实的方式来分析系统中各个部分之间复杂的相互作用"。并强调，整体论不过是一种修正形式的还原论方法。

通过信息结构化，可以让我们更深入地理解组织的构成（实体和关系）、更细致地观察组织运行过程中那些微观层面的各种变化，进而从整体上把握系统特性，也为组织开展顶层设计行为提供了充实的依据，包括在业务创新活动中构建的良性涌现物。

信息结构化是一项循环的工作，它贯穿于 DT 有关系统分析的各个过程，是无限接近认识组织运行原理的行为。可以说信息结构化的程度与优劣，对银行 DT 产生一定的影响。

2. 形成组织共享认知的框架

FrameWork（框架）思想也是本书所要传递的一项重要内容。通过转型框架，组织还需要建立另一个共享认知的框架，组织人员可以在这个统一的认知体系基础上利用一种通用的语言进行沟通。

数字化转型是企业级工程，组织需要定义一套企业级范围内的沟通原语。这样，大家不会对一些基本的概念形成差别化的理解。在 DT 思维范式结构中，我们对日常看似彼此理解的若干个底层关键概念进行了解析，目的是让各级组织人员在遇到这些高频概念时，快速准确地获悉对方的表述含义。这一点非常重要，现实中，解决方案中使用了一些看似大家彼此理解的概念，待到方案导入落地阶段时才发现，对这些概念的实际解释是有差异的，其根本原因还是没有对基本概念形成共识。

达成共识的认知框架会为组织建立一个良好的习惯，习惯一旦形成，就会渗透到组织的文化基因中加以固化。要优化或改变组织文化，共享认知框架则是一个有价值的尝试。

组织希望不断地开展创新活动，这通常基于组织人员百花齐放的观点。但如果使观点产生价值，那么，就需要考察这些观点的思考基础是否坚实，毕竟创新是一项有成本的活动。共享认知框架会消除低价值观点的产生。

3. 制订合理的 WBS 和转型工作计划

信息结构化的结果为工作分解结构（WBS）提供了重要的依据。

开展数字化转型的工作中，会按照不同领域能力建设的内容定义合理的工作计划。转型框架会驱动组织本体结构的拓展定义，从而为转型工作内容设计了完备的任务地图，如图 2-24 所示。

图 2-24 转型框架与 WBS

- 转型框架中定义了基本的本体（实体）结构，也是 DT 焦点领域的构成基础。如：客户、战略、组织、价值链、业务模式、能力等。
- 有了基本本体结构，还可以扩充其他本体，形成扩展的本体结构。数字化转型的六大焦点领域就是一个可扩展的领域本体。
- 在确定了顶层本体结构后，可以对本体结构实施二次分解，形成多级细分的领域结构，这些领域结构成为一组要开展工作的具体任务。
- 每项工作任务可以转化为日常活动。为此，需要对工作任务进行进行排序实现，该排序环节就是导入 WBS 的过程。WBS 作为计划过程的中心，它是制定工作进度计划、资源配置需求、实施与运营成本预算、过程风险管理计划和各种采购计划等环节的重要基础。
- 工作计划的定义围绕不同的领域进行，围绕顶层框架结构定义里程碑计划，围绕每个层级领域结构定义具体的工作计划，可以清晰地把控转型工作的实施进程。

在第 3 章，将介绍数字化转型框架在落地实践过程中要遵循的八个核心要素。

2.4.2 确保转型工作的成功实施

通过构建数字化转型框架（DTF），使决策者认识到数字化转型是一项企业级系统工程，并非局部环节的改良工作，尤其是以 IT 系统推动的所谓数字化转型。

转型工作的实施成功与框架基础是否扎实与牢固紧密相关。这可以通过三个基本条件进行衡量：转型框架是否建立在可靠的思考框架下，构建转型框架所展示的逻辑是否严谨，转型框架是否能够导出一个可行性的实施路线。

1. 系统思考——DT 的思维基础

转型框架能够确保 DT 工程的成功，主要原因是框架的产生建基于系统思考的结果。

系统思考，意味着从多个视角全面地分析数字化转型，通过对管理、业务、技术等跨领域知识的融合分析，确保整体逻辑论证过程的严谨，从而为 DT 建立起一套切实可行的实施方法论。

目前，行业提出了许多数字化转型框架，共同的特征都是聚焦于某个主题领域。虽然这些FrameWork 也是系统思考的结果，但是，从中很难看出系统思考的过程，这就使组织对这些框架感到困惑：框架是基于什么样的业务上下文或环境假设而产生的？如果搞不清楚这些问题，由框架导出后续的结果就会与组织实际的业务背景发生冲突，影响 DT 效果。

本书通过引入系统思考的冰山模型，分析数字化转型这个"复杂系统"的内在逻辑，希望将数字化转型的关键脉络清晰地展示出来，由此得出框架、本体结构、领域模型是 DT 工程的核心内容这一结论，从而加速推动组织有效开展 DT，并基于这些核心内容，构建支持组织持续创新与改进的业务操作系统。

2. 逻辑合理的转型框架

数字化转型框架给出了开展能力建设的六个焦点领域，这些领域是银行核心业务活动的关键支撑要素。焦点领域的建立逻辑如下。

- DT 是为了实现银行价值的指数级提升，这就决定了解决客户问题是关键，客户是银行实现价值创造的核心资源。因此，银行需要利用数字化使能技术提升客户洞察的能力。
- DT 推行的是促进组织发展的指数思维，即：需要重新思考，在数字化技术条件下高频发生的业务活动现象，组织需要跟随不可预测的变化建立新的组织战略，需要建立瞬时竞争优势，摒弃计划性的"可持续"战略。
- 组织结构需要为业务创新活动提供全力支持，并随创新活动的需要进行即时的调整，即：具备足够的敏捷性。
- 客户的范围拓展到社会价值网络生态，分享价值创造能力是银行在 DT 时代的经营策略。
- 银行需要重新审视自身能力资源，需要从本体视角出发，构建企业级的价值创造构建块，以支持业务能力的指数级提升和不断的业务模式创新。

3. 清晰的实施路线

转型框架展示了一个清晰的实施路线，主要包括两个方面。

- 内容的循序性。框架提供的是银行开展 DT 的焦点领域，这些领域的能力建设质量是银行DT 成功的关键。在此基础上，银行可以继续开展其他领域的转型工作。此外，DT 是持续改进的循环过程，可以在数字化技术取得新的突破后，继续赋能焦点领域。因此，可以按照内容的内在逻辑规划实施路线。
- 过程的有序性。转型框架描述了实施过程的有序性，从框架设计、领域分析、领域建模、基本构建块设计、业务能力设计、业务活动创新等。整个过程遵循转型核心要素（参见第 3 章）的指导，并由企业架构开发方法做保证。

2.4.3　形成转型的知识资产

数字化转型是一项持续开展的工程，最终形成应对 VUCA 时代的持续转型文化。这要求组织在

DT 过程中，不断地总结 DT 经验，并将过程中产生的各种认识积累成知识沉淀。知识资产是 DT 时代组织最为重要的一项资产，它决定了组织建立瞬时竞争优势的能力。只有知识资产才能体现组织在价值网络生态中的竞争力。这些知识资产主要包括如下类型。

1. 元思考的知识资产

所谓元思考，是以第一性原理作为思考的起点，通过构建合理的思维框架，用以理解现实中的问题。通过元思考去揭示问题现象的本质。

组织中的成员因自身的知识结构不同，容易形成对问题的独特理解，如何确保这些理解能够转换成对组织有价值的行为？这就需要对这些思考过程进行逻辑推断，也就是需要另一种"思考"来评价多方不同的想法。

其中，面临的困难就是选择的思考方式要具有某种权威性，即：能够获得所有人的认可。我们所倡导建立的组织级共享认知框架就是要达到这个目标。DT 思维范式建立在冰山模型基础上，并向所有认知主体开放其建立的结构，从现象到原理模型。当 DT 思维范式的整体结构获得足够的认可时，基于该范式去思考问题并形成的观点，就更容易取得一致性的结论。

组织可以将冰山模型、DT 思维范式通过形式化的学习指南供组织成员去学习。掌握了如何系统思考，再以此为基础，就可以培育组织建立 DT 的思考方式。

2. 领域模型的知识资产

组织本体结构中的每个实体单元（Cell）代表了一个领域，可以是管理领域、业务领域、技术领域。对领域的理解需要借助于构建模型，模型代表了领域存在和运行的原理。

领域模型的建立体现了从现象到概念抽象的认知过程。在这个过程中，通常需要大量跨学科的知识，将这些知识融会贯通，以建立不同的视角，看待其中隐藏的趋势与结构。

为此，学界和工业界输出了很多有价值的实践，并形成了行业领域模型，这是一项重要的知识资产。这些知识资产不仅包括了在实践中可以直接参考引用的模型内容，还包括这些模型的构建方法。前者如：IFW 信息框架、BIAN 框架、APQC PCF 流程分类框架；后者如：领域驱动设计（DDD）、组件分析方法等分析框架。此外还有关于组织结构领域的超文本组织、阿米巴、合弄制等组织设计方法。

领域模型的知识资产表现的工件形式主要有：描述性文档、各类可定制化裁剪的参考模板等。

3. 组织开展业务活动中创造的知识资产

组织在开展各类业务活动中，都会产生关于某些问题的新认识、新观点以及经验总结，这些内容在组织持续改进的过程中通常具有重要的参考价值，是组织运行过程中形成的一类无形资产。

例如：通过价值流活动的设计，为银行创造了商业价值。这期间产生的一些独特认知、建议、方案都需要以形式化的方式保留下来，成为组织的知识资产。更一般意义，业务活动是智力活动的结果，故需要将智力活动的过程从隐性的状态转变为显性的形式，成为组织共享资源。这样，可以在此基础上开展进一步的能力提升活动，组织的竞争力就是通过不断地持续改进、持续总结、持续积累知识资产建立起来的。

DT 时代，组织一项突出的能力就是知识资产管理，这项工作体现了组织在 DT 时代所持的经营态度。国际著名公司在这一方面普遍都做得比较好，这些公司沉淀知识资产的时间已达数十年之久且仍在积累中，这种雄厚的知识运营能力是这些公司成功的关键。

此类知识资产最主要和有效的工件表达形式是流程模板，原因是组织活动主要通过流程进行表达，任何一个活动体现的是一组流程序列（注：一个人处理的活动也算成一个简易流程）。流程管理是 DT 工程中一项重要的管理活动，流程模板是一种形式化的知识资产，对流程模板的学习与理解，其直观与体验模式，优于通常阅读描述性文档的学习方式。

组织需要通过流程模板，将所有各类业务活动，包括思考活动保留下来，从而实现知识的转移和传承，推动学习型组织的建设。

第 3 章
实施数字化转型的行动框架——DTDM

人类所面对的大多数问题，都与我们在理解和管理世界各类系统方面的能力低下有关，而且这些系统的复杂性又在不断增加。

——彼得·圣吉

前面介绍了冰山模型，在此基础上给出了数字化转型的思考框架——DT 思维范式，以及 DT 的内容框架——数字化转型框架（DTF）。面对数字化转型，组织高层需要制定新的组织基本框架，即形成按领域划分的战略分组，这些战略分组构成了 DTF 中的焦点领域，这些焦点领域包含不同颗粒度的各种构建块，通过数字化技术可以使这些构建块涌现出满足市场和客户需求的价值创造能力，用于实现组织的 DT 目标。这些构建块的实现（包括与数字化技术结合）与应用需要相应的指导方法，因此，组织需要定义开展 DT 相应的行动框架。

本章将介绍 DTF 领域构建块（以下简称 DTF 构建块）的开发方法 DTDM（DT Development Method），这是一种数字化转型工程实施的方法，并介绍如何利用 DTDM 结合 DTF 实施数字化转型工程。

3.1 DTDM 的概念

数字化转型工程实施的关键在于开发和应用 DTF 构建块，数字化转型工程不是一次性的项目，而是组织持续推进、处于不断变革中的一项事业，通过不断分析与改进，迭代实现组织数字能力的积累和提升。这一过程中的不同阶段、不同层次，均可以使用 DTDM 指导思考和行动。

DTDM 是数字化转型工程实施中所采取的一种开发方法。基于 DTDM，针对各类 DTF 构建块，组织成员在开发活动过程中会展现出某种行为方式上的一致性，这些行为方式可以归类为一种统一的行动模式。该行动模式通常涵盖如下行为：思考问题所采用的方法相同；都会将问题的解决方向引入到某个特定的（领域）主题；通过相应举措解决当前面临的问题；需要可靠的理论基础或方法论作为科学依据解决所面临的问题；都需要开展解决问题的具体活动；活动中需要相关的各种资源；解决问题的过程中需要对（阶段性）工作进行验证；问题解决后需要总结经验以及开展持续优化活动。

如果对于上述行动模式进行简化描述，可以提炼出八个结构化要素来表达上述行动模式的关键特征，这八个要素分别是：系统思考、聚焦、推动、方法、过程、资源、验证、分析与改进（如图 3-1 所示）。DTDM 就是利用上述八个要素（或其组合）来开发和应用 DTF 构建块，其准则体现为对构建块生命周期不同阶段的管理措施。

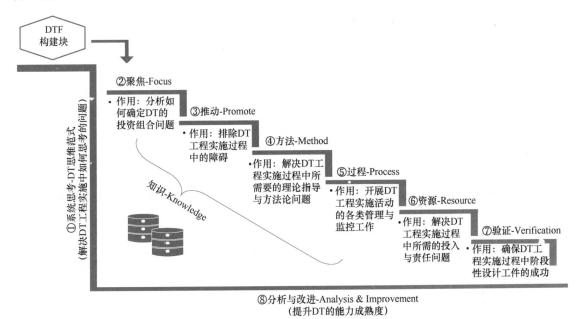

图 3-1　DTDM 涉及的八要素

DTDM 涉及的八要素具有在内在的逻辑关系。

首先，开展数字化转型工程需要先有思考再行动、行动后再反思。数字化转型本身的复杂性和动态性决定了思考问题不能采用线性思维方式，行动的目标需要通过定期评估，保持聚焦，并分配合理的资源及明确责任。

其次，开展数字化转型工程需要遵循各相关领域的方法论，有效的理论基础是数字化转型工程实施成败的重要保障。

最后，开展数字化转型工程的各活动过程需要得到有效管理和监控，遇到困难障碍应通过可视化的过程管控进行识别、分析和解决。对每一个不同颗粒度的阶段输出进行验证和评估，决定后续投资组合的调整，包括是否继续投资的决策制定等。

此外，不断地对数字化转型成果进行分析与改进，组织应对 VUCA 的能力逐步增强，逐渐形成学习型组织，DT 能力成熟度得到提升。

由于 DTDM 展现出一致性的行动模式，并可以应用于不同层面、不同领域的构建块，因此，DTDM 就是开发和应用构建块的元模型（Meta Model）。此外，在数字化转型工程实践中，无论是在顶层设计维度还是局部一个具体问题的处理上，其过程也可借助 DTDM 的八个要素的某种组合来提供解决方案。

DTDM 中每个要素执行的过程信息将被记录下来，形成开发构建块的知识库。

3.2　DTDM 的八要素

本节将通过企业架构的视角，从不同层次审视 DTDM 每个要素所起到的作用，从而得到一个 DTDM 的直观认识。

3.2.1　要素一：系统思考

系统思考注重复杂事物内部构成要素之间的关系对事物整体的影响，可以为组织在思考数字化转型这个复杂事物时，提供线性思维所不具备的 DT 思维范式。

在 DT 思维范式中，整合了四种思考过程以应对数字化转型工程的复杂性。

1）基于系统思考的冰山模型，用于识别隐藏于业务现象深层的关键驱动因素，从而把握业务现象的演进规律。

2）基于 SECI 模型和悬搁模式以及范式转换，对冰山模型中依赖心智模型确定驱动因素的认知方式进行修正。即突破心智模型的控制（将既有的认知结构悬搁一旁），回到业务现象的本身，让更多的不可见信息（由人所发掘的隐性知识、由 AI 发现的"暗知识"）呈现出来，从而突破对业务现象所展现特征的完整把握。过程中，根据新发现的信息重新建立认知假设（范式转换），为建立准确的目标模型奠定基础。

3）设计思维，用于在建立可实现的目标模型。

4）逻辑思维（或线性思维），用于将目标模型构建为可实现的方案。

对于数字化转型工程实施的过程蓝图，需要采用系统思考来分析各个环节以及环节之间的关系。设计思维作为实现蓝图的关键部分，在不同的环节需要采用更为具体的表现方式。因此，在数字化转型工程实施蓝图中，以设计思维为主体的 DT 思维范式，更多体现为一组涉及不同领域的聚合思维模式（如图 3-2 所示）。

* 营销驱动思维：以营销 5.0（符合 DT 时代的营销方案，由科特勒提出，其结合了营销 3.0——强调以人为本和营销 4.0——技术推动营销的核心理念）为切入点，分析客户旅程，从中挖掘客户与组织可能存在的接触点，关注客户行为习惯和价值诉求。

* 商业模式设计思维：在分析客户旅程并构建没有分解为用户故事的业务需求（敏捷开发中称为史诗）的过程中，需要善于关注客户的价值主张，从而寻找机会挖掘潜在的商业模式创新。

* 服务设计思维：所谓服务设计，如学者西蒙（Simon）的观点，"服务设计就是要为服务执行选择最相关的接触点，并且在经过这些接触点的过程中设计出始终如一的客户体验"（参见《服务设计思维》[德] 雅各布·施耐德等，郑军荣译）。良好的服务设计为价值的创造与获取提供了可能。

* 企业架构思维：服务的实现需要组织的业务能力资源，这些业务能力资源的选择对服务设计的最终实现具有关键性作用。

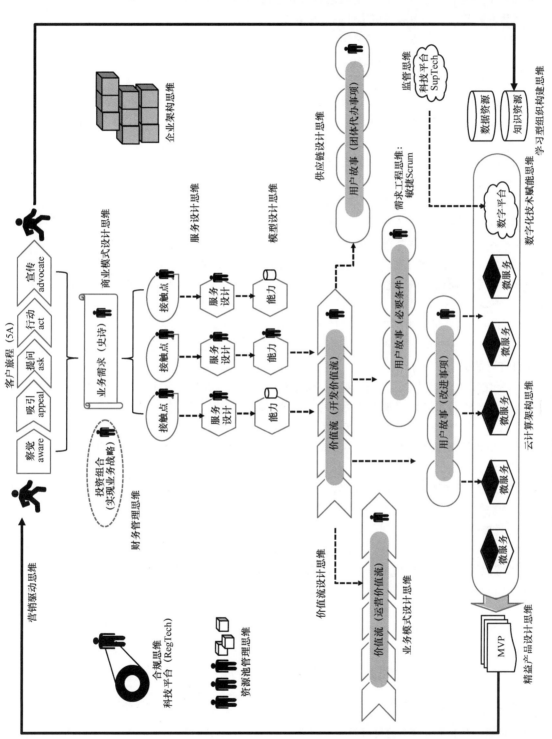

图 3-2　数字化转型工程实施的过程蓝图与聚合思维模式

- 模型设计思维：对现实的问题构建模型并通过模型推演与思考，从而更深入地理解领域内容并把握其发展趋势，进而构建更柔性的领域业务能力。

- 价值流设计思维：思考价值如何在客户与组织间流动，以及采用何种的资源配置和构建策略，如定义内容完备且可领会的信息流、创造体验更佳的工作流、衡量（人力）资源产出量的时间线等，从而设计出高质量的价值流。

- 供应链设计思维：组织内部开展数字化转型的各种活动，需要各类资源的协同，故需要时刻在"上下游"利益相关者之间寻找能够促成目标（如关键结果驱动的 OKR 目标）达成的最合适的资源。

- 需求工程思维：在用户需求的史诗设计与获取用户故事的设计时，除了确保对客户需求痛点的理解恰到好处，还需要关注当前组织环境和现有基础设施的影响，包括技术约束情况及要投入的成本结构、行业的监管标准等，从而配置最合适的资源和实施计划。

- 业务模式设计思维：在价值流的开发过程中，需要思考潜在的业务模式，使之成为企业级共享的标准模式，并考虑是否升级为一种商业模式，以提升组织创造价值的能力。

- 精益产品设计思维：在产品（包括服务）的设计过程中，精益的思想始终贯穿其中，以提升资源使用效率和质量，快速地推出最小可用产品（MVP），以适应 VUCA 条件下产品高频迭代的需要。

- 云计算架构思维：为用户故事设计具体的技术实现方案时，时刻关注构建一个有效的"云"架构，同时，根据云架构可制定出更合理的投资组合与项目优先级，也更能够清楚地了解当前数字化的建设进展情况。

- 数字化技术赋能思维：对组织整体来讲，按照 DTF 框架的内容规划，提供数字化转型领域能力的基础包括遗留系统和新建数字平台两大部分。遗留系统保留着传统业务的构建块，肩负着支撑组织运营主干的功能，运营主干是支持组织核心业务运营的一组连续的应用系统、数据和流程，对组织构建卓越运营体系有着重要作用。新建的数字平台则通过利用数字化技术构建的数字化构建块，承担着业务模式的创新功能。

- 学习型组织构建思维：确保在组织开展的每一项业务活动过程中，都能够形成有价值的知识资产，为后续持续的业务活动改进提供智力支持。

- 合规思维与监管思维：对于银行来讲，其内部核心体系的数字化转型如何与合规体系的数字化转型、外部监管体系的数字化转型进行匹配，也是需要思考的重要问题。

- 资源池管理思维：资源池是驱动数字化转型工程的核心资产。资源在数字化转型工程实施过程中的加载和配置也是不确定的，毕竟外部（市场）环境如果发生变化，数字化转型工程实施的过程中也会即时进行调整，对资源的需求经常处于"遭遇战"的状态，故需要建立资源池，并形成资源池管理思维，从而使组织能够合理地调度资源并加以利用。

- 财务管理思维：组织的投入毕竟是有限的，需要在数字化转型过程中，对某个用户故事的产出和投入的关系进行精确的衡量，以在有限资源的情况下，达到满意的投入产出比。

3.2.2　要素二：聚焦

聚焦是通过分析确定 DT 的投资组合的过程。组织应把确定数字化转型工程的投资组合和需要投入的资源始终放到优先级最高的位置。

1. 聚焦是组织应对外部不确定性变化并准备付诸行动的一种举措

聚焦是 VUCA 时代环境瞬息万变的情况下对组织经营管理的要求。在数字化转型工程实施中，预期假设的聚焦目标可能会因为各种原因发生了变化。这就需要动态地对数字化转型工程实施所涉及的活动列表进行优先级排序，把确定投资组合和需要投入的资源列为优先级最高的活动。

另外，考虑到组织的数字化转型不可能把组织的精力和资源全部一次性地投放到所有领域，这也体现了数字化转型工程实施需要聚焦行为的必要性。例如：基于运营主干的项目，按照 70% 的资源分配给核心业务活动；基于数字平台的项目，将 20% 的资源分配给持续改进服务的活动，10% 的资源分配给颠覆性创新的活动。

2. 在数字化转型工程实施蓝图中的聚焦策略

从数字化转型工程实施的过程蓝图（见图 3-2）顶层来看，聚焦于营销关注的客户旅程分析与设计，这是推进实现客户价值主张的关键部分。产品和服务能否满足客户需求，其关键点就是对客户旅程体验的把握，实现这一点需要从客户旅程体验中推导出组织要向客户提供的接触点活动列表，进而引入组织后端的业务需求。

通过聚焦客户服务接触点，分析并设计客户旅程接触点中的营销方式，并采用相应的数字化技术，设计组织为客户创造的价值点、客户给组织产生的价值点以及不产生价值的活动点，确定组织的价值主张。这就为组织后台形成的能力编排组合提供了指导原则。

总之，在数字化转型工程的实施过程中，聚焦通常与价值创造点的发现紧密相关，从而影响后续的一系列任务安排。

3.2.3 要素三：推动

推动用于排除数字化转型工程实施过程中的障碍，是对数字化转型工程实施失败率高的环节进行预防而采取的一种积极性的举措。推动体现了组织自我进化、持续改进的精神。在数字化转型工程实施的过程中，推动的典型作用表现在以下几方面。

- 客户旅程地图接触点的服务设计工作：这项工作是产品或服务是否成功的关键，其质量高低直接决定了 DT 的成功率。在数字化转型工程实践中，需要把这项工作的开展作为首要因素考虑。

- 数字化技术赋能客户旅程：针对客户旅程地图中的各环节设计不同的营销方式，并考虑使用适合的数字化技术。两者的结合将推动客户与组织积极地开展价值交换活动。

- 避免可能存在且影响较大的失败点，如决定了客户体验的直观心理感受和行动决策的接触点交互内容；支持实现价值流传递的能力构建块的合理性与可行性；构建组织内部进行产品战略分解和责任分配机制的合理性。这些都是决定数字化转型工程成败的关键点。

- 敏捷的产品创新试验机制：进行敏捷创新活动并对之有效管理、数字业务创新与遗留系统的运营共存和协同，是 DT 成功的保障。

- 学习型组织的建设：通过对知识库的管理和运用，推动组织掌握隐性知识，提升组织人员分析问题的心智模型成熟度。

3.2.4 要素四：方法

方法是在数字化转型工程实施过程中，为确保活动的有效性（即能够输出具有价值的输出）而采用的手段和行为方式，方法通常具有严谨的论证基础（论证与论据）或是行业成功实践经验的总结。它主要用于提供数字化转型工程实施过程中所需要的理论指导与方法。

数字化转型工程实施蓝图中，每一项设计思维其实都涉及了行业研究与实践总结的方法。下面列举一些用到的方法。

- 客户旅程地图作为首要关注点，主要的理论依据是"服务设计""服务蓝图""生态图""客户旅程地图"等一系列关注客户体验的分析和设计方法。
- 大规模业务敏捷开发，涵盖了不同颗粒度的客户需求和解决方案。
- 业务架构设计方法支撑组织从整体角度对组织能力的合理规划和设计。
- 遗留系统使用了业务流程再造、精益、六西格玛、运营量化管理等方法；新建的数字平台运用的是基于构建块进行编排组合的敏捷试验方法；产品开发使用了设计思维、增量式开发 MVP、敏捷试验等方法。
- 云原生的分布式开发方法，支撑了组织的分布自治结构，也保证了系统稳定性和灵活性的平衡。
- 系统验证涉及了 A/B 测试、冠军/挑战者方法、生成式数据、机器学习等方法。

3.2.5 要素五：过程

过程是实施数字化转型工程所包括的任何形式（思考和行动）的活动序列，包括各种类型的管理与监控工作。组织所有的活动体现为各种形式不同的过程，按照活动的颗粒度大小，过程也可以进行分级。例如，大到企业级的数字化转型工程实施规划过程，小到一个单一职责的微服务设计与实现过程。过程管理便成为组织的一项非常重要的日常行为。

以上面数字化转型工程实施蓝图为例，从客户旅程开始的观察、分析、设计、实现、验证、迭代优化等，都属于过程管理的范畴。

数字化转型工程实施蓝图的详细描绘，突出的特征就是对过程的定义和表达。

3.2.6 要素六：资源

资源是指组织内部所拥有或控制的所有有效因素，用于解决数字化转型工程实施过程中所需的投入与责任问题。

组织所拥有或控制的所有有效元素都是资源，这些资源的类别主要如下：

- 有形资源：组织的固定资产、人力资源、财务资源等，还包括利益相关者资源。
- 无形资源：由各种有形资产（作为能力载体）衍生出的能力资源。这些能力资源可以实现对所有数字化后的实体资源进行有效的运用和管理，是组织实现价值创造的核心资源，也是数字化技术赋能的资源。典型的无形资源如业务能力资源、标准化的企业级基础构建块（信息技术、数字化技术）资源（数据、内容、规则、功能）。第 5 章介绍的 BIAN 框架囊括了一组为银行定义的无形资源——能力资源，它们是银行开展数字化转型不可或缺的"基础资源"。

在实际的组织活动中，资源主要是作为过程的"参与者"提供能力输出。

对于数字化转型工程的实施，主要关注的是无形资源的价值创造能力，在数字化技术加持下的指数级价值增长能力。

需要指出的是，数字化转型工程实施的无形资源配置模式有其独特性。

首先，组织需要从整体上考虑，将早期规划给遗留系统的资源划分出一部分，提供给新建数字平台作为其初始的资源投入，使数字平台能够起步。组织在整体业务的资源投入中，在同等条件下，要优先投入能够共享的领域，尤其是共享的业务组件、技术组件、经营指导、业务指导、技术指导等。

其次，数字平台计划启动之后，由于资源配置模式发生的变化，将使得有形资源如组织的结构出现两种形态：一种是运营遗留系统的传统指挥–执行型，另一种是运营数字平台的敏捷型。在无形资源如组件方面，其将成为数字平台与遗留系统之间建立连接的媒介资源，遗留系统提供组件，数字平台使用组件。此外，遗留系统可以提供业务主数据资源给数字平台。

3.2.7　要素七：验证

验证是指对使 DTF 落地的活动过程或设计成果进行有效性评审的举措，以确保数字化转型工程实施过程中阶段设计的工件是合格的。

验证的目的就是使组织将 DTF 落地这件事做正确（Do the things right），考查的是数字化转型工程这个复杂系统各方面内容在不同设计阶段的设计水平。

验证对象就是数字化转型工程实施在设计阶段中合适颗粒度的阶段性设计成果。从组织整体角度考虑，有两种类型的活动成果需要验证：一种是遗留系统的卓越运营管理体系的各类设计成果；另一种是数字平台的敏捷创新产品所需要的转型框架（DTF）业务组件和技术组件的设计成果，以及敏捷经营规程的审查。

对于验证，主要包括两个关键项：一个是验证的依据，另一个是验证的方法。根据这两项，可以形成验证的结论。

验证的依据：数字化转型工程实施相关内容的功能规格与系统设计评审意见、业务组件与技术组件规格说明与系统设计评审意见、业务敏捷宣言、行业习惯、国际标准、面向业务的敏捷治理规程。

验证的方法：针对不同的领域、不同的过程设计相应的验证方案。方案需要通过合规检查、专家或行业认可，进而判断其能否达到预期的设计指标要求。在此基础上，选择不同的验证方法。

3.2.8　要素八：分析与改进

分析与改进是指利用反思思维在数字化转型工程的实施过程中，在相应的环节和时间点开展复盘活动，是组织在数字化转型工程实施中，在企业架构的不同层次、过程管理的不同级别进行阶段性的审查、反思、总结、修正、变更和提高的过程。该过程有组织数字化转型工程实施利害关系者主动发起的，也有定期自动调度的。

主动是指工作中发现或感知到需要审查的问题而主动发起的改进；定期是指日常工作管理过程规定的审查频率。

通过主动和定期这两种方式，对企业的两类活动（卓越运营、数字经营）的执行情况进行审查，与相关基线内容进行比较后进行差距分析和经验教训总结，并给出后续组织在不同颗粒度级别的活动改进建议，并根据评审后的改进建议更新相关基线版本的内容。

组织运用 DT 思维范式，通过审查的结果反思产生现实与预期差距的原因，由差距原因再设计出针对性的改进规划建议。例如：客户旅程地图的反思和改进；业务模式的反思与改进；大规模敏捷管理环节的反思与改进；服务设计流程的反思与改进；业务架构和组织能力构建块的反思与改进；业务开发安全运维一体化（BusiDevSecOps）流水线的反思与改进。

3.3 DTDM 的执行

实践中，组织的 CEO 需要从组织整体上思考数字化转型工程的落地，不同角色的高管（CXO）也会从自身专业角度去看待数字化转型工程的实施。

从企业架构的水平分类（环境、指导、核心、使能）视角观察，各个层次都属于数字化转型的可作用范畴，也就是通常所讲的组织"全数字化转型"，如图 3-3 所示。

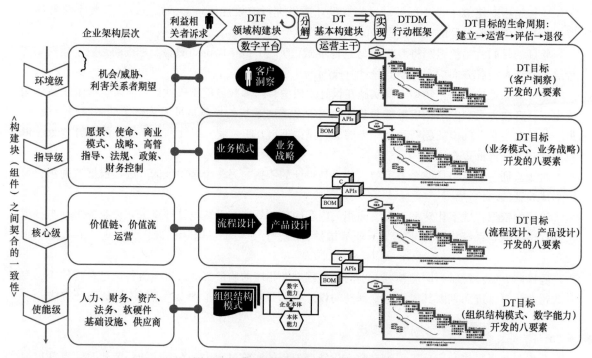

图 3-3 DTF 领域构建块与 DTDM 的执行

具体来讲，从对外部环境的机会或威胁的识别与应对（包括对客户在内的利益相关者的期望预测与响应），到组织的高管参与决策的使命、愿景、战略各方面的规划，监管制度的动态遵守、相关政策的动态遵从、组织资金的经营分配，再到交付利害关系者期望的核心价值链和面向产品或服务（Offering）的价值流生命周期管理，直到 IT 基础设施、人力资源、财务会计部（业务管理）、资金管理部（经营）、法务等职能单元的使能支持，这些内容都是 DT 可作用的领域，并从属于 DTF 的领域内容范畴，DTF 也为上述内容提供了不同层级分类下的领域模型及构建块（如可分为三个层级：L1、L2、L3）。这些 DTF 构建块支持组织在 DT 时代持续进行的组织设计。

这样，数字化转型工程实施的核心问题就转变为：使用 DTDM 开发和运用不同种类的 DTF 构建块，这些 DTF 构建块支撑了组织的业务能力和创新能力。

DTDM 的执行基本过程是：

- 针对来自利益相关者诉求，映射到可以用 DTF 领域构建块（L1、L2）解释的语境，然后将 DTF 构建块（L3）——DT 基本构建块作为解决方案实现的资源，导入到 DTDM 框架。

- 经由 DTDM 框架的八要素作用，完成 DTF 构建块的创建或应用场景（数字产品或服务）的设计。

- 设计成果表现为新的 DTF 构建块资源或者是 DTF 构建块的应用场景，前者实现组织内部新的拓展能力建设，后者直接向市场输出并创造商业价值。

3.3.1 输入

DTDM 的输入资源主要有三类。

（1）利益相关者诉求

此类输入来自利益相关者的（潜在）诉求，这些诉求通过解决方案映射到相应的 DTF 构建块，借助 DTF 构建块实现满足利益相关者诉求的价值创造目标。

（2）DTF 构建块

DTF 构建块可以根据市场和客户的变化情况，二次组合形成新的 DTF 构建块（图 3-3 中用图标"↻"表示 DTF 构建块的再合成能力）。这些构建块利用已有的 DTF 构建块进行二次开发，实现新的数字产品或服务（Offering），其过程反映了组织通过数字平台实现业务创新，体现了 DTF 构建块的可复用价值。

（3）DT 基本构建块

DT 基本构建块（图 3-3 中用图标"⇒"表示 DT 基本构建块的独立性、稳定性）作为在数字平台上开发 DTF 领域构建块的资源，支持形成指数级价值创造的产品或服务（Offering），反映了组织通过数字平台实现业务创新（重点体现在商业模式创新）。

这些 DT 基本构建块是一组企业级共享的资源（原则上范围比 DTF 构建块更广、颗粒度更细，属于 L3 级），它们实现了具体的业务逻辑功能，现实中映射于组织的遗留系统功能。同时，构成这些 DT 基本构建块包括若干组实际的业务逻辑内容，通常来自于组织的运营主干，运营主干支撑传统业务的运行，其使命在于推动组织的卓越运营（并不以产生新的商业模式为主）。

需要说明的是，DT 基本构建块的开发主要是通过对遗留系统的功能进行原子化处理，即将遗留系统以大颗粒度为主的应用功能进行拆分、整合，形成标准化的单一职责的功能组件，在企业级范围内共享使用。这项工作原则上不是 DTDM 的范畴，但在实际遗留系统改造过程中，仍然可以使用 DTDM 的原理发挥相关的作用。

后续关于 BIAN 的章节中，将介绍服务域可作为银行 DT 基本构建块的一个行业标准，有效地发挥数字化技术的应用。

3.3.2 处理

DTDM 的"处理"包括两个关键过程:一个是利用 DT 基本构建块开发 DTF 构建块(实现组织内部开发支持的能力拓展与提升);另一个是使用已有的 DT 基本构建块或者已有的 DTF 构建块开展业务创新活动(面向外部提供服务并创造商业价值)。

(1)DTF 构建块的开发过程

DTF 构建块的开发过程如图 3-4 所示。

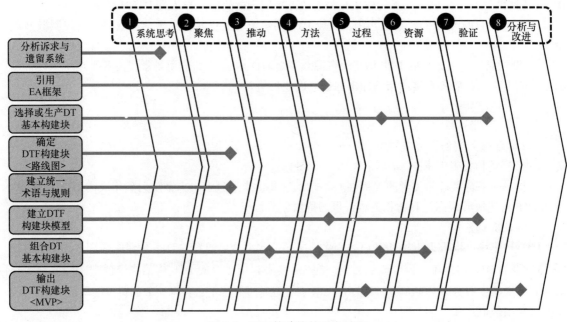

图 3-4 DTF 构建块的开发过程

1)分析诉求与遗留系统:根据输入的利益相关者诉求以及所需要的业务能力,分析遗留系统是否能够在支持客户诉求方面,其各种业务功能敏捷地体现出行为的一致性。如果现有应用能力无法满足客户诉求,那么需要开发新的能力构建块。

2)引用企业架构(EA)框架:该环节主要在于选择合理的 EA 框架作为分析方法,以确定新的能力构建块在企业架构框架中所从属的位置,包括利用 Zachman 框架、IFW 框架、BIAN 框架进行确定。基于这些行业框架(或者其他 EA 框架),进一步确定 DT 基本构建块。

3)选择或生产 DT 基本构建块:首先需要判断已有的 DT 基本构建块是否可支持 DTF 构建块的业务能力,如果不满足,则需要考虑生产新的 DT 基本构建块,并经由验证以确保其企业级特性。例如:通过行业模型 BIAN 框架作为方法论指导来改造遗留系统,实现 DT 基本构建块(映射到BIAN 的服务域资源)的全部业务逻辑内容。

4)确定 DTF 构建块:聚焦组织 DT 路线图中迫切需求的 DTF 构建块,以业务价值为驱动,分析构建块的内部逻辑,服务设计与价值流设计。例如:是客户洞察最迫切?还是将创新的数字产品或服务部署至数字平台进行试验更迫切？数字化转型工程实施的中间过程中，需要根据任务的优先级调整 DTF 任务优先级列表。

5）建立统一术语与规则：由相关领域的业务专家牵头，召集利益相关者（包括客户），聚焦于本领域的概念建模，建立统一业务术语和业务规则表，以确保后续参与协作的各种资源在一个共享认知框架中实现 DTF 构建块。

6）建立 DTF 构建块模型：采用不同的建模方法，对各业务领域开展行为建模、结构建模和动态建模，为技术实现 DTF 构建块建立所需的领域模型。模型的质量（准确性与合理性）与实际业务目标的匹配程度，需要进行验证，包括使用一个社区级 MVP 进行测试。

7）组合 DT 基本构建块：开发 DTF 构建块（L1，L2）也是一项系统工程，可以参考基于模型的系统工程方法（MBSE）、基于（业务）组件的软件工程（CBSE）、软件产品线工程（SPLE）中提供的关于 DT 构建块构建后如何进行组合的方法。对于 DT 基本构建块组合的过程，就是遵循上述方法执行的过程。执行过程中的资源投入也是按照这些方法的要求而配置。这些方法中容易出现问题的点位，就是要关注的重点。

8）输出 DTF 构建块：发布可用的 DTF 构建块，并对 DTF 构建块的生成和应用过程中的关键阶段审查点、使用后的反馈信息开展必要的分析与改进。从而促进 DTF 构建块更加稳健地对外创造价值，也间接促进了 DT 基本构建块的稳定性。

（2）DT 基本构建块的应用过程

DT 基本构建块的应用过程如图 3-5 所示（注：DT 基本构建块的应用过程也适用 DTF 构建块的应用过程）。

1）分析产品或服务：利用系统思考确定新的数字产品或服务（Offering）的业务范围、业务层次、内部业务元素之间的动态影响关系。

2）框选确定 DTF 构建块：聚焦新的数字产品或服务需要使用 DTF 的领域范围，从而聚焦 DTF 构建块。

3）确定 DT 基本构建块：在锁定 DTF 构建块的前提下，进一步确定 DT 基本构建块的范围列表。该过程主要基于服务分解模型来定义基本构建块，包括借鉴一些行业模型，如业务组件模型 CBM、IFW 的功能模型、BIAN 的服务域模型等。

4）服务设计与确定价值流：确定了 DT 基本构建块列表，接下来，就需要将这些代表组织企业级基本（业务）能力的 DT 构建块进行编排，以生成与服务设计（客户旅程服务）映射的价值流。在图 3-5 中<B>部分，是 2）3）4）环节的统一整合过程描述，具体如下：

● 在 DTF 构建块列表视图中选择需要的 L1 级构建块。

● 在 L1 构建块中确定 L2 级构建块。

● 在 L2 级构建块中确定 L3 级基本构建块的列表。

● 对 L3 级基本构建块进行流程编排（如用 BNMN2 形式进行表达），定义价值流。

5）确定产品或服务的构建方案：将上面输出的价值流模型进行验证，方式通常采用数字化技术进行模拟（如 RPA 自动化或机器学习），以及社区级 MVP 测试。

6）配置资源给 DT 构建块：对于验证有效并且亟待在市场开展"变现"活动的价值流，需要为构建块配备相应的资源，包括将人员、信息、应用程序等资源分配给使用到的 DT 构建块，使其

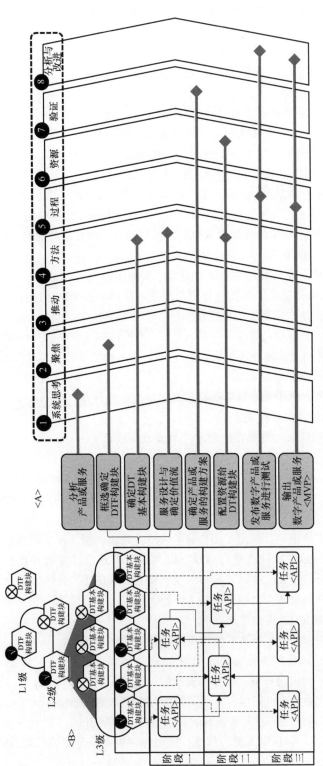

图 3-5 DT 构建块的应用过程

能够实现数字产品或服务交付的目标。这也凸显出投资组合的优先级取决于其支持的业务能力（如 DTF 构建块）的战略重要性。

7）发布数字产品或服务到数字平台进行测试：将使用 DT 基本构建块组合出创新数字产品或产品的交付制品，提交到数字平台进行测试，可以引入客户参与或社区开放资源的试用，并根据测试的反馈结果进行分析和改进。

8）输出数字产品或服务：将数字产品或服务正式上架，根据其市场中的价值创造表现，及时跟踪并分析与改进，由于市场变化是不确定的，因此，产品或服务的推出模式以 MVP 为主，并支持其高频迭代。需要说明的是，一项"数字产品或服务"可以根据其企业级应用的场景适用范围升级为一个 L2 级的 DTF 构建块。

3.3.3　输出

输出是根据最初输入的资源，交付支持组织创造价值的业务能力。

DTDM 的输出为新的 DTF 构建块或者构建块（DT 基本构建块或 DTF 构建块）的应用。前者是利用 DT 基本构建块创建的可创造商业价值的 DTF 构建块，意义在于推动组织建立自我主动创新的能力并成为价值网络生态的驱动者；后者是利用 DT 基本构建块或 DTF 构建块直接到价值网络生态中创造商业价值，更多地体现了组织敏捷应对外部环境变化的能力，两者最终目的都是实现企业架构不同层次的 DT 目标。

总体来讲，DTDM 考虑了如下因素：

● 企业架构各层次的领域构建块基本上是自顶向下的一致性遵从关系。组织的高层、中层和一线人员的目标理解一致、行动对齐一致。

● DTF 落地八要素适用组织整体，也适用 DT 领域构建块及其组合级别。所以，不同规模、不同目标的组织在考虑自身 DTF 范畴时，均可以使用该八要素法。

● DTF 的落地八要素之间没有必然的先后步骤顺序关系，要素之间的关系为独立且可按照合乎语义逻辑的方式进行组合。这些要素之间的关系是相互独立的，并且没有步骤约束，可以从任一个要素入手来处理 DT 所面临的问题。

● DTDM 和 DTF 的关系是，针对某个 DTF 的落地实现方法是使用 DTDM，而 DTDM 的适用范围可以是任何颗粒度的构建块。

综上，DTDM 是数字化转型工程实施过程中可应用于各种活动或任务的一种行动指南，八要素为活动或任务的实现提供了一个严密的行动框架，从而使得行动的展开具有清晰的步骤，并为过程管理提供了考虑全面的控制策略。

第 4 章
银行数字化转型的六大领域

对问题进行准确的界定，事情就解决了一半。

——思想家、教育家 约翰·杜威

在前面介绍的数字化转型框架（DTF）中，我们获知：数字化转型的开展，需要组织首先在基础能力建设方面进行提升。这些基础能力独立于组织开展的具体业务活动，同时，这些能力能够支持组织应对不可预知的各种内外部变化，并做出相应的反应，如：通过基础能力组合实现应对内外部变化的组织能力，这些组织能力体现为具体的创造价值的业务活动。

通过 DTF，银行数字化转型首先需要在以下六个业务领域开展能力建设，包括：客户洞察、业务战略、业务模式、组织结构、流程设计模式、产品设计模式。这些能力以 EA 业务架构中定义的业务功能为基础，这些业务功能支持组织能够开展现有银行价值链所包括的全部业务活动，同时支持后续数字化技术升级，扩展从价值链到价值网络的业务功能的能力输出范围。

在上述的六个领域中，每一个领域都可作为独立的专题进行研究。每个领域涉及的内容都有相应的理论做支撑，并在行业内不断地进行着各种实践。因此，任何试图给出所谓"权威"的结论都是不现实的想法。如果一个独特的分析视角能够引起广泛的关注并对此领域开展更深入的研究，那么，无疑对推动该领域的发展是有益的。

面向数字化转型的领域能力建设本身就是一个逐步探索和实践的过程。本章结合近年来银行运营转型的经验总结以及国内外行业的研究成果，就银行数字化转型首要关注的六个业务领域的能力建设进行分析。

4.1 业务战略的转型——建立瞬时优势

业务战略是落实组织愿景和价值主张的规划，为利害关系者创造商业价值。

数字经济时代，企业与市场环境之间的关系不再是简单的从属关系，即企业是市场环境中的一员，并在市场环境的既有条件（约束）下开展业务活动，相反，组织活动完全可以影响市场环境发生变化，通过开放组织级的业务组件，将价值创造的触点延伸到市场中任何可能的地方，从而打破组织现有价值创造的边界。这种主动在市场环境中寻求不同类型组织之间的价值创造与交换的模式，为组织建立了更为广阔的价值供应体系。

因此，数字经济时代，企业追求的目标不仅是自身获得更好的财务指标，还要在市场空间中通过不断地"连接"寻求自身业务的发展，让组织成为价值网络的参与者、受益者甚至生态驱动者。此时，计划性的可持续业务战略将不再有效，"黑天鹅"事件呈现出常态化的发展趋势。

这就需要组织深刻地认识到 DT 时代的特征：唯一能够确定的状态就是时刻会发生变化的极端不确定性。组织需要重新考虑 DT 时代的业务战略。

接下来，从内外两个角度进行分析对银行经营有显著影响的两种业务战略：客户事务战略与能力输出战略。

4.1.1 市场环境变化下的战略模式转型

波特在《什么是战略》中提出：战略就是在企业的各项运营活动之间建立匹配。

战略制定往往跟随市场环境的变化。如果战略制定的"市场环境稳定性假设"发生了变化，战略模式的选择也需要调整。

技术的发展致使颠覆性创新产生的频率远远高于以往，这种现象推动了资本市场变得活跃，也改变了产业格局，市场环境呈现非连续性的变化态势。在数字化技术引入之前，组织决策和运营能力主要建立在人的能力和有限的数据分析基础上，组织对市场分析与趋势判断的能力更多地依赖人的经验。组织通常很少进行高频快捷的各种调整，更习惯在一个既有的条件下开展所谓"稳健"的业务活动。组织这种"稳定"而有规律的行为，反映到市场层面，就是市场环境总体呈现稳定状态。

数字化时代，组织的能力取得了质的提升。组织之间的竞争更多地体现为在市场中的敏捷应对能力。该能力需要组织建立起强大的非线性思考范式，此时依赖以往的线性思维进行逻辑推理进而取得有效决策的方式已经难以奏效，一切变得不可捉摸。在这种情况下，企业和银行需要调整以往"市场环境稳定性"的假设。

为此，银行需要重新改变战略模式。

首先，作为以运营活动（研产供销服）为价值创造核心驱动力的银行，需要放弃建立存在稳定周期的可持续竞争战略，转而选择以构建短周期的瞬时竞争优势的战略，从而适应技术的加速进步和不可预测的市场变化（如图 4-1 所示）。

其次，对以向客户提供服务为主的银行来讲，瞬时竞争优势的具体内涵仍可表现为，在运营活动之间建立有效的匹配，该匹配表现为价值创造、成本投入、运营效率与质量、风险控制、精细化管理之间的"协调同步"。

银行的运营活动从流程优化的意义上来看当然是可以调整的，但更要关注的是其调整是否更为灵活，是否拥有更多的潜在价值创造机会。

要达到这一诉求，需要两种条件：运营活动可由若干个独立的单元（或组件）构成；这些单元基于一个稳定的框架而存在。这些独立的单元就是可创造价值的基本构建块，而稳定的框架就是数字化转型框架 DTF。因此，DTF 与基本构建块成为银行构建瞬时竞争优势的基石。这些构建块组成了银行全部的运营活动。

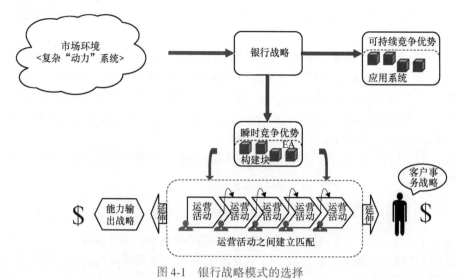

图 4-1 银行战略模式的选择

4.1.2 银行数字化转型业务战略的构成与基础

1. 银行数字化转型业务战略的构成

银行数字化转型业务战略的构成包括：匹配银行的运营活动与客户生活事件的客户事务战略；匹配银行运营活动与银行输出能力的能力输出战略。

（1）银行的客户事务战略

银行的客户事务战略体现为银行与客户（包括价值网络生态中所有与银行存在联系的利益相关者）的深度合作。银行通过制定明确的方案加强与客户的关系，增强来自客户的信任，以此形成银行在市场中竞争的核心驱动力。

银行业已经从卖方市场转向为买方市场，目前我国具备独立法人资格的商业银行有上千家。同质化的运营模式，有限的客户数量和客户服务场景，势必会造成在一个有限的竞争空间，出现业务增长的极限。

若要改变现状并有所突破，需要将银行服务的广度进行延展，从银行所提供的现有服务延伸到关注客户的生活事件或商业事件。这是一个非常可期的前景。目前，国际上不少银行在以围绕客户生活事件开发了大量的数字化业务场景，非常值得我国商业银行借鉴。

围绕客户生活事件与商业事件提供全方位的银行服务，不仅会提升现有客户的黏性，也会通过接触层范围的拓展，扩大银行价值网络的边界，并提升银行自身影响力。银行服务广度的延展同时会带来银行服务深度的增加，包括引入客户参与到围绕"客户生活事件"的服务设计与实现的过程中，从而与客户建立真正的"共情"关系。银行本身的信息化程度就很高，数字化技术引入后，其持续改进的敏捷能力，能够为客户提供更为丰富的服务内容。

客户事务战略会改变银行的服务文化，它会使银行不再是一个业务受理机构，而是围绕客户的生活事件提供更多的衍生服务。这不是让客户感受到产品或服务体验如何，而是让客户体会到：通过银行所获得的收益超出"预料"之外。

客户事务战略符合 DT 的价值观：通过数字化技术的赋能，创造出全新服务类型的商业模式，能够为更广泛的"长尾"客户提供个性化的定制服务。尤其对中小商业银行，更要将 DT 的价值观灌输给客户经理、后台人员以及管理层，提升 CAMELS+健康指标的不仅是卖出多少产品，还有能否得到客户黏性的增强。

此时的银行已经成为客户生活（或商业）空间的一部分，银行所提供的服务将陪伴客户终生。这一方面，国外银行服务的范围已经发生改变，如：车辆在途中抛锚，先想到的是银行，然后才是保险公司，车辆与银行通过物联网（IoT）完成信息的传递。

（2）银行的能力输出战略

能力输出战略是指：不以将银行生产的"成品"直接出售给客户为主，而是将生产该"成品"的过程（局部或全部）封装为一个或多个可嵌入到对方客户生产流程的能力组件，从而与客户建立强度更高的黏性。

银行运营活动由业务能力支撑，这些业务能力的主要载体是应用系统。

由于应用系统的封闭性，除了向客户以功能形式提供服务之外，很难形成开放、独立的资源以创造价值。DT 则改变这一局面，通过构建可创造价值的基本构建块，将应用系统的内聚功能打散，建立企业级标准的能力构建块。这些能力构建块以标准化的形式对价值网络生态开放，在数字化技术的赋能下，实现业务能力的快速输出。

这些业务能力或基本构建块能够以独立的实体形式进行运营，能够与生态中的其他组织资源进行价值互换，即：将相应的业务活动交付由性价比更适合的对方能力资源完成。

这些基本能力资源如：支付中心、共享服务中心、产品设计中心、流程设计中心，技术能力输出（将沉淀的金融技术输出行业，成立独立的金融科技公司）等，它们改变了银行价值创造体系的结构，将业务能力直接在市场中变现。

2. 银行数字化转型业务战略的基础

无论是客户事务战略还是能力输出战略，都建立在具有（组件）一致性特征的构建块资源基础上，即：针对一个价值主张，能够映射到一组构建块的组合（具体体现在关联的构建块之间输入输出信息实现的有效适配），该组合可以有效地支撑价值主张的落实。

银行数字化转型业务战略的建立，需要利用数字化技术（ABCD）将各种构建块进行组合，通过产生的良性涌现物——符合现实的情境规划，实现业务创新活动。

由于基本构建块代表着能力创造的最小单位，其支撑的活动相对稳定，通常不会发生变化。

构建块可以单独形成运营资源，单独创造价值，甚至可以转换为独立法人的运营实体。在由各种构建块组合生成的业务活动过程中，可以根据各个构建块所支撑的运营活动具体情况调配相应的资源，从而使运营活动之间建立良好的匹配。

构建块的建立需要从企业架构的角度重新审视银行的资源，通过对 EA 各层资源的领域分类、分解和业务建模实现基本构建块的建立。

这就需要银行重视企业架构，善于通过模型进行组织变革蓝图的设计，同时，关注 EA 的非功能需求。

4.2 业务模式的转型——创造市场价值的策略

上一节阐述了业务战略转型的两种类型：客户事务战略与能力输出战略。接下来需要从战术层面实施业务模式的转型，即从哪些领域着手以实现上述的业务战略。

因此，组织需要重新审视、盘点现有的能力资源，以及这些资源在创造价值时，能够表现出多大程度的"灵活性"或"敏捷性"，是否支持组织持续地建立某种"瞬时竞争优势"，以应对来自客户或市场的需求变化，即：是否支持组织业务模式的创新。

接下来，将重点介绍银行业务模式的定义，业务模式转型的三类途径，以及构成业务模式的元件资源——能力网格组件，并在这些能力资源基础上锚定一种价值主张。并说明数字化技术能够提供何种能力以助力创新业务模式的实现。

4.2.1 业务模式的定义

在这里，我们有必要区分两个概念，银行的业务模式（Operating Model）与商业模式（Business Model）。

• 业务模式是指组织通过资源的有效运用实现最优化的运营活动。这些活动并不都能直接创造价值，如果一种运营方式能够产生创造效益的机会，那么，该业务模式可以升级为一种商业模式。

• 商业模式是组织创造市场价值的一种可行动化的方式，即商业模式一旦确定后，就可配置相关资源进行落地实现。

如：银行建设的共享服务中心，其工厂化的运营模式可以承接外部组织的业务活动处理需求，对于共享服务中心来讲，就实现了一种价值创造。这种情况下，业务模式就产生了一种商业模式。此种案例在国内外大型银行均有体现，尤其是跨国银行，其标准化的业务模块在东南亚国家独立运营，可以承接不同组织机构的该类业务，并实现了单独的收益获取，创造了商业价值。

由于银行的社会功能属性，在这里主要阐述的是银行通过业务模式的转型以实现业务活动创新，而非聚焦银行本身商业模式的改变（这将会触及其根本的金融属性）。本书的重点还是聚焦在数字化技术运用到业务模式转型中需要的必要条件是什么，以及如何规划这种必要条件，也就是本章将要介绍的能力网格组件。

业务模式的转型将围绕价值链和价值网络，通过数字化使能技术，寻求在流程、模式、领域实现创新。

4.2.2 业务模式转型的途径：流程、模式、领域

前面介绍了银行数字化转型的业务战略模式：客户事务战略和能力输出战略。支持上述战略的落地，需要开展业务模式的转型，为此，银行应从三个方面入手：流程、模式、领域。

1. 流程

在客户事务战略中，所有面向客户服务的活动都以流程形态体现。银行为客户提供服务的过程

是双方互动的过程，其中属于客户发起的行为活动是客户侧流程，属于银行资源处理的行为活动是银行侧流程。

流程质量影响着客户服务体验以及银行内部运营活动的质量。流程创新也是银行最为重要的一种持续性创新，通常需要为此投入最主要的银行资源，以提升流程能力。

流程质量的提升也需要从客户侧与银行侧（内部的运营活动）着手改进，两者的匹配能够完成一个价值流，并体现客户价值主张，如图 4-2 所示。

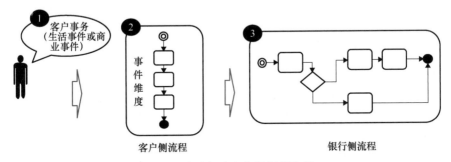

图 4-2　客户侧流程与银行侧流程

（1）流程质量的核心评价标准

流程质量的核心评价标准包括：清晰、安全、信任。

● 清晰。清晰是指客户在享受银行提供的服务时，可以快速地获取一个围绕生活事件或商业事件的流程地图。从流程地图中可以轻松地按照特定"维度"选择流程路线。"维度"的设计可按照客户生活事件或商业事件展开。这是由于客户需要的银行服务通常建立在一个潜在的生活事件（如事件维度为：订阅新媒体内容、资产盘点、订购机票与酒店、订阅生活事件等）上，该事件驱动银行提供一个解决方案，也就是一个端到端的流程活动。这样，银行的价值主张就可以满足客户的一次服务需求。

● 安全。安全是指银行的流程活动必须提供给客户足够的安全保障，并且该保障是通过流程轨迹来全面展示的，过程完全透明，即：在流程处理环节过程中，让客户感受到过程的安全。也许有些观点会认为，并非全部流程处理环节都应向客户展示透明，结果反馈足以确保双方已经建立的契约关系。但是，随着人们需求层次的提升，需要看到一种更加透明的流程活动，以增强对服务质量的监督。

● 信任。信任是指通过流程活动，银行赋予客户更高的信任度，其结果是增加客户的黏性，真正让客户感受到与这家银行可以建立终生的合作关系。

（2）强化流程质量体系建设

随着客户侧流程的体验程度提升，银行侧流程将会承接更多的处理过程。

通常体现为将更多复杂的环节收回到银行侧集约化处理，故需要进行流程的优化。由于银行侧流程的处理环节占用了大量的资源，并且由不同价值链活动中心的资源协同完成，这就更需要开展流程与所需资源的全面质量建设。

为此，需要评估流程管理体系是否健全，流程设计模式是否科学、是否能够应对银行数字化转型持续改进与创新的要求。

其中，流程管理体系要求银行将所有的活动尽可能模板化，真正做到行动一旦开始执行，就要遵循一个正规可审计、可追踪的处理过程。流程管理体系建设是一项复杂的工程，目前一些大型银行已经认识到其重要性，并开始了企业级流程管理系统建设。

流程设计模式改变以往业务活动"流水账"似的建设模式，这种模式导致每个流程都"独具特色"，流程之间难以形成共享的资产。造成的结果是，随着流程模板数量的增加，因没有可共享复用的（流程）能力资产，银行流程模板泛滥，参与者资源调配困难，一个流程就锁定了一组固定的参与者资源。影响更大的是，管理考核的颗粒度只能按照整体流程进行，无法做到更进一步的精细化管理。因此，流程设计模式需要变革（参见4.4节）。

案例1 面向业务敏捷性的共享服务能力建设

某银行近年大力开发新型渠道，增强获客能力，为充分体现以客户为中心的服务宗旨，对服务价值链进行了优化，整合重复资源，形成共享服务资源，为客户提供一体化的全渠道流程服务。

通过建立后台共享服务中心，将各个业务条线重复操作的环节进行资源整合，实现企业级共享的活动组件，该活动组件（基本能力构建块）可以同时为零售、信贷、公司业务、票据市场提供服务。

由于组件定义内容的标准化程度高，使得银行对活动的价值量测算更加精准，为内部与各业务条线、信息技术部门的定价结算提供了依据。通过建立内部公允的服务水平协议，共享服务中心对流程活动的价值量给予了量化，通过全行定义的标准价值量，利用标准差来调整流程各个环节的处理质量和效率。

这里最为重要的是将各个业务条线原有的业务活动流程进行切割，形成单一职责的业务组件，包括原子化流程组件、规则化原子组件等。业务人员在制定这些组件标准时，充分发挥了业务专业性，并极有兴趣地参与到共享服务中心的建设过程中。

有了原子化的业务组件，数字业务场景的流程调整变得更加灵活与敏捷，原来由技术部门根据业务部门提出的非结构化的需求内容进行分析、实现、测试、投产，转变为如今由业务部门人员直接在流程模板、规则模板中进行调整，投产周期较原来缩短了一半以上。

更为重要的是，组件共享化的结果，能够让业务与技术人员在一个共识的模式语言下进行沟通，工作效率达到前所未有的提升，业务与技术人员各自获得了能力增长，也加强了两部门的融合协作。

随着独立运营支付中心、共享服务中心的运作成熟，该银行将共享服务作为一个独立的运营机构，承接其他金融机构的业务，形成资源智能化管理的工厂化运营模式，目标客户为农商银行、村镇银行。通过输出运营能力资源，为这些目标客户银行节省了其建设自己业务后台的投资，双方的合作均取得了既定的效益，实现了双赢。

2. 模式

模式是组织通过业务模式转型所挖掘的一种新的商业模式。通常情况下，组织基于优化业务流程或其他业务目标而采取某种活动方案，该方案在执行过程中，逐渐展现为一种独立创造价值的能力。组织将这种能力升级为一种新的、在市场中创造价值的商业模式。现实中，模式经常表现为精心设计或者是意外收获的结果。

　　在客户事务战略中，银行与客户共同构成了价值网络生态，银行除了提供流程服务，还提供商业组件，即：将银行的一些业务能力共享给生态中的伙伴，为价值交换创造了一种新方式。这些商业组件有些是顶层设计的结果，有些最初的目标只是为了提升组织内部业务活动的执行效率或因某种需要优化组织结构，只不过这些组件在使用或运营的过程中，其逐渐进化出一种可独立创造商业收益的能力。如：银行共享服务中心的业务信息无差别采集模块，最初的目的只是提升业务流程的信息处理效率，但实践证明，信息采集模块已经发展为一个独立的产业在运营。这就形成了一种模式。

　　银行在挖掘一种商业模式的过程中，能力构建块通常是重要的资源。尤其在 DT 时代，能力构建块在数字化技术的加持之下，展现出前所未有的独立性和创造价值的能力。随着能力构建块的成熟度提升，其"独当一面"的特征就会愈加明显，这样，能力构建块所表现的业务模式就可以转换为组织的一种新的创造商业价值的模式。

　　为此，银行可以拿出一定比例的资源（20%）投入这部分商业模式的转型。随着某个运营实体的价值创造能力的提升，银行可考虑将该运营实体进行"API"化，赋予其标准化的 API 特征，包括获取资源的条件、执行具体价值创造过程的 API 团队、输出资源的规格等。待该 API 化的运营实体其成熟度达到一定的水准（可对外输出），组织就可将这部分业务能力组成商用化组件，以商业业务组件形式直接向价值网络生态推广。这些商业组件具有标准界面与接口，向外部生态组织提供"开箱即用"的功能。

　　组件在技术层面的表现形式是"APIs"USB，这些 API 数字资源拥有标准的形式化定义与信息交换规范，银行人员可以通过设计思维不断地创建与"生产"这样的"数字产品"，将这些"API 产品"部署到云平台，在价值网络中开放，如图 4-3 所示。

　　面向商业价值创造的模式转型为银行带来了成本结构的变化，创造效益的同时，也提升了银行在价值网络生态中的影响力。

3. 领域

　　此处的领域是指企业经营的业务领域。如果说流程（构建块）是专属于某特定领域的资源，模式是从流程中提取的某个可创造价值的环节，那么，寻求新的业务领域则是银行业务模式转型的途径。

　　银行传统经营领域是存贷汇，但银行历来高度重视新技术的开发与应用，多年的信息化建设与社会影响力，加上本身的业务专业化程度就比较高，故银行的金融科技成果具备较高的行业认可度。通过能力输出战略，银行可以将自身的金融科技能力转变为商业价值，实现银行业务领域的转型，如构建开放性的专有云，提供某一个业务组件的多租户接入，或者直接以项目形式承建对方的私有云，此外，还可输出自身在 DT 领域的知识资产。

　　领域转型，从某种意义上构成了一种"破坏性"创新，在组织资源投入上，银行可将 10% 的资源专注领域转型。

　　此外，银行还可以依托业务操作系统（数字平台）开放出技术组件，利用社区资源实现包括产品及服务流程在内的协同创新，并通过合理的激励举措，在降低研发成本的同时，获得颠覆性的创意和解决方案。

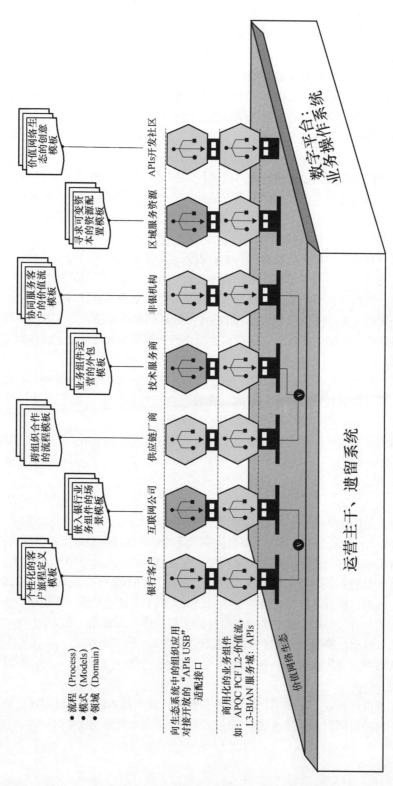

图 4-3　模式转型：USB 模式的开放型能力组件

案例 2　通过构建开放性的业务组件实现能力输出

某外资银行实施了开放银行的建设工程，将产品经过服务治理，形成若干个商用化的组件对外开放，并设立了奖励机制，组织场景金融活动。

此举引发了大量的社区爱好者的兴趣，纷纷参与了这项活动。最终提交了很多各种创意的"作品"，银行根据筛选，确实发现了出乎意料的好创意，将这些创意进行真实测试验证后，取得了良好的效果。

某银行实施了一次基础性能力建设项目，该项目按照企业架构的原则，从业务架构、应用架构到技术架构进行了一次全面的设计规划。

按照业务组件化模型，将银行价值链上的活动按照 APQC PCF 或 BIAN 框架规范的第 3 级定义了能力组件单元，在此基础上，完成了全行信息系统的一次重构，取得了行业的影响力。

在经过自身若干年的使用和优化后，整体系统日渐成熟，具备了市场推广的价值。该行成立了金融科技子公司，将全线的业务应用系统进行能力输出，得到了行业的认可。

4.2.3　构成业务模式的元件：能力网格组件

通过流程、模型、领域实现业务转型，组件化是必要的条件。将银行的业务活动进行组件化设计是一项复杂的工程。

根据组件化理论，组件是可重用（Reuse）、可替换（Replace）、可重构（Refactoring）的构建块。组件的颗粒度并没有一个固定的标准，制定的目标不同，组件的内容颗粒度大小不同。因此，通常情况下，组件定义遵循目标实现原则：对于设定的业务目标，其可分解为一组独立的领域模块（构建块），并由这些领域模块组装而成，这些模块就作为业务目标的组件。

组件是组织一系列（业务）能力的聚合体，通过这些能力的输出为组织创造价值。为什么强调能力？能力为什么能够成为入手点？

一个组织或人从事各种各样的活动以获取某种收益或结果。这些活动之所以能够创造某种价值，是因为其向交易对手交付了某种"资源"，并从交易对手中获得了因交付资源的行为而产生的反馈，即：收益或结果。

这些资源可能是有形的产品（Product），也可能是无形的服务（Service），但都是因为对参与者有价值（或有用），从而产生业务活动（Business）。双方在交换价值的活动过程中，实际上就是进行某种"资源"的转移，产品和服务更多体现的是一种内嵌"资源"的产物。这种资源就是能力，活动最终通过能力创造价值。

管理好这些"资源"，就是管理好上述"能力"。按照对资源的通常管理方式，组织需要建立一种机制：通过对组织的能力进行有效的分类，形成一组格式化的能力网格。这些能力网格所代表的组件集合就成为构成业务活动模式的元件。

（1）如何定义组织的"能力"

银行数字化转型，一个重要的内容就是领域的能力建设。"能力"这个术语是银行数字化转型中非常重要、出现频率很高的一个词语。因此，有必要对"能力"以及"业务能力"进行解释。

能力是一种资源，是"处置"其他资源（或整合其他资源）的资源。The Open Group 将能力（Capability）定义为"做某事的能力"。

业务能力表示业务执行某些操作的能力。更正式的定义如下：业务能力是业务为实现特定目标或结果而可能拥有或交换的特定能力或产能。（相关内容可参阅 A Business-Oriented Foundation for Service-Orientation，Ulrich Homann）

对于银行数字化转型下的"能力"定义：将已有的可控资源（包括组织活动中新创造的知识资源）敏捷地转换为组织设定的某个目标的过程，就是银行的（业务）能力。因此，能力表现为一个输出过程（活动）。

为了建立瞬时竞争优势，组织需要重视能力建设。学者彭志军在《我国农村信用社流程再造研究》中指出："在信息技术和全球化的带动下，企业竞争环境急剧变化，对外在动态的分析和掌握日益困难。相比之下，企业内部资源、能力及运作流程则更容易管理和控制，更适合作为企业制定战略的参考依据（Grant，1991）。由此，对企业竞争优势和战略管理资源的'不同投入'重要性的认知，逐渐由企业外部转移到内部，企业资源理论与能力理论应运而生。"

C·Alexander 也曾表达一种类似观点，需要设计一个高度成熟的结构化功能模块体系，并具有某种对"趋势"的预测能力。对于组织同样如此，需要一个灵活的机制，以使功能在面对需求的变化时有足够的敏捷性。

（2）能力"载体"

能力并非孤立存在，它需要相应的实体载体，即发挥该能力的一个行为体（包括直接行为体和间接行为体）。除了产品和服务这些间接行为体，人是最常见的直接行为体。AI 软件系统也是一个行为体。能够为银行创造价值而提供服务的能力载体，主要包括：人力资源和云计算资源（软件、硬件）。

为了进一步说明，在行为体和能力之间增加一个"能力承载者"这个概念，如图 4-4 所示（图

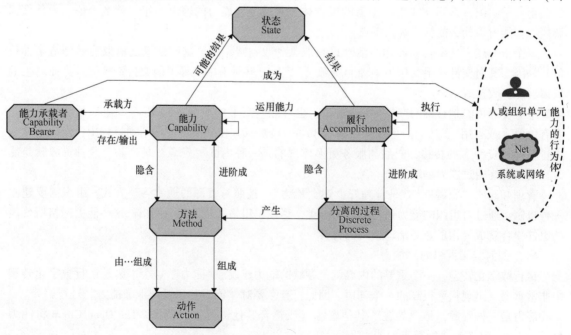

图 4-4　组织的能力基础结构图（Capability Foundation）

片参考来源：Skin the Financial Services Onion，A capability-based model to explain the（r）evolution of the banking industry，BIAN "Banking Models Working Group"）。

　　能力承载者可以是程序代码、业务流程模板、设备等等。当能力承载者开始履行其能力时，承载者就成为行为体。这时，程序代码成为运行中的进程，业务流程模板成为流程实例、设备加电后成为运行中的服务器（在这里把启动运行的设备称为服务器）。

　　因此，能力承载者和能力行为体之间有一个"履行（Accomplishment）"的过程作为桥接。能力承载者没有履行其能力时，只是一个静态的能力拥有者，当能力履行时，又是一个动态的行为体。

　　现实中，我们常常已经区分了这种差别，就如上述的程序代码和进程、业务流程模板和流程实例、设备和服务器。因此，单一地评价能力，其会有一个状态（State）描述，该状态只是一个可能的结果。履行则是有一个更为明确的结果，其达到了某种实现目的，当然这个结果可能与预期不符，但仍然是一个确定的结论。

　　履行这个环节涉及了有关"动态"的内容，那么，该内容就会与一些过程相关，通常这些（行为）过程具有"片段"特点。这些"片段"体现为用什么方法（Method）？制定何种计划（Plan）？怎样（How）实现？即：一个行为策略（Behavior），最终体现为一系列的具体动作（Action）。

　　根据计划实施的方法如何开始行动，通常也是按照某种分类进行，这些分类标准包括：目标、空间、时间、难度、政策。

　　接下来，推广到更一般的模型，以说明能力、方法、动作的关系，如图4-5所示。

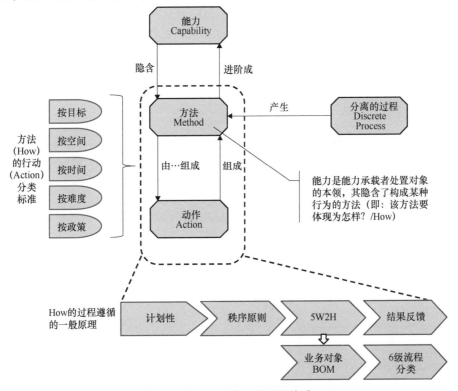

图 4-5　能力、动作、方法的关系

其中，动作具有计划性，遵循秩序规则，按照 5W2H（What/是什么、Why/为什么、Who/谁、When/何时、Where/在哪里、How/如何、How much/成本）的思维模式实施，具有明确的结果反馈。

能力承载者按照 5W2H 的模式开展行动时，就会涉及动作的源对象资源和目标对象资源。对象资源是指一类业务对象（Business Objects），该业务对象可由若干个实体（Entity）聚合而成。例如：BIAN 的业务对象。由动作这一层向上汇聚，就会发现：履行是由一组相对独立（Discrete Process）、遵循秩序规则的逻辑过程组成。

（3）能力网格组件模型

能力网格组件模型是以构建企业级能力为出发点，对银行资源（人力资源，以及涵盖信息技术和数字化技术的云计算资源）按照多个维度进行结构化切分的立体分层模型。

实践中，个体人力资源（HRaaS）所拥有的全部能力按照基本能力、业务（专业）能力、扩展能力进行划分，建立关于人的"能力资源池"。其中基本能力是人的系统思考、学习和协同行动能力，业务能力是对某类业务活动的专长，扩展能力是支持其他业务活动的专业能力。这样划分可以实现对人的能力的精细化管理，更有利于组织在应对不可预测的市场或客户需求时，快速设计业务活动，并匹配相应的能力组合。

人力资源的能力输出单位，称之为"能力分区"（注：在第 5 章介绍的 BIAN 框架中，银行的业务能力也称为"能力分区"）。

云计算资源的能力按照 IaaS、PaaS、SaaS 进行划分，再按照基本服务（如单一职责）能力、组合能力（由基本服务能力组合构成的应用）进行划分。云计算资源的能力输出单位称之为"能力积木"。能力积木与能力分区共同构成了企业级的能力网格组件。能力积木与能力分区相结合可以实现组织的价值链活动。现实中，根据业务规则选择合适的能力网格组件来组成高级的能力应用（如创造价值的业务能力）。以此递归，最终构成面向客户服务场景的服务能力，如图 4-6 所示。

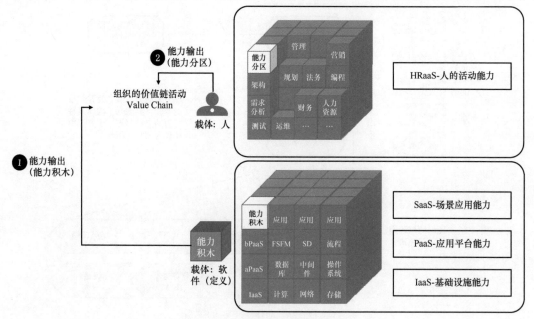

图 4-6 企业级能力网格组件模型

能力网格组件模型中的原子"积木块"由技术手段实现，其遵循 SOA 的服务分解原理，形成三种类型的服务组件：

- 面向与业务相关的服务组件。
- 与业务逻辑弱相关的服务组件。
- 与业务逻辑无关的服务组件。

业务活动的最终组成是一组行为，行为反映出实体的能力。具有目标性的行为遵循一种理性的逻辑设计。因此，业务活动本身就是一个某种程度或量级意义上的逻辑动作序列单元。服务建模就是对这些大量的逻辑动作序列单元进行有效组织的过程。

我们采用 SOA 专家 Thomas Erl 的"不可知逻辑"理论来处理"服务分解"问题。

按照 Thomas Erl 的划分方式：不特定于某个上级任务的逻辑被划分为不可知（Agnostic）逻辑。特定于某个单用途任务的逻辑被划分为非不可知（Non-Agnostic）逻辑。用通俗的语言描述就是：不可知逻辑不受某个上下文的约束，能够适用多种业务上下文，在不同的场景中被嵌入，从而该逻辑具有可复用的属性。非不可知逻辑受到特定上下文的限制，其场景通常是固定明确的。因此，其复用性比较低，但并不意味着不可复用，适应多种业务场景的业务组件需要具备可复用性。

不可知逻辑和非不可知逻辑是实现可复用服务组件和特定业务组件的基础。

现实中，最常见的逻辑就是与业务实体相关的逻辑和以技术为中心的功能逻辑。前者需要对业务场景有一定的了解；后者通常可以不关心业务场景，其中立程度较高。本书强调的是：从与业务实体相关的逻辑中同样可以抽离出可复用的不可知逻辑，其能够被具有非不可知逻辑特征的网络层业务场景所复用，这也就是基于业务组件积木装配业务场景的理论基础。

分解业务问题就是将一个大的逻辑单元体通过标签分类法分解为一组较小的关注点（Concern），对这些关注点建立相应的解决方案单元。解决方案最终实现为由一组动作序列构成的行为过程，由源对象（实体）、动作、目标对象（实体）构成。

在上述过程中，对动作序列进行统计（通常是多个）、重组。每个服务的上下文中，内容进一步被组织成一组不可知逻辑的服务能力，这些服务能力具有通用性。

4.2.4　业务模式的创新：价值主张设计

有了组件做基础，就可以按照客户类型进行价值主张设计。

价值主张设计就是通过产品和服务承诺为客户需求创造价值，从而为组织获取价值。按照 Osterwalder 的商业模式设计的画布理论，价值主张是商业模式设计中最为重要的一环。

银行的业务模式转型是为了加速业务创新，业务创新需要以客户的痛点需求为中心，并为客户创造最佳的用户体验。因此，业务模式创新同样是以价值主张为落脚点。

可以设计一种机制，使得银行的产品或服务的设计成果预期与客户产生购买行为实现有效的匹配。在这里，产品或服务的设计基于福格行为模型，该模型也可作为银行产品定价的重要现实参考模型。

福格是斯坦福大学行为设计实验室的创始人，其设计的行为模型取得了巨大的成功。

福格行为模型的原理：$B = MAP$。

其中，B 代表行为（Behavior），M 代表动机（Motivation），A 代表能力（Ability），P 代表提示（Prompt）。福格教授认为，要让一个人的行为发生，需要动机、能力、提示三要素同时具备，缺一不可。这与以往银行用户画像的思路不同，银行以往单一地分析客户的购买意愿与实际发生的客户行为差距甚远。福格行为模型如图 4-7 所示。

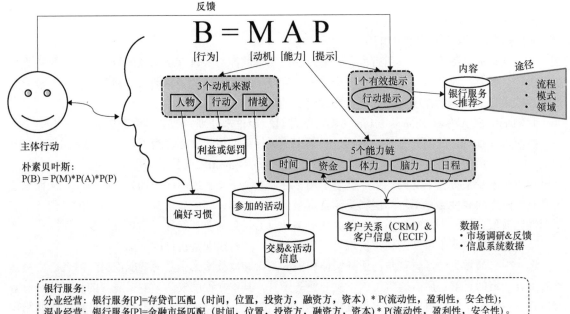

图 4-7　福格行为模型：价值主张设计

银行可以利用福格行为模型进行业务模式创新，分为两种类型：第一种是银行设计的价值主张转移到客户；第二种是客户的价值主张（需求或痛点）转移到银行，具体描述如下：

第一种类型按照三种途径：流程、模式、领域，选择性地提供银行服务的内容，建立与客户的提示反馈关系，利用大数据分析手段，将与客户动机相关的数据、客户自身情况的数据，融合在一起进行分析，判定客户采取某种行为的概率，由此实现银行的价值主张。

第二种类型：通过市场感知和客户经理的调研报告，为某类客户的需求或痛点进行针对性的（个性化）银行服务设计，如：该客户是一个生态中的商业伙伴，可以考虑通过价值网络的设计，实现彼此业务组件的互换或者单方面组件的嵌入。银行服务设计过程中，需要通过大数据、AI 与人协同分析客户可能的动机、能力，据此推出有效的服务提示，增强客户行为发生的概率。

其中，有关客户动机的数据的选择，按照福格模型，应主要关注三个动机来源：人物、行动、情境，福格称之为"PAC 小人"。其中，人物表示行为源自一个人的内在需要；行动表示动机源自和行为相关的利益或惩罚，如贷款要违约，需要及时还款；情境是动机源自所参加或所处的环境，如一次促销活动。

上述这三种信息，可以用以往客户的行为数据进行拟合分析，如：分析出客户的消费偏好习惯，以此为基础对客户进行"人物"画像。

对于客户的能力，福格提出了所谓"能力链"，包括时间、资金、体力、脑力、日程，这五个要素影响人的"能力"。关于一个客户能力方面的信息，可以在客户关系管理系统（CRM）以及客户信息系统（ECIF）中获取。

提示信息来源于银行服务内容的推送（或推荐）。银行的服务内容是基于当前内外部环境下，提供的符合自身与客户利益的内容，即确保经营安全也要显示瞬时竞争力（注：银行商业模式创新再怎么变化，但都不会违背了其自身的业务逻辑，即：时间、空间、投融资方、涉及的资本之间的合理匹配，满足其既定指标的流动性、营利性、安全性的要求），同时，能够得到客户的认可。

可以看出，做出这样的提示信息推送并不是一件容易的事情，单凭人的经验来判定已经不足以应付如此复杂的整体运行环境，必须通过大数据、AI 技术来实现，具体方法为：通过朴素贝叶斯算法计算客户在现实中产生行动的可能性。

案例 3　利用合成数据机制模拟客户的行为信息

现实中，金融机构的数据通常存放在不同的应用系统中，涉及价值网络生态的相关数据保存在生态合作伙伴那里。另外，数据的产生量并不总是达到"大数据"的规模，这样就会对客户的行为数据分析产生一定的偏差。

如何解决上述问题？近年来，有效合成数据在金融机构领域日渐得到关注。其原理是通过 AI 等机制，构建出金融数据集，其遵循真实数据的相同属性，同时尊重特定数据集所涉及的各方的隐私需求。这样，就可以在金融机构内部合成大量的生成数据，然后，利用 AI 结合少量的真实数据进行融合分析，以产生更有价值的决策。

生成数据在学术界主要研究和关注三个方向：生成逼真的合成数据集；测量真实数据集和生成数据集之间的相似性；确保生成过程满足任何隐私约束。

JP Morgan AI Research 开展了相关工作，他们研究和开发算法以生成逼真的合成数据集，旨在推进金融服务领域的 AI 研究和开发。下面是摩根大通银行的生成式数据示例（相关资料来自摩根大通银行官网）：客户旅程事件。

客户旅程事件代表较低级别的零售银行客户与银行互动的序列。事件类型的示例包括登录 Web 应用程序、付款、从 ATM 机取款。这些数据是通过运行 AI 规划执行模拟器并将输出规划轨迹转换为表格格式而生成（如图 4-8 所示）。

Time step	Label	Event	Customer id
1/28/21 15:48	STANDARD-FAIL-RARELY-DIGITAL	mobile : logon	ID-22522
1/29/21 2:39	STANDARD-FAIL-RARELY-DIGITAL	web : logon	ID-22425
1/29/21 18:30	STANDARD-FAIL-RARELY-DIGITAL	mobile : logon	ID-22791
1/29/21 20:50	STANDARD-FAIL-RARELY-DIGITAL	atm : authentication	ID-22710
1/29/21 22:57	STANDARD-FAIL-RARELY-DIGITAL	web : logon	ID-22658
1/30/21 2:28	STANDARD-FAIL-RARELY-DIGITAL	mobile : logon	ID-22425
1/30/21 3:41	STANDARD-FAIL-RARELY-DIGITAL	web : logon	ID-22483
1/30/21 4:24	STANDARD-FAIL-RARELY-DIGITAL	mobile : funds transfer activity	ID-22454
1/30/21 4:25	STANDARD-FAIL-RARELY-DIGITAL	mobile : logon	ID-22454
1/30/21 4:28	STANDARD-FAIL-RARELY-DIGITAL	mobile : investment portfolio	ID-22454
1/30/21 4:30	STANDARD-FAIL-RARELY-DIGITAL	mobile : transaction summary multiple products	ID-22454
1/30/21 4:34	STANDARD-FAIL-RARELY-DIGITAL	mobile : logoff	ID-22454
1/30/21 5:53	STANDARD-FAIL-RARELY-DIGITAL	mobile : profile maintenance	ID-22437
1/30/21 5:54	STANDARD-FAIL-RARELY-DIGITAL	mobile : logon	ID-22437
1/30/21 5:55	STANDARD-FAIL-RARELY-DIGITAL	mobile : quickpay receipient view	ID-22437
1/30/21 5:57	STANDARD-FAIL-RARELY-DIGITAL	mobile : travel notification	ID-22437
1/30/21 6:01	STANDARD-FAIL-RARELY-DIGITAL	mobile : logoff	ID-22437
1/30/21 21:35	STANDARD-FAIL-RARELY-DIGITAL	web : logon	ID-22563
1/30/21 22:50	STANDARD-FAIL-RARELY-DIGITAL	mobile : logon	ID-22600

图 4-8　客户旅程事件各项数据

数据产生过程的原理如图4-9所示。

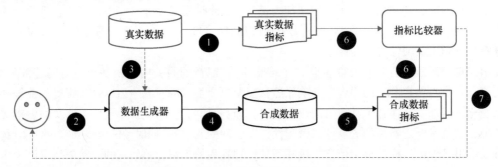

图 4-9 数据产生过程

1）步骤1：计算真实数据的指标。

2）步骤2：开发数据生成器（可能是统计方法或基于代理的模拟）。

3）步骤3：使用真实数据校准发生器（可选）。

4）步骤4：运行 Generator 以生成合成数据。

5）步骤5：计算合成数据的指标。

6）步骤6：比较真实数据和合成数据的指标。

7）步骤7：优化生成器以针对比较指标进行改进（可选）。

此外，JPMorgan 也已经实现将银行流程通过 AI 进行驱动，并投入到现实业务服务中，包括风险欺诈检测、场景交易执行等。而实现基础就是实现组件化模式。

注：上面关于 JPMorgan 生成数据的更详细内容参考：https：//www.jpmorgan.com/synthetic-data

4.3 组织结构的转型——推动转型的杠杆

在数字化转型中，组织结构的重要性怎么评价都不为过。有学者指出，数字化转型就是一个极其复杂的"组织进化"运动。

数字化转型的终极使命是为组织植入持续转型的活力 DNA，构建具有自我持续改进能力的组织动力系统。在这种情况下，传统的机械型组织结构在应对组织面临的各种外部变化时，是否能够做到敏捷将面临严重的挑战。

机械型组织是"卖方"市场的产物。机械型组织结构意味着整体组织保持着一种稳定的运行状态。当外部变化的需求传导过来时，它需要进行预先的"规划"，包括：资源规划、方案规划、交付执行，缺少的是快速应对变化的持续改进机制。

数字化转型要求组织成为一个不断自我"进化"的系统，在进化过程中具有高度显著的动态适应"周边系统"的特征。它的组织结构"机体"可以实现任何程度的"弯曲"和"调整"，但又保持"机体"基本结构特征的不变性，也就是柔性的敏捷型组织。此种柔性的组织形式展现出极高的组织资源利用率，产生指数级的价值提升。

那么，如何构建数字化转型的组织结构，使其成为敏捷的组织动力系统？

特伦斯·迪尔与艾伦·肯尼迪在《新企业文化》中对组织结构的设计阐述了一个重要的观点："在我们看来，在强企业文化的公司内部，临时组织是促成卓越业绩的一个主要因素，没有一个智者能为企业设计出任何时候都绝对最佳的组织结构。即使有人曾经设计出这样的结构，随着时间推移，环境会变化，曾经最佳的结构也会过时。"任何组织结构都是在当前环境下成立，环境改变，组织结构势必要调整。

接下来，本节将试图按照实现组织价值指数级增长这一需求，解构促成这一目标的路径，给出适合银行构建敏捷组织的方案。将按照如下思路进行阐述：

首先，支撑组织的价值指数级增长，组织必须同样具有某种相对以往能力的"指数级能力"；其次，该指数级能力建立在自我创造的指数级增长的"知识"基础上；再次，创造"知识"指数级增长必须具备组织智力资源（人员能力）可按需调度组合的机制。

4.3.1　数字化转型的组织特征：指数型组织

奇点全球大使萨利姆·伊斯梅尔在《指数型组织：ExO》中提出了指数型组织（Exponential Organization，ExO）这一概念，并认为指数型组织是"撬动世界的新杠杆"。"指数型组织是指在运用了高速发展的技术的新型组织方法的帮助下，让影响力（或产出）相比同行发生不成比例的大幅增长的组织（至少10倍）。"

萨利姆指出，指数型组织的建立基础是信息技术。由于指数型组织概念的提出时间是在2015年左右，那时，AI、大数据还没有如今这么流行。现在，我们可以非常肯定地给出：数字化技术是实现指数级组织的基础。

指数级组织具备一个"宏大变革目标"（Massive Transformative Purpose，MTP），这与DT的使命是相同的。萨利姆给出了指数级组织的11个属性，除了MTP外，还有10个属性。这些属性反映了如何支持组织发展以指数级增长，组织具备上述属性的数量越多，扩张速度就越快，价值增长就越快。其中，内部属性缩写为IDEAS，外部属性缩写为SCALE，代表的意义分别表示如下。

IDEAS	SCALE
• I-用户界面	• S-员工随需所聘
• D-仪表盘	• C-社群与大众
• E-试验	• A-算法
• A-自治	• L-杠杆资产
• S-社交技术	• E-参与

其中，IDEAS代表了秩序、控制、稳定性；SCALE代表了创造力、增长、不确定性。

MTP成为组织的一种文化宣言，通过MTP能够激发出一种组织文化，进而将组织资源转向对外部的影响。应用到银行开展数字化转型，MTP是"为价值网络生态提供随需所变的价值创造能力"，银行数字化转型最终的组织形态也将成为指数级组织。

如果要通过DT将银行打造成为是一个指数级组织，上述10个属性如何映射到银行？银行应该通过实施哪些必要的举措以增强组织的指数级特征？

1. 外部属性

（1）员工随需所聘：打破人员技能半衰期快速下降的困境

所谓员工随需所聘，意指组织根据某种（突发）需求快速地获取具备特定技能的人力资源，以确保组织的业务活动与发展始终处于高质量的运转过程中。

VUCA 时代，随着个体所掌握的技能知识的半衰期逐渐缩短（由过去的数十年下降到 2~3 年甚至更短），组织需要时刻关注可能会过时的（人员）技能。因此，对于银行来讲，需要时刻保持与生态资源的互动、交流，从而为组织人员的技能、知识更新做好准备。

此外，数字化转型需要人员的技能更多地展示出"T"型特征：跨领域知识的广度、垂直领域知识的深度。Roger Evernden 在描述实施企业架构（EA）所具备的技能要求时，列出了多达十余个学科领域的知识，也说明了这一点。

这就对银行提出了更高的人员技能管理要求，也暗示了在 DT 时代，银行随时可能会遇到技能困境（竞争对手不断地创新与知识创造以及 T 型人才培育的结果）这一不争的事实。

银行要始终保持对人员当前技能情况的敏感性，这些技能映射到个体人力资源 HRaaS 中不同的能力分区（Partition）。利用数字化技术对每个能力分区的技能进行价值度量，判断其是否已达半衰期的阈值，从而，使银行提前发现潜在的技能真空。在此基础上，快速地做出需要储备的技能资源地图，同时，银行建立了技能资源获取的最佳投资组合机制（包括内部培训或外部技能资源采购），始终让银行在组织技能层面展现出高水准状态。

因此，在 DT 时代，不断寻求各种类型的能力资源将成为银行的一项基本事务，并且不再会局限于组织内部的现有资源。云上也会出现新的用工商业模式，即按照实际需要使用的人力资源的"能力流（Capability Stream）"。

（2）社群与大众

业务模式创新中，提到了领域的创新，即：通过构建组织业务操作系统（Business OS）这一数字平台，将组织的各种能力资源开放给社区，由社区与大众参与协助银行进行业务创意实现。这种模式会成为一种趋势，产品或服务的设计与创新不再局限于内部，广泛地从社群获取智力资源，这也是组织动力系统免受"平衡态"困扰的一种自我激活的方式。

此种通过外部持续不断地获取新鲜的"能量资源"，使组织为成为一个"熵减"的"耗散结构体"，从而保持组织的有序及活力。

银行通过将自身各种级别的能力网格组件、模型不断地开放，延伸渠道接触层的广度，同时，增强与社群和大众之间的合作深度。

（3）算法

算法是指数级组织非常显著的一个属性。这里的算法指的是 AI 使能的算法，即：仅靠人的能力（计算能力有限）分析 VUCA 条件下的高度复杂系统已经成为不可能，需要利用如深度学习、机器学习等分析复杂场景的算法。

近些年发展迅猛的机器学习、强化学习，可以在无须了解规则的条件下，自动学习总结业务场景，最终可以设计出一个让人"意想不到"的方案。

银行在 AI 使能技术下，接下来重点使用 AI 的业务场景有：组织资源（包括能力网格组件）的科学调度利用（利用 AI 计算多参数的线性规划问题）、根据流程过程数据计算出更优的流程模板（AI 与大数据、人）、解决垂直业务领域的数据模拟并进行仿真预测（利用生成式数据与 AI）等。

（4）杠杆资产

善于管理可变资产，例如：通过与价值网络生态的合作伙伴进行业务组件互换，实现如共享服务中心等可以承接合作伙伴的相关业务，增强资源使用效率的同时，能够为组织的可变资产管理做出贡献。

银行通过 APIs 等组件向生态开放，根据可变成本，采用按调用量计算的收费模式，创造更多的商业价值。目前，一些国家的电信公司，利用强大的通信网络，协助金融机构获取相关客户（主要是贷款客户）的定位信息以增强金融安全，防范业务违约风险，就采用了按调用 API 服务的次数进行收费方式，创造了新的商业模式。

（5）参与

通过设立有效的奖励机制，建立数字化的用户参与策略，为共同实现业务战略的人员提供平台支撑，通过与客户的深度融合，为组织创造积极有意义的反馈回路。数字化转型的一大目的就是实现"周边系统"的全部互联、相互感知，消除系统内个体之间的距离，建立最广泛的反馈回路。

对于银行来讲，确保业务活动得到持续改进最为重要的有两点：评价的透明化、即时反馈。其中，评价透明化意味着银行需要建立内外广泛一致的评价系统，对业务活动的各个方面能够获取第一手的反馈信息，这将有助于 DT 转型过程中确定下一步的工作方向。仅仅从客户经理那里或依赖组织的主观判断而获得的客户痛点不再是唯一选择。

即时反馈意味着需要对来自内外的评价信息进行积极快速地响应，包括：答复以及必要的奖励措施，这样就与客户建立起一种深度黏性的"合作"机制。

2. 内部属性

（1）用户界面

萨利姆认为，用户界面是指数型组织连接和管理 SCALE 外部属性的过滤和匹配过程。苹果 App Store 就是一个最典型的用户界面。

对于银行来讲，我们一直倡导业务操作系统这一数字平台，平台中具有各种组件资源，可以对外开放，通过这些组件资源实现银行所有的数字业务。该业务操作系统技术上对应的是银行 digitalPaaS 平台（Digital Platform as a Service，一种集合了多种 PaaS 如：bPaaS、iPaaS、bpmPaaS 等能力，相关内容介绍参见 8.3）。

在 digitalPaaS 平台上，所有开放的组件资源原则上都是一个业务流程服务，其开放形式是 APIs。银行内部的人员通过 digitalPaaS 界面进行各种能力中心的建设，如：共享服务中心可以进行全渠道业务流程的设计与部署；营销中心可以采用如：BIAN 的服务域进行业务场景的设计，产品中心可以利用 APQC PCF 五级流程建模组装金融产品；技术社区活跃者、价值网络生态的合作伙伴可以通过用户注册，进而与各个生态伙伴开展价值网络的设计、业务组件的互换实现等活动。

（2）仪表盘

digitalPaaS 平台上掌握了组织的全部生态资源的各种业务活动，包括：客户以及内部员工的"研产供销服"链条中的全部信息。因此，一个统一视图的运营管理体系是必需的配置。

银行作为一个纯服务型组织，不生产实体商品，其关于"产品"的"研产供销服"行为，需要全流程的管理。按照 DT 的要求，需要将每一个过程环节的信息全部采集到位。

运营管理就是基于这些过程数据和银行管理客户的财务数据（CoreBanking 数据），开展组织运行效率和质量的评价，也是持续改进的基础。

运营管理体系的核心能力包括：资源管理（人、财、物、能力分区、生态资源），业务行为中的各种业务变量（客户开发数量、资产总额、存款余额等）的管理（考察其行为趋势、进而定位反馈回路、调节回路），组织战略与文化的管理（转型框架、共享认知框架的维护、升级）等。

上述各类管理，最终都能反映为对人员和任务的管理。为此，指数型组织目前推荐了已经得到广泛实践的管理方式：OKR 结合真实动态的业务活动数值——量化仪表盘。

OKR 是目标和关键结果（Objectives and Key Results），由英特尔 CEO 安迪·格鲁夫所创造，后在谷歌得到推广。OKR 强调的是目标下的关键成果，是一种实用主义理念的典型体现：目标再宏大，也必须以产生的实际效果来衡量，否则是没有意义的。

银行在实践中可以选用如 EDGE 运营框架的 OKR 精细化管理方式，以提升自身的卓越运营能力。

（3）试验

试验是指组织的产品在向市场正式投放前，为了加速产品创新或进行服务质量改进而采取的措施。试验的原因是创新的产品或服务无法确定能否被目标市场客户较大程度地接受，为了不浪费组织的上市准备时间和投资成本，银行可通过技术社区、部分受众、AI 生成数据提前试验，根据得到的测试反馈情况来决定后续的创新内容及资源投入。

对银行产品的同质化竞争环境来讲，加速产品投放就显得非常重要了，尤其是一些有周期性、行业政策导向的产品。谁提供的产品质量高、上市速度快，那么，谁就可以快速地建立瞬时竞争力。

为了提高试验效率，创新机构经常采用"最小可行产品（Minimal Valuable Product，MVP）"这种具有敏捷特征的产品研发机制。

通过短周期快速的迭代，推出反映产品少量特性的原型（也是可变现的产品）。该原型可以在评价系统上开展有奖励的面向内外部人员的测试，利用反馈的结果再进行若干次的升级更新，不断增加和扩展产品的特性，进而加速产品的成熟度，最终将满足全部预期特性的产品投向市场。

（4）自治

自治提倡了这样一种价值观：高效率的组织行为一致性不再依赖于传统层级组织结构的管理模式，而是一种充满柔性的组织自治机制。

随着员工意识到技能知识半衰期不断下降这一现实，会更加注重自身能力的不断提升。学习的热情与主动性将驱使人员以更加积极的心态参与组织的各种创新活动。这将对银行开展数字化转型带来正向的推动作用。

随着社会各行业数字化转型工程的全面开展，银行行为的敏捷性在为客户带来更好的旅程体验同时，也强化了客户在旅程中"易变"的特性。在基本的服务流程实现的前提下，客户更加关注个性化的价值主张能否得到满足。

因此，客户需求侧表现出更加显著的 VUCA 特征，而银行员工侧则表现出自我价值实现的迫切愿望，这就迫使银行重新设计一种敏捷有效的资源汇聚方式，实现客户价值主张的同时也能够实现员工自我价值提升的诉求。

这就要求组织结构具备一定的灵活性，通过构建一个主动把握客户需求变化的团队，将一组对此充满热情的人员汇聚到一起，形成一个拥有自治权限的敏捷团队，从而有利于上述客户需求与员工目标的同时实现。

自治团队对制定 OKR 与实现拥有高度的自主权，包括在组织级业务规划前提下对数字业务产品的规划与设计乃至运营。团队以客户服务为中心，通过对业务活动质量的跟踪，针对来自客户的评价及时给出反馈，整体运作模式表现为 BusiDevSecOps 业务开发安全运维一体化的流水线机制。

超文本组织就是一种自治特征明显的敏捷组织形式（参见 4.3.3）。负责人可以是最初发现创新机会的人员，其成为本次价值流实现的"中标人"（选拔后的负责人）。

（5）社交技术

社交技术已经发展得非常成熟，各种社交网络、社交媒体已经成为大部分人员日常不可或缺的关注事项。社交技术在数字化转型中将被赋予更高的价值。原因是社交技术可以缩短信息和决策之间的距离，此外，社交技术还是知识创造的重要手段。

在银行组织中，除了可以建设类似维基百科形式的组织知识库，一个非常重要的知识创造形式是充分利用业务活动中的"流程社交网络"。原因是，反映业务活动的流程才是银行内部人员时刻在使用的"社交技术"。

这就要求业务流程本身能够反映知识创造的过程，流程中的参与者在信息传递的过程中，能够获得让自身能力提升的系统化"业务知识"，而非互联网社交中散列的信息内容。

4.3.2　数字化转型的组织能力：知识创造

学者麦克格兰斯在《瞬时竞争力》中提出：培养创新能力是组织建立瞬时竞争优势的核心。可以毫不夸张地讲：第四次工业革命反映的就是知识创造能力的竞争。

在数字化转型框架 DTF 中，也明确提出开展数字化转型需要具备对各种知识的聚合应用能力。这里提到的聚合应用不是将各种散列的知识简单地罗列起来，而是强调一种将各种知识融会贯通，并系统化地整合为一个独具价值的解决方案。该解决方案不仅可以助力实现某个具有竞争力的数字业务目标，同时，也实现了新知识的产生。

只有创造出了新的知识，组织才能形成独特的瞬时竞争力，而知识创造来源于思维模式的转变，DT 思维范式是其中关键的驱动力。

数字化转型意味着人类彻底地进入到知识社会。管理学大师彼得·德鲁克也提出：知识社会就是"组织的社会"："在工业社会，劳动者在企业里是孤立的个体，按照分工承担自己的工作，而在知识社会，只有拥有知识的知识工作者自由地组成网络（社会性地组织化），建立互动联系，才能创造价值"。

知识创造理论之父野中郁次郎在其《知识创造管理》中提出了知识社会的到来："知识社会以个人为起点、根据多元化知识思考管理的社会，它追求基于不断变化的社会-企业-个人的关联性的多元化管理模式（以个人的身体知识为基本单位的管理模式），这与以往的管理学存在显著的区别。多元化的企业形态能够克服一元化（实证主义）的管理模式、管理思维的弊端，因此它迫使以竞争战略为中心的战略论做出根本性的修正。"

至此，指数型组织需要加速获取信息并转换为新的知识，从而为组织创造价值。正如战略学家大前研一所言：散列的信息如果不能形成系统化的学术脉络，就不会产生知识的创新。

1. 知识创造的特征：指数级裂变

笔者认为，最早提出知识指数级增长特性的是著名物理学家朗道。朗道提出了一个广为人知的物理学家能力分类模型：朗道分级，也称为"朗道天才尺（Landau Genius Scale）"。他把每个理论物理学家所做的重要科学贡献以对数坐标表示出来，在此将他们分为几个等级，从 0 到 5，处于上一个等级的人要比下一个等级的人对物理学的贡献大 10 倍，即：一个数量级。

吴军在著作《见识》中阐述了朗道物理学家分级的结论，意在告诉现代的人们，如果没有广博的知识获取，那么，你将和广博获取知识的人的能力差异是数量级（10 的 N 次幂）的差别。

这就引发了一个问题：为什么知识增长呈现指数级特征？

知识是将各种信息经过逻辑推演形成系统化的结果。那么，我们日常能够获得各种各样的信息，大脑恰好又能同时处理各种信息，并将这些信息和已有的知识、信息进行碰撞，产生更多的疑问，进而又经过思考去解答这些疑问。过程中，大脑又会需要更多的知识，如此循环，形成一个急剧增长的知识链条。正如我们写文章时，总要参考很多的文献，这就是短时间知识巨量获取的过程。

上述过程可以用物理学中的裂变链式反应来比喻似乎更容易理解。

在物理学中，裂变链式反应指的是以中子为媒介而维持的自持的裂变反应。当一个中子引铀核裂变时，同时放出 2~3 个中子，如果这些中子再引起其他的铀核裂变，就可使裂变反应不断地进行下去，这种反应称为链式反应，如图 4-10 所示。

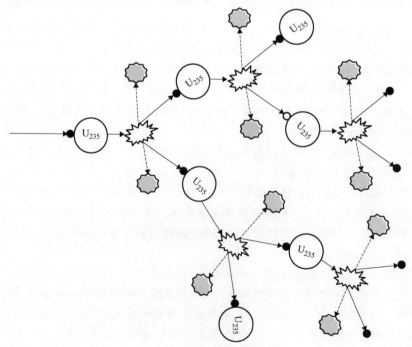

图 4-10　原子核裂变反应

《奇点临近》的作者雷·库斯维尔提出的加速收益曲线也说明知识的获取具有散射效应，人的能力增长具有呈指数级增长的特点。（Kurzweil's Law of Accelerated Return：2001 年，库斯维尔提出摩尔定理的扩展定理，即库斯维尔定理（Kurzweil's Law of Accelerated Return）。该定理指出，人类出现以来所有技术发展都是以指数增长。）

2. 知识创造的过程：隐性知识显性化

英国哲学家迈克尔·波兰尼在其名著《个人知识》中，阐明了一种观点：绝对的知识是不存在的，所有的知识都留有科学家自身的痕迹。波兰尼将知识分为显性的命题型知识与隐性的非命题型知识。显性知识可以形式化表述出来，隐性知识难以用语言表达，主要是通过行为来表达。

- 隐性知识。具有非可数性特征，难以用语言进行描述的信息内容，主要原因在于人的思维或行为是要描述的知识的一部分，从而致使该部分知识很难被另一个体所吸收和消化。例如：围棋或书法的知识传授，或者职业篮球运动员的投篮动作的传授，即使把传授者所知道的所有套路、方法描述出来，学习者也无法按照这个导入的知识达到传授者的水平（当然可能会因个体的天赋超过传授者）。这说明了一个问题：人的行为和思维与想要传授的知识不可分割。

- 显性知识。具有可数性特征，可以用形式化语言、图表等进行描述（一组离散实体块），对方可以吸收，从而学习者按照这个显性知识能够达到传授者预期的目的。例如：科学知识中的物理实验、制造业的产品生产流程，只要学习者按照操作过程，基本可以确定结果会复现出来。

现代组织中，对隐性知识越来越重视。从某种意义上，隐性知识能够决定组织的竞争力。知识一旦被形式化，其传播和转移就成为可能，而其剩下的使命就是去挖掘更多的隐性知识。组织如何能够将优质人才资源（包括协作过程中）所带有"自身痕迹"的知识转变为组织的"智慧"，即隐性知识显性化，就成为组织知识创造的核心内容。

在组织的隐性知识显性化这一方面，来自日本的管理学家野中郁次郎（注：野中先生也是 Scrum 最早提出者之一）的研究成果影响最大。他通过研究丰田、英特尔、微软等公司的成功经验，深刻地揭示了隐性知识的重要性，提出：在知识创造中，极其丰富的隐性知识是产生高质量知识的必要条件。野中在《创造知识的企业》中系统性地提出了实现这一过程的 SECI 模型，如图 4-11 所示（相关资料参考来源：[日] 野中郁次郎、绀野登《知识创造管理》，2020）。

该模型有相应的哲学理论作为基础，就是胡塞尔的现象学"悬搁"和王阳明的心学"知行合一"，第 2 章在介绍 DT 思维范式中，提到的"悬搁"就是产生于此。

在这里，我们推荐利用 SECI 模型和流程管理共同实现指数级组织的知识创造。SECI 模型可为构建组织行为的一致性模型提供思考基础，是 DT 思维范式的补充，即：在 DT 思维范式中感知隐性与显性知识的转换，从而可以有效地区分隐显知识转换过程中的信号与噪声。

在野中教授的 SECI 模型中，各个字母含义为：

- S-社会化（Socialization）：是由隐性知识获取新的隐性知识的过程。方式为通过体验、直觉获取隐性知识。

- E-外显化（Externalization）：是由隐性知识获取显性知识的过程。方式为通过语言交流形成概念模型并符号化表示。

- C-组合化（Combination）：是由显性知识获取显性知识的过程。方式为把外显化的概念系统

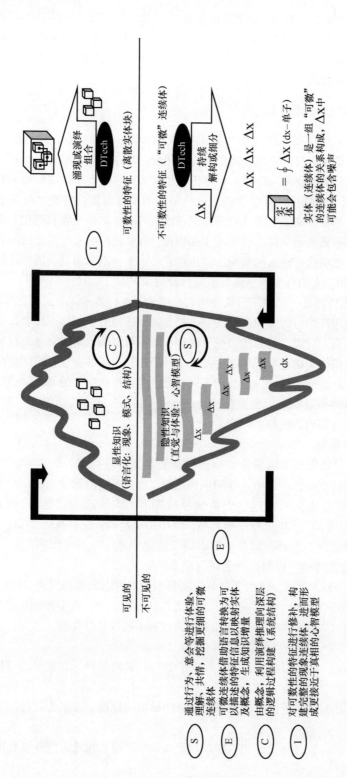

图 4-11 基于 SECI 模型的隐性知识与显性知识转换

S 通过行为、意会等进行体验、理解、共情，挖掘更细微的可微连续体

E 可微连续体借助语言转换为可以描述的特征信息以映射实体及概念，生成知识增量

C 由概念，利用演绎推理向深层的逻辑过程构建（系统结构）

I 对可数性的特征的现象连续体，构建完整的心智模型，进而形成更接近于真相的心智模型

性的组合重构，形成新的显性知识。

● I-内隐化（Internalization）：是由显性知识获取隐性知识的过程。方式为在创造市场价值的过程中与生态伙伴创造的新的知识，吸收为组织自身的隐性知识。

我们以组织中关于问题"现象"的信息如何传递为例，说明 SECI 模型如何实现知识创造。

在管理高层吸收"现象"源信息时（注：通过基层和中层的反馈），首先要采取的方式是一种胡塞尔提出的"悬搁"的思维方式（参见第 2 章数字化转型框架部分），也就是现象学还原的策略。该方法需要抛弃学习者已有的经验和知识，完全以一种"沉浸（All in）"的姿态，去主动地体验"现象"，让"现象"（以心流模式）显现到你的意识中。这期间是由隐性知识获取新隐性知识的过程（S）。

通过换位思考的方式反思"现象"的本质。然后，通过讨论、结合已有的经验和知识进行分析，形成新的认识和观点，从而制定出企业级的战略目标。这个过程就是隐性知识显性化的过程，也是知识创造的过程（E）。

管理中层吸收的"现象"源信息包括两部分：一部分是最初的"现象"源信息，与管理高层吸收的"现象"源信息一致；另一部分是管理高层输出的战略目标，其作为一种新的"现象"源信息（经由管理高层的心智模型加工后的信息）提供给管理中层进行思考。此时管理中层对战略目标的思考也要按照"悬搁"的方法进行思考：究竟发生了什么？管理高层为什么会制定这样的战略目标？然后，经过小组讨论、结合已有的经验和知识进行分析，形成新的认识和观点，从而制定出解决方案，这个过程完成由显性知识获取显性知识（C）。

在方案付诸市场实践检验时，通过来自市场和用户的反馈以及总结，再次形成了组织新的隐性知识，即从显性知识获取隐性知识的过程（I）。

在上述过程中，SECI 模型作用其中，完成了不同层级之间隐性知识显性化的转换过程。

4.3.3　数字化转型的组织形式：数字业务平台与超文本组织

拥有指数型特征的组织，归根到底的目标是：建立起不断自我进化的学习型组织。如果要成为学习型组织，组织自身需要具备一个驱动学习能力不断提升的引擎，正如彼得·圣吉在《终身学习者》中提到："要成功建立学习型组织，就需要某种领导力，这种领导力对我们理解力的深度和动机的层次都提出了超出常规的要求。"这种领导力体现在组织数字化转型工程中就是数字业务平台和围绕数字业务平台开展的业务活动模式——超文本组织及其运作机制。

1. 数字业务平台：知识创造的能力引擎

数字化转型需要一种新的组织活动传导路径，以往自上而下或者是自下而上的活动传导方式，都存在"落地目标失真"的可能，尤其中间层出现对信息的误传导。近年来，组织越来越强化管理中层的作用，管理中层的能力与执行力对组织的实际影响更为广泛。

尤其像银行这种高度依赖"创意"活动的组织，其金融产品对消费者并没有绝对意义上的刚需特性。这一点与制造业的产品存在本质差异，制造业的产品在消费者日常生活中不可或缺；而金融产品，对消费者来讲，无论是投资、融资，却并不一定需要，即使需要，选择的途径也不唯一。在这个意义上，银行就需要不断地挖掘客户的"潜在预期与目前痛点"，通过创意思维，转换为业务模式创新，从而创造客户的消费行为。

现实中，实现一个创意并不容易，在金融领域，创意最难的是验证。不像制造业产品，可以生产出有限的样品供一些消费者进行测试（包括免费赠送），及时止损相对灵活。但金融产品基本做不到这一点，其产品的本质是货币的时间价值与银行的信用。这就很难进行某种免费的产品"促销"行为（现实中，得到一笔无抵押且免息的贷款产品通常是比较困难的），而且一旦效果不好，会影响银行的口碑。

更为重要的是，没有组件化的产品研发流程本身就造成开发的成本较高，因此，从产品样品的消费者验证与市场退出特点上比较，金融产品的沉没成本通常高于制造业的产品。

随着竞争对手产品的迭代与发布速度加快，银行需要更加可靠的产品创意和落地能力，通过内部社群进行产品的试点验证，即时得到"用户"反馈，加速产品更新和"质量"修复，最终可以将产品快速投放市场。数字业务平台正是起到这个作用。

数字业务平台的演进历经业务中台到各种 XOps 的发展过程。笔者认为，业务中台包含组织中台，数据中台归为技术中台。各种 XOps 主要是指近些年相继提出的 DevOps、MLOps、DataOps 等。这些 XOps 打通了技术实现与运维优化之间的鸿沟并开启了两者能力间的循环迭代提升过程，但其出发点仍建立在技术视角，总体属于战术层面。因此，无论业务中台还是 XOps，已不能满足处于DT 时代的组织构建从战略到落地、再回归到战略设计的敏捷能力诉求，而数字业务平台则将业务中台和 XOps 的能力进行上移，为组织贯通从战略设计到落地、持续改进、迭代回归的完整闭环路径。

数字业务平台汇聚了综合各种能力的作战群，它可以随时调用组织内的各类资源，真正向"一线战场"发号施令的是数字业务平台，数字业务平台的活动传导路径是自中向上而下，数字业务平台的人员构成是组织的管理中层。

自中向上而下的业务活动过程是指：组织的中层（智力与经验结合的最佳梯队）根据现实与管理高层制定的指导策略（方法论）进行战略目标的落地。过程中通过快速构建一个符合战略目标的原型（MVP），并通过概念验证（PoC）进行战略目标匹配测试。

随后以此为基础，向下（业务活动的实际执行层或基层）进行推广原型并制定相应的产业化目标。期间收集组织高层和基层的信息反馈并进行原型的改进，这个过程经过多次迭代，最终形成可交付的成果（如：制造业的产品、金融的产品或服务流程），同时，过程中实现了企业中层驱动的知识创造。

银行作为以金融产品和服务为资产进行"营销"运营的公司，其核心业务活动包括三项内容：

① 围绕提升银行效益的金融产品生产活动。

② 围绕金融产品的营销服务活动。

③ 围绕上述两项活动的效益分析活动。

数字业务平台集中了银行的核心智力资源，其强大的资源调度能力和知识的聚合应用能力，表现出"研产供销服"一体化的协同作战能力，能够有效地支撑上述三项活动。

对于第①项，数字业务平台依托于数字平台的 digitalPaaS 能力生产出可复用的业务组件，并由产品设计人员编排成自动化的组件处理流程，即：形成业务产品（如 PCF 的第 2 级或 1 级流程），并发布部署（产品上架）到数字业务平台的"金融产品货架"。

对于第②项，是将第①项生产的可售产品按照业务运营管理的要求，分解为若干个可以独立运营的业务模块化单元，由内/外包的资源协同完成，同时过程中进行精细化的（操作）风险度量和绩效考核（KPI），这是一个人工处理为主的流程服务。

第③项是对①②的结果进行分析，再回溯优化①②两个过程。因此，①②③是一个闭环活动过程。其中，①②是数字业务平台的核心内容，③可以理解为以往业务中台中的数据中台（或技术中台）内容。

从上述意义上，银行之间的竞争就转变为数字业务平台的竞争，平台的能力则体现为构建瞬时竞争力。从某种程度上，形成组织转型文化的驱动者就是数字业务平台。

对于银行的数字业务平台，其主要的功能有：

- 挖掘来自一线反馈的信息，进行产品和服务的创意活动。
- 组织能力资源开展各种业务活动：如按照 70% 的资源分配给核心业务活动、20% 的资源分配给持续改进服务的活动，10% 的资源分配给颠覆性创新的活动。
- 组织的知识创造、传播、管理。
- 组织成员统一认知框架的传播与培训，培养新生力量，这是构成组织服务文化的重要组成部分。
- 向高层提供研究成果，推动战略更新、新商业模式构建等智囊团工作，同时，为组织的 CAMELS+指标提供保证。
- 向基层提供充足的"知识弹药"，确保一线团队或分队（Squad）在市场中的竞争优势。

围绕数字业务平台开展的各项业务活动，需要在人与人、团队（或分队 Squad）与团队、部门（或部落 Tribe）与部门之间建立一个"场"来实现有效的沟通，实现隐性知识的显性化，从而输出系统性的信息脉络并成为知识库资产。

接下来，我们引入一种敏捷的组织构建形式——超文本组织，以建立数字业务平台的"场"。

2. 超文本组织：敏捷的组织构建形式

（1）什么是超文本组织

超文本组织是野中郁次郎、绀野登在《创造知识的企业》中提出的一种组织形态。其目的是将官僚制组织的效率性、稳定性与任务型组织的有效性、机动性结合起来，建立一种有效的知识型组织，旨在打破知识隔离的藩篱。

作为一种集中式架构的组织形式，官僚制组织拥有明确的分工，在处理一些计划性的工作方面能够展现出优势。对于可持续竞争优势的战略选择，以价值链为基础的部门制组织能够做到很好的协同，但是，对于构建瞬时竞争优势的战略，集中式架构的组织形式就显现出不足，信息与决策的传导链过长使得组织的反应敏捷性降低。

任务团队模式因被赋予明确的目标，其在资源组合、开展行动方面能够表现得较为灵活。银行在开展信息化建设方面，通常选择任务团队模式，大多能很好地完成既定任务。例如：银行实施的核心业务系统建设项目，通常由来自内外不同单位、部门的人员按照计划性目标完成项目建设工作。在项目完成后团队解散，人员又各自回到自己原来的部门，这种方式很常见。由于是项目驱动（通常是一次性任务）而临时组建的团队，大家在知识转移方面更多的是形式化的工作，甚至保留某些对归属部门有益的知识资产。

任务团队由于有共同的目标和氛围良好的工作场合，彼此不存在行政指令的干扰，交流畅通无阻，容易形成知识创造，对于隐性知识显性化，形成知识创造。但是，由于任务团队是从不同的部门抽调组成，完成任务即解散，各自回到归属部门，无法形成组织级持续的知识利用和转移。

为确保知识创造能够顺利进行，野中教授提出了一种新的组织结构——"超文本"式组织结构。

这一组织结构形式的核心条件是，它使创造知识的组织具有按某种循环过程连续并反复地获取、创造、利用和积累知识的战略能力，其目标是建立一种将官僚制和任务团队不是互相排斥而是彼此互补的组织结构。

野中教授将这种超常规组织比喻为计算机中的"超文本"，由多层文本的叠加组成。每个普通文本只有一层。但单一文本会限制使用者的视野，所以，视窗系统可以很方便地打开多个文本，操作者只要点击链接，相关的"网页"就一层层跳出来。甚至可以用一个指令，将所有相关文本都以某种逻辑方式连接到一起，大大方便了多层存取和对照观察。打个比方，以往的两种组织结构运转靠 DOS，而且两种操作系统不兼容，现在野中把它换成了 Windows，多层视窗取代了单条指令。

按照野中的观点，"超文本"式组织结构是由相互连接的层次或环境构成：业务系统层、项目团队层和"储藏库兼交换所"的知识库相互连接，最终构成新的组织结构。超文本组织的关键：每个成员所拥有的知识积累以及在三个层次之间的语境转换能力。

在这里，除了业务系统层与项目团队层属于经典组织形态拥有的特征，超文本组织的创新点在于知识库层。

通常意义下，知识库蕴含在业务系统层或项目团队层中，属于与人不可分割的部分。在这里，将知识库层作为一个单独的组织因子，意义重大。其强调了可以将知识这种与人的个体不可分割的部分与人脱离开来，成为可以"摆放在货架"上的、未来可以（内、外）变现的资产。这样就为组织构建了一个新的潜在的利润中心。更为重要的是，人将自身的能力以知识资产的形式储存下来，其在组织中的贡献会得到更好的评价，这会更加有助于知识型组织的评价体系建设。

很多著名的公司都是在自身实践的过程中积累软性的知识资产，然后又以高昂的商业价值输出到其他的组织，就是典型的知识创造型企业的运营结果。

在"超文本"式组织中，中央层是"业务系统"，负责日常操作。因为官僚制很适合高效的例行工作，这一层组织结构可以是等级制金字塔结构，如现有的部门银行制下的组织结构。

顶层是"项目团队"，分别从事诸如新产品或新服务开发等知识创造活动，因为任务团队很适合这种创新，所以采取团队结构，把相关人员从各事业部甚至从公司内外组合到一起，集中完成相关任务。这与迈克尔.哈默在《企业再造》中提出的拥有共同主题目标的临时性敏捷团队这一理念是一致的。该团队按照 OKR 工作法开展任务实践。

底层是"知识库"，上面两层产生的群体知识（包括显性和隐性两种知识）在这里重组和整理，而这一组将形成一个新的虚拟组织单元。该层不是作为一个实际的组织实体而存在，而是蕴含在企业的愿景、组织文化或技术之中。

可以看出，野中的"超文本"式组织结构的独特之处在于，它有三种结构不同的组织形态，一是等级制度，二是人员团队，三是文化凝聚力，它们共存并融合于同一个组织内。

（2）超文本组织与价值网络

在超文本组织里，组织的成员穿梭于三个层次（语境）之间，应对环境变化提出的要求，通过项目、任务等推进业务，并获得了共享的办公环境和信息网络环境的支持。同时，通过横贯三个层次的动态知识循环完成知识创造过程。

这三个层次相互重叠，取长补短，结合了官僚制和任务团队的各自优势，知识库变成了把两种截然不同的组织结构黏合在一起的强力胶，实现了传统等级制结构和创新项目结构的动态融合。随着信息化技术的应用，知识库资产可以用形式化的描述方式定义在信息系统中，如知识管理系统 KM（Knowledge Management）。

"超文本"组织还是一个开放系统，具有把来自组织外部的知识进行转化的能力。注重从外部吸收能量进行组织的"熵减"活动，让组织的智慧化思维和行动更有秩序性。它能够促成公司内部结构与外部环境的持续知识互动，在客户与利益相关者那里得到创新源泉。更为关键的是，这一组织的成员可以在不同"语境"中"穿梭"。为了适应组织内外的情况变化，他们可以在这三个不同层面之间灵活切换、移动，使每个成员充分发挥出各自的智慧和潜能，有效地创造出新的知识、新的创意，最终形成新的产品和服务。

超文本组织的特性是正是数字业务平台所需要的。

在超文本组织结构中，知识库是非常重要的，所有成员的能力价值映射为知识。这里的知识不是传统意义上获取的书本知识，而是一种解决问题、提出创意、形成系统性认知的素质，每位个体的知识能力是进行资源组织决策的首要信息指标，从而摒弃非能力范围内的评价体系。

数字业务平台最终形成一个业务主题和知识资产（成员为载体）的自组织映射网络，而其可以支撑项目制组织、超文本组织、有机的网络运营的组织等。

接下来，我们将超文本组织和业务组件（CBM）价值网络结合起来，展示如何实现敏捷的银行业务活动，如图 4-12 所示（注：本图参考了野中的"超文本组织"相关图例，参见《创造知识的企业》）。

具体的操作过程描述如下：

1）确定业务主题的目标，建立 OKR 标准。

2）确定需要哪些知识资源，列出清单。

3）由知识资源可以定位到所需要的人员能力资源（能力分区）。

4）确定所需要的能力资源所属的能力载体（员工）的"档期"，是否可以邀请加入。

5）资源组织完毕，形成本次业务主题任务的项目团队（可能是多个，如：研发、测试、MVP产品验证群体等）。

6）任务实施完毕，总结知识资产（思维、行动以流程模板或维基百科模式），归档到组织知识库中。

7）项目团队解散，但每个团队成员的 DevOps 任务栏中将登记本次属于他的工作任务，以确保后续产品的升级或运维。

（3）构建超文本组织中知识创造的"场"

"场"是野中郁次郎教授提出的知识创造的一个非常特别的概念，体现了超文本组织实现资源互动的平台，超文本组织深刻地反映了组织系统动力学特性："我们把'场'定义为'共享知识的

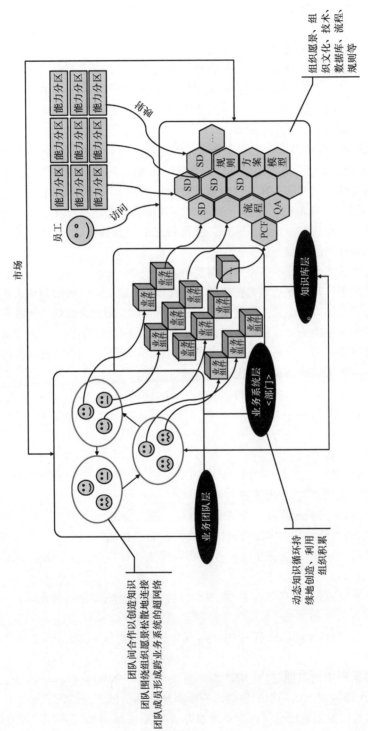

图 4-12 敏捷银行下的超文本组织

动态语境或意义空间'（Nonaka&Konno，1998），它是日式管理的重要特征之一"，"准确地说，'场'是平台（Place）而不是空间（Space），对当事人来说，它是共享知识的语境、关联性和意义。"

野中先生的"场"与英特尔创始人安迪·格鲁夫倡导的自由讨论理念是一致的。在"场"中，因共享知识而产生了平等的交流氛围，通过自由讨论来分析组织的每一项重要决策。

在这里，"场"可以是物理场、虚拟场、实际场。物理场是指：办公室、分散的业务空间；虚拟场是指电子邮件、电视会议、视频会议等；实际场是指课题研究小组、敏捷实施团队等。

DT 所倡导的共享认知框架——DT 思维范式，就是一种实现有效沟通的虚拟"场"，在共享认识框架中，信息的交流更容易形成一致性的观点，从而降低沟通障碍，银行组织应该更好地利用"场"来实现快速有效的决策制定。

在如今创新驱动的竞争市场，实际上超文本组织形式更适合应对来自市场需求的"遭遇战"，超文本组织的"场"能够快速将组织资源凝聚为一个能力聚合体。

例如：在银行以客户为中心的服务理念中，通过一线客户经理获取的信息，需要银行运营单元做出快速有针对性的反应，已有的经验方案不能覆盖客户的诉求，面对这种所谓的"遭遇战"，竞争优势的体现就在于知识库的丰富程度和应对团队的敏捷服务程度。

传统的层级制度（或部门制度）存在责任级别的差异，组织资源的动力又受到这种差异性的影响，从而使得面对这种突发需求的来临时，反应行动的步伐会严重不一致，最终商机瞬时离去。现在，因为超文本的组织形式和运行机制，可以快速精准锁定满足业务主题的能力资源，进而组建项目团队，以任务为驱动，短周期为目标，集中火力完成一项可创造业务价值的活动。

4.4　流程设计模式的转型——构建业务活动的流水线

组织的活动通常表现为一组流程，流程成为组织的工作形式。

管理学领域的巨作《企业文化》的作者，哈佛大学教授特伦斯·迪尔（TerrenceE·Deal），在其《新企业文化》中阐述了工作仪式对于组织文化的渗透作用。"工作仪式还有着更加深刻的象征意义，透过表面现象，它们是重要价值观的具体表现。在执行工作仪式的同时，我们也在不断强化那些无形的、难以用语言表达的价值信念。在仪式中，行动在说话，它帮助我们感受到意识层面以下的东西，并与之联系在一起，它帮助群体为履行文化职责做好准备。"

价值网络的构建不仅增强了组织开展商业活动时所呈现的敏捷能力，同时让组织在资源的成本结构配置方面有了更多的选择性，不限于从组织内部选择资源，也可以从价值网络生态中选择具有性价比适合的资源。这就要求银行在流程设计模式上体现高度的灵活性，支持流程结构与资源配置的动态调整，以应对来自市场与客户不确定的需求，这也是银行数字化转型重要的能力建设内容。

4.4.1　业务流程：可持续创新的引擎

在业务模式创新的各种途径选择中，对于银行组织来讲，流程是分量最重的部分，也是银行可持续创新的核心内容，在 DT 项目投资组合中所占据的比重最大。

银行的业务活动总体分为两类：管理支持活动与操作运营活动。

站在银行价值链的视角观察,管理支持活动是辅助活动,操作运营活动是核心活动。无论是哪一类活动,最终的表现形式都是一组流程活动,流程推动各部门条线的工作协同并为银行创造价值。

流程已经成为银行构建瞬时竞争力的基础,流程的灵活性、敏捷构建程度直接反映了银行应对内外部变化的能力。很多企业开展了流程管理,将组织的业务活动流程化,形成了新的资产——流程模板,行业已经形成共识:流程资产是组织的一项竞争力。

业务流程如何支持数字化转型的开展?

除了建设高质量的流程管理体系,最为重要的是改进流程的设计模式。通过新的流程设计模式,可以有效地结合数字化技术,在业务活动开展过程中,体现数字化技术增强下敏捷应对各种需求变化的柔性流程构建能力,从而助力组织实现价值创造的指数级增长。

构建业务流程的设计模式需要重点考虑如下几方面:

1)流程能力能够有效支撑 VUCA 下的业务活动,即:针对组织开展的任何一项支撑战略落地的业务运营活动,都可以在流程管理体系中匹配到一组适合(或依托数字化技术即时构建)的流程模板,这些流程模板在集成过程中,体现出彼此对接契合的一致性(不存在接口与功能冲突的情况)。

2)流程作为一项参与创造价值的能力资产,需要具备可复用性,以提升流程在组织全局的影响力。随着流程能力成熟度的提升,可考虑将该流程活动转变为一个新的业务模式甚至是商业模式。

3)业务组件化的基础是一组流程构建块加上人力资源。流程构建块与组织的人力资源需要在 Zachman 框架意义下实现解耦(How 与 Who),即:流程不受空间限制,能够跨网络空间实现信息与价值的传递,如:支持跨产业互联下的流程集成;同时,在技术层面,流程不受组织人力资源归属地域的限制,可以在任何地点、由任何预置权限的人获取流程资源。

4)流程能够转化为组织的知识,即流程成为知识资产,组织人员在参与流程运行过程中,同步获得技能的提升,最终体现组织的学习能力。

综上,构建符合银行数字化转型的流程设计模式的基本逻辑如下:

业务人员主导,以创意为驱动力,将流程视为一组驱动价值流的活动,而活动需要能力资源支持,从而将流程设计转向对各种能力构建块的有效组合,能力构建块之间具备接口契合的一致性机制。

这种设计模式,可以让业务人员不依赖于技术资源,充分按照创造业务价值为导向,通过对能力构建块的有效选择,构建出满足市场和客户需要的业务活动。与此同时,设计的产出结果(以流程形式体现的能力构建块的组合)可以直接导入到技术实现。之所以能够这样做的基础在于,能力构建块是建立在企业级通用语言下由业务与技术人员共享的资源。

4.4.2 流程设计新模式:编排能力构建块

1. 基于能力构建块组装设计流程

银行以往在设计业务流程时,通常以一组活动序列来表达流程结构,每个活动序列包括了输入要素、详细的处理过程（Process）、输出要素等。虽然这种方式能够描述一个业务活动的全部处理过程，但这种方式也存在一些问题。

首先，描述业务活动的这些流程大多最终形成的都是固化的流程模板，其中的处理环节（活动序列）没有形成标准化，故很难在构建其他业务活动时进行复用。其次，流程结构的调整往往牵一发动全局，调整一个处理环节通常会影响到整体业务活动的执行结果，业务测试成本较高。最后，难以建立有效的流程能力评价体系，尤其是对流程参与者资源的精细化管理和资源使用度量方面，因缺乏一种结构化的描述机制，结果只能从整体流程上评价资源利用率。

组织构建的所有业务流程体现在工件层面为一种形式化的流程模板，如 BPMN2 语言描述的流程内容。

现实中，业务流程又具有持续改进优化的诉求，如果流程模板所描述的内容无法体现出层次化、结构化，那么，对于改进工作是相当困难的。笔者曾见到一个某国外大型银行的一个业务处理流程模板，其上百个任务节点，并以一种类似过程式语言的形式描述业务活动。由于业务发展，该银行业务部门需要对这个运行多年的流程模板进行优化，并提出了需要改进的业务活动方向，但其超复杂的过程表达方式让后续接手人员很难读懂其准确的业务含义。为此，该银行聘请了国际著名 IT 公司协助对该流程模板进行结构化拆解，将该模板拆分成一种层次化的表达方式，以让业务人员理解，从而有利于后续业务活动的持续优化。

因此，DT 时代，流程设计模式的先进与否会严重制约银行的业务创新程度。

如同用面向对象（包括领域驱动）的方式来分析复杂性事物一样，我们采用面向能力构建块的方式设计流程，这种方式将极大程度满足业务创新活动的效率提升要求，推动业务、技术、创新之间的深度融合。

能力构建块是银行能力体系中的基础单元，它通常体现为一定业务领域限界上下文的活动，该活动在银行范围内是不重复的，因此，能力构建块是企业级的，也是稳定的。第 5 章中介绍的 BIAN 框架中的服务域就是描述银行能力构建块的一个最佳实践。

能力构建块是面向业务与技术的融合视角形成的重要资产，因此，以能力构建块作为通用交流语言描述的资源，可以快速地将业务人员设计的流程用技术实现。能力构建块包括两项内容：人力资源的能力分区（人具有的不同能力）、针对无形资产所定义的能力积木（云计算体系架构中的软件系统）。

具体的设计过程如下：

（1）客户诉求到银行价值链的映射

我们采用基于 OODA 决策回路的流程设计模式。OODA 是应对 VUCA 条件下的一种循环决策机制，由观察（Observe）、判断或定位（Orient）、决策（Decide）、行动（Act）四个环节构成。与应对稳定情况计划模式下的 PDCA 不同，OODA 强调的是敏捷应对。

对于一个客户诉求，将其视为一个情境（Scenario）所传递的问题，通过 OODA 实现流程设计模式（如图 4-13 所示）。

1）观察（O）：通过观察（O）来导入情境问题，利用冰山模型（或 DT 思维范式）快速建立驱动情境（过程）的结构化元素：可描述情境的全部特征信息、情境涉及的各种参与者资源（人员或组织等）、情境中资源之间互动产生的各类活动。

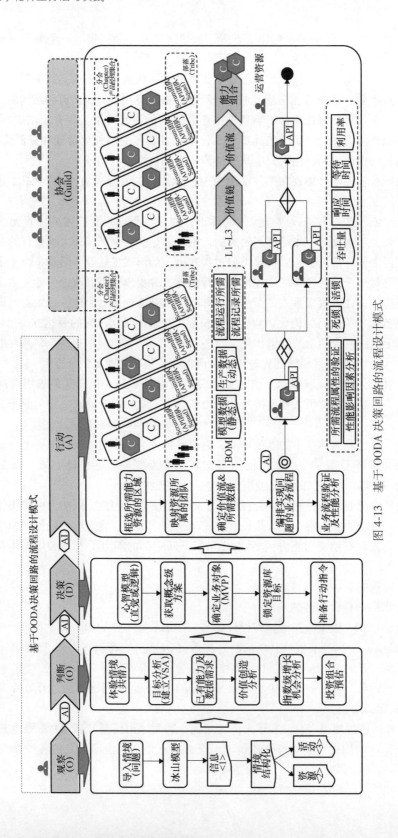

图 4-13 基于 OODA 决策回路的流程设计模式

2）判断（O）：体验情境，以理解客户的诉求，建立共情的世界观（VSA：V-梦想愿景、S-战略、A-行动方针），确定已有的能力及需要的信息数据，对可能的价值创造进行分析，并推测产生的指数级增长机会，估算所需的投资组合。

3）决策（D）：在判断之后，建立基于直觉或逻辑的心智模型，建立概念级方案（具备最小可用级（MVP）的方案），该过程可以利用人的直觉（非结构化信息判断）和 AI（结构化信息判断）协同，或者按照 DT 思维范式进行逻辑推演，确定下一步行动所需的业务对象以及必要的资源库。

4）行动（A）：决策指令一旦输出，即开始行动。根据客户诉求这一情境分析的结果，框选支持这一结果实现的能力资源。这通常先聚焦到银行价值链，包括核心活动、辅助活动。如果两类活动都需要，则更进一步分析，需要核心或辅助活动的哪些活动（部门）参与，这一部分可以参考 BIAN 的业务领域（Business Domain）或 APQC PCF 中的价值链视图，也可以根据银行具体的价值链视图进行。

能力资源通常是一组称之为 API 的构建块，维护这些 API 是一个 Scrum 团队（或者称之为 API 团队，作为敏捷组织架构的一个分队 Squad 来管理，人员大约在 5~9 人，这些人可以覆盖 API 的全部能力，从设计、开发、测试、发布、运维等 DevOps 等能力，对于银行来讲，可以不包括业务运营）。

这些 Scrum 团队可以构成一个部落（Tribe），部落通常对应一个产品组。对于银行来讲，存款产品、贷款产品、票据产品等都可作为不同的部落管理。部落中各个 Scrum 团队中具有相同角色（Scrum 主管、产品经理等）的人聚在一起分享知识。

因此，框选出能力资源后，也同时锁定了所需要的 Scrum 团队资源。对于所需的能力资源，需要进一步分析具体的业务能力资源类型，这些业务能力资源可以是既有成熟度较高的业务能力（高阶）构建块，也可以是基本能力构建块（低阶）。在确定了最终适用的能力资源构建块列表后，流程结构的关键要素：活动路线、参与者资源都已就绪，此时，可以按照解决情境问题的业务目标（OKR）设计价值流，结合数字化技术，导出一个可实际运行的流程。

例如，确定了 18 个基本能力构建块，以支持一个客户关系分析流程。业务人员可以将这些构建块编排成一组业务处理流程（工具可以采用：BPMN2 语言、Visio 图、低代码开发工具等），形成流程模板（其中包括业务规则模型的定义），交付技术实现。

（2）设计流程的过程中需要关注的内容

流程设计建模可以在时间、成本、质量三方面进行考量。结合设计的具体工作，以下六项是流程设计过程中需要经常关注的内容。

1）流程误差：分为设计误差和运行误差，前者是指设计流程时产生的波动误差，运行误差是流程实例在运行时，因流程处理环节的随机波动产生的误差。用以验证流程的实现和流程规范是否一致和差异点。

2）流程能力：流程能力是定义流程完成目标的成效指标与运行误差。例如：针对一个客户服务流程，为该流程的资源投入与周转时间设定相应标准值，波动范围不能超出误差范围，如果实际执行中，超出误差范围，就需要改进流程或资源配置策略。时间常见的 KPI 有：流动时间、服务时间、等待时间、同步时间等。

3）柔性流程：流程在运行过程中，可以进行资源的动态计算，始终确保所有的流程资源处在一个合理的动态均衡分配过程中，包括利用线性规划算法，预测资源与流程任务的匹配关系。常见的资源指标有成本计算模型、资源类型的分类、资源利用率等。

4）交付质量：能力构建块在流程活动传递过程中转移的工件（文档、MVP 原型、其他）质量，反映了构建块价值创造的能力。其中，模型自身的非功能特性是质量的保障，这些特性有：表达力、适用力、充分性、精确度、可制定性、可理解性、可分析性、独立性等。

5）流程仿真：流程设计的结果可以通过仿真运行的方式进行预期测算，如图 4-14 所示。

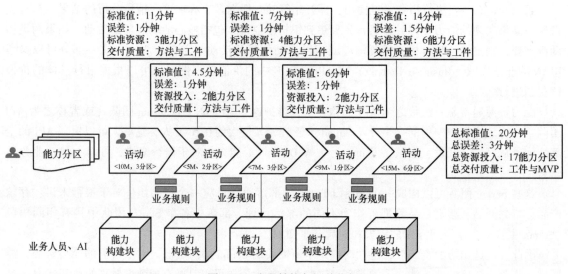

图 4-14　流程结构与评价指标

6）流程评价：流程实例运行过程中，进行流程质量评价（投入资源的成本测算）、业务风险控制、动态调整流程处理环节、关注 OKR 目标偏离度、是否存在流程瓶颈点、是否存在"死锁"（资源的相互占用等待）、"活锁"（条件没有满足下的反复失败的尝试）和其他异常等。通常情况下，为每个能力构建块定义能力指数，包括人的能力指数、服务（API）的能力指数等。

图 4-14 中，总标准值时间为 20 分钟，这并不与图中五项活动的汇总时间相符。主要是因为各个活动之间并不都是以串行序列执行，会存在活动之间的并行处理模式，即相同的时间存在多个活动同时执行。此外，分区数的计算依据当前（人力）能力分区参与活动的情况、持有的任务处理饱和度进行动态计算，在此基础上，合理调度与分配分区资源进而提升利用效率。

2. AI 与流程管理

能力构建块作为流程结构中的基本要素，每个能力构建块都有一组确定的评价指标。能力构建块之间通过业务规则建立关系（符合接口契合一致性），将这些评价指标与业务规则等内容组合在一起，可以利用 AI 与大数据的协同作业能力，进而建立对流程运行质量的有效评测体系。

利用沉淀的流程活动数据进行时间序列分析，观察某段时间流程运行过程中各种数据的表现规律，包括资源（各种构建块，如人力或系统）利用情况、执行周期、差错情况、交付质量等，根据这些规律性的数据，做出对流程资源进行有效分配的决策。

此外，利用基本能力构建块编排流程的好处在于，可以利用 AI 与大数据进行流程自动化构建与生成。

从分析客户价值主张（参见 4.2.4）入手，确定核心活动或辅助活动，快速导入到银行价值链视图，进行领域活动（核心或辅助）映射，再匹配基本能力构建块，选择适合的业务规则，设计价值流。这一切，都可以利用 AI 与大数据进行判断生成，从而体现组织在 DT 时代下敏捷构建各种流程的能力。

其中 AI 所需要使用的各种数据，主要包括客户价值主张与价值链活动的关系数据信息（这些历史数据显示了客户价值主张与各种经常活动的关联关系）、领域活动与基本能力构建块的映射信息、能力构建块之间的业务规则适配信息等。

案例 4　应用多项数字化技术实现银行业务场景的创新和运营

在现有的银行业务运营流程，涉及客户（本处主要指外部客户）与银行进行业务交互的过程中，首要前提是客户提供书面的凭据，上面有本次业务需要的基本必要信息。将凭据递交给银行后，由银行相关资源（人员或系统）进行信息的预审、处理、审核授权、业务真实性核实到最后的业务记账，出具业务回单（公司客户以此作为财务入账依据），整个业务办结。上述流程是当前银行业务场景的主要处理过程（虽然在共享服务的工厂化运营模式下，过程环节会被细分，整个流程还要相对复杂，但从广泛的视角来看，基本是上述 6 大环节）。

通过应用 AI 技术，上述流程可以升级为全面数字化处理，全部环节由 AI、RPA 等协作自动化完成。但不能确保业务处理百分之百的成功，这里存在一个到目前难以逾越的技术障碍，纸质单据上面的信息（机打或手写）AI 难以做到百分之百的自动识别正确。

目前的处理方式是：纸质单据经扫描成电子文件后，利用 OCR 识别单据上面的信息。但 OCR 技术目前还做不到给定一个批次业务的单据信息识别全部正确无误。例如：当日 1000 笔业务，涉及 2000 张单据（借、贷双方），全部识别正确是一个概率事件，而不是一个确定性事件。

以某银行项目为例，即使利用了银行的历史数据形成了纠错词库，将 OCR 识别失败（注：OCR 与二维码不同，二维码目前能够做到二值处理结果，要么正确、要么识别不出来；OCR 是三值识别结果：正确识别、识别成错误结果、识别失败）的结果结合纠错词库，可以增强整体识别的成功率，但是，这仍然改变不了利用 OCR 识别技术会出错的现实。

上述局面将在 DT 时代发生改变，数字化转型后构建的数字业务可以实现百分百的业务处理成功率。

首先需要做到凭据的数字化，目前有些业务实现无纸化的电子凭证，但是，现实中还没有完全推广，还存在纸质单据的流转。如：银行承兑汇票、支票、本票、大额存单等有价票据，以及涉及第三方机构提供的纸质单据，如：财政非税收入等业务。究其原因，要看到纸质单据的意义，其实质是受法律保护的合约（或合同），上面的信息为了保证凭据是归签发人或持有人所有，通常必须要留痕人为填写的信息，如签字等。签字在科学判定上能够形成确定性的唯一结论，每个人的笔迹先天存在差别。

那么，凭据的数字化就要解决上述法律层面面临的问题。区块链在这方面是一个很好的数字化技术方案。区块链的技术原理确保数据不可被篡改。

如果采用区块链技术签发数字凭据，再经过权威的机构（法律意义上认可的）认证，那么，客户到银行或通过其他渠道，就可以签发网络上唯一的数字凭据。由于经过区块链技术进行加密，网络中流转的这种单据是不可被更改的。这样形式的凭据，所有的业务信息都可以用结构化的数据形式表现，那么，业务处理的整个流程就能够做到完全由 AI 处理，重要的是，得到的都会是一个确定性的结果。

结构化的流程组件，实现了业务处理过程中的全部处理逻辑的规则化。如：在业务审核授权的环节，摒弃传统由人进行识别业务风险的过程，现在由 AI 根据时间上大尺度的数据上下文和业务信息、存在可能风险点的规则预定义信息，实现更为客观、准确率更高的业务风险判定机制。在某银行运营模式转型的项目中，充分利用组件化的流程，尽可能穷举的风险点规则（与银行的业务人员共同定义）。这种量化的风险判定模式基本规避了人员判定可能存在的操作风险。

对于因预置规则信息不完备导致的不可抗力情况，AI 本着绝对性原则，确保业务风险不会发生，AI 会将业务流程通过派单转寄到人工来协同处理，处理完毕后，人再将本次新产生的风险点判定规则维护到规则引擎中（如规则表）。正所谓流程在处理过程中不断地创造新的知识，人员的业务能力也在 AI 助力下进一步提升。

AI 在判定业务风险时，需要结合一定时间范围内的数据上下文。在数字化业务的场景下，过程记录信息已经足够的完备，日积月累，产生了巨量的过程跟踪数据（如 BIAN 的控制记录、分析对象数据等）。在分布式并行计算的强处理能力下，可以快速输出判定结果和相关的处理建议。

业务流程的全面数字化后，银行的工作人员可以从事附加值更高的流程优化、流程组合、流程创新、风险规则设计、业务模式创新等创意性工作，从而为组织的价值链优化、价值网络的构建赋能。

对于完结的业务，按照管理制度，需要定期随机的抽查，通过场景回放。这一过程可以由 RPA（流程机器人）协助完成，RPA 从模拟客户申请区块链加密的数字票据，填写好业务的相关信息，提交业务流程到后台的共享运营中心，根据过程记录的数据，模拟风险人员的审核过程，从而实现业务场景的完整录播回放功能。

4.5 产品设计模式的转型——打造精益产品开发体系

产品的设计与开发除了遵循业务流程管理的建模和存储库应用之外，要善于利用 DT 技术和理念，提高建模可复用性、建模灵活性和高效性，提高组织业务流程管理模型的快速响应能力，以便创建更多价值。

由数字化技术加持的精益产品开发体系，成为 DT 工程中产品设计模式转型的推动者。

4.5.1 银行的价值"产品"：银行产品与服务产品

银行的产品没有权威的定义，在数字化转型时代，产品的概念范围也发生变化。

经典的银行产品是以货币为资源，货币的时间价值为价格基础，通过合约（账户）与客户建立的一种权利或给付义务。

如：我们常说的存贷款产品、理财产品、票据产品、存贷组合产品等。随着数字化转型，银行将以开放的姿态构建价值网络生态，其合作伙伴的多样性，各方的业务组件在价值网络中建立互联并形成新的价值创造模式。对于银行来讲，产品的概念边界将超出以往组织内金融产品的定义，金融服务会越加体现出商业价值。

银行作为价值网络生态的驱动者，为生态合作伙伴构建多方收益的商业模式，银行的服务将创造市场价值。因此，服务产品将是银行在 DT 时代重点开始角逐的领域。

无论是银行产品还是服务产品，我们在此统一称为银行的"产品"。二者都是基于结构化、层次化的（能力网格）组件模型及与各领域相关的业务规则组合而成，这就为产品设计模式的数字化升级提供了一致的方式。

- 银行产品是指以货币的时间价值作为定价机制的给付业务。
- 产品服务是指有了产品这个对象，通过银行与客户建立的产品销售合约，就可以在产品对象上定义业务行为（Behavior or Operation）。产品服务通常没有对客户的定价（内部可以计价）行为，故不产生收益。例如：存/取、查询、结清、销户等。
- 服务产品是指将银行的能力（网格组件）资源进行组合，通过为客户提供高质量的服务，以获取收益的服务型"产品"。

服务产品是以银行作为服务中介来获取一定的定价收益。例如：汇款、贴现、（对公）账户管理等。服务产品是数字化转型中实现业务模式创新的重点区域，随着银行混业经营许可的放开，传统存贷产品利差收益的模式，其利润贡献的份额渐渐被新兴的（投资、顾问、技术输出、服务输出等）服务所取代。

4.5.2　产品设计模式的数字化升级：精益产品开发体系

精益产品开发体系产生于日本丰田公司，该体系为丰田成为世界汽车巨头起到了不可磨灭的作用。美国学者詹姆斯·摩根与杰弗瑞·莱克通过多年深入的研究，在《精益产品开发体系》提出了精益产品开发的 13 个原则。在这 13 个原则中，实际上也包含了敏捷的理念，应该讲，精益和敏捷是近乎孪生般的存在。Scrum 创始人杰夫·萨瑟兰在其著作《敏捷革命》中已经暗示了这一点，他在书中提到，丰田公司的很多想法都成为 Scrum 架构的理论源泉。

在分析和理解这些原则的时候，感受到丰田所追求的目标与现在 DT 所追求的目标是何等相似：都是希望能够建立起低损耗、高质量、敏捷的产品开发体系，形成持续改进的机制。三十年前，还没有形成数字化转型概念，但是，精益产品开发体系基于标准化的零件与平台模式，早已经为 DT 做好了赋能的准备。

考虑到 DT 时代银行产品开发体系的建设，我们结合摩根和莱克提出的 13 项精益原则的内容，结合银行作为服务型机构的特点，来尝试构建银行产品开发体系，以适应银行数字化转型的需要，如图 4-15 所示。

精益产品开发体系的 13 个原则总体上划分为人员、技术、工具和技术规范三个构建块（或子系统）。其中，图 4-15 中的（1）（2）（3）属于流程构建块范畴，（5）至（10）是人员构建块范畴，（11）（12）（13）是工具和技术规范构建块范畴。我们在此基础上，增加一个数字化技术赋能构建块，并与 13 个精益原则进行映射。

（1）创造客户定义的价值

DT 时代，银行将在市场反馈和客户关怀方面表现出敏捷性，因此，产品开发体系首先需要从

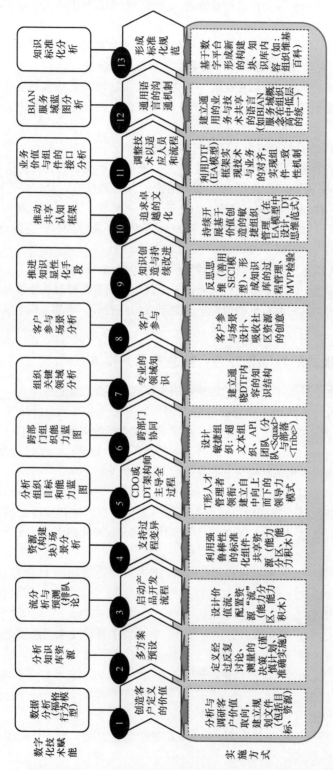

图 4-15 为银行数字化转型引入的精益产品开发 13 个原则

创造客户定义的价值入手。依据银行建设的客户信息库与沉淀下来的大数据知识库，聚焦客户痛点（利用福格行为模型协助分析），分析客户需要的价值取向，确定客户价值主张。

对于客户定义价值的假设，运用客户参与设计的设计思维、敏捷试验、最小可用产品（MVP）、A/B 测试等快速取得客户反馈的机制，以得到市场认可的试验结论。例如：根据指定的客户群体销售一部分 MVP 产品。满足群体客户的需求，可以优先满足部分客户的需求，进而推广其他客户的需求，避免标准化。

将经过客户认可的分析结果形成规划文件，包括设立的实现功能目标及所需的各类资源，将规划文件快速导入到银行价值链的核心活动或辅助活动，并进一步聚焦关键的业务领域活动，如：运营、营销、知识、风险、产品等。

根据客户的实际情况以及银行内控、风险管理制度合理地裁剪相应的领域活动，降低不必要的活动环节，以最合理的资源（面向人员的能力分区、面向云计算资源的各类能力积木）投入到产品开发流程。

（2）多方案预设

由于数字化技术的加持，加上组织持续不断改进建立的 DT 知识库，产品开发流程的执行效率高于以往。这种情况下，重点聚焦在产品设计方案方面：考虑投入更多的资源，目的是搜集更多的价值方案。按照摩根和莱克的建议，在方案构建初期要谨慎计划，准确实施。

DT 时代，跨部门资源协同设计产品方案将成为常态化的工作模式。另外，由于企业级知识库的共享成为可能，每个部门都会形成不同的产品关注视角，通过头脑风暴等发散思考形式，然后回归到理性与系统化梳理方案的过程，进而共同评估一个稳定可行的方案。

因此，产品设计方案的执行过程中，需要汇聚来自营销部门、合规部门、法务部门、风险部门、运营部门、产品研发中心的想法，并形成多种设计方案。

多种方案的建立，可以有效降低执行产品开发流程的损耗，预先对问题的全面考虑会减少更多事后的风险，这对于银行的投资管控来讲是非常重要的。由于描述各种方案的语言建立在基本构建块之上，即使各部门关注的点位不同，也可以借助 AI 与大数据技术分析相关点位的影响和潜在的风险以及营销机会，从而摒弃人为主观的判断结果，最后形成一个统一、权威性的结论。

这些结论在没有大规模资源投入的前提下，进行敏捷试验，把经过客户反馈的、认可的解决方案进行多方案预设和投入。

（3）启动产品开发流程

在确定人员的能力分区资源、基本构建块资源、工具资源、技术资源等清单后，便可以针对认可（多种预设方案经研讨后达成一致的结论）的解决方案启动产品开发流程并实施资源投入。

银行的产品开发流程主要根据描述开发流程的控制及产品参数的信息流（结构信息与非结构信息），对参与者的能力分区资源（简称：能力资源）进行科学的调度。如：利用数字化技术与排队论算法实现能力资源的科学调度，做到能力资源以"流"的形式合理地体现在产品开发过程中，降低资源损耗并提升工作效率和产品开发质量，整个过程是一个各个环节均可量化评价的开发支持价值流。

通过对产品开发流程中的信息实现有效管理，可以开展资源度量、产品风险点评测、业务规则是否合规、整体流程能力是否在预期的误差范围内等流程管理工作（相关内容可参见 4.4.2 节），以进一步改进产品的开发流程。

（4）支持过程变异

虽然产品开发流程基于一个稳定的产品设计方案，但这仍需要考虑执行过程中出现的一些条件变化，包括银行外部条件（市场需求或客户痛点发生突变）和内部条件，这样会使产品开发资源（团队及系统）始终保持 VUCA 下的敏捷性。

由于产品开发是基于构建块组装的思路（参见 5.8 产品设计模型），所以底层基本构建块（一组强鲁棒性的企业级组件，包括人员能力分区及云计算的能力积木）的标准化与内聚的稳定性，能够支持银行可售产品设计方案的变化。这其中，可能出现已有的业务能力无法支撑产品的实现需求，此时，仍可通过调整构成业务能力的基本构建块（如 BIAN 的服务域）来改变甚至构建新的业务能力。

上述过程中体现的组织（资源）活动是敏捷的，因此，标准化的构建块是银行开展精益产品开发以及支持敏捷交付的必备基础。

（5）CDO 或 DT 架构师主导全过程

精益产品开发体系注重总工程师统领全局，并且对总工程师的能力要求比较高。

这一点与银行开展 DT 的人员能力要求是一致的，CDO 必须在管理、技术、业务融合能力上具有很高的权威，即：在领域知识的广度和深度上兼具的 T 形人才，或者由拥有同等能力条件的 DT 架构师主导全过程。

精益产品开发体系，需要银行由 CDO 或 DT 架构师领衔，具有自上而下、自下而上，尤其是自中向上而下的全面资源整合和管控能力，能够将产品设计过程中的所有领域知识专家融合在一起，让大家充分讨论、开放性地发挥各自能力所长。这一点，使得 CDO 或 DT 架构师成为各领域专家之间协作的桥梁。

（6）跨部门协同

数字化敏捷组织主导下的敏捷试验机制，促进了 DT 文化的形成。DT 文化一旦培育成型，组织整体学习能力得到提升，各个部门人员在看待产品开发问题上，就会建立一个独特而全面的视角。虽然其主要工作内容聚焦在本部门（相关组织工作模式参见 4.3.3 节），但因经常参加产品设计方案的讨论而建立的整体产品设计视角也是非常宝贵的组织资产。

（7）专业的领域知识

银行数字化转型，因涉及构建跨产业互联的价值网络，本身就是一次横跨众多领域知识的聚合应用，故对银行人员来讲也是一次自身能力提升的宝贵实践。

因此，DT 时代，需要银行培育真正的跨专业领域的知识人才，要充分认识到经验对于持续地创新活动贡献是有限的这一事实，需要系统性学习各领域专业知识并融会贯通，这些知识通过组织自身"学习"吸收之后形成规范化的组织知识体系。摩根和莱克的观点引人深思："一家不能有效实施标准化的企业只会疲于从经验学习，而且不能真正地实现精益思想。"笔者认为，标准化是建立在对跨领域知识充分地系统学习和二次知识创造的结果。

只有不断地学习，以在某一领域达到深刻的认识，并提出独特的见解，这样，才能确保银行在高速发展的价值网络中取得瞬时竞争优势，通过不断快速地建立跨产业互联而放大价值创造的机会。DT 时代，将对组织人员的知识体系产生系统性的要求，信息重要但不是核心，系统化的知识脉络才是竞争关键。

（8）客户参与

DT 时代，各行各业将会不断地构建价值网络生态，也会形成更多的社区资源。银行需要面对更多高频变化的客户价值主张，因此，需要客户能够提前以某种方式参与到银行的产品设计过程中，把敏捷试验后快速取得客户市场反馈效果作为客户参与的重要关注点。这一点银行业与制造业不同，制造业公司往往有很多供应商，故像丰田那样，可以在产品概念设计阶段，将供应商引入进来，关注他们的想法，交换有利于双方合作的建议。

银行可以充分发挥社区资源或者价值网络生态中合作伙伴的智力资源，在实现价值交换的同时，能够对产品设计方案提出预先的建议。一方面巩固与客户的关系，另一方面也让客户感受到足够的尊重，其价值主张能够在银行的产品设计过程中得以体现。

（9）知识创造与持续改进

银行需要将所有的活动都视为一次知识创造与改进的过程，并快速有效地收集各种新知识，利用 SECI 模型将宝贵的隐性知识转化为银行后续的核心竞争力资产，这些知识资产是 DT 开展持续改进活动的基础。

每一次敏捷试验的迭代过程，在对影响客户获取成本方面、终身客户价值关怀方面、客户流失情况和客户扩散情况的指标统计数据，是组织产品设计的丰富知识资产。

虽然每一次活动都可能会有收益、损失、损益平衡等情况，但是，仍然需要对活动中的所有参与资源的效能、流程过程的执行情况进行总结。将这些总结内容形成量化的信息，梳理这些信息并形成显性化的系统性知识资产，使之成为下一次产品设计方案的指导，包括使用数字化技术提升知识显性化的能力，从而降低组织的资源损失，提升组织产品设计能力的成熟度。

（10）追求卓越的文化

通过构建共享认知框架来建立银行员工的成就感，通过利用 EA 模型开展组织设计与变革的蓝图，获取对现实业务运转过程的深刻认识，加速组织业务能力改进的效率。

上述这些工作，在提升人员学习能力的同时，也能够让人员在产品设计活动中感受到自身的知识为组织创造价值的意义，从而会进一步促使人员学习。这些学习的资产又会在银行创造价值的过程中得以应用。

这样的良性循环过程，不仅有利于银行构建产品创新的 Scrum 团队，更有利于银行形成追求卓越的 DT 文化。

（11）调整技术以适应人员和流程

银行在开展 DT 中，会不断地引入各种数字化技术。将各种新技术与银行的业务流程管理、业务能力建设相结合，通过创造组织价值以体现其真正价值。技术不是孤立的，其价值必须在业务活动中得以实现，因此，技术方案需要向业务目标对齐。

在数字化转型的过程中，培育人员业务与技术的融合实践能力，建立组织标准化组件（或基本构建块）接口之间的一致性是适应市场和客户需求变化的核心内容。因为组件之间的组合方式有多种，所有这些组合体现了产品设计思路，其中的全部组件 API 都需要具备彼此之间可协作的一致性、可复用性、可发现性和可定制性。

（12）通用语言的沟通机制

DT 时代，跨部门协同是组织开展业务活动的常态。不同专业领域人员如何能够建立起有效地沟通机制是为组织创造价值的基础体现。

企业级的"通用语言"是关键,这也是基本构建块的价值所在。基本构建块反映了其内容在业务上下文具有明确的边界,跨部门资源对其有一致性的理解。而且,为了取得更好的沟通效果,个体面对面的沟通方式优先于沟通工具等其他方式。

IFW框架、APQC PCF、BIAN框架都可以形成银行开展能力建设的通用语言。

(13)形成标准化规范

银行数字化转型的一个重要显性成果就是形成规范意识和组件意识。

知识创造的结果是为了后续更好地做知识转移。这些知识包括被其他人员使用到的成熟度较高的产品设计过程,从而发挥知识应有的价值。所有一切活动,包括涉及的银行各类资源,都可标准化、规范化的。

当然,这种标准化、规范化不仅是静态知识或文本形式,而且要以可执行的方式、API调用和组合方式形成组织规范库。

4.6 用户体验模式的转型——增强客户参与感

美国社会学家Herbert·Blumer提出的符号互动理论指出:事物的意义在参与者个体和事物的互动中产生,是由参与者解释事物所处的情境时被赋予的意义。

用户体验是以符号互动理论为基础,强调深刻的体验(互动)来自于用户的深度参与,因此,对用户体验的把握也就成为客户洞察的核心内容。

用户体验模式的转型是充分认识到:在VUCA条件下,客户心理的变化也将受到周围(市场环境)情境的影响,这种影响是不确定性的,故伴随不断变化的情境,客户心理的变化特点也呈现高频特征。这就有必要考虑增强客户的参与感,时刻洞察客户的需求倾向,管理客户的体验模式。

接下来,我们将分析数字化转型时代中价值网络参与者的痛点与诉求,挖掘参与者主体之间的价值交换特点,并以此为基础,构建有效的用户体验模式。

4.6.1 价值网络的参与者与用户体验模式

每个参与者都希望在价值网络中构建属于自己的商业模式,在DT时代实现获取价值的指数级增长。这就需要分析:何种活动能够实现价值输出、价值创造、价值获取,以及银行在价值网络生态中的位置——是金融科技公司背后的参与者还是价值网络生态的驱动者。

1. 价值网络的参与者

如果以银行为中心节点,价值网络的参与者主要包括三大类:银行(生态驱动者)、属于银行已有的客户、潜在客户。

其中,银行作为重要的参与者,其已有的客户包括:与银行已经建立合约关系(开立账户)的个人客户、企业客户;潜在客户在这里是指:参与到价值网络空间寻求商业机会的个人或企业客户,即开展数字化转型(企业客户)或融入数字业务(积极使用移动技术的个人)的参与者。此外,包括在价值网络空间中参与活动的大量普通消费者。

2. 寻求价值获取的合作关系

价值网络的参与者之间如何实现价值交换？

接下来，我们将分别按照不同类型的参与者分析其价值输出、价值创造、价值获取的方式，这将在有助于为参与者开发出创新的业务模式（Operating Model）或商业模式（Business Model）的同时，理解其中蕴含的用户体验模式。如图 4-16 所示。

需要说明的是：组织价值网络生态的活动分配一般由图示中的客户旅程地图分配给各参与者，实现所有利益关系者的价值目标达成，然后再推导出来各参与者（组织）内部的活动。

图 4-16 中，通过从四个视角来看待参与者作为价值输出主体或输入对象的活动，并指出这些视角对于用户体验模式的意义。DT 时代，价值网络中的参与者之间的关系已经不再是普通的交易关系，而是基于银行作为生态驱动者所构建的价值共生共赢的合作关系——相互之间实现价值输出、价值创造、价值获取。

（1）价值输出视角

参与者作为价值输出的主体（横向），包括：银行、个人客户、企业客户、生态客户。银行除了向同业（金融机构）提供金融服务外，向其他参与者提供金融服务，包括投融资服务、围绕客户生活事件的金融服务、推动企业或生态客户开展的商业合作机会（与银行建立的场景金融合作机会或其他技术输出、服务输出的合作，或银行为客户提供的上下游合作机会，参见 4.2.2：业务模式转型的流程、领域、模式）、围绕生态客户之间的上下游商务关系而提供的供应链金融服务。

参与者除了向银行提出金融服务需求之外，彼此之间也会存在向对方开展价值输出的商务合作活动。

该视角的意义在于从价值输出侧观察：用户体验模式所受限的活动。

（2）投资回报率（ROI）视角

参与者同样作为价值输出主体对应的输出目标，即输入对象（纵向）：生态驱动者（银行）、银行已有客户（个人客户、企业客户）、潜在客户（生态客户）。

该视角需要这些参与者关注：在价值输出的过程中，投资与最终的价值获取回报，即包括银行从参与者、参与者之间取得的投资回报，以决定价值输出的决策。这个视角的意义在于：用户体验模式的质量标准不能仅仅考虑参与者"无限"的输出，还要考虑自身是否能够承受输出所付出的投入。也就是说，参与者应该输出一个有效并且投资组合合理的业务或商业模式。

（3）价值创造视角

从价值网络中的参与者所输出的活动中，观察输出主体与输入对象之间创造价值的过程，包括：为输入对象创造了价值，同时，价值输出主体自身也实现了某种价值创造（交换）。

以银行输出的活动为例，分析银行输出的三种活动是否为生态客户创造了价值。

1）如果银行与生态客户建立了投融资关系，那么，无疑为生态客户创造了价值，银行的价值输出活动也会因投融资服务的关系建立具备了收益实现基础。

2）如果银行为生态客户提供了面向某行业的供应链金融服务，推动了生态客户之间供应链上下游的关系建立，并为相关方提供了融资服务。那么，无疑为生态客户创造了价值，银行的价值输出活动也产生了收益。

3）如果银行与生态客户建立一种商业合作关系，如场景金融服务（嵌入银行 APIs 业务能力组

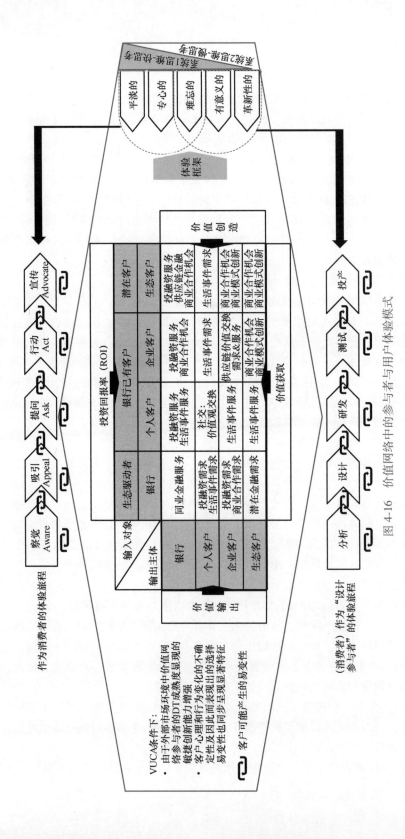

图 4-16　价值网络中的参与者与用户体验模式

件），那么，银行的价值输出活动为后续的生态合作、价值共生发挥了作用。

价值创造的视角意义在于：良好的用户体验模式一定基于价值共生共赢的合作。

（4）价值获取视角

基于价值获取视角，确定输出主体与输入对象是否产生了价值获取，该价值获取能够以真实的资金收益（不含涉及如影响力等无形收益）来衡量。

仍以银行和生态客户之间的价值交换活动为例。

1）银行作为价值输出主体，由于为生态客户提供了投融资服务，那么，银行本身也实现了价值获取，生态客户当然也实现了价值获取（注：作为银行存款客户获得了投资收益；作为银行贷款客户，其价值获取还需在生态客户自身的业务活动中实现）。

2）生态客户之间建立了供应链金融关系，生态客户之间实现了价值获取，正常情况下，银行也实现了价值获取，但由于存在上下游厂商自身的业务活动不可预知的风险，银行可能实现不了价值获取（如融资方违约，银行成为垫款方而出现资金损失）。

3）银行与生态客户建立的商业合作关系，可能出现的结果是：为生态客户实现了很高的价值获取，而银行只是提供了某种服务，如提供 APIs 组件，银行价值获取收益可能存在较低的情况。

价值获取视角的意义在于：良好的用户体验模式并不一定为参与者实现价值获取。

4.6.2　用户体验模式的转型设计

由于外部市场环境中价值网络参与者，其 DT 成熟度显现的敏捷创新能力增强，客户心理和行为变化的不确定性及因此而表现出的选择易变性，也同步呈现显著特征。

1. 作为消费者的体验

科特勒在《营销革命 5.0》中，阐述了消费者客户旅程的 5A 模型："这是一套适用于各个行业的工具，在描述消费者行为时，它能绘制出和实际消费者历程高度相似的路径。"5A 由察觉（Aware）、吸引（Appeal）、提问（Ask）、行动（Act）、宣传（Advocate）五个环节构成。消费者历程可理解为"消费者旅程"。

在 DT 时代，5A 模型也是一个非常有效的指导组织以营销驱动的数字化转型工具。

由于 VUCA 条件下，外部市场环境的不确定性特征凸显，在 DT 工程实施中，我们需要关注 5A 各个环节以及环节之间可能存在的客户选择行为的易变性。也就是说，社会整体数字化转型进程的不断推进，价值网络生态的参与者 DT 成熟度能力逐渐提升，拥有的敏捷输出能力加剧了不确定性现象的出现，因此，会造成客户选择"意向性"的动摇。在这种情况下，用户体验模式的设计不仅仅聚焦在 5A 的接触点，还应考虑在 5A 的环节中或者环节之间，客户的选择性发生变化。关注到前述情况，可以在用户体验模式的设计中预先考虑到应对客户选择"易变性"的能力建设。

可以考虑的措施包括，在实际 DT 工程实施中，充分解构 5A 的五大环节，从中分析可能存在的客户选择"易变性"拐点，从而制定出及时干预修正的方案。使用的具体解决方案可以基于人工智能和大数据以及生成式数据模拟的策略，结合人的能力判定，设计合理有效的方案。

对于 5A 本身过程的数字化设计，可以参考科特勒的营销革命 5.0，其中给出了 5A 各个环节所需要的数字化技术支撑，为客户旅程设计的数字化转型提供了方案。

2.（消费者）作为"设计参与者"的体验

除了关注作为消费者的用户体验，消费者作为"设计参与者"的体验在 DT 时代同样应该引起重视。

依据符号互动理论，事物的意义在互动（体验）中被赋予。而互动显然是分为不同层次的，正如我们日常生活中，经常因身处某个特定的场景而为感受的体验而欢呼。用户体验不仅仅应该在消费者的立场，同样可以将体验的过程前置化，即在产品和服务设计的过程中就要将客户"请进来"，使之参与到产品和服务的设计阶段，并作为出厂前的优先体验者。这样，就可以将用户体验预先植入到产品和服务的设计理念中。

价值网络的参与者都可以成为彼此的产品和服务的"设计参与者"，价值共生共赢的机制能够保证此种合作是有效且愉悦的。

因此，DT 时代，用户体验模式的转型，除了引入数字化技术赋能之外，客户参与模式的引入会加速提升产品和服务的设计效率，同时能够确保向市场投放的质量。

具体的方式，对于生态客户或企业客户来讲，请其加入到数字平台，进行协同合作。对于个人客户可以通过社区发布社区级的 MVP 或采用激励性的措施开展基于某个主题的创新活动，从而实现有利于银行和消费者利益的引智行为。

3. 体验框架

罗伯特·罗斯曼和马修·迪尤尔登在《最佳体验》中提出了一个设计体验框架。

该体验框架由五种类型的体验构成：平淡的、专心的、难忘的、有意义的、革新性的，同时，罗伯特和马修结合诺贝尔奖得主卡尼曼的系统 1 思维（倾向于直觉、感性的快思考模式）和系统 2 思维（理性思考，如系统思考，属于慢思考模式），为每种类型的体验配置了不同的思考类型。其中，平淡的体验类型更多地表现为，很少让用户付出耗费能量的思考，对于消费者的定位来讲，这当然是不错的体验。而革新性的体验则是消耗用户的一定能量，但却能给其带来不可磨灭的体验感受。

我们借鉴罗伯特和马修的体验框架，用以分析将不同类型的体验映射到消费者体验模式或作为"设计参与者"的体验模式，包括这两种体验模式所包含的各个环节中。

其中，消费者体验模式通常更讲究简单的提示并拥有直觉般的吸引力，不用多加思考就可以在接触点展现出极大的兴趣，进而推动消费者启动实际的购买意愿和行为。因此，消费者体验反映的是平淡的、专心的，偶尔难忘的体验类型。

作为"设计参与者"的体验模式需要激发客户深层的思考，并展现出愿意参加到这种通过自身的付出而取得价值主张的复杂"仪式"——设计过程，也就是能够身临其境地获得一种使命感和意义感。更多的反映为难忘的、有意义的、革新性的体验过程。

上述两种体验模式符合现实的情况。

4.6.3 客户生活事件驱动的体验模式

接下来，介绍客户生活事件驱动的体验模式和案例。

客户生活事件是指客户与银行之间的投融资业务活动之外，在社会中的全部活动集合。在这里客户主要指的是个人客户，但客户的生活事件涉及企业客户的参与者。也就是说，企业客户参与到个人客户生活事件的活动中，实现自身的价值输出、价值创造与价值获取。

客户生活事件目前有两大类：一类是与银行有关的生活事件；另一类是目前尚与银行无关的生活事件。后者为有待银行挖掘并创造价值。

Tony Boobier 在《人工智能与未来银行》中描述了一种"全方位服务的金融机构"，意指银行服务将广泛地渗透到客户的生活方式生态系统（Lifestyle Ecosystem）中。

银行在结合商品供应商和消费者的方面，拥有得天独厚的条件，如：可以作为生态驱动者，为生态客户群建立起创造商业价值的供需关系。

在客户旅程方面，银行将与消费者捆绑的更加紧密，甚至与消费者建立终生的伙伴关系。客户所有关于货币资产的各种活动行为，如工资、储蓄、养老金、投资和贷款都将归于一个银行机构。银行将全面了解客户的生活周期，进而帮助他们在工作与生活中进行规划。

在具体的体验模式设计上，可以按照图 4-16 显示的价值网络中银行与其他参与者的服务关系，设计出针对不同行业领域的商业模式，包括：餐饮、出行、教育、创业、供应链、医疗等等。按照特定客户的生活周期特点，定制属于客户的生活周期服务项目。这样，将形成客户对银行的深度依赖，同时，也能有效地促进社会对整体市场消费行为的评测。

案例 5　构建以银行为驱动者的价值网络生态

B 公司是一家致力于为银行零售领域数字化转型、帮助银行提升获客能力的金融科技公司。

经过公司多年在银行数字化转型领域的耕耘，对现有市场生态中各个参与者类型及诉求的深入分析，设计了以构建银行作为价值网络生态驱动者的商业模式，在银行、消费者、生态网络客户之间实现了一种共赢的机制。

商业银行目前面临同业竞争的压力较大，尤其是疫情的波动带来的影响。如何能够在市场中增强获客能力？如何能够进一步激活已有客户的交易行为？现实的问题一直在困扰银行的经营管理层。

B 公司在对市场环境、商家、银行、消费者，以及各种提供日常生活方面的移动应用分析后，确立了自己的突破方向——银行的大零售业务板块。零售业务作为银行资金端的重要来源，是近年银行竞争激烈的热点领域，各个银行为此方案、想法层出不穷，但对于大多数中小银行来讲，效果总体并不明显。

B 公司团队与多个银行进行调研式的沟通后，验证了想法的同时，进一步强化了设计方案。最终 B 公司提出了一种意在以银行为中心，围绕客户的生活事件，连接不同的商家，实现以银行作为驱动者的价值网络生态。

当前，零售业务板块的三个业务单元面临着经营考核问题。第一个问题是个人金融部，问题重点在网点获客能力亟待提升、存量客户的账户活跃度低；第二个问题是网络金融部，问题在支付、收单、手机银行的交易量不足；第三个问题是信用卡部，发卡量不足、新卡激活量不高、已激活卡的消费交易量不足。

以上三个单元都面临着业绩考核问题，部门领导压力比较大。

B 公司的方案需要同时解决上述三个问题。

　　为此，B公司团队首先设计了生态参与者群体，然后设计价值输出、价值创造、价值获取的合作方式、最后给了具体的体验模式。

　　参与者群体：银行、消费者、商家。其中，银行以网点为单位建立参与者合作平台；消费者以存量账户、卡持有客户为主，同时发展新客户；商家主要是银行网点周边附近与客户生活事件相关的服务商，包括：餐饮、电影院、加油站、超市等。

　　价值活动模式：银行、消费者（个人客户）、商家（企业客户、生态客户）都开展了价值输出、价值创造、价值获取行为，如图4-17所示。

投资回报率（ROI）			
输出对象 / 输出主体	生态驱动者	银行已有客户	潜在客户
	银行	个人客户　企业客户	生态客户
银行	×	生活事件服务	商业合作机会　商业合作机会
个人客户	投融资需求 生活事件需求	×　生活事件需求	生活事件需求
企业客户	投融资需求	生活事件服务　×	×
生态客户	潜在金融需求	生活事件服务　×	×
价值获取			

图4-17　B公司价值网络生态的价值交换活动

（左侧：价值输出；右侧：价值创造）

　　银行围绕客户的生活事件设计价值网络：银行与商家确立了服务优惠方案，向消费者提供餐饮、电影院等优惠券信息。商家可以是银行的已有客户，也可以是未来发展成一般账户的潜在资源客户。客户使用银行网点的账户或卡进行消费，包括与第三方支付工具实现卡绑定。在这个过程中，银行的卡、账户的交易量增加，卡户活跃度上升。商户的商品与服务实现了销售行为，客户的生活服务得到了满足。

　　具体体验模式：B公司开发了一款置放于银行网点的移动支付体验机。其功能实现了银行、商户、消费者之间的连接，是一个客户生活事件服务的平台。银行在价值网络中实现了网点获客与卡户交易量的提升，银行支付工具的推广、银行手机银行App的使用。此外，到网点的客户，进一步为客户经理开展信用卡产品的销售活动提供了机会。

第 5 章
支撑六大领域转型的关键举措——领域业务建模

> 建模过程增强了对底层业务模型逻辑的理解，从而允许通过对模型的修改实现业务模式的重新设计。

——Groesser&Jovy

在前面的章节中，描述了数字化转型框架中的六个重点领域，阐明了银行对这六个领域开展的能力建设。本章将就如何实现上述领域的能力建设，介绍业务建模的相关内容。

业务建模通过对现实活动的结构进行模块级解构，分析其构成的实体以及涉及的各种概念，经由抽象并形成业务对象，进而产生形式化工件。

业务模型是利用形式化语言进行表达的，这为组织内建立了一套表述一致的通用语言，有利于银行在模型基础上开展业务创新。此外，模型资产也为后续的各类数字化构建块的技术实现提供输入。

5.1 建模——构建价值增长的第二曲线

组织的第一曲线是基于现有技术和方案的连续曲线，但是存在一个组织价值增长的极限点，到了极限点，组织的发展将会遇到瓶颈。此时需要做出某种改变，包括破坏性创新，以匹配市场的间断平衡（注：市场在资本逐利的驱动下表现出不连续性，故经常会出现突变式的变化）的要求，这种要求逼迫组织进行"突变"。第二曲线就是在极限点附近，通过一个破局点，重新构造一条组织价值增长的曲线，构造的基础来自于对组织不变性因素的"基因级"编辑。

业务建模即是如此，之所以开展建模活动，主要是认识到银行的经营管理活动是一个复杂系统，其限界上下文涵盖整个社会及市场环境。内部构成的因素不仅包括人、财、物，还有因信息化、数字化而产生的抽象实体，如软件功能所展示的业务能力。

银行的经营管理活动就是在寻求业务创新基础上而不断演进的过程，其整体表现为一个复杂的"组织动力系统"。

我们希望通过业务建模来审视银行这个"复杂系统"，通过层层深入分析，以寻求支撑这个"复杂系统"背后的因素究竟是什么。如果获得了一种可以认识的运行原理以及支撑该原理成立的基本命题和假设，那么，就可以改进这个"复杂系统"运行中存在的缺陷，将能够在一个可控的范围内实现更大的业务创新。

为此，首先要建立分析的方法论，只有在分析方法没有出现偏差的情况下，才能够得出有价值的结论。这个分析方法论可以被称为业务建模的模型，即元模型。

接下来，将按照如下脉络阐述分析"复杂系统"的过程：

1）目标：利用第一性原理找到"复杂系统"的基本驱动原理，最终将其形式化地阐述出来。

2）方式：借助还原论分析每一个认识结论的背后其更深层次的影响因素是什么。

3）分析方法：整体分析过程遵循 DT 思维范式的问题分解方法。

5.1.1　第一性原理与还原论

第一性原理（First Principles）认为，任何形式的"存在"都有一个理由，这些理由通过若干次追溯，最终会落到一个基本的命题和假设，而这些理由则构成了认识系统的因果链，此外，基本的命题和假设往往与认识主体的心智模型有密切的关系。在因果链的意义上，自然界表现出的是一个连续统一体。如果两个"存在"之间没有任何的直接或间接的因果链条，那么自然界就不是连续的。

英国数学家哈代曾说过："一个伟大的思想通常都源于一个谦卑的目的。"

复杂系统的产生也是如此，其必然存在一个朴素的基础，这个基础在科学范畴内表现为规律、定律。利用第一性原理，将认知的范围缩减到一个不可分割的基本命题，通常的标准是首个接近无意义、中立的命题范式，如图 5-1 所示。

图 5-1　第一性原理：从复杂系统到基本命题

例如：银行会计学原理其复杂的知识体系经常让初学者感到无比困惑，但是，如果一开始就能意识到它的产生是为了意大利商人能够更容易地追踪资金的来龙去脉，那么，从这一出发点，就至少可以理解为什么要定义借方与贷方。

基于这种认识，就可以从复杂的复式记账法按照"果因"的逆序推断，最后找到基本的命题：借方与贷方，二者无非是为了表示资金的来源与去向。通常分析就可到此为止，对借方和贷方这两个词汇再追问下去将产生无意义的结论，该结论对于了解会计学原理不再会有太大的帮助，也许最早发明借贷记账法的人可以称它们为另外一组词汇：A 或 B，也不会影响银行会计学的原理构成。

第一性原理这种"刨根问底"似的系统解构方式，摒弃了比较思维所带来的局限，后者通过与比较方的差异来认识自身，但并没有找到自身存在的真正理由是什么，从而无法实现系统自我优化与改进的核心目标。

解构的过程实际上是通过某种标准对复杂系统的还原分解过程。还原论遵循一个认知信仰：现象背后存在一个不变的原理，也即是有一个支配现象成立的、可以被认知的规律。正是这种信仰促使科学家去耗费无数的认知能量去揭开各种现象背后的真相，当然，这个过程实践以伽利略、牛顿、爱因斯坦为里程碑已经持续了数百年。

在认识规律的过程中，哲学家建立了两个极为重要的概念：

- 本体论（Ontology）：关于存在的问题。
- 认识论（Epistemology）：关于知识的问题。

上述两个概念对于"系统"的把握给出了一个从静态到动态的认知方向，即理解系统，需要从系统是什么（What）、组成其因素有哪些？这些因素之间存在什么样的因果关系，即这些因素之间是如何（How）交互的？

从本体论出发，是为了寻找构成复杂系统的基本实体是什么。这个实体连接了有意义的复杂系统和无意义的更小实体，也就是我们要找的实体单位。

这个很容易理解，当我们解构汽车这个复杂系统时，不可能一直解构到原子这个实体单位，而只需要到零件这个级别就可以充分地认识汽车结构了，而零件就是汽车和无意义的原子之间最适合的本体结构单位，即零件是首个接近无意义的"命题范式"。

实体的基本结构包括：实体的特征属性（性质等附属信息）、能力（体现实体具备什么能力以支持行动）、过程（开展行动的步骤）、接口（与其他实体进行交互及交换信息的界面）、规则（实体可记忆的信息，以实现行动过程中实体对信息的反馈能力，增强智能化），如图5-2所示。

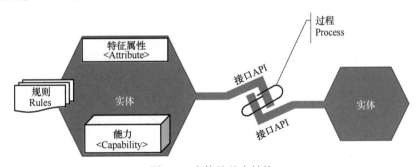

图 5-2　实体的基本结构

从认识论出发，是为了发现实体之间是如何交互的。即使不存在直接交互，那么，要发现任何两个实体之间的因果链是如何串接起来的。

把握了本体论和认识论，为我们认识复杂系统的各个领域（可以称为复杂子系统）奠定了方法论基础。领域建模正是基于这样的方法而构建形式化的模型，揭示领域现象背后隐藏的原理。

5.1.2　因果关系与复杂系统构建

因果关系的存在表明，两个因素之间存在一种"可视的边界"，如果没有这种边界，那么，两个因素应该就是一个，因为看不到任何区别。

寻找因果关系就是在寻找适合结构化的边界，从这个边界入手，解构复杂系统，从而开启对复杂系统的认识之旅，这一过程如图 5-3 所示。

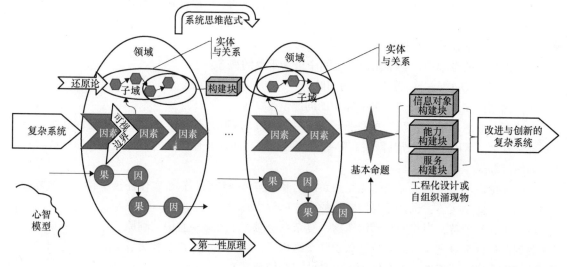

图 5-3　利用第一性原理认识复杂系统

1）认识复杂系统的因果链，可以利用冰山模型与 DT 思维范式。层层寻找影响复杂系统现象的因素。

2）在确定因果链时，按照因果关系的强弱切分因素的连接边界，优先考虑较弱的因果关系作为边界切分标准，表明两个因素之间独立性较强，结构化程度较高。

3）多个"因素"可以作为一个领域进行更深一步认识，每个因素是一个子域，在这里，因素或表现为一组实体（静态），或表现为一种能力（动态），这取决于对领域是按照形式划分还是按照功能划分。

4）寻找构成这些"因素"的基本实体以及实体关系，或者寻找构成这些"因素"的能力（或功能），实体之间的关系多表现为形式关系，能力之间多表现为交互关系。

5）领域之间为交互关系，交互形式通过"能力构建块"实现。

6）构建块是基本命题的表达语义，分为：信息构建块（Information）、能力构建块（Capability）、服务构建块（Service API）。

建模的结果是寻找到复杂系统的基本构建块，而复杂系统的形成不过是这些基本构建块相互作用的结果（基本构建块之间的关系）。

目前有两种复杂系统的构建路径。

（1）工程化设计

工程化设计属于"物理（即科学思维）"的方式，根据预先设定的目标，选择合适的构建块，通过构建块之间的相互作用形成一组因果关系的结构体，然后，经由数据或试点（如市场、社区、内部）测试以评定该结构体的价值创造机会和能力。

工程化设计需要预先定义好构建块的逻辑、条件规则等，通过"机械式的组装"完成构建块的整合，形成一个精密运行的复杂系统。工程化设计产品的缺点是：对构建块的标准化程度要求较高，并且要足够稳定，否则容易出现因个别构建块的问题导致对系统造成崩塌式的灾难。

不可否认，工程化设计仍然是目前最有效的系统构建方式。

（2）自组织涌现物的进化设计

基于构建块之间的自组织行为，利用人工智能和大数据技术，通过不断地试错和改进，产生通常情况下难以预测的良性涌现物，该涌现物能够满足创造价值的产出物目标。自组织涌现物属于进化式设计，这是与基于分析方案的工程式结构化设计相对的一种系统设计方式。

进化式设计需要利用 AI 与大数据等数字化技术，并通过一个基准数据系统实现自组织过程中的试错比较，通过作用反馈、迭代回归，形成具有一定目标性质的输出。这是数字化转型要达到的理想模式。

随着近些年神经网络、生成式深度学习等算法技术取得的进步，虽然不能确保产生百分百的良性涌现物。但输出效果已经出乎设计者的意料，再加上人与 AI 的协同，优化后的涌现物产生了创造市场价值的能力。

5.2 描述实体信息——数据模型

无论是客观实体还是抽象实体，我们都需要通过对其展开详细的描述，以认识和定义它们。数据模型就是对实体的形式化描述，通过数据模型可以更有效地发现实体特征中隐含的规律。

对实体的信息描述是一个古老的话题，很早以前人类就已经利用数据信息来表达对实体的认识，这些思想也深刻地反映到信息化时代，对于数字化时代仍然具有重要意义。本节将通过对实体的数据信息进行规范化的定义，以确定实体特征描述的基本规范，这些规范将形成对复杂系统分析的底层依据。

5.2.1 实体的定义及应用

1. 实体的定义

实体（Entity）是构成"存在"的基本单位，该"存在"不仅包括物理实体，广义上还包括语言可以描述的一切存在（情绪、行为过程等），软件功能是典型的抽象实体。

我们现在经常遇到的数据定义和对数据意义的理解均反映的是对实体的认识。

最早深入研究"实体"定义的是古希腊哲学家亚里士多德，他在其著名的《范畴篇》中提出了 10 范畴，包括实体和属性。这是对"存在"的一个结构性定义：将"存在"按照两个维度进行描述，一个是实体本身，另一个是实体应具备的一些性质（属性）。

亚里士多德认为一个实体包括九种属性定义：性质、数量、关系、位置、时间、状况、属有（或所有）、动作、承受。

通过这九种属性定义可以近乎完整地定义实体。

银行账户作为一个实体，按照范畴定义法，银行账户的九种属性如下：

- 性质：说明账户的类型，通常包括对公（单位）账户（还可以细分存款、贷款）、对私账户。

- 数量：账户的数量定义，作为一个实体，账户数量不一定只是一个，还可以是多个，例如：扣款账户是多个，但每个账户的账号拥有唯一性。
- 关系：体现了实体要达到的业务目标需要与其他实体存在某种依赖关系。
- 位置：实体所处的空间，例如：在银行某支行开立的账户。
- 时间：实体行为所处的时间，例如：2020 年 6 月 10 日 14：48 完成开户。
- 状况：体现了实体在当前或某个时期的特征情况。
- 属有：或叫作"具有"，体现了实体之间的归属，例如：凭证对电子印鉴（注：在这里关系类型体现为具有和依赖；如账户属于张三所有）。
- 动作：实体所能输出的行为，例如：账户的支付能力。
- 承受：实体所能被赋予的行为，例如：对账户的增删改查等。

动作和承受构成实体的功能，其他七个属性用于描述实体形式。

2. 实体的应用

现实中，定义一个账户结构表（实体）及表字段（属性）要比上面提到的属性多，但从类别上都可以归为上述九种属性。例如：账户表中通常包括账号、状态、开立机构、开立日期、更新日期、定价利率、所有者客户号或名称、实际余额、可用余额，这些表的字段与九种属性的映射关系见表 5-1。

表 5-1 数据库表的字段与九种属性的关系

序　　号	字　　段	属　　性
1	账号	性质
2	一个或多个记录	数量
3	依赖于客户（号）	关系
4	开立机构	位置
5	开立日期、更新日期	时间
6	状态	状况
7	产品（定价利率、实际余额、可用余额）	具有（或属有）
8	支付	动作
9	存入	承受

具体解释如下：

- 性质：表示账户所代表的含义是对公（单位）或对私账户（客户）。在这里，性质不能像"具有（或属有）"那样可以"去掉"，性质是不可随意更改的属性，如性别。性质可以是"关系"实体的性质或者是"具有"实体（如表中的"产品"）的性质，通常一张完整信息的账户表，包括了关系实体与具有实体的全部性质，表结构定义的字段会比较多。
- 数量：表示账号存在一个或多个。
- 关系：表示账户依赖于客户（号）以及其他实体而存在，例如：凭证实体依赖于账户实体而存在，已经出售给客户的银行产品依赖于账户而存在。需要说明的是，关系主要是指有依赖但又可独立存在的联系。余额之于账户，是可以独立定义的实体，但却是账户的子类，余额必存在于账户之中（以数据库表为例，金额作为账户表对象中的一个属性）。

- 位置：表示账户的开立机构，即账户这个实体创建的"空间位置"，也就是账户开立的银行分支机构或电子渠道等。
- 时间：通常为账户的开立日期、余额更新日期、购买存款产品的计息日期、每次存取款的交易日期等。
- 状况：账户的各种状态，如正常、冻结、挂失等。状态是因为某种条件或业务场景而发生变化，这与"性质"是不同的，状态通常是依据不同的交易场景而变化的枚举型数据值。
- 具有（或属有）：账户与客户（号）是"关系"，而不是"具有"，但是账户与产品、凭证（卡、折、单、票）、余额是"具有"，此外，凭证对于印鉴是"具有"。
- 动作：账户所能输出的动作就是"支付"（BIAN 服务域结算账户"CurrentAccount"具有"支付结算"的能力）。
- 承受：账户可以承受的行为是"开立""销户""存入""冻结""挂失"等。

此外，实体还有关于自身的描述，不是实体本身。例如：人按照性别分为男人、女人，但人的名字不是实体，只能是实体的描述。描述可以作为实体的一个分类标准，例如：对学生按名字分类，名字中包含三个字的为一组，名字中包含两个字的为一组、其余为一组。

对于动作和承受，应将账户实体作为一个"拟人"的行为去看，不能按照人操作的对象来看，否则，账户将没有主动的行为，全部成为被动操作的对象。账户实体在这里表现为一种抽象实体，是银行的一种资产类型（参见 BIAN 资产类型）。

以账户表为例，表字段可以按照上面提到的实体和属性进行设计，分为两步：

第一步：确定九种属性中除"关系"和"具有"之外的原子属性（是实体自身的属性）；

第二步：确定"关系"实体和"具有"实体以及属性。

对于"关系"和"具有"所涉及的实体进行单独的对象类（Class）或表（Table）的设计，然后通过外键（Key）关联，从而构成账户主表。

通过了解范畴表达法，《范畴篇》中提出的实体九种属性，为业务概念的提出以及数据模型设计奠定了分析基础。

5.2.2　数据建模

数据建模借助形式化的符号定义来表达实体本身及其属性（除了该实体固有的属性外，还可包含其他实体），并输出反映实体及其关系的数据结构模型，简称：数据模型。现实中，对实体属性进行实例化就产生了数据记录。

数据建模的目标是：通过构建数据模型来从中理解现实中的复杂系统。因此，数据模型就成为认识和把握复杂系统的有效工具。

数据建模对于数字化转型具有深刻的意义：通过数据模型分析复杂系统中的结构组成，为组织建立了一种基于模型不断持续改进和优化的机制，这是 DT 时代加速提升组织敏捷能力的有效举措。

数据建模使用四个核心组件来表达数据模型：实体、关系、属性和域。这四个组件的本质属于前面所阐述的实体定义范畴。

通过 DT 思维范式，我们知道：对于复杂系统的认识，是从现象到本质的过程，也就是从具体到抽象的信息（数据）处理过程。因此，按照对信息的抽象级别，数据建模的工作主要分为三个阶段：抽象级别最高的概念模型、抽象级别适中的逻辑模型、与真实现象进行实际映射的物理模型。

数据建模是企业信息化乃至 DT 工程开展的基础性工作。数据建模的优劣决定了以此为基础而产生的数据的质量，数据质量对组织后续实现以面向数据驱动的业务指导又有很大的影响。因此，数据建模对数据管理有着极为重要的影响。

接下来，结合面向对象的思想来介绍三种数据模型的演进路径，并在 5.3 节中通过对现实业务活动的分析，具体给出代表抽象级别最高的业务概念及产生过程，如图 5-4 所示。

1. 分析复杂系统中的实体及关系，形成概念模型

复杂系统（图 5-4 中银行 DT 六大焦点领域）本质上是由众多不同颗粒度且相互独立的实体集合构成（可以回顾 2.1.2 中实体与系统的关系）。这些实体集经过去重归类，可以形成一组数量有限的实体。问题是：这些实体是否存在共性？是否可以归类到某个共同的定义进行表述？

根据前面介绍的实体范畴定义，我们已经知道，每个（具体）实体包括九种一级属性，每种属性还可以进行细分，这些属性反映了实体存在的特征，它们体现了实体之间的差异性。

因此，一个重要的结论是：分析两个实体是否相似，就是考察二者实体属性的相近性。这样，我们就找到了一个发现隐含在复杂系统中的模式的方案，那就是对构成复杂系统中的众多实体集，根据属性的相似程度进行抽象。对于一些在特征属性上具有共性的实体集合，将其表述为一个（最高级别）抽象意义上的业务概念，从而形成概念模型。由此可见，概念模型本身就是对复杂系统的认识和理解。概念模型通常包括 10 个左右的基本概念（5.3 节将具体介绍）。

这样做的结果是，对复杂系统内部结构的逻辑理解以及系统未来的演化分析，就转化为面向基本概念进行思考的语境。进一步，对概念模型中的基本概念进行解构，会衍生出更多的趋向于对齐现实业务问题上下文的概念或实体。而围绕于分析 DTF 焦点领域构建块之间，是通过何种可见的资源和互动机制来创造组织价值的过程，就转变为借助数据建模，找到实现该过程的实体资源和内在的业务逻辑关系。

如果以面向对象（OO）的设计视角来看，概念模型中的组成元素是抽象实体，抽象实体对应面向对象的抽象类（包括抽象属性和抽象方法，属性处理操作和方法实现由派生类进行实现）。抽象类本身无法描述一个客观的具象实体。现实中，每一个特定的业务实体都是对抽象类的具体实现。

有了概念模型，就可以在宏观层面进一步分析各个概念之间的关系，这些关系也称为"关系"实体。关系实体的价值体现了概念之间存在的相关性或因果逻辑。描述这些关系实体同样需要一组"属性"进行表达，这些属性构成一组条件表达式（物理层面可以在规则库中进行定义）。

例如：业务概念"参与者"与"产品"之间的关系，以关系实体"参与者-产品"进行定义，两者之间的关系内容可以定义如下：

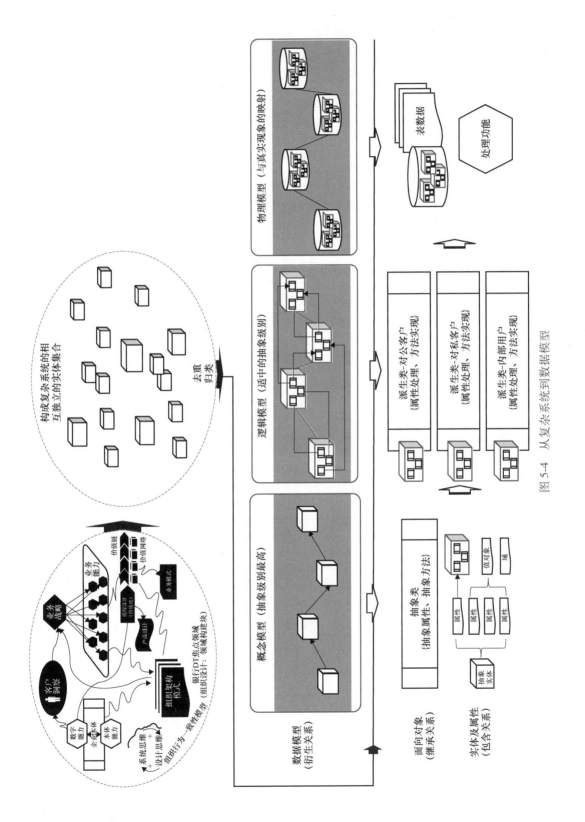

图 5-4　从复杂系统到数据模型

当参与者满足某种条件时，可以交易产品。该关系实体的属性有"参与者标识号""参与者等级""产品名称""交易限定金额""交易地点"等。建立的条件表达式为：当参与者满足参与者标识号与参与者评级（如实际交易场景中的 VIP 或其他分类模式下的评级）要求时，可以交易产品，该产品的交易限定金额为 1000 元，并且交易地点为网点。

概念模型中的业务概念之间的关系，为后续逻辑模型中的实体（业务概念的细化与具象化）间关系建立了一个基本的约束。也就是说，逻辑模型中的实体间关系可以在此基础上进行细化与定制，但不会违反概念模型中业务概念之间所建立的基本关系原则。

综上，概念模型的建立过程，也是理解业务活动框架的过程，是从复杂系统中观察存在哪些基本的元素来支撑整个系统的运行，其最主要的作用是从实体分析的角度揭示了业务活动背后有一个稳定的关系框架。

2. 通过概念模型延伸建立逻辑模型

如果概念模型中的业务概念（或抽象实体）与面向对象（OO）的抽象类对应，那么，数据的逻辑模型则与 OO 的派生类相映射，如同派生类实现了抽象类的方法和抽象属性的处理（覆盖，Override），逻辑模型则是将业务概念进一步具象化的结果，是对业务概念进行解构后形成的一组逻辑实体及关系。因此，逻辑模型中的"业务概念"定义表示了适中抽象意义的实体定义（参见图 5-4）。

例如："参与者（Party）"对于银行来讲是一个抽象意义的"业务对象"，属于概念模型的业务概念。"客户"则是一个实体，一个相对具象化的"业务概念"，尽管其仍具有一定的抽象意义（即仍然不够彻底具体化），它可以分离出"对公客户"与"对私客户"两个更加具体的实体定义（当然，这种分离解构过程可以持续下去）。逻辑数据模型就是在这一层面上定义实体及属性，并分析实体之间的关系。

通常在逻辑模型阶段，开始对业务概念进行深入全面的分解，因而，在逻辑模型构建完毕，便形成了企业级的实体资源列表。实体之间的关系比业务概念之间的关系描述更为细致，但仍然遵守业务概念之间的基本关系原则。描述数据的逻辑模型通常使用 E-R（Entity-Relationship，实体关系）图来表达各个实体存在的关系。

以往数据建模过程中，大多数组织将主要的精力直接聚焦到逻辑模型，不重视其顶层的概念模型设计。实际上，缺乏概念模型作为基础，会很难深刻理解这些实体之间错综复杂的关系和背后的规律。但是，一旦明确了概念模型，再理解组织的众多实体及关系就有了清晰的脉络。这主要是由于概念模型是抽象模型，形成的抽象实体（或业务对象）数量是非常少的（如后面介绍的 BIAN 业务对象模型也只有 10 个左右的基本业务对象），这些业务对象之间存在一个基本的关系，反映了复杂系统中元素之间的总体脉络。所有逻辑模型中实体及关系遵循一个基本规律：其不过是概念模型中业务对象的分类以及业务对象之间关系的延伸。

在图 5-4 中，从概念模型到逻辑模型，每个业务概念被分解为多个逻辑实体及关系。如果去掉概念模型的"盒子"，只是看到颗粒度较细的众多"业务概念（逻辑实体）"及关系，难以窥视到逻辑模型外层，本应由概念模型所呈现的并能够反映复杂系统运行机制的基本逻辑。因此，针对数据建模工作，强烈建议在概念模型基础上开展。

3. 通过逻辑模型导出物理模型

理论上，如果逻辑模型构建得足够完备，那么可以从逻辑模型直接导出物理模型，但是这种做法通常是不推荐的。主要原因是，数据的逻辑模型侧重在实体之间的关系定义，而物理模型则需要考虑处理这些数据模型的功能效率，例如：考虑数据存储、访问效率，甚至应用程序的实现难度等来自实现级方面的因素。

因此，两者关注的层面不一样，物理模型的建立需要照顾到具体技术实现的难易程度。在这里，需要仔细考虑实体与物理表的映射、值对象与表的映射、关系实体与规则表的关系映射。

通常的处理方式是：利用一个中间转换层将逻辑模型导出到物理模型，这样在业务理解上保留了逻辑模型，同时，以技术的视角可以对物理模型进行各种面向性能的优化。中间转换层隔离了业务与技术双方各自关注的数据模型，有利于后续在业务与技术两侧进行独立的优化改进工作。

此外，还需要考虑数据的增量特点，尤其是各种数据所蕴含的实体之间错综复杂的关系，需要通过数据增量的行为趋势图来分析实体之间存在的因果关系。这些因果关系为后续的数字化运营管理、分析业务运行状况奠定了基础。

4. 数据建模对于数据管理的重要性

国际数据管理协会（DAMA）在其数据管理框架标准中提出了 11 项知识领域（如图 5-5 所示）（资料来源：DAMA-DMBOK2），其中一项就是数据建模和设计。

《穿越数据的迷宫——数据管理执行指南》（［美］劳拉・塞巴斯蒂安科尔曼著）中提出了鲜明的观点："数据建模对于数据管理至关重要。"这也是 DAMA 组织对数据建模重要性的评价。数据建模通过有效地收集组织信息的各种（业务）对象，实现组织对自身的理解与业务运行蓝图的感知。

面向数据驱动的决策是数字化转型时代组织一项常用的方案制定机制，尤其是数据质量对于持续转型过程中的策略制定具有重要的影响。这就要求组织的业务数据能够为制定有效性决策提供必要支撑。在 DAMA 数据管理框架中，数据质量的一个重要维度——准确性，体现为数据对真实世界对象描述的精准程度，而数据建模的优劣是影响数据质量的重要因素之一。

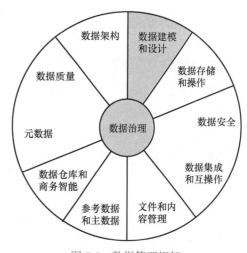

图 5-5　数据管理框架

现实中，由于早年竖井式应用系统的建设特点，没有形成企业级统一的数据定义标准，导致组织在做一些复杂的决策模型中，现有数据资产所能承载的能力十分有限。

究其原因，大多是数据模型的设计不足所造成的。比较常见的现象是，大多数组织在信息化建设过程中，很少有将数据的概念模型设计作为初始的方案规划。尤其是早些年，组织在应用系统实施中，重程序、轻数据模型设计的现象较为普遍。因此，在数据模型设计的过程中，往往根据应用的临时需要定制、增加数据特征（字段）。有些情况下，对数据模型的设计甚至是"即兴发挥"，数据实体之间的衍生关系很少得到认真对待。

由于数据建模是基础性工作，一旦数据模型建立完毕，后续随着业务的开展，数据大量涌入，此时再决定修改数据模型时，就会发现可操作的难度非常大。这是因为修改的结果可能会对应用产生广泛的影响。尤其是银行经年累月的业务发展，积累了大量数据，此时，需要数据为管理决策提供必要的支持时，却发现真正所需的数据却难以提供，数据无法为管理决策提供有效的支撑。

因此，数据建模是数据管理的关键，它不应从技术实现的视角出发，而是应以理解企业组织这个复杂系统为起点，数据建模的本质意义在于探寻复杂系统的内在运行原理，只有这样，才能为组织构建一套完备并可扩展的数据资产。

5.3 分析业务活动的结构模型——对象模型

前面介绍了实体范畴定义模式和数据建模，分析了数字化转型 DTF 与数据建模三阶段的衔接关系。接下来，将聚焦到业务活动的分析过程，通过分析业务活动中的实体资源，进而解释概念模型中的基本业务概念是如何抽象产生的。还会介绍两个行业标准模型：基于 IFW 框架的对象模型和基于 BIAN 框架的对象模型。

通过业务对象模型可以进一步认识到，组织中复杂的业务活动过程是有规律可循的。

5.3.1 业务活动分析与金融数据模型 FSDM

1. 业务活动的抽象

上一节介绍了实体的定义。接下来，将按照 DT 思维范式，开始深入理解业务活动（注：可以泛指人类的商业活动），在理解业务活动的过程中，观察构成业务活动的各个实体以及它们之间的交互关系。这些关系存在什么样的模式？这些模式背后隐藏的基本结构是什么？最后，支撑该基本结构的业务模型是什么？

我们将业务活动看成一个"系统"来分析其构成和存在的各种关系。

在这里，爱德华·克劳利等在《系统架构》中关于复杂系统的设计提供了实用的分析框架，通过建立四项基本任务来进行复杂系统的思考。接下来，将以这四项基本任务为出发点，结合 DT 思维范式来分析银行业务活动。

（1）确定系统及其形式和功能

将银行业务活动视为一个复杂系统，其主要内容是开展商业行为，故其形式表现为一组功能交互的"交易系统"。

功能由过程和操作数构成。交易系统的处理过程体现为：实现以货币为媒介的商品或服务交换，具体包括交易意向、交易发生、交易成立、交易完成四个环节。操作数是在处理过程中需要改变的变量，可能不止一个，通常主要是指业务对象（由多个实体聚合而形成）。对于交易系统，以商品交换为例，最重要的操作数是买方的货币和卖方的商品，两者的状态都会在过程中发生变化，买方减少货币但增加了商品，卖方增加了货币但减少了商品。

（2）确定系统中的实体及其形式和功能

接下来，要对交易系统进行分解，以确定该系统中有哪些实体构成。实体也是由形式和功能组成的一种系统，因此，分解的方法有两种：

● 按形式分解：按照形式将系统进行分解成多个部件，分解后的部件形式拼装起来，以聚合（Aggregation）来表现系统的形式。

● 按功能分解：按照功能将系统分解成多个子功能，分解后的子功能组合起来，以涌现（E-mergency）成为系统的功能。

无论是按照形式分解还是按照功能分解，理论上，分解后产生的实体功能和形式是能够做到相互映射的。但是，按形式分解与按功能分解将对系统整体的价值创造产生不同的影响，前者结构清晰，但主要体现的还是线性思维——整体等于部分之和；后者以创造价值（客户）为中心，注重实体之间复杂的交互关系，更容易观察和预测涌现物，体现的是系统思维。

如何找到构成交易系统的实体？通常实用的一种识别方式是寻找构成元素（实体）的边界，边界内外代表了差异，这种差异在描述形式上会有所不同，可以根据区分差异的边界来确定交易系统中的实体，如图 5-6 所示。

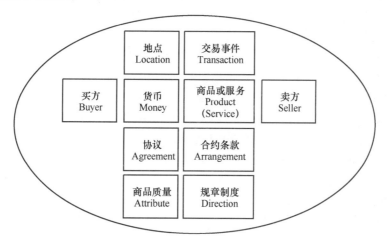

图 5-6　交易系统的实体构成

先来看一下交易系统的四个主要环节。

1）交易意向：人类的商业行为，可以简单地描述为买卖双方（Who）、地点（Where）、时间（When）、商品需求（Why）、商品（What）、（价值交换）业务活动（How）这六个最基本的要素。这些要素缺一不可，其中任何一个都是交易行为能够进行的必要条件。业务活动的必要条件确立后，需要涉及交易的内容。交易内容分为两种情况：

一种是物-物（注："物"在这里可以泛指为"服务"）交换，另一种是基于货币媒介的价值交换。

显然，现代商业行为都是基于货币媒介的价值交换——产品的买卖活动，产品可以是服务、实物商品、货币充当的金融产品。在必要条件和交易内容确定后，为后续的交易发生做好准备。

2）交易发生：交易行为事件本身，包括意向、成立、完成。

3）交易成立：对于交易行为，即使有了交易必要条件和交易内容，也不一定能达成交易成果，还需要其他因素成立，这一点在现实中很容易理解。这些因素是：

- 交易行为是否符合法律法规或者有关监管部门的监管要求。
- 交易过程中涉及的各种条件是否促使交易形成有效结果，例如：产品的价格、质量、附加条件如折扣等是否达到买卖双方的心理预期。

4）交易完成。对达成一致的详细的合约条款，双方签订协议，完成价值交换。具体完成的标志是：

- 保留交易的法律效力依据，即合约形式。如果没有一个法律认可的合约形式，未来可能出现的商业纠纷就会失去保障。因此，需要签署法律认可的形式合约，例如：纸质合约是法律认可的，电子邮件也可以在一定程度上受到法律保护。
- 交易过程可以被追溯，即将交易活动作为一项事件进行记录。例如：交易活动：到银行的某个网点存了一笔钱，同时购买了一款理财产品，这些过程需要被完整地记录下来。

通过对上述业务活动的描述，引出了 10 种构成交易行为的要素，即（抽象）实体。该 10 个实体存在明确的边界，或因形式不同，或因功能不同。但是，不同的实体之间也可能形式相同或功能相同，如买方与卖方。此外，由于实体有"无限"可分类的特点，我们就必须要构建一种抽象概念，来描述尽可能多的实体。这一点很容易理解，买方和卖方的形式有很多，难以穷举，不可能将每个分类的实体都定义成一个具体的对象或构建一张独立的数据库表。

通过对上述 10 个实体的形式和功能的阐述，就可以对相应的实体进行合并。

例如：买方与卖方可以抽象为"参与者"，商品质量的功能规格可以定义到合约条款中（如商品说明书附件就是一种合约条款），将纸质、电子、制造品等现实存在物合并为介质。其他的实体由于形式或功能不同而很难进行合并，如图 5-7 所示。

通过合并抽象处理，最终形成 8 个业务概念，再加上一个分类概念，共计 9 个业务概念：地点、参与者、介质资源、商品、合约条款、协议、交易事件、规章制度、分类。这符合人类同时思考 7 个左右概念的习惯。当然，抽象的结果取决于视角，也就是抽象者的心智模型。但按照 DT 思维范式，总体结果差异不大，两者抽象出的业务概念大致相同，结构化的内容对于交易系统来讲都很完备。

业务概念的提出为交易系统中所有涉及的具体的实体锁定了一个框架，即任何实体的出现都是业务概念在某种分类意义下的具体对象，这些对象通常以实体功能的操作数而出现，如某个业务功能的操作数是一个业务对象（BO）。

（3）确定实体之间的关系

系统包含了实体和实体之间的关系，关系包括功能关系和形式关系。

功能关系是实体之间因某种业务活动的目的而产生的交互关系，实体之间通常会交换数据信息；形式关系则是代表实体之间一种稳定的依赖关系，实体之间则只是一种连接，不存在交换数据信息。

业务对象（BO）是一组实体的聚合，内部实体之间的关系是一种形式关系，E-R 关系也是一种形式关系。

业务能力（功能）是一组功能实体，这些功能实体之间以流程图或时序图来表示功能关系。

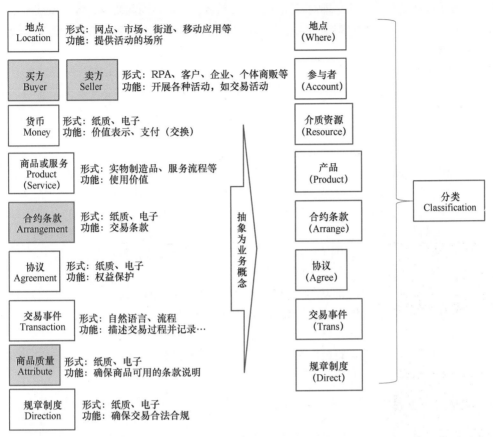

图 5-7　交易系统 10 个实体的形式和功能

业务概念之间的依赖关系描述如下：

1）合约条款与产品。产品的属性（或特征）定义为多种合约条款，在技术实现的形式上，属性就是物理数据模型在数据库中定义的字段，条款就是数据记录。例如：一款消费贷产品的属性包括"每月最低还款额""利率""手续费率"，那么，实际作为这三个属性的条款会有多条，如"每月最低还款额（1000 元）""利率（7%）""手续费率（5 元）"为一种组合条件；还可以是"每月最低还款额（1200 元）""利率（6.5%）""手续费率（3 元）"。即随着每月最低还款额的增加，该产品的利率和手续费会有适当的优惠。银行经常出售所谓的结构化组合产品，也会赋予相应的条款。因此，上述定义的条款适用于该产品，这些条款也定义了这些产品，一个产品的属性表现可以有多种条款。

2）协议、产品、合约条款、参与者。产品定义了合约条款并出售给客户参与者，但产品实际是通过协议与客户产生了交易关系，因此，协议中会定义涉及产品销售和售后等相应的合约条款，包括协议可能会增加附加条款，从而会覆盖产品自身的基本条款。

3）参与者、分类、产品、协议。产品可以按照市场特点（主要表现为参与者特点）进行分类，例如：针对企业客户进行某种产品的营销，针对个人普通客户进行某种产品的营销，针对对私高端客户进行某种产品的推介等。针对不同的客户参与者，制定不同的协议内容，里面有不同的合约条款（细则），实际上，这些细则内容是对协议的相关内容进行了分解或补充。因此，分类对所有的其他数据模型都适用。

4）交易事件、地点、介质资源、参与者、协议。参与者到指定位置的银行网点（地点）进行业务办理（如开户及购买支票），银行柜员进行交易行为的触发，即要产生一次交易事件，在参与者的账户中完成记账的处理，而交易触发成立的条件是协议的实现，只有参与者（客户、银行）完成了合约条款的实现，交易才可生效。在这个过程中，双方签署的纸质文书为实物合同（开户申请书、客户回单）和一本支票，即介质资源。

5）规则制度、产品、介质资源、协议、交易事件。业务指引定义了产品的推出符合监管机构的要求，并有内部制定的销售、操作、风控管理办法，产品在交易的过程中，定义的协议符合业务指引的流程审批制度（如集中运营的岗位流转路径），定义了对该产品可以分配的介质资源（如重要空白凭证、扫描仪、人脸识别设备），定义了交易的时间约束条款（如只能工作日上午9点到下午3点可以执行交易），定义了记账的交易事件的规则（如遵循复式记账法和权责发生制）。

（4）涌现

涌现的发生来自于实体之间的功能交互，多个实体聚合而成的系统，往往表现出新的功能形态。例如：由业务能力组成的价值流或价值网络能够表现出创造商业价值的新能力，而单个的业务能力却不一定能够创造商业价值。

银行数字化转型一个很重要的过程就是：利用业务能力的组合（价值流、价值链或价值网络）来构建或预测具有创造客户价值的涌现物。

2. FSDM 九大业务概念

如果理解了上述业务活动分析的过程，接下来理解金融数据模型 FSDM 就比较容易了。

FSDM 模型建立在对现实商业"交易"世界中所涉及的关键概念的抽象描述，其资产是一组商业活动中的业务概念（Business Concept）及这些概念的分类集合，同时包括这些业务概念之间的关系。

利用 FSDM 模型，可以定义组织活动中的各种对象实体，FSDM 模型与银行业架构网络（BIAN）框架中的业务对象模型（BOM）在原理上具有相通性。

除了 FSDM，功能模型（FSFM）和工作流模型（FSWM）与 FSDM 模型联系紧密。理解 FSDM 模型是认识其他模型的基础。

FSDM 九大业务概念框定了金融交易行为的描述边界。在这个边界区域内部，以一级抽象层（A-Level）形成九个概念，在此基础上，再进一步分类（Classification），如图 5-8 所示（资料来源：Information FrameWork，RogerEvernden，2018）。

在前面，我们提到了 10 种驱动业务活动的因素，FSDM 为九种。时间（Time）由于是客观不变的因素，它不会像其他因素那样有详细的定义标准和分类，时间只有一种定义，故不作为一个单独的业务概念存在。

FSDM 的九大业务概念内容解释见表 5-2。

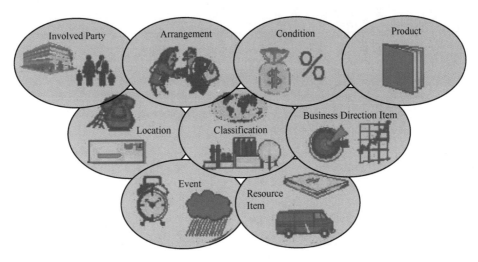

图 5-8　FSDM 中的九大业务概念

表 5-2　FSDM 九大业务概念内容解释

业务概念 及英文（简称）	中文名称	业务概念定义
Involved Party（IP）	参与者	金融业务活动中涉及的活动主体，即在一个可描述的金融业务活动中，与金融机构相关联的利益相关者或系统。利益相关者以信息对象的形态保存在金融机构的业务上下文中。参与者通常是指：客户（个人、企业）；银行（分支机构）；监管机构（人行、银保监会、财政、税务、工商等）；电子渠道（网银、电话银行、运行的后台服务系统）等
Location（LC）	位置	金融业务活动所涉及的物理地点或者与参与者自身相关的地址类信息，包括参与者所在的国家、区域、城市、街道、小区等；银行的网点位置、总行位置等，这些地址是明确存在的
Classification（CL）	分类	这是九大业务概念中的一个特别概念，是其他八个概念都会存在的属性：分类类别（所有的事物都是遵循自然界"分类学"的分类系统）。分类是实现对象层级结构的结构化分解过程，八个概念可按照分类类别形成：A-Level（概念模型）、B-Level（分类概念模型）、C-Level（对象模型）、C'-Level（接口模型）、D-Level（物理模型）。例如：币种、语言类型、账户分类、客户分群、资源项分群、渠道分类等
Condition（CD）	条件	条件是指在金融业务活动中，八个业务概念（除了 CL 外）为达成某种关系所需要的规则。例如：合约的条款、形成产品购买意向的价格和优惠条件，银行网点开业所需的条件描述和约束等。客户在与银行的金融业务活动中可能涉及的条件规则包括：利率、费率、税率、汇率、存贷周期、限定条件、规则条件等。体现条件最常用的情况是在参与者的合约（AR）建立过程中
Arrangement（AR）	合约	参与者之间达成的某种契约，包括代表两个或以上的个人、组织或组织单位之间潜在或实际的协议。此协议会提供并确认相关的规则和义务，据此出售、交换或提供产品、服务或资源项。包括：产品合约（贷款合同）、抵质押合约、劳动合约、优惠合约、客户确认单、业务回单等。合约的条款（CD）原则上受到法律保护
Product（PD）	产品	产品是指在组织平时运营情况下，可由金融机构、竞争对手与其他干系人所提出、销售或购买的货品及服务。这个业务概念还包括金融机构会有兴趣的非金融货品及服务。例如：活期存款、信用卡、贷款、第三方托管服务等。产品具有价格属性，除此之外不能称之为产品，它是产生金融交易行为的关键纽带

（续）

业务概念 及英文（简称）	中文名称	业务概念定义
Resource Item（RI）	资源项	金融业务活动中所涉及的任何有形或无形的价值资源，金融机构可拥有、管理、使用这些资源，或借助这些资源来开展业务。包括：客户抵押物品、质押资产、金融市场信息、办公设备、重要空白凭证等。单据是最典型的资源项，其他的如 IT 设备、网络等银行的固定资产
Business Direction（BD）	业务指引	也可称为"业务方向"，记录干系人（参与者）在开展业务活动的方式及在市场环境中所要采取的意图，包括：战略方向、管理制度、管理办法、财务计划、营销策略、监管制度等，制定业务运营方向、规划、目标等
Event（EV）	事件	参与者之间的活动交互行为，典型如：客户与银行的业务办理、问题咨询、投诉等；或银行内部的业务交互，它包含详细的行为和交易数据，例如：存款、取款、汇兑、计提利息、查询账单、网上交易等

　　FSDM 中的九大业务概念通过分类可以衍生出下一级的业务实体，每一个实体都遵循范畴定义法的定义模式。实体存在一个元结构表示：实体本身（衍生出分类的概念）、实体之间的关系（衍生关系类型）、关于实体的描述信息（衍生出描述类型），基于这九大业务概念，FSDM 形成了组织的数据模型层级分类结构，分别是：概念模型（由九大业务概念及分类形成的集合）、逻辑模型（通过定义企业级实体并形成数据字典，由这些实体聚合而形成的业务对象模型与接口模型）、物理模型（定义在数据库中的数据字段集合）等。FSDM 模型的基本结构如图 5-9 所示。

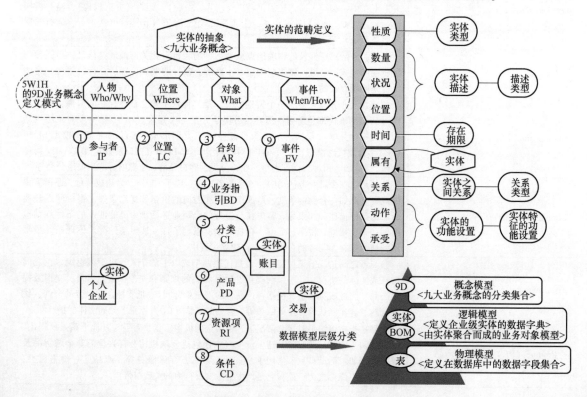

图 5-9　FSDM 模型的基本结构

实际业务中存在许多以 FSDM 为基础构建企业级数据模型的实践。

5.3.2　业务对象模型

1. FSOM 模型

金融服务对象模型（Financial Services Object Mode，FSOM）是 Evernden 在三个基础模型：金融服务数据模型（Financial Services Data Model，FSDM）、金融服务功能模型（Financial Services Function Model，FSFM）、金融服务工作流模型（Financial Services Workflow Model，FSWM）之后提出的模型。FSOM 通过面向对象（OO）的方式给出了一个集数据、功能、工作流于一体的单结构映射视图——对象视图。

对象数据体现了 FSDM（以下简称：DM）数据概念（包括分类概念对象模型和接口模型）之间的关系（E-R），一个 FSOM 中包括多个 DM 对象或其分类，通常以类（Class）形式定义，这些 DM 之间的关系体现为可转换为业务活动的业务关系，但对象数据本身无法作为服务（Service）进行直接相互信息交换，这需要 FSFM 完成。

对象方法体现了一组由 FSFM（以下简称 FM）功能规格所定义的服务行为，当 DM 所体现的业务关系被激活时，即业务活动被触发并开始执行，这时需要通过 FM 来实现，相当于面向对象的方法被执行，数据被方法封装成为私有管理的"信息资产"。

对象消息流体现了多个 FM 完成一项业务活动时，需要通过 FSWM 将这些 FM 串接起来，形成消息流驱动的服务流程（Process）。

FSOM 体现的是流程驱动的服务，可以是业务场景服务（Business Scenario），也可能是内部 FM 之间（DM 对象信息交换）交互的服务工作流。FSOM 能够体现更为明显的业务意义，多个 FSOM 可以形成更复杂的业务场景，如图 5-10 所示（相关资料参考来源：Information FrameWork，Roger-Evernden，2018）。

2. BIAN 的业务对象模型 BOM

（1）业务概念与业务对象

在 BIAN 框架体系中，对业务概念（Business Concept）和业务对象（Business Object）进行了区分。

业务概念是指组织所希望了解的信息，而不是信息架构的构建块（Building Blocks）。组织要了解这些业务概念，需要从业务概念中获取一些明确的特征信息，这些信息遵循 MECE 原则，成为信息架构体系的构建块，这就是业务对象（Business Object）。也就是说，业务概念是具体的事物，如"客户"，而业务对象则是抽象的概念，如"参与者"。"参与者"是从"客户"这个业务概念中获取的一个明确而稳定的信息。

业务对象与实体形成映射关系，多个业务对象之间相互关联，从而形成业务对象模型（BOM）。

BIAN 通过业务对象模型作为基础内容，可以导出更为具体的业务概念。

业务对象属于操作数，是对业务活动这个"系统"按照形式划分的产物。业务对象的本质映射的是业务实体，业务实体与功能相互独立存在，实体的结构因其内聚性特征显著，故外在表现是稳定的，从而可以单独对业务对象进行建模。

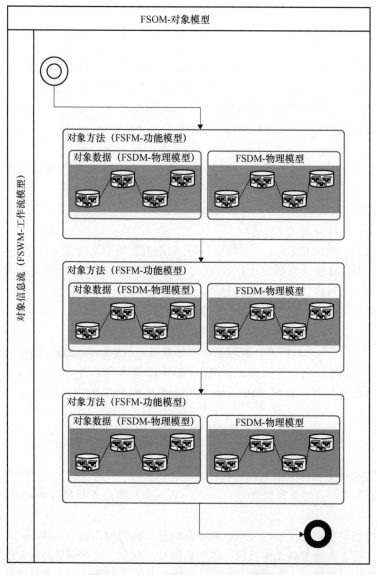

图 5-10　FSOM 模型与其他模型的关系

BIAN 业务对象遵循一种结构模式，该元模型包括六项，如图 5-11 所示（资料参考来源：BIAN2ⁿᵈ EDITION，2021）。

1）业务对象（Business Object）。业务对象是独立于任何上下文的银行对象，业务对象本身是一个实体，如"参与者"。业务对象可以细分，如参与者分为客户、供应商等。业务对象的描述符，对应为实体的属性范畴，用以表征实体的定义，如参与者的属性为性别、年龄、血型、籍贯、职业等。描述符作为属性范畴，对每个属性都可以进行分类，如职业分为医生、教师、工人等。业务对象之间存在某种关系，如参与者之间存在关系、参与者与业务对象"协议"之间存在关系。对于业务对象之间的关系同样可以分类，如参与者之间的工作同事关系、婚姻关系等。业务对象的定义主要体现在 BIAN 的业务对象模型（BOM）中。

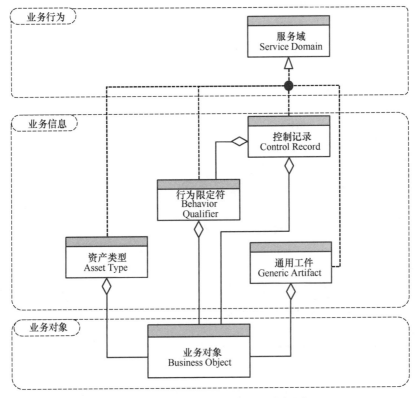

图 5-11　BOM 元模型：业务对象视图

2）资产类型（Asset Type）。定义银行的业务资产条目（如客户关系是一项资产），资产类型的定义通常是一组业务对象的聚合。

3）服务域（Service Domain）。基于价值链定义的企业级业务基本能力资源，也是构建业务能力的基本构建块。以面向对象（OO）的视角，业务对象通过聚合而形成的资产类型、行为限定符、控制记录、通用工件等资源，通常作为服务域开展业务行为的操作数（或操作管理对象），这些操作数反映的是业务对象的一组视图——业务信息。

4）通用工件（Generic Artifact）。代表服务域作用于资产类型过程中所产生的记录形式，如银行产品、设计文档等，通用工件也是一组业务对象的聚合。

5）行为限定符（Behavior Qualifier）。服务域作用于业务对象实体中更为明确的目标，行为限定符是由一组业务对象聚合而成。

6）控制记录（Control Record）。控制记录是 BOM 元模型中一个重要的概念。它是服务域执行其角色和职责的结果，控制记录包含了两部分内容：通用工件和资产类型。当服务域履行其职责、输出其能力时，都会创建或调整一个控制记录实例，因能力执行而产生的全过程跟踪记录结果（或成果）反映在通用工件中。控制记录的名称是：资产类型和通用工件名称的组合。

例如：服务域"流动性风险建模"的功能模式是"设计（Design）"，功能模式表现的通用工件是"规格说明书（Specification）"，即"设计"的成果反映为"规格说明书"，对应的资产类型为"流动性风险模型（Liquidity Risk Model）"。

服务域"流动性风险建模"的控制记录定义为：

"Liquidity Risk Model Specification"，也就是资产类型+通用工件。

有了控制记录，就可以在控制记录上附加行为动词，以反映控制记录中的资产类型被赋予的功能模式。例如：服务操作"请求获取流动性风险模型算法定义规格"：

Request Liquidity Risk Model Specification，其中的行为动词：request。

BIAN 的业务对象模型与 FSDM 九大业务概念的构建理念是相同的。FSDM 的业务概念（A-Level）是对现实存在（实体）的最高级抽象定义，BIAN 的业务对象模型同样如此，也是对业务概念做了最顶层的抽象。例如："消费者"是一个业务概念，"供应商"也是一个业务概念，那么"参与者"就是这两个业务概念的顶层抽象。

相对于 FSDM 的九大概念，BIAN 框架的业务对象模型（BOM）提供了 10 个顶层的基本业务对象。它们是：参与者（Party）、角色（Role）、产品（Product）、服务（Service）、协议（Agreement）、合约（Arrangement）、指示（Instruction）、交易（Transaction）、账户（会计）分录（Accountentry）、账户（Account）。

BOM 内容模式是抽象的信息模型，体现了银行业务活动的基本框架，框架结构包含了业务对象（Business Object）及业务对象之间的关系，如图 5-12 所示（信息参考：BIAN2nd EDITION，2021）。BOM 是对银行业务活动这个"复杂系统"的形式分类结果，其与功能模型（服务域）相互独立，在业务活动的解释上与功能模型相互验证。

对 BOM 模型中的业务对象，通过分类细分形成具体的业务概念（实体），就可以描述更为具体的业务上下文。理解每个服务域的 BOM 模型就是以 BOM 元模型的内容模式（Content Pattern）为基础，把握基本框架脉络。再复杂的 BOM 都是对元模型结构的扩展。

BOM 的意义非常重要，对于 BIAN 来讲，服务域是功能（能力）构建块、服务操作是服务构建块（API），BOM 则是信息构建块。构建块是银行实施数字化转型所需原子化架构的关键基础。

掌握了 BOM 通用结构下的内容模式，可以设计出任何业务场景下的 BOM 模型，这些模型构成的业务对象不过是上述 10 个基本业务对象的分类或是分类的子集（可以参考 www.bian.org 官网上的 BOM 模型图）。这对于银行在裁剪 BOM 模型或者新建适用业务需要的 BOM 都是重要的指导方案。

需要说明的是：业务对象中的聚合（Aggregation）关系包括：参与者与角色、账户与账户分录、产品与服务；组合（Composition）关系为协议与合约。

BIAN 的业务对象模型 BOM 与 FSDM 九大业务概念都是对业务活动的关键因素进行了抽取总结，两者叫法略有不同，BOM 元模型的抽象概念被称为业务对象，FSDM 模型的 A-Level 称为业务概念，两者都可以在 5W1H 框架下理解，参见表 5-3。

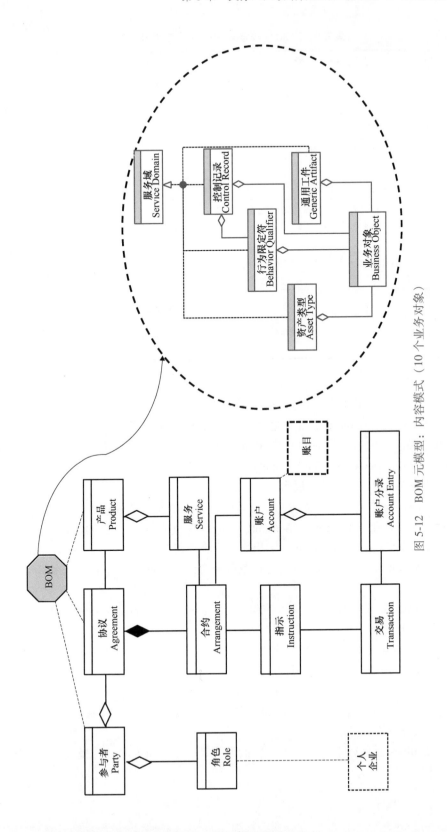

图 5-12 BOM 元模型：内容模式（10 个业务对象）

表 5-3　BOM 元模型与 FSDM 的 5W1H 理解

5W1H	解　释	FSDM	BIAN BOM
谁 （Who）	对组织有益的人或机构，即"业务中的利益相关者或当事人是谁?"通常人或组织与某一角色关联，如"客户"或"供应商"	参与者（IP）	Party Role
什么 （What）	对利益相关者有益的产品或服务，通常可以理解为：对利益相关者有价值的事物是什么	产品（PD）	Product Service
何时 （When）	对利益相关者关联的日程或时间点，表示业务活动或交易行为何时发生	事件（EV）	Transaction Instruction
何地 （Where）	对利益相关者开展业务活动的地点或位置，可以是一个实际的地点，也可以是一个电子化渠道	位置（LC）	Transaction
为何 （Why）	利益相关者开展业务活动的目标或原因是什么	条件（CD）、优惠（BD）	Agreement
如何 （How）	利益相关者如何开展业务活动，采取何种行动过程，并采用何种方式记录事件过程	合约（AR）、事件（EV）、资源项（RI）	Instruction Arrangement Accountentry Account

（2）BOM 内容结构分类

在构建一个实际 BOM 内容时，以业务对象模型的 10 个基本业务对象为基础，通过分类扩展以形成更多的业务实体类（Class），并建立这些实体类之间的形式关系。

以服务域"Saving Account"为例，其 BOM 模型（注：详细的该模型参见 https：//bian. org/servicelandscape-10-0-0/views/view_34659. html）中有关合约（Arrangement）、产品（Product）、账户（Account）等业务对象都存在分类的层次结构。

其中，Arrangement 作为基本业务对象，可以映射为一个业务类进行表达，处在层次结构的第一级。它包括一个二级业务类：Saving Account Arrangement（存款账户合约），该业务类下面包括若干个三级业务类，如 Sweep Arrangement（溢出账户或流动账户）、Withdraw Service Arrangement（取款服务合约）、Deposit Service Arrangement（存款服务合约）、Fee Arrangement（费用合约）等，如图 5-13 所示。

Account 作为基本业务对象，包括两个二级业务类：Saving Account（存款账户）、Account Statement（账户对账单）。

Product 作为基本业务对象，包括两个二级业务类：Saving Account Product（存款账户产品）、Banking Product Tax Regime（银行产品税制度）。

在 BOM 内容构建中，可以根据业务设计的具体需要定义多个类，但是，要确保遵循一个基本原则：保持所有的子类都以基本业务对象为根（Root），形成一个彼此关联的分类树结构。

（3）BIAN 业务对象实例介绍

前面介绍了 BIAN 业务对象模型（BOM）的元模型、内容模式与结构模式，这些构成了 BOM 模型的基本结构。

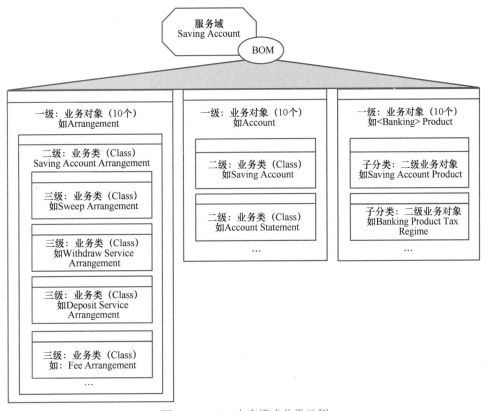

图 5-13 BOM 内容模式分类示例

任何一个具体的对象模型（BOM），其结构看似多么复杂，基本结构仍然遵循元模型、内容模式与结构模式的定义，只不过在具体 BOM 模型中，由于将元模型、内容与结构模式进行综合运用，导致 BOM 阅读起来感觉很复杂、难以理解。

把握上述基本原理对理解以及设计具体的 BOM 模型有重要的指导意义。

接下来，以示例来解释相对复杂的 BOM 模型的内容结构，同时，也为读者阅读 BIAN 的 BOM 模型资产提供一个思路。

服务域 "Current Account" 的 BOM 模型结构图如图 5-14 所示（注：该图为局部示意图，详细图参见 https：//bian. org/servicelandscape-10-0-0/views/view_45109. html）。

根据 BOM 模型的基本原理分析服务域：活期账户（或结算账户、往来账户）"Current Account"（下面简称 "CA"）的 BOM 结构图。

• Arrangement 是 BOM 内容模式中的 10 大业务对象之一，也是服务域 CA 的通用工件（是功能模式执行的核心信息）。Current Account Arrangement 是 Arrangement 的一个具体化的业务对象定义。

• Current Account Arrangement 是控制记录对应的 UML 类图（Class），它有 4 个具体化的业务对象定义：Limit Arrangement（限制合约）、Information Arrangement（信息合约）、Withdrawal Service Arrangement（取款服务合约）、Interest Arrangement（利息合约）。其中，取款服务合约和利息合约是业务对象 Current Account Arrangement 的子类型，也是行为限定符（BQ），限制合约与信息合约属

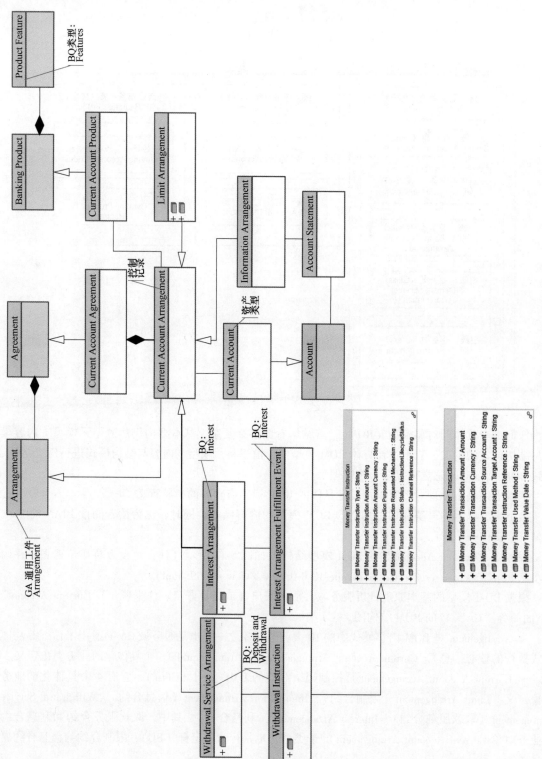

图 5-14 Current Account BOM Diagram

于自行定义的子业务对象。这样的业务对象在具体的 BOM 模型构建分析时，可以自行根据需要进行添加，这是 BIAN 允许的处理内容。

- Money Transfer Instruction 是 BOM 内容模式中 Instruction 的子类型，它有一个具体化定义的业务对象 Withdrawal Instruction；Money Transfer Transaction 是内容模式中 Transaction 的子类型，在内容模式中，Instruction 与 Transaction 是关联关系（图中用没有箭头的连接线）。

- Withdrawal Service Arrangement（取款服务合约）与 Money Transfer Instruction 通过 Withdrawal Instruction 连接，通过内容模式可以获知：两者的连接关系是关联（无箭头的连接线）；Interest Arrangement（利息合约）与 Money Transfer Instruction 通过业务对象 Interest Arrangement Fulfillment Event 连接，通过结构模式获知，该业务对象是一种关系对象（Relationship）。

- Agreement 也是 BOM 内容模式的 10 大业务对象之一，Current Account Agreement 是 Agreement 的一个具体化的业务对象定义。

- Account 是 BOM 内容模式的基础对象，它有一个具体化的业务对象 Current Account，Current Account 与 Current Account Arrangement 是关联关系（二者分别是 Account 和 Arrangement 的子类型业务对象）。

- Account Statement 是关系对象，连接业务对象 Information Arrangement 和 Account。

- Current Account Product 是关系对象，连接业务对象 Banking Product 与 Current Account Arrangement。

- Product Feature 是 Banking Product 的类型对象，根据结构模式，它是一种分类（Classification）对象。

服务域 Customer Agreement 的 BOM 对象结构图如图 5-15 所示，体现了元模型的基础业务对象

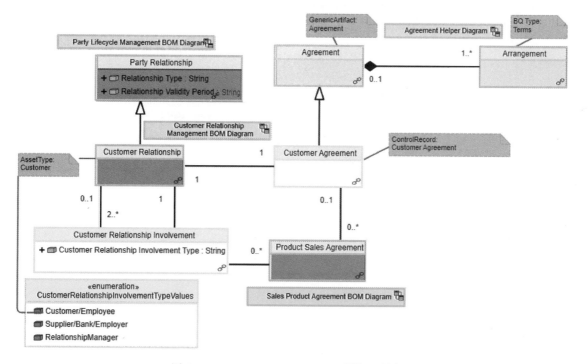

图 5-15　Customer Agreement BOM 图解（局部）

（资料来源：https：//bian. org/servicelandscape-10-0-0/views/view_35719. html）。

其中，业务对象：Party Relationship、Customer Relationship 和 Product Sales Agreement（红色的标识）是引用的外部 BOM 对象模型。在 BIAN 官网中，这部分可以通过单击 "…BOM Diagram" 进一步查看 Customer Relationship 等引用的外部 BOM 对象模型细节。

需要注意的是：在 BOM 元模型中，Arrangement 和 Agreement 是组合关系，即 Arrangement 组成了 Agreement，是 Agreement 不可分割的部分。在图 5-15 中显示了这一点。

BIAN 服务域封装了业务行为和业务对象。

业务对象是形成资产类型、消息、通用工件、行为限定符、控制记录、分析记录等资源的基础，业务对象是实体；或者说：后六个资源与业务对象是聚合关系。

Customer Agreement 的控制记录如图 5-16 所示，包括 BQ Legal（合法方面的协议）、BQ Regulatory（符合监管方面的协议）、BQ Policy（符合政策相关的协议）三个行为限定符（资料来源：https：//bian. org/servicelandscape-10-0-0/views/view_40054. html）。

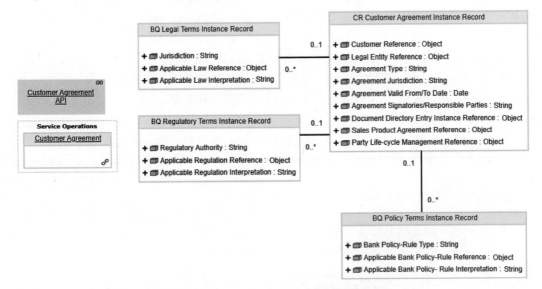

图 5-16 Customer Agreement 控制记录图解

通过图中对控制记录结构示例的展示，以说明在实践中，将控制记录定义为一个聚合，里面包括若干个行为限定符。控制记录和行为限定符都是业务对象，在技术实现时，将这些业务对象定义成相应的实体业务类（Class），从而按照管理聚合的逻辑并通过程序语言形成技术组件。

5.4 支撑业务活动的行为建模——功能模型

5.4.1 功能模型分析原理

在上一节介绍了按照形式来分解交易系统这个"复杂系统"，并产生了多个结构化的形式实体。

接下来，将阐述按照功能来分解交易系统（注：此处的交易系统并非指代已经信息化实现的 IT 应用系统），以观察产生的功能实体（模块）以及这些功能实体如何涌现出新的功能，进而为利益相关者创造价值（主要是客户价值）。

功能的意义和价值离不开行为。我们常说某事物具有什么样的功能，是指该事物可以通过某种行为动作来体现或证明该功能的意义，否则这种功能就是不真实的。例如：某个软件工具拥有播放视频的功能，如果不加以证实该软件是否能够播放视频，那么，功能的定义是不成立的。此时，功能只是一个术语，没有任何意义。行为是功能的特征，功能的意义通过"行为"这个特征传递。

因此，在这里所提到的功能是能够通过行为活动产生某种可评估的价值。

接下来以面向对象的分析方法结合 DT 思维范式来观察交易系统。将交易系统视为一种现象，其背后由多个事件构成。我们需要从这些事件中进一步发掘隐藏其中的模式（Pattern），模式则代表了一组规律性的活动，这些活动就是构成功能的基础，如图 5-17 所示。

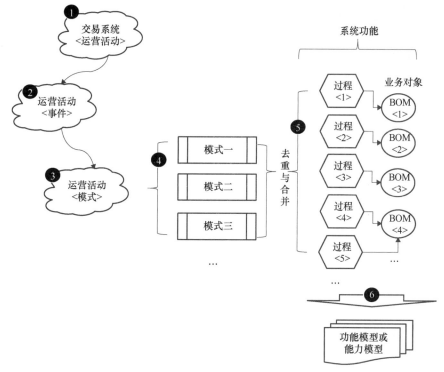

图 5-17　交易系统的功能分解过程

对于银行交易系统来讲，它代表的是银行所开展的经营管理活动，包括了管理、生产、经营等银行所能够开展的各类业务活动。这些业务活动的目标是创造客户价值。

模式按照观察的视角不同，可以产生形式和功能两种观察结果。

例如：通过观察建筑物可以很容易地辨识出各种形式实体，观察飞机引擎的驱动可以产生各种（动态）功能。

在此意义上，一种简单的方式就是按形式分解产生的形式实体并直接推演其中所蕴含的功能，但是，这种方式过于机械，不利于后续业务创新的涌现物预测。从模式来挖掘功能实体的价值更高，这种方式有利于形成组织级原子化的能力构建块，在支撑业务创新层面，更容易观察和预测涌现物。

这里从活动事件中分析出的模式会有很多个，这些模式的颗粒度还可以再细分，细分到什么程度非常重要。如果颗粒度比较粗，不同模式之间就会存在重复的处理过程。现实中，处理过程往往需要消耗一定的银行资源（人力或系统），这就会导致组织为这些功能重复的处理过程（转化为部门或业务条线）配置重复的职能资源或信息化资源，进而造成资源的浪费。

例如：信贷业务条线和运营管理部同时存在相同的客户信息核实这个处理过程，那么，这两个业务条线就会配置重复的人力资源。在追求大运营、精细化管理的数字化时代，这样的做法显然是不合适的。

如果模式划分的颗粒度太细，极端情况是一组无任何业务意义的执行步骤（Step），那么，这种"代码级"的颗粒度显然会对银行人员的业务创新活动造成困扰。对于这些看不出任何业务意义的组件，如何选择这些组件将会面临无所适从的局面，组织学习成本过高。

模式划分的优劣与合理性，决定了支撑银行数字化转型的原子化架构基础的稳定性。

为此，我们需要认清银行经管活动的本质，一句话概括就是：

在某一确定时间，管理者使用相关资源在市场中为了创造价值而开展经营管理活动（管理、生产和经营）。

接下来，通过解构上面这句话来认识银行的业务目标。

- 确定的时间，提出了实现业务目标的时间概念，即（When）。
- 管理者，提出了实现业务目标的参与者概念，即（Who）。
- 相关资源，代表了实现业务目标的"资本"基础，即（What）。
- 市场，代表了实现业务目标的空间与位置，即（Where）。
- 价值创造，代表了实现业务目标的驱动力，即（Why）。
- 经营管理活动，代表了为实现业务目标而怎样开展活动，即（How）。

银行经营管理（或交易系统）包括五项活动：管理、资源使用、营销、经营、生产运营，这五项活动就是银行（也适用于很多类型的企业）最基本的价值链活动，如图 5-18 所示。

在图 5-18 中，❶为支撑完整银行价值链活动对应的能力管理，如同 BIAN 框架的价值链视角；❷为银行价值链活动下分解的业务领域；❸为具体的能力组件，如 BIAN 的服务域；❹为能力组件中具体实现服务（Service）API，如 BIAN 的服务操作（Service Operation）；❺为 API 具体实现的过程，以领域模型为基础。

总体上，按照银行的资产类型所能承载的业务活动进行模式划分，最后到不可再分的资产类型所涉及的生命周期活动作为原子级模式，从而形成银行经营管理活动的功能列表。

在为银行定义的价值链活动框架方面，APQC 组织 PCF 流程分类框架和 BIAN 服务域全景框架都是可以参考的行业标准。这些标准描述了银行价值链所包含的完整活动列表。

有了明确的价值链活动定义列表，就需要配套的资源支撑价值链各种活动的实现，其中，以人为载体的能力资源是首要的核心资产，一切活动都离不开人的参与。因此，能力（资源）管理是

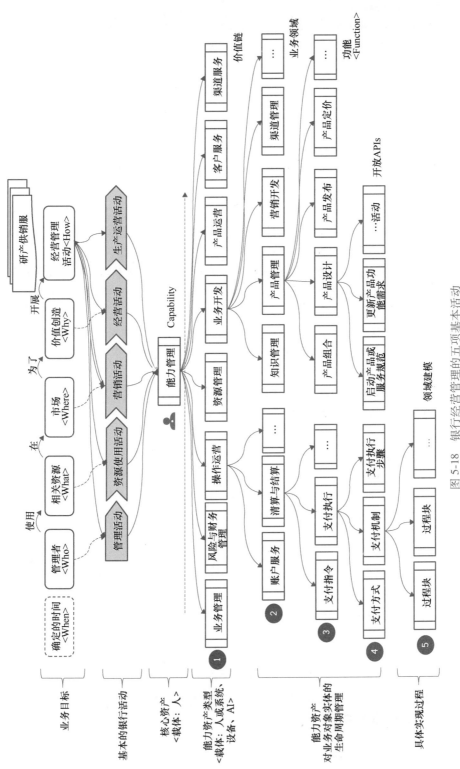

图 5-18 银行经营管理的五项基本活动

银行首要进行建设的内容。

银行的资源包括有形和无形的资源，这些资源对价值链活动具有相应的支撑功能，也是银行能力资源的载体。对于银行开展数字化转型，人、（软件）系统、设备、AI是最为重要的四项能力资源载体。

围绕价值链活动的细分，可以形成一定颗粒度、企业级的MECE能力组件。例如：以APQC PCF第三级的活动定义可以形成相应的组织能力定义。此外，BIAN框架的服务域（Service Domain）是一个很值得采用的、在业内已经实践过的银行能力定义资源。

每个定义的能力组件涵盖了对业务对象（BOM）的生命周期管理。例如：账户能力组件，包括了对账户从开立到销户的全部生命周期管理。这些业务对象是银行管理的各种资源，包括自身的人力资源、设备资源、客户资源、市场资源、账户资源、知识资源等。

以管理业务对象的生命周期作为设定一个能力组件职责的颗粒度范围是比较合适的标准，该能力组件支撑一个完整的业务活动周期，也符合作为一个独立的单元开展运营活动的业务实体，如一个负责"产品设计"的业务部门。

从图5-18还可以看出，这种按功能分解与按形式分解的结果是不同的。形式分解产生的实体是从经管活动所涉及的元素构成来作为观察视角，而功能分解则是从活动的视角观察银行的经管活动。

功能分解的结果将为银行产生一组不重复的能力集合。该能力集合将成为企业级的业务组件。这些组件具有鲜明的业务意义，无论是管理人员、业务人员还是技术人员都能够快速地理解其代表的业务含义。

这就为后续的业务创新活动提供了一种方案：根据市场的反馈或客户的需求，快速地将问题分解为一组支撑开展价值创造的业务能力组件，从而将这些开箱即用的组件进行合成，实现具有新功能的能力输出活动。

将这些业务能力组件与数字化技术融合，可以为业务创新活动产生意想不到的涌现物，这是数字化转型所需要的重要能力。

综上，即为关于银行功能集合的一个分析方法——元方法。

此外，对于按功能分解银行经管活动的行业模型，目前有三种可以借鉴使用，分别如下。

1. FSFM 金融服务功能模型

金融服务功能模型FSFM定义了一组独立的业务功能，这些功能为银行经管过程中提供各种业务能力的概念级定义。

FSFM定义的业务功能，可独立于组织结构和业务条线，是业务和IT之间共同语言（可以称之为"模式语言"）的一部分。通过将组织的业务活动体系分解，直到开发出一组MECE的独立功能。

FSFM功能主题域，最顶层是企业管理，包括资源管理、方向管理、市场管理、业务经营管理四个二级功能主题域。每个二级功能主题域又可以再细分。对FSFM层级模型中的每一层持续分解，最终可以形成与业务活动等价的功能单元。

2. BIAN 框架的服务域模型

BIAN 框架的服务域模型是基于资产类型而产生的企业级不可重复的业务能力组件，其拥有非常严谨的设计原理，银行可以根据需要裁剪服务域组件列表以开展业务能力建设（相关原理介绍内容参见 5.6.6 节）。

除了支持传统的面向流程的设计和开发方式，BIAN 是一种面向资产类型与功能模式的业务建模方式。

（1）资产类型

BIAN 定义了银行的业务资产条目，资产类型（Asset Type）是 BIAN 业务层的一个很重要的"被动结构"要素，以对象的形式提供。

BIAN 定义的资产/实体的标准为是否具有商业价值（Commercial Value/Benefit），并在已经定义的可以产生商业价值的资产/实体上定义执行业务活动所需的操作/功能。BIAN 定义的资产包括静态的"固定"资产和动态的"生产能力"资产，即有形资产和无形资产，如图 5-19 所示（资料参考来源：BIAN How-to Guide Design Principles & Techniques V7.0）。

从图中可以看出，在第一级和第二级，可能的资产类型范围分为：

1）生产能力［Production Capacity］：主要包括"研产"的产品交付能力、体现"供销服"的分销（调研）、销售和营销能力。

2）集中管理的资源［Central Resources］：主要包括组织的固定资产和资本，例如：企业资源、财务、场所和设备。

3）关系［Relations］：维护与组织内部的劳动力和外部伙伴的"利益"。

4）知识产权/知识库［Knowledge］，包括指导开展活动的实践技能（软性能力）和知识（如信息化资产）。

上述四类资产类型支撑着组织的"研产供销服"体系。同样是基于 MECE 原则，形成相互独立的分类定义。

BIAN 资产类型的产生是 BIAN 框架的核心基础，需要进行更深入的分析。

显然，从图 5-19 中的四项基本能力定义内容，看上去并不与银行价值链的活动构成意义上的直接匹配，况且 BIAN 本身就提供了服务域（能力）与银行价值链的匹配关系。那么，资产类型到底是怎么来的？接下来分析其产生原理。

（2）资产类型的产生原理

首先，资产类型存在的目的是支持银行战略，而银行战略的实现通常需要考虑的是银行的业务能力，那么，业务能力与资产类型是什么关系？可以确定的是，业务能力是银行的资产，是为银行创造价值的核心资产。这样比较起来，资产类型实际上与业务能力具有某种同一性。

所以，我们在这里仍然按照第一性原理推导上述结论。

从银行业务目标下手来分析银行资产的构成，从而理解 BIAN 关于资产类型定义的合理与完备性，如图 5-20 所示。

为了实现银行战略（或业务）目标，银行会依托于全部的可控资产来创造价值。毕竟，资产本身是有成本的，故每一个银行资产的存在是为了直接或间接地创造（商业）价值。

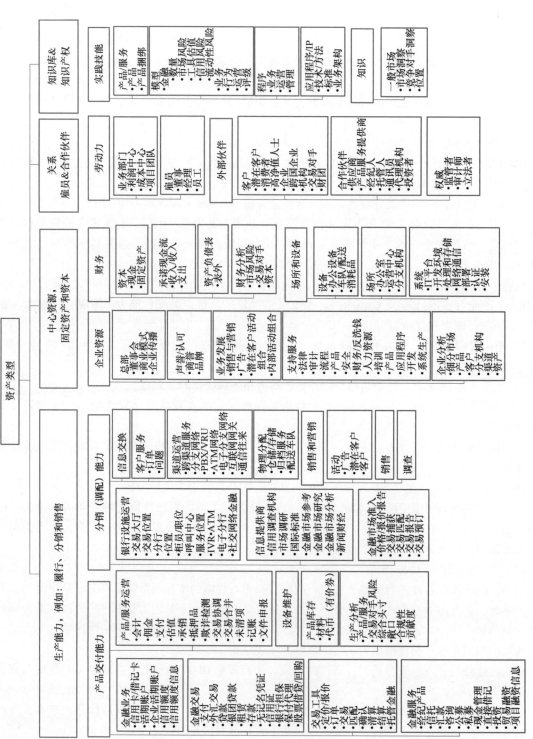

图 5-19 BIAN 资产类型分类

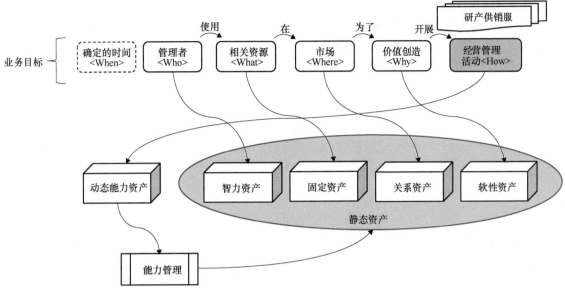

图 5-20　从业务目标分析银行资产类型的结构

这些可控资产按照静态和动态进行分类。

其中，静态资产包括：

- 管理者：管理者通常属于智力资产。
- 相关资源：银行开展各类经营管理活动需要的配套资源，通常属于固定资产。
- 市场：银行的产品和服务必须在市场中得以变现，在市场中与客户建立服务关系，故市场属于关系资产，如客户关系、银企关系等。
- 价值创造：属于软性资产，如品牌、知识等。
- 动态资产：各类经营管理活动，属于动态能力资产，通过能力管理实现对其他静态资产的管理。

以资产类型实践技能（Know-how）为例，参见资产类型分类（见图 5-19），包括四个一级分类：

1）产品和服务（Production/Service）。

2）模型（Model）。

3）程序（Procedure）。

4）应用程序（Applications/IP）。

其中，模型（Model）下有五个子资产类型（Sub-Type）：

- 金融（Financial）。
- 业务（Business）。
- 行为（Behavioral）。
- 运营（Operational）。

- 评级（Rating）。

"金融"下包括一个流动性风险（Liquidity Risk）资产子类型，其映射的功能模式是设计（Design），对应的服务域为流动性风险模型（Liquidity Risk Models）。BIAN 提供了完整的资产类型的分类图谱，可以供实践进行裁剪使用。

（3）服务域视图

BIAN 关于服务域的描述有两种视图。

一种是全景（Landscape）视图，以展示企业级的能力组件，不依赖于银行具体的经营管理活动。

另一种是价值链视图，展示这些能力组件在支持银行价值链活动中所处的位置，每个服务域都可以成为一个独立的运营实体（如部门），如图 5-21 所示（资料参考来源：BIAN 官网的价值链视图，https：//bian. org/servicelandscape-10-0-0/views/view_53767. html）。

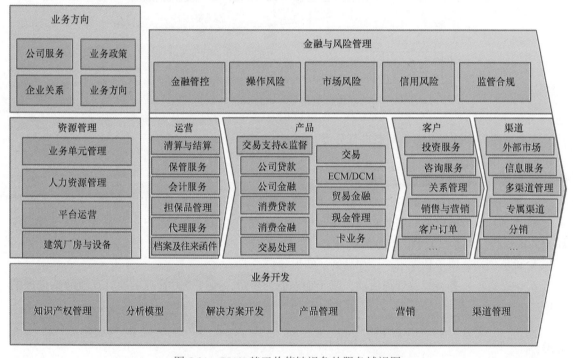

图 5-21　BIAN 基于价值链视角的服务域视图

依据价值链视图，可以快速地分析出业务场景活动从属的价值链活动，例如：根据转账汇款业务活动就可以知道其属于操作管理（价值链活动）。然后，就可以在价值链活动中定位匹配业务场景活动的服务域（Service Domain）列表。

以运营活动中的业务领域"清算与结算"为例，其包括的服务域有"卡清算""支付执行"等多个服务域（更多的参见：https：//bian. org/servicelandscape-10-0-0/views/view_51974. html）。

3. APQC PCF 流程分类模型

PCF（Process Classification Framework）由美国生产力与质量中心（American Productivity and

Quality Center，APQC，该组织在基准测试、最佳实践、流程和绩效改进以及知识管理方面是世界上最重要的机构之一）及其成员公司所开发的一套跨行业的流程分类框架，也包括了银行的流程分类模型。

作为一种开放的标准，PCF 为组织提供了企业级流程管理的全部内容。银行可以按照 PCF 的分类资产作为基准，对照银行自身的实际情况，进行流程建设与管理。基于 PCF，可为银行构建出一个完整的流程活动视图，依据视图开展有序合理的资源分配，从而为成本核算、效率改进、风险控制、运营质量提供了细颗粒度的度量依据，推动银行开展数字化运营，实现精细化管理。

PCF 及其相关衡量方法和定义可参阅 www.apqc.org/pcf。

（1）PCF 与组织结构调整

PCF 并不依赖于现有银行的职能部门结构，它以水平视角看待组织内外的活动。因此，从这个意义上，PCF 实现了流程（How）与现有职能部门（Who）的解耦，符合 Zachman 框架范式。

基于上述结论，PCF 为组织结构的改革提供了依据，它以流程活动为中心，银行可以根据流程活动的结构重新调整业务条线或职能部门，打破传统部门制银行的机构设置。更为重要的是，部门结构的调整并不能从根本上影响流程。因此，职能部门的职责更多体现在：为实现业务目标（流程活动）而进行的（人力）资源整合。

此外，由于一些流程活动的价值能够实现独立评估，从而可以实现单独运营。

（2）PCF 与数字化转型

数字化转型是为了实现快速解决客户的问题，而客户问题最终都归结为一个流程模板所体现的服务过程。流程模板是银行的重要资产，流程资产是 DT 时代银行之间竞争的一项核心能力。在流程创造企业价值的意义下，职能部门的资源都将成为流程的公平参与者，这会极大提升组织应对内外变化的能力。

PCF 为银行提供了有效的流程活动分类方案，从顶层 13 个一级主题域开始，一直到原子颗粒度的任务（Task），这为银行构建企业级不重复的能力构建块建立了标准。

例如：以流程（Process）为银行企业级的能力构建块，这些能力构建块的基本过程块为活动（Activity）。能力构建块成为银行建立业务能力的基本组件，过程块则是具体的能力输出行为。以能力构建块为单位可以构建独立的运营部门。

通过能力构建块与过程块的构建，就为银行数字化转型提供了构建原子化架构的基础。这些构建块可以利用工作流模型结合 AI 与大数据技术，实现快速的组装编排，从而能够快速支持来自市场和客户的需求，提升运营敏捷性。

（3）PCF 流程分类模型

PCF 提供了针对银行的流程分类模型，并按照五个层次进行流程的分类，分别是：类别、流程组、流程（对银行资产的生命周期管理）、活动（生命周期管理的一个分解部分）、任务（跨行业通用）。其中，"类别"共定义了 13 个主题域。

实践中，可以按照 PCF 流程分类结果，根据银行数字化转型的设计需要，以选取适合的层级作为银行能力构建块的规格。

我们仍以流程（Process）作为银行原子级的能力组件（注：更详细的 PCF 列表可参照 www.apqc.org 提供的相关内容），活动（Activity）这一级成为开放的 APIs。

选择第三级"流程"作为能力构建块，主要是考虑到流程实现了对银行资产的生命周期管理。例如：服务产品（Service Products）是一项银行资产，对服务产品的维护存在一个生命周期，生命周期中的每一个活动可以作为具体的过程块，以作为具体的能力输出。

接下来，说明 PCF 面向银行的流程分类结构，如图 5-22 所示。

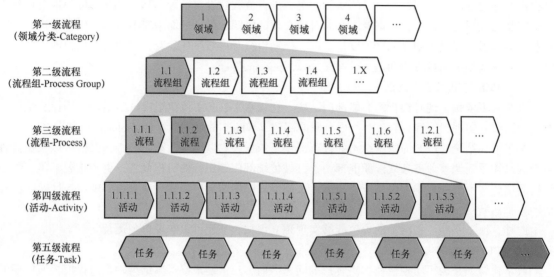

图 5-22　五级流程分类层级

PCF 每一级流程的定义形式为：动词加名词，如交付服务（Deliver Service），这样的定义可以与流程能力相对应，流程能力表示流程（活动）在执行时具有创造价值的功能。

1）第一级流程-领域分类（Category）。代表企业中最高层次的流程，以银行为例：这一级的流程可以支持银行价值链的核心活动和辅助活动：经营与管理支持。其中，经营流程包括构建愿景与战略、开发与管理产品及服务、营销与销售、交付产品、交付服务、管理客户；管理支持流程包括管理人力资源、管理信息技术、管理财务资源、管理资产、管理风险与合规及连续性、管理关系、管理业务能力。每一个流程节点（注：""）代表一个分类，即银行价值链中的活动领域主题。

2）第二级流程-流程组（Process Group）。二级流程是对一级流程的分解，每个第一级流程都会产生一组流程，称为"流程组"。以第一级流程"交付服务"为例，包括四个流程组，分别是：建立服务交付治理与战略、管理服务交付资源、向客户提供银行服务、向客户提供服务。这四个流程组隐喻出银行价值链活动"服务交付（注：为了与 PCF 流程定义的名称相区别，价值链活动以名词加动词表示）"需要分为四项独立的活动完成。每个活动的"名词"代表意义有所区别，分别代表了银行不同的"资产"：设计方案（知识资产）、执行资源（固定资产、人力资源等核心资产）、客户（为银行创造收益价值的资产）。其中，"向客户提供银行服务"表示的是向客户出售银行产品或服务（如结算服务）以创造收益类价值；而为"客户提供服务"则是指为客户提供一些非交易类的增值服务，这些服务不是向客户售卖银行产品，而是聚焦客户的满意度或体验，例如：合约服务管理、条款管理、调研客户需求以改进产品和服务等。每个方框代表的流程节点（注：

"▢" ）代表一个流程组。

3）第三级流程-流程（Process）。第二级的流程组是由一组相对独立的流程构成，那么第三级流程就是指一个具体的流程。我们继续以银行的"交付服务"为例进行分析，选择"交付服务"中的第二级流程组"向客户提供银行服务"。在 PCF 定义中，"向客户提供银行服务"包括了典型的流程为开立账户、维护账户、关闭账户、管理网点现金（类似尾箱管理）、服务银行客户、管理转账交易。这六项流程是对"向客户提供银行服务"中涉及的资产"账户""客户""现金""转账交易"分别提供了生命周期的管理。

- "账户"：以账户开立为起点，包括账户服务、销户全过程。
- "客户"：向客户提供对账单、产品列表，包括管理还款、修改客户信息、审核增加信用额等。
- "现金"：对资产"银行现金"提供了生命周期的管理，包括尾箱入库、核对盘点、出库缴存等过程。
- "转账交易"：对资产"转账交易"（注：银行具有这项业务能力，该能力当然是银行的一项资产）提供了生命周期管理，包括授权交易、转入转出、结算等。

每个方框代表的流程节点（注："▢" ）代表一个流程。

4）第四级流程-活动（Activity）。活动是对流程的进一步分解，即流程是由一组相对原子化的活动构成。

以上面的第三级流程"开立账户"为例继续分析。在"开立账户"中，只涉及一个银行资产"账户"，那么，既然已经再无别的"资产"出现，流程的拆分只能从行为着手，即活动（Activity）。因此，需要一组活动来表达"开立"的全过程，也就是说，将动词"开立"具象化，分解为一组新的动词，对于新的名词则围绕"账户开立"所涉及的各种条件而定义。PCF 将"开立账户"分解的活动，典型的如：分析客户信用价值、应用反洗钱（AML）政策、应用客户身份识别政策、应用产品条件、应用产品定价、评估抵押品/担保（贷款户适用）、建立和激活账户。每个方框代表的流程节点（注："▢" ）代表一个活动。

5）第五级流程-任务（Task）。对于一个"活动"还可以分解成若干个任务来完成，此时，任务的业务属性越来越低，也就是说，从任务上很难看出其业务价值。任务是 PCF 最小的流程定义单位，任务可以跨行业通用，而活动则明显带有行业属性。每个方框代表的流程节点（注："▢" ）代表一个任务。

上面提到的"分析客户信用价值"，便具有典型的银行行业特征，其他如制造业则几乎没有这种业务特征。任务的定义在实践中不是特别容易标准化，因其中立性的逻辑表达特点，不同的设计策略会导致不同的任务列表出现。

因此，在 PCF 中，对于银行数字化转型所需要定义的能力构建块，最具价值的还是第三级和第四级流程单位。

综上，以银行为例介绍了 PCF 的流程分类框架，其实更为重要的是 PCF 的分类方法。该分类方法条理有序，能够为银行建立企业级不重复的流程、活动。现实中，为银行开展这样的工作并不容易，如果没有严谨的分析分类方法，分解 MECE 级的能力构建块还是一项不容易的工程。

APQC、BIAN 等做出了非常值得参考、学习和借鉴的资产。

当然，这些资产在具体的项目实践中并不能直接全部照搬过来，毕竟流程代表了银行所能开展的行为活动，而活动则与银行所处的社会环境、市场环境、监管政策都有一定的关系，不可否认的是，这些资产可以加速银行进行相应的流程建设工程。

最为重要的是，PCF 所展现出的流程分析原理完全可以应用到实践中。

5.4.2 涌现计算与工作流模型

上一节讲述了功能模型，介绍了功能实体产生的分类原理，以及与之相关的行业模型，并提到了功能模型可以通过涌现计算开展业务创新。本节将进一步描述产生功能实体及对其应用的实现机制——涌现计算。

1. 涌现计算

涌现计算就是根据一组规范化的可计算组件，在一些简单规则的约束下，通过这些可计算组件之间的合作构成新事物的计算过程。可计算组件在本书中主要是指过程块或功能实体，新事物是指通过涌现计算产生的涌现物，在各种涌现物中，能够创造业务价值的就是良性涌现物。

在功能模型中，功能实体的结构包括：过程和操作数。其中，过程由一组有序的过程块构成，操作数则对应一组业务对象（BOM）。此外，业务对象通常与过程紧密相关，由于业务对象是一组（数据）实体的聚合，因此，过程块与业务对象中的某些实体对象紧密相关。

既然功能实体的过程依赖于一组有序的过程块，那么，这些过程块的组合形式（或顺序）不同，理论上就会产生不同价值的功能涌现物。这体现了"活动内部结构"的秩序程度对于价值创造的影响，体现秩序性特征的组织行为一致性越高，组织的业务活动效率越高，进而创造的价值也会不同。

既然多个过程块可以构成一个功能实体的"过程"，那么，多个功能实体组合也可以产生一个新的功能，以此向上不断组合，会产生无限种可能且颗粒度不同的功能实体。上述过程实际上就是新功能的涌现过程：通过对过程块或功能实体的编排实现涌现计算，进而产生多种可能创造价值的新功能实体。

因此，涌现计算主要包括创建功能实体的两个关键过程，分别为：由一个或多个过程块组合产生原子流程；由一个或多个原子流程组合产生涌现流程。在每一个过程中，业务对象同步完成叠加过程，形成新的聚合业务对象（BOM），如图 5-23 所示。其中，涌现流程即为新的功能实体。

（1）过程块组合形成原子级流程形式的功能实体

通常过程块代表一个通用的处理环节，是颗粒度最小的功能实体，甚至不可再分，也许是一个步骤，也许是一个目的，但本身没有业务价值。多个过程块经由涌现计算，组合产生一个原子流程形式的功能实体。

（2）原子流程组合形成业务领域级形式的功能实体

原子流程代表一个拥有单一职责的功能实体，它具有一定的业务价值（通常是局部意义上的业务价值），但本身不能直接对外创造价值。创造价值需要由业务领域级的涌现流程这个功能实体来实现。因此，原子流程所代表的功能实体经由涌现计算，组合产生一个涌现流程形式的功能实体。

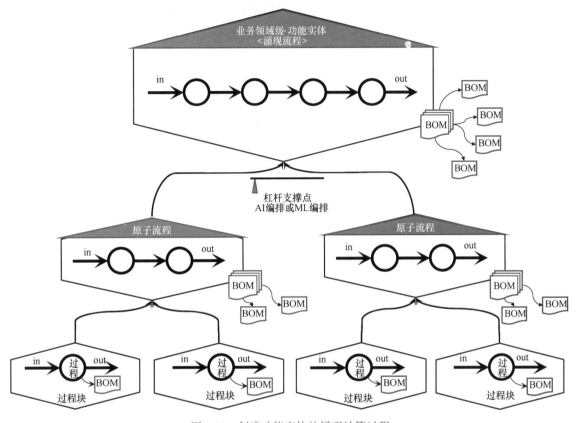

图 5-23　创建功能实体的涌现计算过程

数字经济时代，可以利用数字化技术，如 AI 与大数据结合并利用不断积累的业务规则库（Business Rules），实现上述涌现计算过程。此外，通过对功能实体的编排过程进行有效管理，智能解决可能出现的编排不良问题，以增加产生良性涌现物的概率，淘汰掉不良涌现物。

为此，在原子流程到涌现流程之间增加杠杆支撑点（见图 5-23），以触发涌现物的产生。AI/ML 编排软件，就是产生功能实体的杠杆支撑点。之所以没有在过程块与原子流程之间增加杠杆支撑点，主要是考虑到数字化转型是以提升客户价值为目标，过程块到原子流程之间的杠杆支撑点对涌现物的产生只是起到间接影响。现实中，该部分更加偏向于技术层面，并且由于原子流程属于基础构建块，其总体相对稳定。因此，原子流程一旦定义完毕，功能内聚完成，原则上很少再发生变动。

对于银行数字化转型来讲，体现杠杆支撑点价值的有以下三方面：

● 业务活动边界超越组织现有边界。体现在银行打破现有运营框架，利用业务组件结合数字化技术"编织"价值网络，以生态驱动者来推动利益相关者之间的价值交换。

● 构建块自组织。体现在利用原子级服务组件（APIs）结合数字化技术（AI 编排或 ML 编排）实现价值涌现的业务创新点，即构建新的业务模式，同时提升价值链的活动效能。

● 强化业务目标的实现能力。体现在以客户为中心，围绕客户生活事件，利用能力构建块和数字化技术相结合，提升客户旅程的服务体验（价值流），增强接触点的价值创造、价值获取的机会。

上述三种情况都涉及工作流模型的设计。

2. 工作流模型

价值网络是跨组织节点的角色合作视角的工作流模型，价值链是银行各种业务活动组成的经济视角的工作流模型，价值流也是基于工作流模型进行客户视角定义价值。

如何定义工作流模型？我们知道，工作流形成的结果为具有功能价值的流程模板，功能又是由过程和操作数组成，那么：

工作流模型中的工作流定义体现了一组功能实体（过程与操作数）的聚合。

其中功能实体的过程由动词表示；操作数由名词表示，它可以是一个单独的实体，也可以是一组实体聚合而成的业务对象。

例如：定义一个为客户创建账户的工作流，其定义形式为：开立账户。"开立"为动词，"账户"为表示单一实体的名词，代表的是业务对象中的根实体——聚合根。

工作流存在一个层级结构，站在不同利害关系者的视角（业务流程所有者、业务流程设计者、技术实现者等，参见 2.2.3 节 Zachman 框架中"观众视角"列），呈现不同层级的结构内容，也体现了一种结构化设计的思想。可以利用 BPMN2 标准来进行工作流的层级关系设计，如图 5-24 所示。

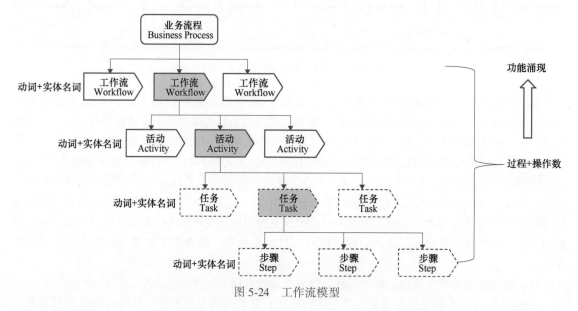

图 5-24　工作流模型

每一层都是过程块，其形式定义都是动词与名词的组合。按照颗粒度的不同，这些过程块由低到高划分为：步骤（Step）、任务（Task）、活动（Activity）、工作流（Workflow）、业务流程（Business Process）。

工作流模型是 APQC PCF 五级流程分类的一种元模型。

对于工作流模型的分析，主要在两个层面：一个是强调功能实体的产生，即由过程块创建单一职责的功能实体，应用的元素主要是图 5-24 中的步骤、任务；另一个是强调（场景）应用，由功能实体组合成新的功能实体，应用的元素主要是图 5-24 中的活动、工作流、业务流程。

前者可以利用工作流模型的层次组装特点实现，技术层面相对容易，但组装成一个具有价值创造能力的功能实体并不简单，难度主要在于对业务领域的理解；后者需要对功能实体进行分析，拆解出各个过程，方式可以采用 OPM 图（用同一张图展现系统过程、对象、关系）进行过程的识别，整理出的过程和操作数并按照工作流定义的范式进行定义工作流程。

5.4.3　实现业务能力

银行要成为价值网络生态的驱动者，需要具备业务活动组件化的能力，业务活动组件包含一系列价值网络中彼此关联的活动，为这些业务活动建立一种面向行业的标准界面，就可以从价值网络中获取有价值的输入，同时向价值网络中输出某种能力，从而形成可以创造市场价值的商业化组件。

本节主要阐述支持业务活动的业务能力，作为银行的一项核心资产，业务能力能够直接面向客户输出服务并创造价值。此外，还将介绍业务能力定义的颗粒度和意义对于银行价值创造的影响，进而提出业务能力需要在价值网络的意义下，需要从企业级向行业级跃迁。

1. 面向企业级的业务能力

业务能力作为一种资产类型，是银行的核心资产，这是公认的事实。

业务能力的构成与活动紧密相关，它是基于知识的产物，故先有业务能力才能实现某种业务活动。

对业务能力这项资产类型进行一个大的分类，主要包括：设计研发（产品和方案）、银行产品（包括服务）的"生产"与上架、营销与销售（品牌与产品）、业务服务（提供营销以外的其他各种服务）、能力管理（对银行的业务能力的优化升级等）。

与此同时，业务能力作为一项资产，银行需要对其进行生命周期的管理，这也比较符合常识，我们通常很容易接受银行对任何一项有形资产的管理，例如：入库、为了让其增值需要进行相关的规划方案设计、资产在各种活动过程中需要监督、资产创造价值过程、资产退出或销毁等，这是任何一项资产都会存在的从产生到消亡的完整过程。

我们把这种对资产的管理行为，按照对生命周期的关键环节划分行为阶段，包括：对资产的监督与控制、对资产的开发、对资产的各项评价、对资产进行有效的分配、让资产创造价值等。

此时，业务能力的颗粒度因满足资产类型在银行价值链活动中的价值变现，其业务目标的属性表现得就会很明显，颗粒度也不需要太细。也就是说，此时定义的企业级业务能力只需要能够在横向业务条线中得到有效应用即可，如图 5-25 所示。

基于上述分析，面向应用系统的建设就能实现上面要求，每个应用系统按照业务条线的需求开放出面向企业级应用的接口规格，就可以实现应用系统之间的互联，银行业务能力的输出依托于应用系统而实现。

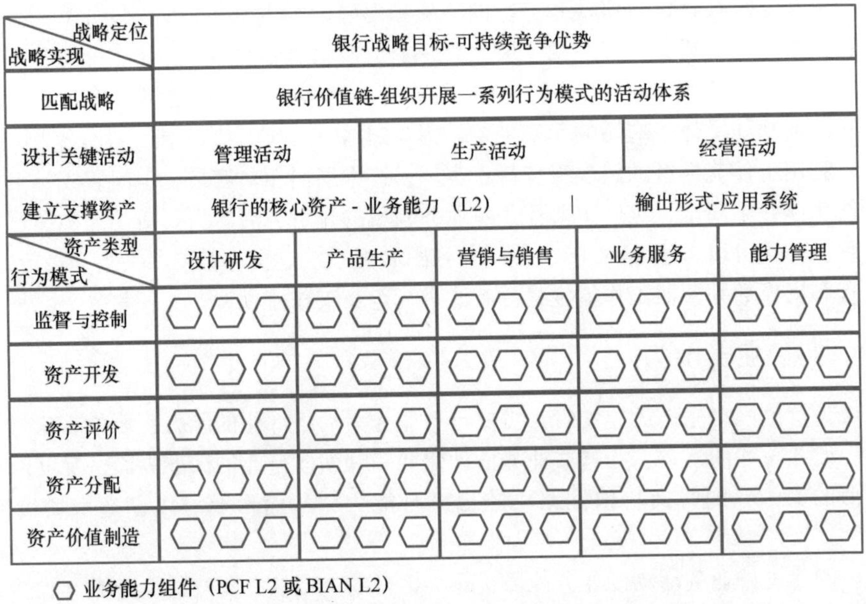

战略定位 战略实现	银行战略目标-可持续竞争优势				
匹配战略	银行价值链-组织开展一系列行为模式的活动体系				
设计关键活动	管理活动		生产活动		经营活动
建立支撑资产	银行的核心资产 - 业务能力（L2）			输出形式-应用系统	
资产类型 行为模式	设计研发	产品生产	营销与销售	业务服务	能力管理
监督与控制	⬡⬡⬡	⬡⬡⬡	⬡⬡⬡	⬡⬡⬡	⬡⬡
资产开发	⬡⬡⬡	⬡⬡⬡	⬡⬡⬡	⬡⬡⬡	⬡⬡
资产评价	⬡⬡⬡	⬡⬡⬡	⬡⬡⬡	⬡⬡⬡	⬡⬡
资产分配	⬡⬡⬡	⬡⬡⬡	⬡⬡⬡	⬡⬡⬡	⬡⬡
资产价值制造	⬡⬡⬡	⬡⬡⬡	⬡⬡⬡	⬡⬡⬡	⬡⬡

⬡ 业务能力组件（PCF L2 或 BIAN L2）

图 5-25　价值链体系下的业务能力颗粒度定义标准（1）

然而，以集中式、竖井化的应用系统作为业务能力表达的载体，在价值网络生态的环境下，将会遇到严重的问题。后者的变化情况相对于前者更加难以预测和频繁。

2. 面向行业级的业务能力

迈克尔·波特在《什么是战略》中提出：战略就是设计一组与众不同的活动，构建独特而有价值的定位。数字化转型，将驱动银行的战略目标定位从价值链活动的优化整合，向构建面向价值交换与互换的价值网络生态转变。实现这一定位，需要对业务组件的结构更进一步的思考，以支持银行在价值网络生态中构建独特的经营管理活动。

此时，银行活动将包括四项：管理活动、生产活动、经营活动以及生态合作活动。生态合作活动将拓展银行价值链活动的边界。

在这样的情况下，一些业务活动的服务边界将超出组织框架，面对的不再是以往向客户交付产品和服务，还需要将业务能力进行输出，这是银行寻求商业模式创新的必然结果。业务能力将以业务组件形式"跨出"组织边界，与价值网络生态的合作厂商实现价值交换，即前面提到的企业之间商业组件的互换。

此时，从应用系统中产生的业务能力，其规格在适应价值网络生态的互换要求上会变得有些吃力。这就需要一种新的开放资源（银行能力资产），以满足价值网络生态这个新范式的生存要求，即实现利益相关者价值共生的行为一致性。因此，业务能力的规格需要从组织级向行业级跨越。

下面以 PCF 和 BIAN 为例进行说明。

在支持银行价值链活动时，PCF 或 BIAN 的第二级能力就可以满足需要，也就是说，此时对于第三级能力的形式不做过多的设计，只需要提供大颗粒度的应用功能接口，这类面向竖井式应用系统的绝大多数业务逻辑都是封闭的，外部消费者只需面对应用功能接口而无须关心其实现过程。但是，也正因为如此，导致外部消费者的需求难以通过与应用系统建立深度的整合而实现，从而无法向用户提供更好的服务体验。

通过 PCF 的流程组（Process Group）或 BIAN 业务领域（Business Domain）可以看出，以该级别（L2）作为能力组件单位，其企业级属性过于浓厚。因此，难以在价值网络中被其他企业所直接嵌入使用，故需要进行进一步的规范化。需要将业务能力进一步分解，形成一组具有行业级接口规范的服务能力。这些服务能力将以轻量级的形态被价值网络生态的资源所调用或嵌入。

这就要求在业务能力的基础上进一步分解，形成第三级的通用服务能力，不仅支持企业级应用需要，也支持行业级应用需求。典型的实践可以采用 PCF 的活动（L3）或 BIAN 的服务域（L3），如图 5-26 所示。

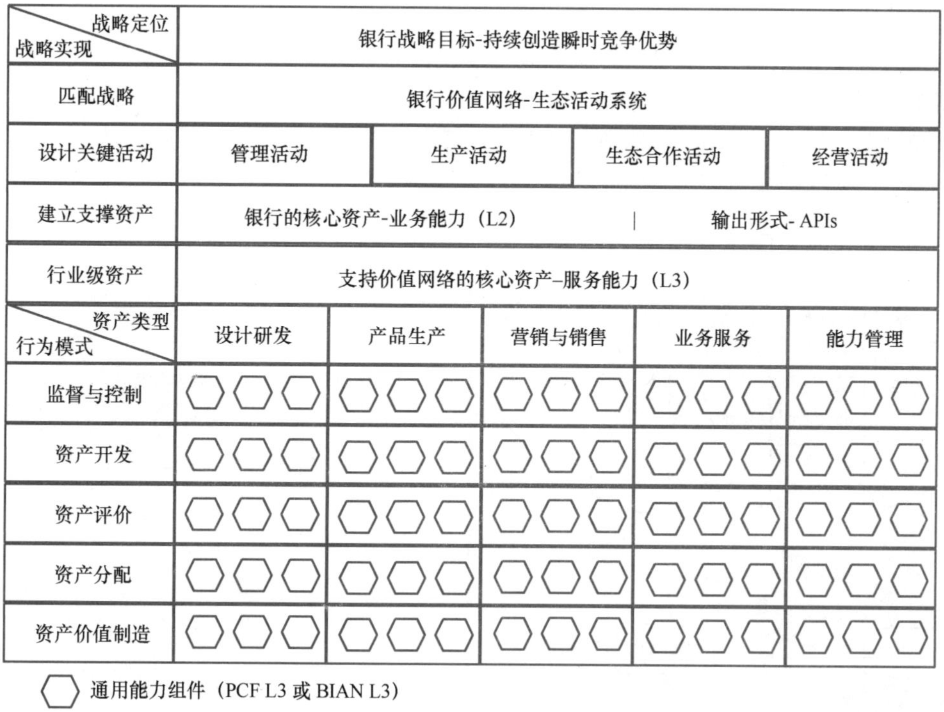

战略定位 / 战略实现	银行战略目标-持续创造瞬时竞争优势			
匹配战略	银行价值网络-生态活动系统			
设计关键活动	管理活动	生产活动	生态合作活动	经营活动
建立支撑资产	银行的核心资产-业务能力（L2）		输出形式- APIs	
行业级资产	支持价值网络的核心资产–服务能力（L3）			
资产类型 / 行为模式	设计研发	产品生产	营销与销售	业务服务	能力管理
监督与控制	◯◯◯	◯◯◯	◯◯◯	⬡⬡⬡	◯◯◯
资产开发	◯◯◯	◯◯◯	◯◯◯	⬡⬡⬡	◯◯◯
资产评价	◯◯◯	◯◯◯	◯◯◯	⬡⬡⬡	◯◯◯
资产分配	◯◯◯	◯◯◯	◯◯◯	⬡⬡⬡	◯◯◯
资产价值制造	◯◯◯	◯◯◯	◯◯◯	⬡⬡⬡	◯◯◯

◯ 通用能力组件（PCF L3 或 BIAN L3）

图 5-26　价值链体系下的业务能力颗粒度定义标准（2）

与前面图 5-25 不同的是，价值网络体系在业务能力层级进行细分，形成行业级的通用服务能力，其具有开放的接口规范（API），价值网络生态中的不同银行或企业可以加以利用，通过开放接口进行价值交换。

5.5　创造涌现物的服务交互建模——服务模型

服务模型对能力构建块做了标准化表述。

在能力构建块之间，如果有关联关系的情况，原则上就可以进行信息交互。把所有可能的能力构建块进行交互，可以生成多种结果。其中的某些结果，按照一定的评价标准，就可能是良好的涌现物。

本节就服务模型的基本结构、服务交互生成涌现物的过程、原理、定义形式，生成的涌现物如何进行价值度量进行了介绍，最后对服务模型组件到微服务的映射做了说明。

5.5.1 服务模型的基本结构

在上一节中介绍了系统的功能模型，每种功能实体由不同颗粒度大小的过程或过程块按照工作流模型的层次结构自底向上相互组合，形成颗粒度不同、业务目标不同的功能实体：原子流程、涌现流程、业务能力组件等。

本节将从实现层面的视角进行介绍：将过程块或功能实体进行服务化，产生标准的服务模型，这些服务模型将衍生出不同颗粒度的企业级能力构建块。借助这些能力构建块，实现新的涌现物，以支持组织业务创新。

从颗粒度上，服务（Service）的内部逻辑内容可能表现为：过程块、原子流程、涌现流程。服务（Service）所支撑的业务领域是 10 大业务概念（或业务对象）所涵盖的范畴，如图 5-27 所示。

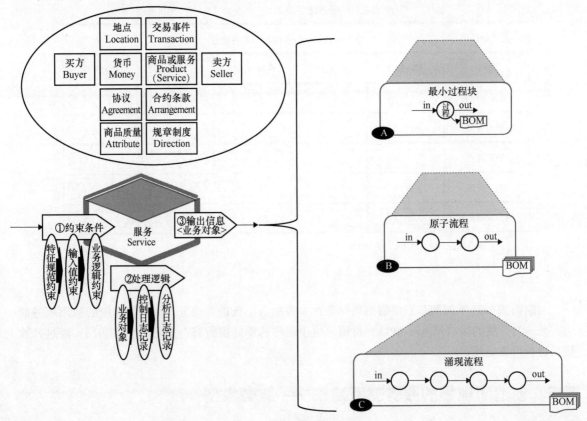

图 5-27　服务模型：结构与类型

服务模型的基本结构由过程块（或原子流程、涌现流程）的结构导入，分为三部分：约束条件、服务的处理逻辑、输出信息。下面分别介绍每个部分的具体内容。

1. 约束条件

约束条件是指服务（Service）在获得外部资源申请时（如另外一个服务），需要对外部资源"提交"的输入信息进行约束性检查，以判定当前服务是否具有为外部资源提供服务的条件，同时判断外部资源是否具有向当前服务提交申请的资格。

约束条件包括三个组成单元：特征规范约束、输入值约束、业务逻辑约束。

（1）特征规范约束

特征规范约束表示外部资源提交的申请信息在特征（映射为数据字段）定义上与当前服务所要求的特征是否相符，如果相符，那么进行下一个约束条件的判断。下面以三种情形分别说明。

1）"Ⓐ"情形。当前服务是由最小过程块构成，该过程块的操作数是一个单一的实体（如个人信息记录），那么，该实体的特征有：客户号（Key）、姓名、性别、出生日期、职业、住址、联系电话等。此时，外部资源提交的申请信息应该与上述实体特征的定义相符，至少是关键字（客户号）与另外至少一个特征相符（以确定具体的行为界限上下文），否则，当前服务将直接拒绝外部资源的业务申请。

2）"Ⓑ"情形。当前服务是由原子流程构成，该原子流程由两个最小过程块组成，其操作数是一个业务对象，即由两个或多个实体的聚合。例如：该服务是"个人主账户信息管理（功能用名词表示定义，过程块由动词加名词表示定义）"，业务对象中包括主账户实体、客户信息实体、产品实体，其中主账户实体包括账号（Key）、当前余额、更新日期、更新渠道等信息。此时，外部资源提交的申请信息应该与上述实体特征的定义相符，至少是关键字（账号）与另外至少一个特征相符（以确定具体的行为界限上下文），否则，当前服务将直接拒绝外部资源的业务申请。

3）"Ⓒ"情形。当前服务是由业务流程构成，该业务流程由两个原子流程（个人主账户管理、资金转账支付）组成。该业务流程的操作数也是一个业务对象（可以看成是由两个原子流程的业务对象聚合而成的新的业务对象，因为从聚合的角度只能有一个聚合根：根实体，故对于业务流程这个大的过程块来讲，还是一个业务对象），即多个实体的聚合。例如：该服务名称为"个人资金转账支付"，业务对象中包括服务"个人账户信息管理"中业务对象的实体（主账户实体、客户信息实体、产品实体，其中主账户实体包括账号（Key）、当前余额、更新日期、更新渠道等信息）；服务"资金转账支付"中业务对象的实体（转账协议（协议号为 Key）、转账合约条款等）。此时，外部资源提交的申请信息应该与上述实体特征的定义相符，至少是关键字（账号）与另外至少一个特征相符（以确定具体的行为界限上下文），否则，当前服务将直接拒绝外部资源的业务申请。本例中，服务"资金转账支付"涉及的特征至少包括账号、金额、认证方式（转账合约条款定义）。

通过阐明特征规范约束，实际上为服务（Service）名称的定义制定了某种规范。现实中，往往需要从服务名称中快速识别出具体服务接口（API）的含义，就如本例中，服务"个人资金转账支付"开放出的接口（API）的定义不能只是当前服务名称，而是服务中具体的 API 名称，一个服务中包括多个开放接口（API），至少包括增（Insert）、删（Delete）、改（Update）、查（Select）、恢复（Rollback）四种反映功能模式的 API，这些功能模式和操作数（业务对象）是 API 名称的重要组成部分。这样才能够更容易被外部资源识别和使用。如图 5-28 所示。

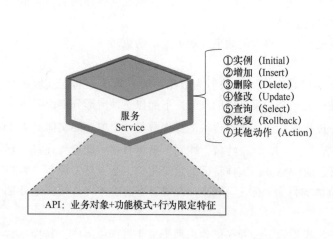

业务对象模型：BOM（A&B）		
实体或实体特征（字段）名称	存在状态	实体类型
AF1	非空-key	特征（字段）
AF2	非空或空	BOM
BF1	非空-key	特征（字段）
BF4	非空或空	BOM
CF1	非空-key	特征（字段）
CF2	非空或空	特征
CF5	非空或空	BOM
AF3	非空或空	特征
AF4	非空或空	BOM
BF5	非空或空	特征
BF2	非空或空	特征
…	可以空	…

服务 Service
①实例（Initial）
②增加（Insert）
③删除（Delete）
④修改（Update）
⑤查询（Select）
⑥恢复（Rollback）
⑦其他动作（Action）

API：业务对象+功能模式+行为限定特征

图 5-28　服务（Service）行为与输入值约束

（2）输入值约束

外部资源在满足特征规范约束的基础上，当前服务开始对输入值进行约束判断，主要是判断指定的业务对象或实体的特征值是否为空（值），即必需的业务对象内容或特征值如果为空（值），当前服务（Service）将判断不具备提供"服务"的条件，见图 5-28 中的表格部分。输入值约束实际上是一种服务的行为限定约束，即必需的业务对象或特征值代表了服务的功能约束。

例如：身份密码校验服务会要求输入的"安全业务对象"的信息不能为空，其他的信息则没有要求。这种情况下，实际上表明了该服务是一个功能单一、意义明确的功能。后面内容会介绍输入值约束为服务定义增添的行为限定特征。

（3）业务逻辑约束

在满足输入值非空的情况下，当前服务将进行业务逻辑约束的判断，即在满足特征规范约束和输入值约束的情况下，对使用该服务资源所附加的额外业务级约束。业务逻辑判断也是最为复杂的一个部分，通常需要定义额外的业务规则库（Business Rules）进行协助判断。

业务逻辑约束主要有如下情况：

1）服务之间存在前置约束的逻辑关系。意为一个服务只能在另一个服务之后执行，即某服务的执行需要预先执行一个前置服务。这是一种遵循业务活动之间存在基本的前后顺序关系。对于银行资产生命周期管理的服务集合，就是存在彼此先后的执行关系。例如：账户存款只能在账户开户后执行，再如：转账支付执行步骤服务（Service API）只能在结算账户确认服务（Service API）之后执行，当然，如果执行顺序颠倒，也会因为转账支付执行步骤服务在检查业务对象（结算账号）

时，由于结算账号值为空而拒绝提供服务。

2）根据业务管理的规则定义控制逻辑关系。意为两个服务之间可以顺序执行，也可以并行执行，还可以限制执行。例如：业务处理流程中嵌入的客户新开卡服务（活动）和已有结算账户转账服务（活动），客户开卡服务的输出信息通常与已有结算账户转账的输入信息不符，即对于后者服务来讲，不满足特征规范约束和输入约束。那么，两个服务不存在逻辑关系，既可以并行处理，也可以顺序执行。如果业务管理要求必须先开卡、后转账，那么，需要在业务规则库中定义约束这种执行顺序关系的业务规则。

例如：开卡的手续费经由转账扣除。另一方面，如果客户开卡服务的输入信息与已有结算账户转账的输入信息相符，即对于两个服务来讲，都满足特征规范约束和输入约束。那么，两个服务可以根据当前参与者资源的实际情况，在没有额外业务规则限制的情形下，计算出最优的价值流，进而选择并行或顺序执行。此外，还可以定义特定的业务规则，在规则启用的条件下（如因某种反洗钱的操作风险防控需要），开卡服务执行之后不能立刻执行转账服务。

在服务实现自组织的过程中，通常只是根据被调用服务的准入规则确定服务之间的交互关系，调用服务尽可能选择最优的资源配置，但因为被调用服务存在业务逻辑约束，就可以避免不必要的组合发生，从而加速价值流的产生过程。

2. 服务的处理逻辑

服务（Service）的处理逻辑主要是对服务所管控的业务对象信息进行管理和操作。由于业务对象是一组实体（Entity）的聚合，这些实体是前面所讲述的 10 大业务概念（或业务对象）的具象化子集。体现这些业务对象定义的物理模型，最终定义在数据库表中。

服务的处理逻辑模式如下。

（1）通过对业务对象的管理实现对银行创造价值的资源进行管理

业务对象中的实体，本质上是为组织创造价值的资源，无论是 IFW 框架的 9 大业务概念还是 BIAN 框架的 10 个顶层业务对象，正是这些资源之间的关系互动，才使得价值在银行与客户之间形成流动。

因此，服务的处理逻辑核心就是将这些资源的关系互动过程完整地记录下来。具体的形式包括业务对象本身的状态与属性的变化、业务对象中反映各个资源的实体的状态与属性的变化。

从技术实现层面，上述过程都是通过反映业务对象的物理模型中所定义的信息数据进行操作处理，处理过程就形成了业务处理逻辑。业务处理逻辑在技术上反映的是一组过程块、原子流程或涌现流程的具体实现，包括使用代码编程实现或基于低代码工具进行流程编排实现。

（2）建立对业务对象生命周期管理过程的控制记录信息

业务对象实际上是一组实体的聚合，需要一个管控业务对象的控制信息，用以记录对聚合内实体的操作状况。控制信息是一个针对管理业务对象的"大账本"台账信息。这在分布式服务中，可以进行实体数据间的一致性管理，执行异常情况下的实体状态的回滚。

（3）建立服务（Service）质量持续优化的分析依据

服务在执行的过程中，服务质量需要不断地优化。因此，也需要建立分析记录，以分析服务的执行质量和效率。

每个业务对象中的实体除了本身（包括属性）的信息定义，即实体信息的主数据记录外，还包括明细记录（操作日志），这些明细记录成为对主数据记录（实体）生命周期管理的"日志"。

3. 输出信息

服务的处理逻辑执行完毕后，输出的是处理后的业务对象，即当前服务所管理的操作数信息，并将这些业务对象作为输出信息反馈到下一个服务资源，作为下一个服务的输入信息。

5.5.2 服务构建块自组织的涌现过程

服务构建块自组织的涌现过程就是利用可计算组件（或功能实体）等资源，实现有目的的业务活动，如图 5-29 所示。

- 过程块到原子流程：根据希望涌现的原子流程（对其所设定的服务输出目标），由过程块与数字化技术结合进行自组织组装，构建基本能力构建块。
- 原子流程到涌现流程：根据希望涌现的涌现流程（对其所设定的服务输出目标），由原子流程与数字化技术结合进行自组织组装，体现业务场景的创新。
- 涌现流程到涌现流程：根据希望涌现的涌现流程（对其所设定的服务输出目标），由涌现流程、原子流程与数字化技术结合进行自组织组装，体现业务场景的再次（持续）创新。

之所以要"对其所设定的服务输出目标"，主要是考虑到在上述涌现过程中，产生的结果会很多，为了减少涌现过程中产生的各种无关紧要的结果，同时也是考虑到降低涌现过程中涉及计算的时间复杂度，需要对涌现物进行预设目标的设定，以加速预期涌现物的产生。

在服务构建块自组织的涌现过程中，具体表现为各种不同颗粒度的服务构建块（过程块、原子流程、涌现流程等功能实体）之间的"扣合"。"扣合"意指：在服务构建块之间建立一种无缝对接从而实现"服务组合"（也可称为"服务组装"）。根据服务构建块所定义的约束条件的不同，会产生两种不同扣合模式下的涌现物：

一种是"技术扣合"下的涌现物，在这种情况下，通常需要服务构建块之间的扣合条件满足约束 1（特征规范约束）；另一种是"业务扣合"下的涌现物，通常需要服务构建块之间的扣合条件在满足约束 1 的基础上，还需要满足约束 2（输入值约束）和约束 3（业务逻辑约束）。

此外，需要指出的是，技术扣合下的涌现物容易产生畸态特征，即没有业务价值，故需要对涌现物进行甄别，以寻找具有实用价值的技术优化方案；业务扣合下的涌现物则可产生具有可理解的业务活动，该活动很可能会转化为一种颠覆性创新的业务模式。

下面分别介绍两种扣合模式的具体处理过程，以实现服务构建块自组织的涌现。

1. 技术扣合的处理过程

现实中，随着银行数字化转型的持续进行，企业级各类服务构建块的数量不断增多，将形成一定规模的数字组件资源库。技术扣合的意义和价值就在于：在众多的服务构建块资源中，利用数字化技术处理构建块间的技术扣合过程，可快速找到共享业务对象（或特定的实体）的服务构建块资源并形成某个特定目标的若干（构建块组合）场景，从而为技术方案优化和后续业务扣合奠定良好的基础。

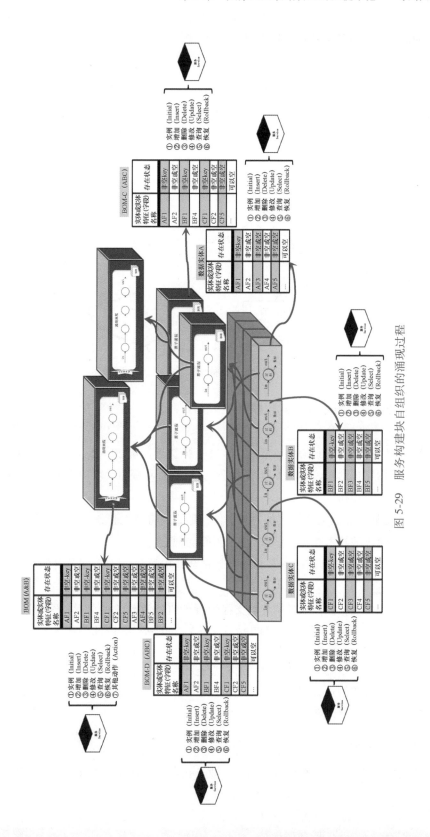

图 5-29   服务构建块自组织的涌现过程

以图 5-30 为例，介绍服务构建块的技术扣合过程。

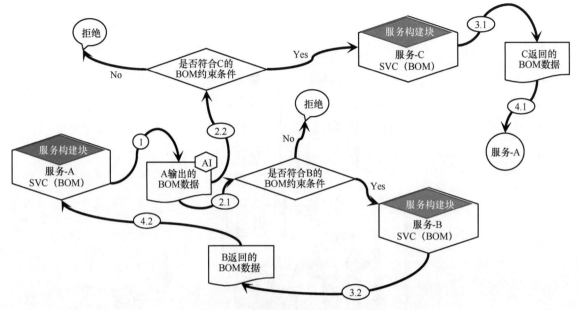

图 5-30　服务构建块的技术扣合过程

- 服务构建块通过接口服务 A 暴露数据信息（BOM 数据），由数字化技术进行计算处理，该过程为图中①。
- 数字化技术根据服务 A 的 BOM 数据信息，通过计算后匹配到一组可满足 BOM 数据信息及相关约束条件的服务构建块列表，如服务 B 或服务 C，以准备对接组合或由于不满足对接条件而拒绝对接，该过程为图中 2.1 和 2.2。
- 如果服务 B 或服务 C 满足服务 A 的对接条件，那么，将建立服务 A 与 B、服务 A 与 C 的对接关系，完成服务构建块的技术扣合，该过程为图中 3.1 或 3.2。
- 技术扣合完成后，服务 B 或服务 C 将向发起扣合请求的服务 A 返回各自的 BOM 数据信息，该过程为图中 4.1 或 4.2。

需要指出的是：原则上，按照服务构建块支撑银行价值链活动的视角看，这些服务（A、B 或 C）之间会存在某种关系，即价值链活动之间或多或少会存在联系，因此，在这个意义上，各种服务构建块不是完全独立的，也会共享一些业务对象资源。但是，如果服务构建块之间没有可共享的业务对象资源，那么，这两个服务构建块之间通常没有相关性，反映在业务意义上，可解释为价值链活动之间不存在交互资源的业务需要，例如：企业组织的集采招标服务和客户存款服务，两者管理的业务对象不存在重合的业务实体特征。

2. 业务扣合的处理过程

由于业务扣合需要满足三个约束条件，由此，业务扣合实际是技术扣合的后续处理过程。

现实中，执行技术扣合不一定需要执行业务扣合，但执行业务扣合一定会先执行技术扣合的处理过程。

输入值约束和业务逻辑约束的相关信息可以预先定义到规则表中，然后，开始利用 AI/ML 及大数据对输出能力的服务构建块实现业务扣合，这是一个有规则控制的自组织过程。最后利用机器学习与生成式数据测试涌现物的功能。

通常在价值流这一层，根据基本能力构建块（具有业务价值）的自组织过程实现业务流程创新。

服务构建块扣合后，需要判断业务流程的执行是并行还是串行。主要是考虑到自组织过程中，针对一些构建块的执行点位，存在与其他服务构建块在先后顺序执行上都可支持的情况，即两个构建块可以并行执行，也可以串行执行，甚至顺序颠倒执行，这在业务逻辑上是能够解释通的。

例如：信息处理（结构数据）与电子票据（非结构数据）的审核两个过程，在业务管理上，二者可以并行由双人处理，也可以按固定顺序串行执行，而且哪个过程在先并不影响最后的信息汇聚结果。

因此，业务策略可以根据需要，由数字化技术协同人工来判断是否调整相应规则，以组合服务构建块之间的执行点位，包括并行执行、串行执行、前后顺序调整等。

以图 5-31 为例，说明服务构建块的业务扣合处理过程。

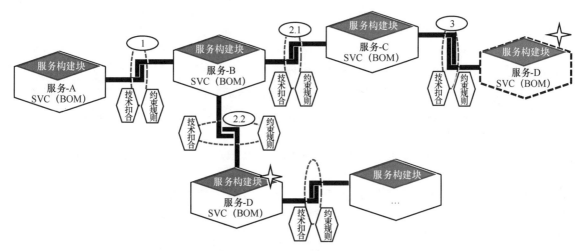

图 5-31　服务构建块的业务扣合过程

在图 5-31 中，服务构建块之间的业务扣合执行需要建立在技术扣合和约束规则执行完毕的基础上，其中，约束规则的定义内容为上面提到的约束 2 和约束 3。此外，业务扣合的结果，可以产生两种方案：一种是在服务 B 的分支路径上，服务 C 与服务 D 并行执行，该过程图中为 (2.1) 与 (2.2)；另一种是服务 B、C、D 串行执行，甚至可以变换顺序为 B、D、C，该过程图中为 (2.1) 与 (3)。至于最终选择哪一种方案，取决于约束规则上的进一步判断。

需要指出的是，业务扣合遵循一个公式：领域服务+领域服务＝领域服务。

上面公式的意思是：只有领域服务之间的扣合才能产生具有业务价值的领域服务，而无业务意义的服务（构建块）无法通过自组织过程而产生具有业务价值的领域服务（人工实现的除外）。也就是说：我们在这里强调的涌现过程，仅限于从有业务意义的组件到有业务意义的组件，非无业务意义（没有任何业务"领域"的内容渗透其中）的组件到有业务意义的组件。

因此，现实中，实现业务模式创新的服务扣合不需要从无意义或业务意义很少的最小构建块开始自组织，而是直接从具有某种（局部）业务意义的原子流程（如 BIAN 的服务域）开始自组织生成涌现物。

此外，具有相同业务对象（BOM）的服务必然存在可以扣合的机会以创造涌现物。

5.5.3　按客户需求目标实现业务能力涌现

按客户需求目标实现业务能力涌现的难点在于，对业务及行业等情况有足够的理解和敏锐的方向把握能力。

通常按客户需求目标实现涌现物更适合于持续性创新，通过与可参照的商业流程进行对照比较，可以更容易聚焦到所需要的服务能力，从而目标感更强，解决客户痛点更有针对性。这一点相对服务自组织构造涌现物的难度会降低很多。

以围绕客户生活事件构造涌现物为例。

首先，需要明确客户的痛点在哪里。这需要用 DT 思维范式去分析，由客户生活事件这个现象，找到隐藏在现象背后的趋势，也就是模式。其次，根据模式分析支持其产生的系统结构是什么。最后确定系统结构的根本原因，即心智模型。按照这样的思路，可以挖掘到客户生活事件的最终原因是什么。从而，为服务（旅程）设计提供了根本性依据。

例如：银行网点经常遇到一个情形。客户在申领信用卡后，并不激活该卡，那么，采用什么方式能够提升信用卡的新卡激活率，进而促进用卡消费。按照 DT 思维范式的分析过程如下：

- 事件：客户在申领信用卡后不激活或交易量低。
- 模式：客户（因素）在商家（因素）的消费行为比较少，其他的第三方支付（因素）工具满足日常使用。
- 结构（反映出不同领域因素的连接和因果关系）：商家与客户之间的交互活动低，反映出两者关系弱连接，缺乏一个推动连接的媒介；客户与第三方支付工具捆绑紧密，反映出两者关系强连接，缺乏一个有力的"破坏者"。
- 心智模型：缺少一个积极的推动者，促成双方的连接并使用信用卡。
- 行动方案：银行作为媒介推动商家设立针对信用卡消费的优惠活动，银行帮助商家引入客流。

这部分工作，通常基于 AI 与大数据分析不同领域因素的交互情况，包括客户价值主张分析等。找出问题的症结，从而给出有利于价值创造的解决方案（相关内容参见 4.2.4 节及 4.6 节）。

5.5.4　涌现物的价值度量

涌现物的产生虽然基于服务的（接口）组装，而且每个服务定义了严格的约束条件，即使这样，服务生成的涌现物仍然需要在业务意义上审视其有效性。其主要原因是涌现物也是设计的产物，非实践的产物。作为一个创意结果，其价值在于提供设计者一个思考的起点和必要的"素材"，从而加快业务创新的速度。但是，涌现物毕竟还难以做到从社会环境、市场条件等大范围的业务上下文中进化出一个有价值的创新。

因此，仍有必要对涌现物进行系统性的价值评估，从而决定其是否进一步工程化乃至产业化。对涌现物的价值度量需要从整体的业务价值、资源成本投入、执行效率、业务风险控制、系统安全性等方面进行评估。

- 意义度量：涌现物是否产生实际业务价值并可投放市场的价值流，并有利于协调价值链资源的活动和推动价值网络生态的建设。涌现物应符合价值传递的过程，信息流可传递，价值流可传递，能够产生一定的客户满意度，如在效率、体验、质量、业务安全性等方面。

- 价值量度量：主要体现在资源投入产出（ROI）的测算效果，涌现物的执行需要相应的资源投入（投资组合），这些资源包括人力资源、系统资源、设备资源、网络资源、关系资源、知识资源等银行资产。这些资产本身具有相应的计价标准，故需要对涌现物进行成本核算。

建立价值量度量的标准为是否有利于涌现物的持续改进或"进化"，涌现物一旦投放市场，就需要对其生命周期进行管理。进而，涌现物又会以能力资源的形式成为银行新的资产。

例如：多个 BIAN 服务域（Service Domain）的服务操作（Service Operation）形成了一个新特性（Feature）的涌现物，并在市场中产生了良好的效益。这种情况下，就会将该涌现物升级为一个新的能力资产，它虽然不是数字化转型所要求的基本构建块，但是，却可以成为数字化业务创新工厂中的场景构建块，以产品或服务的形态直接参与价值创造。

5.5.5　服务接口的定义形式

服务接口的定义：过程名称加操作数。

过程名称采用动词，操作数为业务对象，服务接口的名称体现的是对业务对象生命周期的管理。

其中业务对象可采用主对象（聚合根实体名称）与另外一个业务对象或实体特征的结合。需要指出的是，如果有多个行为限定于业务对象，也需要分列开，不能在一个服务接口定义形式中同时出现，如此的定义方式的目的是：从服务接口的语义中可以理解，该服务具有且只有一个职责。以企业级的视角，就可将组织所有能够定义出来的服务，无论是接口形式还是体现的职责，彼此相互独立而不重复。

由于服务 API 会在数字化转型中，映射到原子化架构的物理组件，其定义必须要遵循一个可理解的范式，这与以往对服务接口定义的随意性有本质的差别。

在这一方面，BIAN 服务域中的服务操作定义具有重要的参考价值，其清晰可理解的服务操作定义形式，会让价值网络中的服务消费者很容易地实现与之互联，以完成价值交换活动。

接下来，以 BIAN 服务操作的定义说明服务接口的定义。

1. 服务操作的 API 定义形式

体现 BIAN 服务域具体能力的服务操作表现为接口（API）形式，其定义包含了如下内容：操作动词、生命周期行为模式、业务对象、行为限定的业务、记录工件。其含义是，从服务操作的定义形式中，可以读出对业务对象（银行无形资产）赋予了某种管理行为，并采取了某个具体的执行动作，同时，为服务操作限定了更为具体的业务目标以体现单一职责，服务操作的执行结果记录在一个工件中。因此，服务操作的内容体现了完整的主谓宾结构。

上述五项隐喻的内容，通过 BIAN 所定义的术语来表述服务操作（API）的定义形式。其中，操作动词表述为行为动词；生命周期行为模式以功能模式替代；业务对象表述为资产类型；行为限定的业务定义为行为限定符；记录工件由通用工件来替代，如图 5-32 所示。

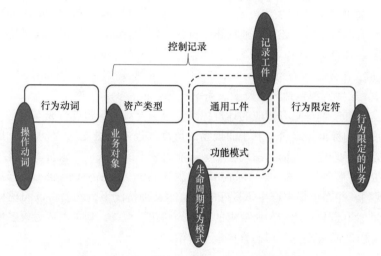

图 5-32　BIAN 服务操作 API 定义的结构内容

图 5-32 中的各项内容解释如下：
- 行为动词：一组启动具体操作执行的动词。
- 资产类型：服务域作用的实体（业务对象）。
- 通用工件：代表服务域作用于资产类型过程中所产生的记录形式，表示功能模式的执行结果。
- 行为限定符：服务域作用于业务对象实体中更为明确的目标。
- 功能模式：让资产能够创造价值的行为类型。

由此，可以从服务操作的名称中获得非常明确的信息：动作、目标对象、过程记录结果，而且通过行为限定所体现的单一职责。

服务操作的定义规范（名称）体现了银行对所管理的资源/资产所采取的精细化定义，真正做到了企业级 MECE 的服务能力具象化的定义集合。理论上，一个银行的服务操作全部定义完毕，因服务操作的单一职责特点，每一个服务操作的输入参数和输出参数也会固化，那么，就可以实现基于组件装配的开发过程，重要的是，这个装配过程可以借助 AI 和大数据以及规则库实现自组织的涌现计算。

2. BIAN 服务域的服务操作 API 定义原理

（1）功能模式（Functional Pattern）
功能的载体以及对象必须是实体（Entity），不能是虚拟的行为或参数，因此，通常情况下，功能的载体和对象主要表现为组件（子系统、功能载体）。产品是功能的载体，功能是产品存在的理由。功能附属于产品，又不等同于产品。功能一般用 SVOP 的形式来规范。S-技术系统或功能载体名称，V-施加的动作，O-作用的对象，P-作用对象的"被改变或保持的"参数，如图 5-33 所示。

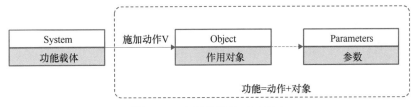

图 5-33　功能的定义（SVOP）

功能载体（System）就是服务域，施加动作（V）是功能模式，作用对象（Object）是实体（业务对象），参数（Parameters）代表了行为限定符。

功能定义=动作术语（过程）+作用对象（的）+参数（操作数）（动作术语参见下面 BIAN 的功能模式定义表）。

施加的动作尽量用抽象的动词表达，避免使用专业术语和直觉表达。功能定义越抽象，引发的构想越多。直觉表达其实描述的不是功能，而是功能执行的结果。

Heinz College 在《BIAN Capstone Project API Classification Guideline for BIAN Architecture》中提出的比较早期的一版功能模式的谓词定义，共计有 20 个，在这里，其实更容易看到这些谓词选取的理由，如图 5-34 所示。

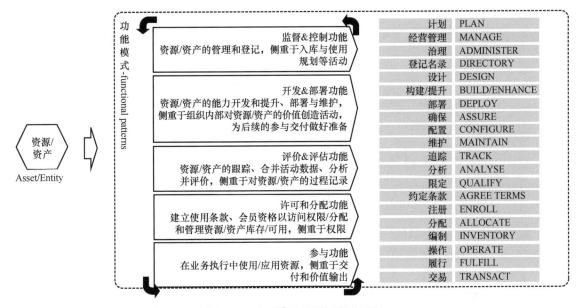

图 5-34　功能模式的谓词定义原理

其主要的选取原理是围绕资源/资产，企业能够进行的活动在广义上的划分策略，可以用一个闭环来展示资源/资产的价值输出过程：

1）将资源/资产入库并制定使用规划。

2）对资源/资产进行能力开发的内部价值创造。

3）关于资源/资产的过程记录。

4）对资源/资产的权限（访问和分配）。

5）有关资源/资产的价值输出，再循环到1）。

这一过程奠定了基于银行资产生命周期管理的全部企业级业务能力定义。

功能模式定义的行为类型作用于银行的资产（Assets），这些资产（参见 5.4.1 中的 BIAN 框架的资产类型）能够为银行创造价值，银行资产的分类是以 MECE 方法进行逐级分解的。

可以从银行战略目标作为理解功能模式的起点，这样更有利于解释功能模式的产生原理，服务域设计的简单模式如图 5-35 所示。

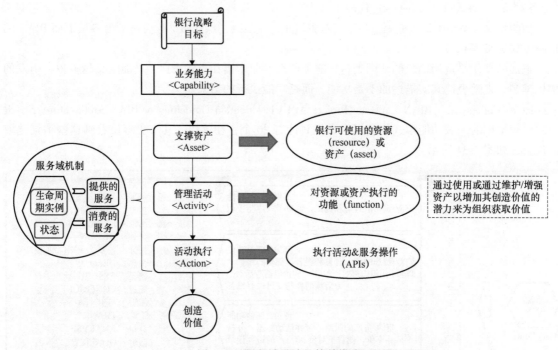

图 5-35　服务域设计的简单模式

• 银行战略目标：战略目标是银行预开展业务活动的前提规划，而承载战略目标的落地，首要"资本"就是要求银行具有相应的业务能力，业务能力是开展活动的必要条件。

• 业务能力：作为首要"资本"的业务能力，是在支撑资产（资产/实体）上定义执行业务活动所需的操作或功能，并实现价值创造。

• 支撑资产：是银行可使用的无形资源或资产。与固定资产一样可以为组织创造价值，并且具有生命周期的特性：从产生到消亡。

• 管理活动：对资源或资产执行的具体功能，通常体现为若干个模式，包括图 5-34 中的 5 大功能分类中的 20 个模式。

- 活动执行：如果要开展管理活动，需要具体执行不同的动作来支持。也就是说，管理活动主要定义了要开展的"活动主题"，这是一个静态概念。如果需要"运行（Run）"起来，还得需要具体的动作（Action），才能完成活动执行的过程。

- 创造价值：将支撑资产、管理活动、活动执行内聚到一个服务域中，从而实现使用银行资源或资产，并对之赋予体现资源或资产生命周期的功能模式，再对每种功能模式实施具体的行为动作，整个过程就是资源或资产创造价值的过程。

因此，服务域也就成了构建银行业务能力的基本构建块，同时，服务域本身也可以直接输出业务能力。

理解了功能模式的产生原理，就可以为银行建立一套企业级的功能模式定义规范，从而在银行人员分析业务活动的过程中，不同部门或业务条线的人员能够以共同的业务语言进行交流。这一点，建议采用 BIAN 框架中关于功能模式的定义规范。

BIAN 已经确定了 18 个通用的"功能模式"。如图 5-36 所示（资料参考来源：BIAN How-to Guide Developing ContentV7.0），纵向资源是功能模式所属功能大类、功能模式定义、通用工件定义、行为限定符类型；横向资源体现的是服务域采用功能大类下的功能模式对资源或资产可能执行的管理活动，记录在通用工件中的成果，以及可为服务域定义具体行为的行为限定符类型。

在图 5-36 中，由于功能模式反映了服务域对资源或资产执行的管理活动，即 5 大功能分类：管理和支持、资源管理、活动监督、资源分配、生产制造。因此，可以选择一个功能模式，使其作为服务域对之"管理"的关联资产/实体所赋予的管控操作。管控操作的结果（或成果）记录或体现在通用工件中。

如果将银行的资产类型与图 5-36 中"功能模式"列中的 18 个功能模式进行组合，这样就可以建立"活动主题"并执行它们，这些"组合"的活动主题，就是银行可能需要的业务能力（或服务域）。

例如，将客户关系视为资产类型，然后查看功能模式与客户关系（Customer Relationship）的结合，从而形成一个离散的业务功能能力分区。一些明显匹配的功能模式包括：MANAGE（Customer Relationship Management-客户关系管理）、REGISTER（Party/Customer Data Management-当事人/客户数据管理）、ANALYSE（Customer Behavioral Insights & Customer Credit Rating-客户行为洞察力和客户信用评级）、AGREE TERMS（Customer Agreement-客户协议）。每种功能模式又存在多种动作，动作名称由执行动词或行为动词定义，这些动作体现了功能模式在现实中具体的执行情况。

每个功能模式又会在功能执行后输出结果（或成果），这些结果体现为可以用文档或记录的形式反映出功能模式执行"目标"的内容，包括从开始到结束的执行过程，以及对活动的跟踪和记录。针对每一个功能模式会形成一个产出物，该产出物就是这个功能模式所访问的通用工件（可以参考后续小节内容），通用工件可以被视为功能模式所代表的"管理行为"成果。

例如：指导（Direct）就产生战略蓝图，管理（Manage）就会产生管理计划、治理（Administer）产生治理执行的计划、操作（Operate）产生操作指引、处理过程（Process）产生过程程序说明、注册（Register）产生实体的目录列表、设计（Design）会产生规格说明、开发（Develop）产生开发项目、评估（Assess）产生评估报告、维护（Maintain）产生维护协议、追踪（Track）会产生日

分类	功能模式	简要定义	信息简介			
			通用工件	定义/描述	行为限定符类型	行为限定符类型的描述
管理和支持能力	Direct 定义战略		Strategy 战略	使命和目标:企业在市场竞争中的使命和目标	Goals 目标	企业及其主要部门的各种目标的集合
	Manage 监督活动		Management PlanCharter 管理计划	管理:企业运营和监督中的管理活动	Duties 职责	管理范围内的一个或多个职责或任务的集合
	Administer 管控活动		Administrative Plan 治理计划	日常事务管理:一个企业的经营事单中的管理部门	Routines 日常工作事务	为管理运营单元而必须遵循的日常事务
	Operate 操作设施		Operating Session/Facility 操作设施	某种操作:对企业雇佣提供的技术或自动化设备	Functions 功能	业务机构提供的服务/功能的集合
资源管理	Process 处理工作		Procedure 步骤	一种表现形式:支持办公活动(不是特定子产品/服务履行)	Worksteps 工作步骤	执行这个Procedure的主要步骤
	Register 记录细节		Directory Entry 目录项	注册表:记录相关的信息和属性	Properties 属性	在注册表中记录规范的主要设计元素/详细信息
	Design 设计解决方案		Specification 规格	一个规格说明:关于产品或服务所能提供相关能力	Aspects 方面	构成总体规范的主要设计元素视图
	Develop 执行项目		Development Project 开发项目	一种有意义的努力:实现设定的明确目标或某结果	Deliverables 交付成果	一个或多个可交付成果的集合,可根据创建它们的方法进行进一步定义
	Assess 测试符合度		Assessment 评估	一个正式的评估或测试:针对预定义的内容标准进行	Tests 测试	一个或多个可测试点的集合,可以用来证实某一主题
	Maintain 维护资源		Maintenance Agreement 维护协议	一种协议:对某种能力或技术的维护或维修	Tasks 任务	支持维护和维修所需的任务集合
活动监督	Track 记录事件		Log 日志	一种机制:跟踪和记录对某种有价值的道	Events 事件	日志记录的事件/事务的集合
	Analysis 分析活动		Analysis 分析	一种服务:针对某些活动产生的数据进行(现象)分析	Algorithms 算法	可应用于主题或活动的模型/计算/算法的集合
	Monitor 评估资源		Measurement 措施	一种机制:对一些活动的动态信息进行跟踪和出报告	Signals 信号	可用于监控一个或多个项目/实体状态的信息资源/度量的集合
资源分配	Agree Terms 约束活动		Agreement 合约/协议	一种服务:根据规则定义约束业务或活动的条件	Terms 条款(合同)	可以选择并配置以定义合同/协议范围内的条款集合(在某监管范围内)
	Enroll 注册会员		Membership 会员	一种登记:让成员有资格成为组织特定活动的一员	Clauses 条款(法律)	管理会员资格相关的条款集合
	Allocate 分配资源		Allocation 分配	一种服务:请求分配业务资源或特定资源	Assignments 分派	允许不同分配类型和状态的一个或多个特定序分配的集合
生产创造	Fulfill 履行协议		Fulfillment Arrangement 履行合约	一种履行:包括各个环节发起和内部触发的操作功能	Features 特征	金融设施(机构)提供的产品功能
	Transact 执行交易		Transaction 交易	执行:一个金融交易的执行	Tasks/Steps 任务步骤	金融交易执行中涉及的子任务

执行动词
<功能模式执行各阶段的具体任务行为>

图 5-36 BIAN 功能模式、通用工件和行为限定符类型的对应视图

志、分析（Analysis）产生分析结果、监控（Monitor）产生测量、协议条款（AgreeTerms）会产生协议、登记（Enroll）会产生会员、分配（Allocate）会产生分配策略、履行（Fulfill）会产生履行合约、交易（Transact）会产生交易结果。

对于功能模式，除了有人工产出物外，为了更加明确表示服务域的能力目标，又增加了行为限定符（可参考后续小节内容），行为限定符会更加明确识别一个服务域的操作功能，体现服务操作的单一职责这一"微服务"特性。

（2）行为动词（Action Term）

BIAN 定义了一套标准的服务操作行为动词来表示服务的具体执行。

从 BIAN 的行为动词定义表中看到，行为动词的定义具有"生命周期"的特征：发起动作（建立控制记录实例）、调用动作（访问已经建立的控制记录实例）、报告动作（关注动作的执行情况）。

对于行为动词的理解，我们从另一种角度进行解释。

功能模式代表了对银行各种类型的资产展开的"管理过程"，即资产作为功能模式的输入资源。如果要求该管理过程（活动）真正地开始执行，那么，会需要不同的具体行为来支持，也就是将功能模式具象化并分解为若干个行为，行为动词就是辨识这些具体行为的重要特征。每个行为代表了一次单一职责的任务执行过程，这些任务反映了某种意义上对服务能力的更加全面细致的认识，体现的是服务域（L3）对资产的全生命周期管理，如图 5-37 所示。

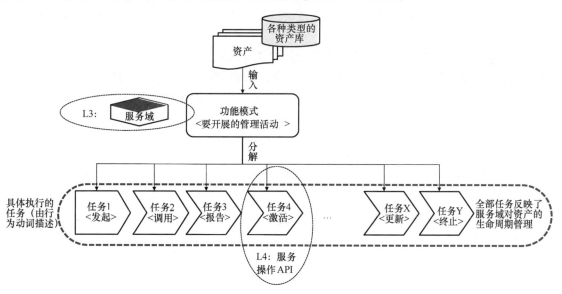

图 5-37　具有行为动词特征的任务与资产全生命周期管理

行为动词最终体现在服务操作（L4：API）的定义形式中，而服务操作也是代表服务域管理资产类型角色的实际能力展示。

BIAN 的行为动词包括 15 种左右，按照功能模式管理资产类型的生命周期特点，对这些动词说明如下。

1）发起类的行为动词（Origination）：通常体现为建立一个新的资产类型管控任务，如创建控制记录实例。该类动词主要有：

- Initiate（初始化）：开始一个包括任何必需的初始化任务的操作。
- Create（创建）：制造和发布一个项目（金融产品、服务等）。
- Activate（激活）：开始/开设运营或行政服务。
- Configure（配置）：变更持续服务/能力的操作参数。

2）调用类的行为动词（Invocation）：通常体现对已经建立（或入库）的资产类型的常规管控任务，如访问、更新已经建立的控制记录实例。该类动词主要有：

- Update（更新）：变更一些属性（控制记录或业务对象）的值。
- Register（注册）：记录新确定的实体（代表资产类型）的详细信息。
- Record（记录）：捕获与生命周期步骤关联的交易或事件详细信息。
- Execute（执行）：在已有设施能力上执行一个任务或动作行为。
- Evaluate（评估）：进行检查、试验或评估。
- Provide（提供）：指派或分配资源或设施能力。
- Authorises（授权）：允许执行交易或活动。
- Request（请求）：请求提供一些服务。
- Terminate（终止）：结束、完成任务。

3）委派类行为（Delegation）：主服务通过接口获取对外部服务的调用。该类没有设定明确的行为动词。

4）报告类的行为动词：报告事件包括报告请求和预先配置的通知服务，其中主服务域提供其活动控制记录的实例信息，以及可能维护的任何历史的相关信息。例如，提供活动协议的当前条款，或分析一段时间内对客户协议所做的更新。报告事件与调用事件的不同之处在于，没有对控制记录本身进行任何工作或内容更改。该类动词主要有：

- Notify（通知）：根据预定义的通知协议提供详细信息。
- Retrieve（提取）：按要求返回信息/报告。

如果在现实中发现确实存在一个资产类型的特殊任务，并且上述行为动词无法准确地表达该任务，那么，可以定义一个新的行为动词。例如：对于业务流程处理过程中的任务挂起（中断），如果认为 Terminate 无法准确地表达任务中断的含义，那么，可以用 Suspend（挂起）代表一个临时中断的动作，该动作并不表示任务已经结束，而是可以继续处理。

这些动作术语可分为四种类型：

1）Origination（初始）：初始动作用于创建控制记录（Control Record）实例，或者在服务域中处理一些持久化的操作活动，如加载配置或预配置等操作活动。例如：注册一个客户协议等。

2）Invocation（请求）：针对已经存在的控制记录的实例进行操作，这些操作主要是获取、更新、影响之类的处理。

3）Delegation（委派）：主服务通过接口获取对外部服务的调用。

4）Reporting（通报）：如上所述，通报事件包括请求和预先配置的通知服务，其中主服务域提供其活动控制记录的实例信息，以及可能维护的任何历史的相关信息。

这些动作术语应用在不同的功能模式之上，它们之间有 BIAN 总结建议的映射关系（详细参见：BIAN How-to Guide Developing Content）。

（3）通用工件（Generic Artifact）

在"功能模式"一节，提出了"通用工件"这一概念，它是控制记录形式的组成部分。控制记录包含了服务域所能够处理的业务信息。通用工件首先是一种"被动结构"元素，它和"功能模式"这个"业务交互"元素互访。

通用工件是由任何符合"功能模式"的服务域产生和/或管理的工件。

由通用工件的元模型可以看出，通用工件和行为限定符类型（可参考本章其他小节内容）是弱依赖关系，也就是说通用工件和行为限定符类型各自相对独立地存在。另外，从系统设计的角度，工件是设计过程中的阶段产物。

BIAN 官方对通用工件的解释是：通用工件描述了某种形式的文档或记录，这些文档或记录可能与功能模式的执行相关联，以便从开始到结束跟踪和记录活动。

基于上述解释，通用工件的作用强调的是功能模式"执行"过程的记录。例如：客户关系条款（Customer Relationship Arrangement），同意客户购买一个金融产品，这个"条款达成一致（Agree Term）"的过程就是在双方之间建立了一个可以使双方在后续可追溯的契约或记录，其形式化内容包括条款、签字、盖章、相关凭证、备忘清单附件等。

为什么控制记录中要增加通用工件？有了资产类型、行为限定符是否就足够了？因为这涉及通用工件的业务意义究竟是什么？

由于服务域涉及资产类型，而资产类型通常是银行能够创造价值的有形或无形的资源（设备或业务数据信息）或能力（生产或研发等）。因此，当服务域的资产类型确定后，该资产类型所能赋予的"功能模式"就可以确定了。例如：服务域往来账户（Current Account）的资产类型"活期/往来账户（Current Account）"，对该资产类型，能在其上作用或赋予的功能模式就是"履行（Fulfill）"。履行的过程就是当事人之间定义的"合约（Arrangement）"这个通用工件来记录，从而达到该服务域的业务目标。

再如：服务域销售产品（Sales Product），其资产类型为产品和服务（Product and Service），其功能模式为"条款达成一致（Agree Term）"，对应的通用工件就是"条款（Agreement）"。

服务域头寸记录（Position Keeping），其对应的资产类型为金融头寸（Financial Position）。作用于该资产类型的功能模式为追踪（Track），相应的通用工件为日志（Log），从而体现该服务域的业务目标。如果将其功能模式定义为分析（Analyse），显然是不合适的。因为，金融头寸在银行业务上下文中创造价值是通过头寸变动的记录来实现。

BIAN 体系资产的价值在于对于每个服务域涉及的资产类型，给出了明确的"功能模式"和"通用工件"。可以在业务系统建模或实施中直接使用，但是分析它们之间的关系，对于理解一个服务域结构的合理构成是十分重要的。

（4）行为限定符（Behavior Qualifier）

行为限定符是 BIAN 框架体系中业务层的一个"被动结构"对象，也是服务域的服务操作实现类别是否完整的一个重要标志。

通常情况下，控制记录在服务域整体能力范围内能够表达明确的业务上下文，但在服务操作这一层面，需要更加明确的表达操作目的。这就需要补充一项内容以明确目的，行为限定符就起到这样的作用。

例如，针对活跃客户的活期账户"执行"某些服务操作，在不同的业务环境中可能有许多不同的预期用途，并产生不同的结果。例如，从该账户执行付款或向该账户执行存款，"存款"与"取款"就是表达了明确操作功能的行为限定符。

因此，需要对控制记录实施进一步的分解，以便使服务操作具有足够的单一职责目的。

作为 BIAN 模型体系的重要资源，行为限定符与服务域是关系最为紧密的内部功能描述，是服务域中服务操作定义的输入资源。图 5-38 展示了行为限定符与业务对象、资产类型、功能模式、行为动词、通用工件的关系。

18 个通用功能模式体现了资产类型（有形或无形资产）参与价值创造的方式。行为动词则是这些功能模式在真实场景的动态表现描述。例如：一个资产类型拥有配置（Configure）的价值创造方式，那么，真正使这种方式产生"运动"状态的是行为动词（Action Terms）。在此基础上，构成的服务操作形式为：

【行为动词】【资产类型】【通用工件】【行为限定符】

"行为动词""资产类型""通用工件"对于一个特定的服务域定义基本是可以固定的，主要是"行为限定符"的存在并不唯一。

"行为限定符"通常是一组说明服务域能力的不同输出情况。例如：对于服务域"当事人身份验证（Party Authentication）"来说，该服务域具有"评估（Assess）"功能模式，其业务目的是"评估"个人身份是否正确与合规。"评估"的功能模式的行为限定符类型是"测试（Tests）"。那么具体的行为限定符就是服务域用来检查身份而执行的具体测试类型，包括：密码检查、隐私信息核查、文档核查、颁发的令牌/设备检查、生物特征匹配。这些细分的行为限定符都是为了满足该服务域对外输出明确的能力要求。

例如：下列服务操作，由于有了行为限定符，从而表达了可以更准确识别的服务操作。

- evaluate Party Authentication Assessment（授权核验）。
- evaluate Party Authentication Assessment Password（按密码核验）。
- evaluate Party Authentication Assessment Question（按问题核验）。
- evaluate Party Authentication Assessment Device（按 U-Key 核验）。
- evaluate Party Authentication Assessment Document（按证书核验）。
- evaluate Party Authentication Assessment Biometric Behavior（按生物特征核验）。

上述服务操作暴露给外部应用调用时，可以很容易确定其功能。

综上，行为限定符是服务域在具体的业务对象资源上的能力体现，行为限定符也是由业务对象进行定义和表达。对行为限定符具体分析的着手点通常是服务域所操作的业务对象。

5.5.6　接口服务组件

1. 接口服务组件的构成

接口服务组件按照组件自身的用途不同分为不同的类型。

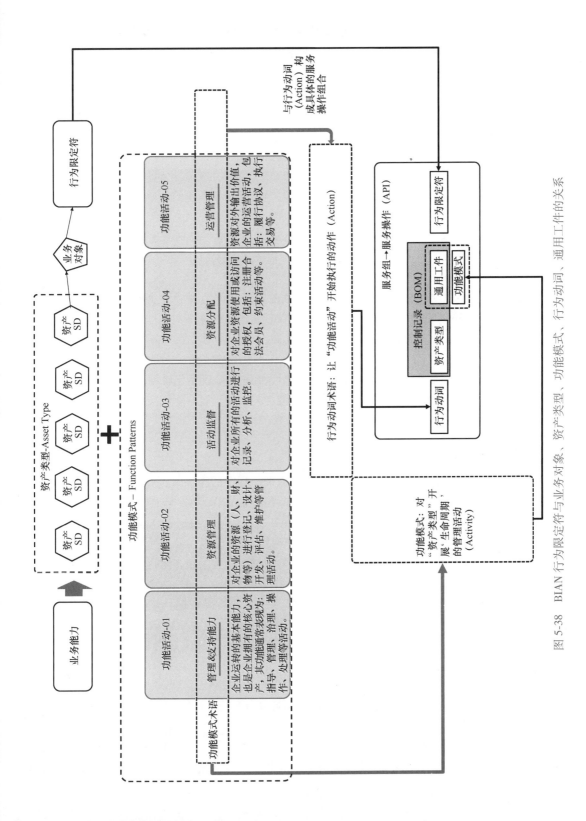

图 5-38　BIAN 行为限定符与业务对象、资产类型、功能模式、行为动词、通用工作的关系

- 业务能力组件：支持业务活动创新的构建块资源，主要以 BIAN 服务域的服务操作（API）为代表，这些组件通常组装成一组自动化处理的业务逻辑过程。如：由多个 BIAN 服务域的服务操作形成的支付过程。

- 场景能力组件：利用业务能力组件按照流程编排而再生的数字业务场景，该场景作为一种新型、大颗粒度的构建块，可以直接与价值网络生态中的资源通过场景嵌入实现价值交换，场景能力组件提供端到端的服务过程。如：由多个 BIAN 服务域的服务操作形成的支付过程，作为一个数字业务场景组件直接嵌入到商家的应用中，以推广银行直接支付的能力。

- 技术级组件：利用工作流模型实现服务操作（API）细节的流程化组件，属于技术级组件，可以由低代码工具开发，以替代传统的代码级编程模式。主要用于专业的领域逻辑实现，如：计算利息、产品模型实现、用户角色（RBAC）的管理等。

- 流程服务组件：利用工作流模型形成的人工处理流程，这些处理流程通过原子级流程组装而成，其参与者资源为人工（或 RPA、软件系统），以支持银行工厂化、大运营模式下的作业流程。

- 存量应用升级为能力组件：这部分组件的业务逻辑是具体的领域级业务逻辑，如：计算利息的详细过程、参与者账户的管理体系及处理逻辑、存贷款产品的详细实现过程。虽然这些过程是通过技术级组件实现，但是，考虑到银行信息化程度高，这些应用功能大多都已经具备并运行多年。这种情况下，需要将相应的功能按照 BIAN 服务操作的接口定义形式封装为一个标准化的接口服务（API），依然保留已有的业务逻辑实现过程，从而加速银行数字化转型的进程。毕竟，数字化转型最想达到的目标是持续业务创新，核心是基于能力构建块通过自组织产生涌现物或人工设计形成数字化业务产品和服务。

2. 组件映射微服务

数字化转型作为一项企业级工程，需要构建组织级统一标准的构件库。

上述五种组件都可以 SOA 服务形式对外开放。如果按照 APQC PCF 流程分类特点，通常情况下，形成微服务的主要是第 3 级。这种情形下，如 BIAN 的服务域（Service Domain）对应 PCF 就是 L3，第 4 级为具体开放的 API，第 5 级主要用在特定需要的流程模板内部使用，而第 5 级可以直接指代为存量的应用系统。因为，银行竖井式应用建设的结果，产生了很多运行多年的存量应用，可以直接复用这些已有的能力。

这些 SOA 服务都可以部署到分布式微服务架构体系中，这需要根据具体的需要采用不同的部署策略。如：业务能力组件、流程服务组件作为原子级服务操作适合于微服务架构；场景服务组件、技术组件、存量应用升级的能力组件，可以根据使用群体的规模采用集中式架构或分布式架构。

与此同时，对外发布的 SOA 服务接口形式会表现出不同的规范。

对于第 1、2 级形成的场景能力组件的接口形式，可以由银行自行定义，或采用 BIAN 服务操作的定义原则，或者参考 PCF 相关 L1 与 L2 定义形式。

对于大多数新建的 SOA 构件可以用第 3 级的组件（BIAN 服务域或 PCF L3）以开放 API（第 4 级）的形式表达。对于不想改造现有的存量应用，一个折中的办法是：现有的存量业务逻辑视为第

5 级，将其封装为第 4 级标准的 API。究其原因，第 4 级标准的接口发布形式更容易在价值网络生态中被识别与接受（注：可以参考 BIAN 的 Swagger 的 RestAPI 形式）。

综上，银行的 SOA 服务构件库，最终包括的是 5 个层级的流程组件，前 4 个级别可以在生态网络开放，其中，第 4 级的 API 可以开放给开发者社区，第 5 级只是对组织内的 DevOps 小组开放。上述内容，如图 5-39 所示。

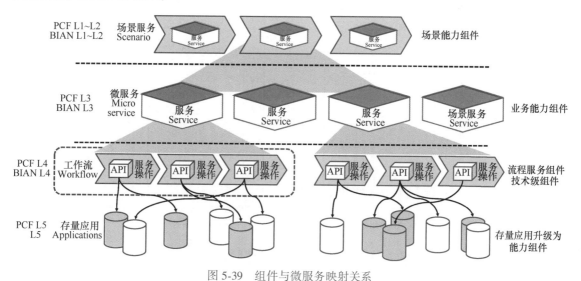

图 5-39　组件与微服务映射关系

3. 服务之间的交互操作与编排

接下来，以 BIAN 服务操作的调用为例，介绍接口服务如何实现功能交互，首先介绍一下服务操作的交换信息结构。

对于 BIAN 服务域的服务操作（Service Operations），如果要在不同的服务操作之间调用和信息交换，需要先明确服务操作函数，然后确定服务交换信息的请求参数（Request Parameters）和返回相应参数（Response Parameters）。

在这里，请求参数与响应参数的结构要素包括：身份标识（Identifiers）、描述（Depiction）、（控制）指令（Instructors）、分析（Analyses）。

以服务域"往来账户或存款账户（Current Account）"为例，该服务域包括若干个服务操作列表，如图 5-40 所示。对于"提取账户汇总信息"这个服务操作，图中显示了在其他服务域的服务操作调用该"提取账户汇总信息"服务（Service）时，需要传入的请求参数和接收到的响应参数内容。

其中，业务场景服务域"Current Account"的服务操作："用户获取往来账户（Current Account）对账单"。

请求执行的具体行为动词为："Execute（执行）、Balance Query（余额查询）"，即：执行账户余额查询。

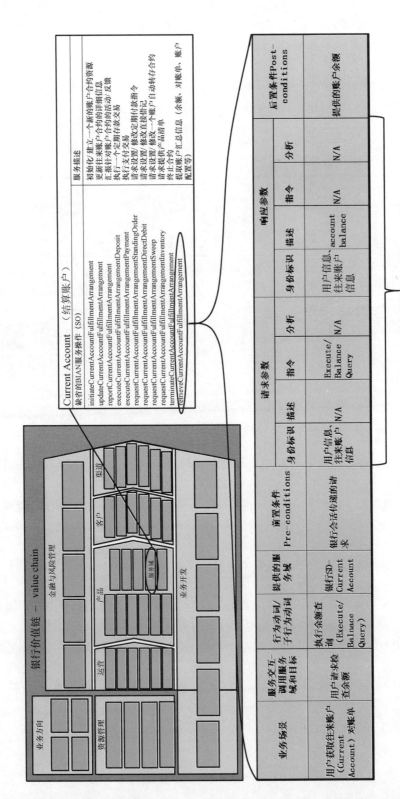

服务域进行跨产品的活动需要交换的信息

图 5-40 BIAN 服务域、服务操作与交换信息结构

请求参数包括：

- 身份标识：用户信息、往来账户信息。
- 描述：N/A，表示为本场景"不适用"（Not applicable）。
- 控制指令：Execute（执行）、Balance Query（余额查询）。
- 分析：N/A，表示为本场景"不适用"。

响应参数包括：

- 身份标识：用户信息、往来账户信息。
- 描述：account balance（账户余额）。
- 控制指令：N/A，表示为本场景"不适用"。
- 分析：N/A，表示为本场景"不适用"。

接下来，介绍在跨行支付汇款业务场景中，涉及各个服务域的服务操作之间实际交互的过程，如图 5-41 所示（资料参考来源：BIAN How-to Guide Developing Content V7.0）。

图中包括两项内容：一项内容是定义该业务场景所需要的服务域列表；另一项内容是服务操作之间相互调用的序列图。其中，序列图所代表的业务处理过程清晰地说明了在服务域的线性组合视图下，取得每个服务域的特定服务操作（每个服务操作包括不同的行为动词（Action）），构成反映业务目标的业务活动流程，服务操作相互调用过程中需要进行信息对象（资源）的交换。

在图 5-41 中，跨行支付汇款业务场景用到了 7 个服务域，分别是：Current Account（往来账户或存款账户）、Payment Order（支付指令）、Payment Execution（支付执行）、Position Keeping（头寸记录）、Holding Account（持有账户）、Correspondent Bank Fulfillment（代理行履约）、Financial Message Gateway（金融消息服务网关）。其中，Current Account 使用了两次。

每个服务域涉及的服务操作调用 1~2 个。客户发起汇款申请后，由当前存款账户支出款项对外付款，具体处理过程描述如下：

1）Payment Order：调用服务操作以检验付款信息，开始触发汇款指令。

2）Payment Execution：开始付款执行，并发出从存款账户中转出资金（借记）的指令。

3）Current Account：调用服务操作完成存款账户余额的扣款处理。

4）Position Keeping：完成会计分录记账，更新会计科目结算账户的头寸（余额）（注：根据不同的场景存在不同的解释，例如：可以解释为汇款发出行在第三方结算机构开立的结算账户，其头寸为汇款发出行当前的可用余额）。

5）Payment Execution：记录转出资金到对方账户的相关业务信息（贷记）。

6）Holding Account：转出资金登记到持有账户，由代理行（可解释为一个可执行国际结算的银行）履约准备转出资金。

7）Payment Execution：触发代理付款资金指令。

8）Correspondent Bank Fulfillment：代理行付款触发，正式通知 Financial Message Gateway 转出资金（如 Swift 国际结算系统）。

需要说明的是，服务操作的参与者指定可以标记为人、系统（RPA 或自动调度处理）。如：服务域（Payment Order）的服务操作"核验付款单指令"，这一操作过程可以由系统自动处理，也可以根据业务管理需要由指定的人作为参与者进行处理。

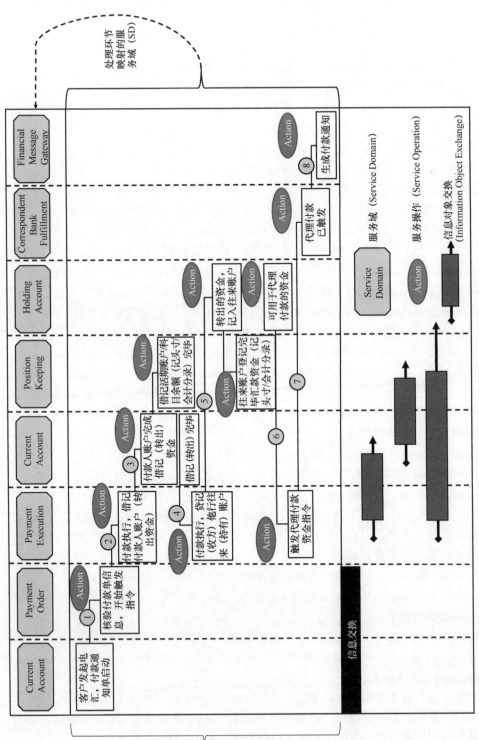

图 5-41 服务操作业务场景示例：跨行支付汇款

由此看出，服务操作的编排不仅可以实现全自动化的系统调度处理，也可以利用工作流编排有人参与的处理流程，其中的有些环节指定"人"为参与执行者，其他环节为系统调度。这对于银行业务管理制度中所要求的审批流业务提供了解决方案，通常这类审批业务因为非结构数据的存在，难以实现全自动化处理，有时制度条款下也会要求处理过程必须存在人工干预的环节。

在 BIAN 框架体系中，交换的信息（Message）可由定义控制记录的类（Class）数据结构以及业务对象资源提供（参见 5.6.4BIAN 元模型小节内容）。

5.6　实现场景驱动的用例建模——银行业标准能力模型

本小节就银行业标准的模型 BIAN 在银行数字化转型中的作用、设计原理、元模型、业务能力与服务域的映射、如何应用进行相关内容的介绍。

5.6.1　BIAN 介绍

银行业架构网络（The Banking Industry Architecture Network，BIAN）是一个全球性的非营利组织。该组织聚合了众多不同类型的银行业专家资源，并与其他类似机构 IFX、FDX 等密切沟通，核心目标是设计基于业务构建块的银行业界标准解决方案，重点在概念级设计层次，并给出技术级设计的指导思想，而且给出 API 语义服务和沙箱环境。

BIAN 框架为银行业构建了一套意在提升银行效能的行业级标准能力模型。

1. BIAN 的特点

BIAN 框架是银行业架构网络推出的一套设计原理科学而严谨的概念级业务模型，用以支持银行持续改善经营活动能力。BIAN 框架面向银行构建敏捷的业务能力（Business Capability），方式是通过服务域构建块等的灵活组合，快速为银行战略目标服务，从而加速银行应对市场和客户需求。

银行业架构网络联盟的计划为银行业提供了一个真正的机会，就是加快更换不灵活的陈旧环境、创建 IT 和业务的灵活性，而不仅仅是削减成本。主张通过定义和应用语义的行业标准来促进银行服务和应用程序提供商之间的互操作性，为 DT 时代构建以银行为生态驱动者的价值网络提供了可落地的解决方案。

2. BIAN 与银行数字化转型

BIAN 对银行数字化转型的支持体现在以下几个方面。

（1）基础构建块对银行数字化转型框架 DTF 的支持

BIAN 框架提出的业务对象模型、服务域模型、接口模型为银行开展数字化转型奠定了三大原子级基础构建块：信息构建块（业务对象）、能力构建块（服务域）、服务构建块（API）。三大基础构建块对 DTF 六大焦点领域的转型提供了支持。

（2）基础构建块与数字化技术的结合

BIAN 的业务对象模型（信息构建块）与 API（服务构建块）具有扎实的设计理念基础，两者的内容在形式定义上有规律可循。因此，业务对象与 API 体现了一个有着良好结构与秩序的构建块体系。这恰好为数字化技术提供了绝佳的赋能条件，有利于 AI 与大数据及业务规则库加持下的涌现计算。

（3）技术层面与数字化转型三元组的无缝衔接

BIAN 的三大基础构建块为 DT 三元组：原子化架构、DevOps、云平台，提供了最根本的导入实现。其中，服务构建块可以直接转化为 SOA 服务，部署到分布式微服务架构体系；DevOps 与以 API 为单位的敏捷团队开发与管理模式实现无缝集成；云平台则实现了对微服务架构的支撑，同时，也支持了 BIAN 基于开放 API 模式构建银行业价值网络的平台支撑基础。

5.6.2　BIAN 体系概览

借助 BIAN 参考模型，银行可以建立自己的业务能力积木，通过与现有系统进行对照和分析，可以理清应用之间的边界、缺少的内容、重复的内容。这样，从战略和业务上能够理清楚需求，也能从架构域和技术域梳理清楚实现的内容，进而达到战略、业务、技术的能力重用和信息去重，统一地面对业务随需应变的情况。

BIAN 的设计理念、专业术语和规范，在很大程度上借鉴和吸收了行业众多标准规范，例如：TOGAF 企业架构设计、ArchiMate 架构表示法、ISO 20022 架构建模规范、交易及报文集建模规范、SWIFT 标准、FIBO 数据标准等众多内容。

所以，为了达到业务上的面向服务标准化、技术上的组件松耦合化、架构上的应用间互联互通的目的，BIAN 定义了众多的业务能力服务积木块，也参考 ISO 20022/SWIFT/FIBO 信息定义、数据标准、消息交互进行了技术层面的标准统一。架构设计和实现上利用 TOGAF 元模型元素进行了设计的实现，并对 SOA 进行了 DDD/微服务化实现。

具体到实现层面，可以这样描述：BIAN 这一框架是基于面向服务的架构（SOA）原则，对外业务能力提供上，暴露的是业务能力服务（Business Capability），即由服务领域（Service Domain）这些积木块提供的服务操作能力，具体的业务场景也是由若干种积木块组成的。

服务域的划分原则，基于银行有形和无形的资产类型实体，划分后成为若干个"能力分区"。在架构上和 TOGAF 兼容（利用 TOGAF 的建模思路和建模语言 ArchiMate 进行 BIAN 的建模），在技术实现上体现为服务操作（Service Operation），所有的业务活动通过服务操作接口（语义术语定义）进行交互，接口操作规范上参照了 ISO 20022/SWIFT/FIBO。

BIAN 基于 SOA 面向服务和面向组件的业务设计原则和技术特点如图 5-42 所示，这也是 BIAN 业务服务域的分析方法（资料参考来源：The BIAN' How-to Guide Design Principles & Techniques）。

BIAN 框架的阅读视图主要包括：

• 服务全景视图：BIAN 的全部服务域（能力分区或能力积木）的"字典级"列表，其按照业务区域（Business Area）、业务领域（Business Domain）、服务域（Service Domain）进行组织。

• 业务能力模型：BIAN 定义了一组银行的业务能力以支持银行战略，并可以导航映射到支撑业务能力的服务域列表。

• 价值链组织的服务域：从银行价值链视角导览到服务域列表，为习惯于从价值链分析业务活动快速映射 BIAN 服务域提供了便利。

• 元模型：主要用于通过 BIAN 各自概念定义之间的关系来理解 BIAN 框架的设计原理。

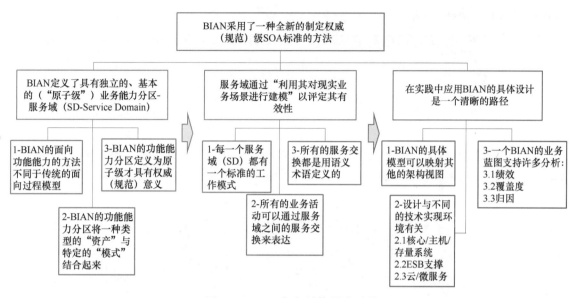

图 5-42　BIAN 框架总体设计原则

- 业务场景：BIAN 提供了一组可以在实践中参考的场景模型，这些业务场景由一组服务域串接而成，并利用线框时序图表示了各个服务域中的服务操作是如何交互的。
- 业务对象模型：定义了每个服务域所访问的业务对象（BOM），这些业务对象可以在多个服务域中被访问。

注：截至本书写作时间为止，BIAN 框架的最新版本为 10.0。

5.6.3　BIAN 框架设计原理解析

BIAN 框架的基本设计原理是：利用 MECE 原则将银行业务领域逐级分解（Decomposition）为不可重复、不可遗漏的功能独立的服务域（Service Domain），从而形成银行业通用的语义级服务域定义标准，再利用这些"原子级"的服务域组件根据现实业务需要快速构建银行的业务场景。

BIAN 框架以服务域为核心，同时配套给出了业务对象模型（BOM）和具体实现级的 API 接口的服务操作（Service Operation）模型。

BIAN 的设计原理体现了对银行开始成立后的全部活动所需资源的支持，如图 5-43 所示。

图中，横向的主线索为组织经营从战略级的发展愿景到具体实施落地的关键过程。

主线索上方，表示了组织经营侧的相关活动；主线索下方，是 BIAN 框架对组织经营侧活动的支撑和实现。

从组织经营活动侧，按照 5 个阶段分别介绍：

（1）阶段 1：价值链构建

组织在设立发展愿景后，首先需要制定价值链分析计划，以确定需要开展哪些基本活动（研产供销服等），从而构建组织的价值链；此时，在 BIAN 对应的支持侧，需要对组织的资产进行盘点，BIAN 首先需要对组织资产类型进行确定，其中，最为重要的是业务能力资产，它以服务域

（Service Domain）为核心。

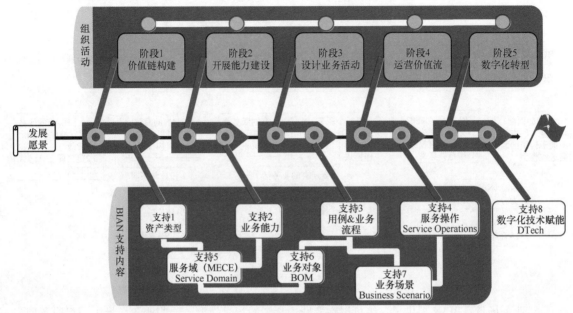

图 5-43　BIAN 框架设计原理解析

（2）阶段 2：开展能力建设

组织经营活动侧在确定了资产类型之后，需要考虑围绕这些资产进行能力建设。BIAN 在支持侧提供以服务域资产为基础的业务能力组件进行支撑。

（3）阶段 3：设计业务活动

组织经营活动侧在能力建设完毕后，需要开展组织业务活动设计，BIAN 在支持侧来提供用例和流程支持，具体以 BIAN 的业务场景为基础，利用服务域实现对业务活动涉及的信息资源进行管理。

（4）阶段 4：运营价值流

组织经营活动侧的业务活动设计完毕，组织需要通过业务活动对价值流进行开展和运营，以向外输出服务并创造价值。BIAN 在支持侧提供服务操作（开放的 API）以支持组织创造价值。

（5）阶段 5：数字化转型

银行在组织经营活动侧需要进行数字化转型，需要在关键领域（组织、文化、技术、战略、客户、员工等）、企业架构各个层次（指导级、运营级、支持级）进行变革，而 BIAN 具备了为这些领域规划构建块的基础并提供了扩展领域业务能力的策略。

以上主要过程就说明了 BIAN 通过三大基本构建块资源提供了对组织经营活动的全面支持：能力构建块-服务域、信息构建块-业务对象（BOM）、服务构建块-服务操作。

此处，我们可以看出，BIAN 对组织业务活动的支持具备了新特点：

BIAN 采用了与面向流程为中心（Process-Centric）不同的设计策略，使用面向功能能力（Functional Capacity）为目标导向的设计，以能力构建块作为基础"原材料"资源。这种设计策略实际是对面向流程更为高阶的设计，并不把重点放在面向流程本身。

　　SOA 支持两种方式的重用，一种是不考虑上下文的工具（Utility）模式的重用，另一种是需要考虑上下文的业务模式的重用。因此，从 SOA 技术及业务重用的综合视角来看，以体现 BIAN 面向功能设计的优势；同时，也要看到最终呈现在技术架构中的软件抽象实体重用，以体现 BIAN 与 SOA 的融合。

　　具体来讲，由于希望能够快速开展适应市场和客户的业务活动，为此，银行需要进行业务活动的构建。此时，在理解需求，导入业务活动目标的情况下，面临两种模式选择，如图 5-44 所示。

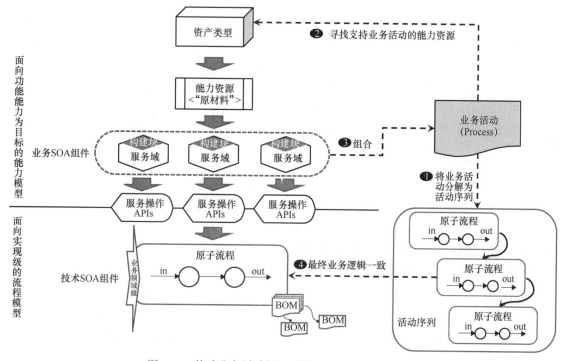

图 5-44　构建业务活动的两种模式：流程与功能能力

● 第一种：视实现目标的业务活动为一组业务处理流程，将业务处理流程分解为若干组活动序列，这些活动连接在一起就可以实现预期的业务活动目标，见图中❶。现实中，面向流程的设计模式通常应用在特定的应用系统建设中，也是造成银行筒仓式系统建设的主要成因。

● 第二种：根据导入业务活动的目标，然后寻找哪些功能能力能够有效匹配并支撑该业务活动，见图中❷。如果组织已经有这样的（企业级）能力资源库，可以快速调集能力资源，通过简单的编排或连接组合（图中❸），就可以发布到应用市场创造业务价值。

● 面向功能为目标的能力模型是对面向流程更为高阶的设计，在最终底层实现的业务逻辑是一致的，都能够实现业务活动目标，见图中❹。但在敏捷性方面，能力模型更适合银行数字化转型的能力建设需求。

　　实践中，上述两种选择在支撑业务活动的产出效率上有所不同。

站在企业级能力资产标准化建设的角度看，将业务活动分解形成一组可重用的活动构建块，本身存在局限。因为业务活动表现为来自市场和客户的需求或痛点，业务活动种类本身不可预测，这样就从理论上限制了企业级资产的标准化工作，即形成可复用的能力资产始终处在一个不断积累、改造、优化的过程中。

面向功能的分解方式，一开始就将企业级的能力资产标准化，以不变应万变的原则，加速适应市场和客户的需求变化，是无须重复造轮子的工作。这就是 BIAN 以银行资产类型为基础构建服务域能力的合理性所在。

5.6.4　BIAN 元模型

BIAN 框架体系庞大，内容众多，即使如此，整体框架仍然遵循着一个有序的结构，那就是元模型。BIAN 元模型如图 5-45 所示（资料参考来源：BIAN2nd Edition）。BIAN 框架 10.0 版的元模型图描述得更为丰富，但从理解 BIAN 元模型内涵的角度，本图更能够快速地理解 BIAN 元模型的原理。（BIAN 框架 10.0 的元模型参见：https：//bian.org/servicelandscape-10-0-0/views/view_51944.html）。

针对图示的 BIAN 元模型，我们划分了七个部分进行分别讲解，重点介绍每个部分所具有的作用。

1. 区域 1：揭示了构成银行价值链的三大主题资源（图中"❶"）

银行价值链的活动类型首先可以按照业务区域（Business Area）进行划分，"业务区域"是由若干个业务领域（Business Domain）组成，而每个"业务领域"是由若干个服务域（Service Domain）组成，因此，服务域是 BIAN 框架的底层能力构建块。

另外，从业务区域（BA）、业务域（BD）、服务域（SD）、服务组（SG）、服务操作（SO）的逐级分类的视角，银行价值链的业务活动整体结构化过程可以按照内容层级进行分解，如图 5-46 所示。

2. 图中区域 2：揭示了支撑银行业务活动的实现机制与关键资源（图中"❷"）

银行的业务活动通常以市场和客户的需求和痛点为中心进行设计，因此，业务活动具有可持续创新的特点。这就需要银行具有构建各种业务活动的业务能力，业务能力最好由一组稳定的企业级能力构建块（如图中服务域）提供，而且业务能力可以再造，通过自我组合形成新的业务能力增量。服务域作为能力构建块，其职责在企业级范围内不重复，服务域的具体能力输出由服务操作（Service Operation）提供。

3. 图中区域 3：揭示了银行能力构建块的原理：服务域及构成标准（图中"❸"）

服务域作为 BIAN 框架的核心内容，其表达的意义为银行具有执行（服务域隐含的）业务活动（Activity）的某种能力。服务域定义有一套严谨的逻辑，它是由资产类型、功能模式、控制记录、服务操作等构成。

- 资产类型：能够为银行创造价值的有形或无形资产，甚至包括"执行能力"这种不明显的"资产"。

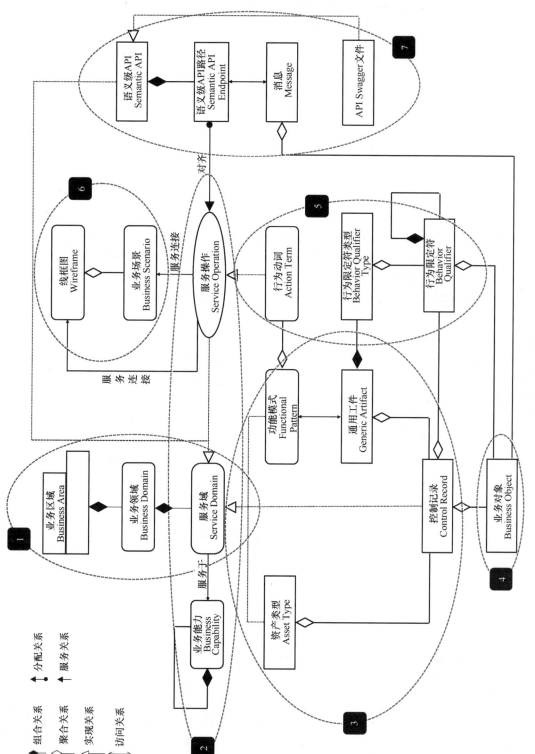

图 5-45 BIAN 元模型

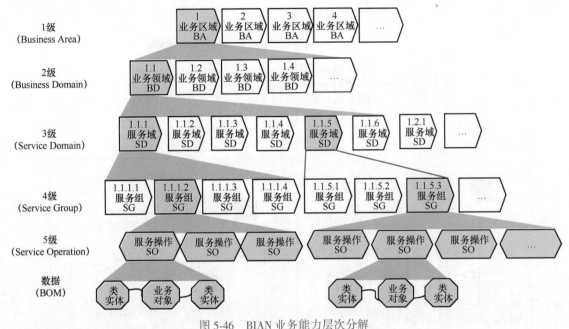

图 5-46　BIAN 业务能力层次分解

- 功能模式：代表服务域的业务角色，对银行相关资产类型所施加的生命周期管理行为，管理行为会产生相应的工件（文档或其他产出物），这种工件作为通用工件，成为"业务对象"的一部分。
- 控制记录：控制记录是一组业务对象构成的（DDD）聚合，这些业务对象所反映的信息是服务域在银行资产类型上实施管理行为时所产生。
- 服务操作：在对具体的资产类型设定了管理行为（功能模式）时，再赋予具体执行管理行为的动作（Action）。管理行为产生的结果记录在通用工件中，同时产生的全部业务信息记录在控制记录中。

这些组件的一个重要作用是规范化了服务域的能力表达形式，能够定义出企业级唯一形式的服务操作名称。只要知道资产类型，就可以快速定位和检索出相应的服务域。

4. 图中区域 4：揭示了银行反映业务活动的信息构建块（图中"■"）：业务对象

业务对象相当于 DDD 的实体，控制记录相当于 DDD 的聚合。因此，控制记录包括了一组业务对象，服务域通过控制记录管理了所涉及的全部业务对象，这些业务对象是业务对象元模型（BOM）所包括的 10 个基本业务对象的扩展分类。业务对象与服务域是对银行业务活动这个"复杂系统"两种不同的分解表达方式，前者是形式分类、后者是功能分类。

5. 图中区域 5：揭示了服务域明确的行为确定原则（图中"■"）

"行为限定符"也是业务对象，用于限制服务域的控制记录。行为限定符是构成控制记录的一部分，在控制记录的定义形式中，行为限定符的嵌入，可以更清晰定义职责明确的以服务操作作为对外暴露形式的业务服务。

"服务操作"与"行为动词（Action Term）"两者之间是实现关系，行为动词参与实现了服务操作。

6. 图中区域 6：揭示了银行业务场景的构成原理（图中" **6** "）

通过对一组服务域的服务操作进行编排，可以产生具体的业务场景。因此，只要确定了企业级不重复的服务操作（API），就可以组装出新的业务活动。这是银行持续业务创新的基础。

7. 图中区域 7：揭示了支持开放银行的实现机制（图中" **7** "）

服务操作（API）之间需要通过消息实现服务域之间的价值交换，消息内容的来源基于服务域所管理的业务对象。其中，服务操作以 RESTful API 形式提供 URI 路径，通过 URL 方式展示了资源定位的层次结构，如图 5-47 所示。

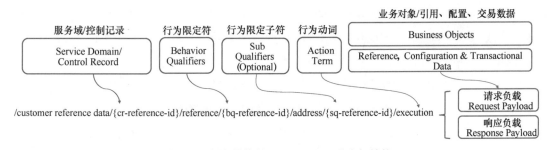

图 5-47　服务操作的 RESTful API 形式与结构

BIAN 提供了 RESTful API 规范的 Swagger 文件，从中可以看到每个服务域的服务操作 API 的定义，包括请求的信息、成功信息码与响应的内容（资源）、错误信息码等。根据这些 API 定义的形式，可以由银行实现其内部的详细业务逻辑。

BIAN 也提供了开放式 API 沙盒环境，鼓励业界使用 BIAN，而且能够从存储库中生成 Swagger 定义和微服务代码，确保全网生态级的一致性。

BIAN 元模型和 ISO 20022 元模型有一定的对照关系。如：BIAN 消息与 ISO 20022 消息定义相对应；BIAN 服务操作对应于 ISO 20022+的操作，BIAN 服务组对应于 ISO 20022+的接口；每个业务场景都是 ISO 20022 消息编排。

5.6.5　BIAN 能力地图

1. BIAN 业务能力（Business Capability）

业务能力表示业务在做什么，或者业务能做什么。

业务能力倾向于作为特定业务环境下的执行能力，通过执行能力实现某种业务活动，同时，产生一定的业务价值。在 BIAN 框架体系中，一个业务能力是一个或多个服务域（Service Domain）的组合，业务能力能够输出单一能力或多种能力，如：支付中心是一项单一能力，运营中心具有多项能力（包括渠道接触管理、后台交付、业务管控）。

服务域是业务能力的划分单元，它"封装"了某种随时可以输出的业务服务（或活动）。服务域作为企业级的"通用组件或积木块"实现业务价值，一个服务域可以参与到多个业务能力的建设中。

银行业务能力承载了业务战略目标。

BIAN 提供了从业务能力到服务域能力及服务操作的多层"积木块"，借助于这些不同层面的"积木块"，开展各种类型的银行业务活动，进而助力组织实现业务战略目标。

BIAN 框架体系提供了一个银行业的业务能力地图，主要包括：企业管理与控制、产品和服务使能、企业赋能、营销与销售、客户与分销等五项一级（顶层）分类，每个一级分类又包含若干个二级业务能力分类，通常到三级分类，如图 5-48 所示（资料参考来源：https：//bian. org/service-landscape-10-0-0/views/view_52280. html）。

图 5-48　BIAN 业务能力（第一级列表）

对于业务能力地图，银行组织可以根据自己的实际需要，进行裁剪或设计。

2. BIAN 服务域的三种视图及关系介绍

服务域的整个集合在 BIAN 框架体系中被称之为服务全景视图（Service Landscape），全景视图展现的是企业级的一组（服务域）能力资产库。

全景视图已成为向银行提供一个工业级数字化建设方案的行业标准。所有可能的银行业务活动都可以从全景视图中选择一部分服务域（Service Domain），作为"积木块"，构建银行自己的业务能力以及业务场景。

此外，为了加速 BIAN 框架在银行业的落地，BIAN 框架体系还提供了业务场景（Business Scenario）这一非正式样例模型，银行可以直接在 BIAN 业务场景中寻找与自身业务流程的契合点，通过裁剪、整合形成具体的银行业务场景。

在服务域全景视图中，包括如下概念：

- 业务区域（Business Area）：BIAN 中的最高阶分类，是若干业务能力的组合。
- 业务领域（Business Domain）：BIAN 中的第二层分类，是业务区域的一个细分。
- 服务域（Service Domain）：是业务领域的细分结果，服务域是银行业务能力的基础构建块。

从服务域的全景视图可以导出银行的价值链视图。

在全景视图中，主要聚焦的是服务域的完整性，而在价值链视图中，体现的是基于价值链活动的视角下，服务域所隐含的活动与价值链活动的映射关系。价值链分析是银行业务建模首先要考虑的高阶设计图谱，它是承载业务战略目标的重要依据。有了价值链视图，服务域资产的萃取与配置安排就会具有针对性和合理性。

服务域在价值链中的定位可以为服务域的业务价值提供一定程度的评估。从而对服务域后续运营的资源配置产生更为明确的计划。例如：核心活动"产品"中的"咨询服务"在价值链的定位能够被评估出来，那么，有关在"咨询服务"中涉及的服务域就可以进行某种程度的取舍处理。

当银行的价值链视图在业务领域层面进行展示时，作为在全景视图中的业务领域，在价值链视图中则是活动（核心活动或支持活动）中的一个二级分类，服务域的范围通常会有初步的框定。

图 5-49（相关资料参考来源：www.bian.org）展示了业务能力地图、全景视图与价值链视图及服务域之间的关系，会有助于加深对 BIAN 框架体系逻辑的理解。

不同分类级别的业务能力底层的基本单元都是服务域，业务能力在价值链视图中最终都反映到对业务活动的支持。也就是说，全部的业务能力体现到价值链中的核心活动和支持活动中。

业务能力地图是银行具备和要具备的所有的能力列表，而价值链分析则是以业务能力为依据，按照核心活动和支持活动（二者创造的业务价值存在差异）进行再次布局。有了价值链视图，银行可以制定相应的资源配置策略，如：哪些需要单独运营？哪些需要合并运营？哪些需要外部机构进行转包处理等。

业务区域是一组业务能力的组合。图 5-49 中的映射线条并不代表绝对意义的一一映射，可以明确的是：业务能力地图的内容都会反映到价值链图谱中。在实际的业务场景设计过程中，通常希望知道业务场景涉及的业务活动关联到价值链中的哪些能力组件。这样，我们就可以在一个价值链形式的泳道图中置入相应的服务域，然后编排成一组业务活动以创造业务价值。

5.6.6　BIAN 框架的使用方法及用例建模

BIAN 目前可以支持以下金融机构的业务建模：

- 当地/区域银行（消费者和公司客户）。
- 国有银行。
- 跨国、全方位服务的银行。
- 投资银行。
- 对冲基金。
- 私人银行。

本节主要介绍如何在商业银行使用 BIAN 框架体系，如何从业务设计过渡到技术设计，过程中

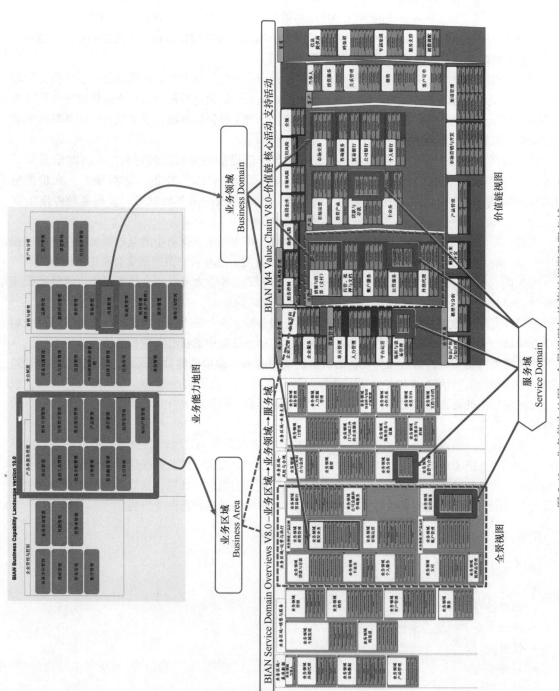

图 5-49 业务能力地图、全景视图与价值链视图及服务域

的关键点有哪些需要注意。其中：

- BIAN 与业务架构设计的映射内容主要有：组织、岗位、流程。这些内容也是 TOGAF ADM 中业务架构的核心内容。
- BIAN 与信息系统架构设计的映射内容主要有：应用程序、业务对象。
- BIAN 与技术架构设计映射的关键内容有：部署与管理。

1. 组织设计

BIAN 框架的核心理念是为银行建立起一套行业级的服务能力（服务域）。强调能力建设对于银行价值创造的核心意义。基于这种理念，银行可以重新审视组织结构的定义和设计。

对于银行组织结构的设计，通常可以面向两种视角，代表两种不同的能力建设路线：

（1）以流程管理为中心的组织结构设计

根据 Zachman 框架可知，组织与流程是两个独立的业务变量，因此，除了按照分解战略目标形成组织（每个承担子目标）外，还可以通过以流程管理为基础导出组织结构。这种情况的前提是银行采取了流程分类框架作为基础，建立银行的流程能力，然后，根据已经规划的企业级流程结构，选择不同层级的流程单位作为组织结构的部门基础。

例如，以 APQC PCF 作为基础开展银行的流程能力建设，根据银行的需求选择 L2 或 L3 为单位，设置相应的部门（配备相应流程能力所要求的人力资源池）。

（2）以服务能力为中心、基于价值贡献的组织结构设计

这种情况的前提是，银行采取了以资产类型为基础的功能建设为中心，BIAN 即是如此。BIAN 并不以流程设计作为银行能力建设的启动方案，而是直接切入到银行的资产类型分析与分类。我们在前面阐述过这样做的好处，就是银行 MECE 划分的细颗粒能力都通过（流程）编排组装可以构建出更多的涌现物，即：能够持续地进行业务创新。

BIAN 可以在三个层面上支持组织结构灵活的调整：业务区域（Business Area）、业务领域（Business Domain）、服务域（Service Domain）。理论上这三类能力颗粒度的限界上下文都可以构成独立的组织结构。

现实中，可以根据银行本身的规模进行部门结构的设计，多个服务域构成一个部门单元是比较合适的选择；如果以业务领域作为单位建立组织部门，也可以成立，如：国内银行的运营管理部就可以直接以业务区域"运营"为基础能力资源构建，也可以按照业务领域"清算与结算"成立清算中心，还可以由多个跨业务领域或业务区域的服务域形成一个共享的运营服务中心，甚至以服务域"产品管理"直接成立一个银行产品的独立研发中心。

综上，BIAN 提供了一种敏捷的组织结构构建策略，以服务域为能力构建块，这样形成的组织结构可以适应来自外部市场的变化而做及时调整。在这一点，商业银行可以借鉴这种思路，以便开展组织结构优化。

服务域构建了企业级不重复的能力分区。因此，可以实现按照服务贡献度设计考核的机制（注：这里的服务贡献度不是指财务数字，而是服务域的能力输出质量和效率，毕竟服务域的具体执行是需要部门结构中的人力资源或 RPA+AI）。

此外，组织运行效率低下的一个重要原因是流程在部门内独享，其缺乏一种来自外部的驱动

力。服务域由于是企业级 MECE 的业务能力构建块，故完成每一个服务流程（场景），都会受到不同服务域上下文的约束，因此，执行效率和质量更好。

近年国外开展在银行的组织重塑工程，希望构建一种敏捷性强的柔性组织，其具有高度的自组织能力，也称为进化型组织。如：弗雷德里克·莱卢在《重构组织》中描述了一种采用自主管理的合弄制组织形式，通过构建嵌套式团队，在特定目标范围内，团队可自主决策开展业务创新活动，为组织与客户创造价值。

这种组织结构设计形式如图 5-50 所示，可以在银行内同时进行三种资源的管理：人力资源、业务能力、服务域。人力资源的调度通过跟随业务能力的需要最后落实到服务域，这样就能够实现服务域能力在银行业务活动的运行空间中对所有人力资源的可见，而人力资源可以出现在任何物理地点。

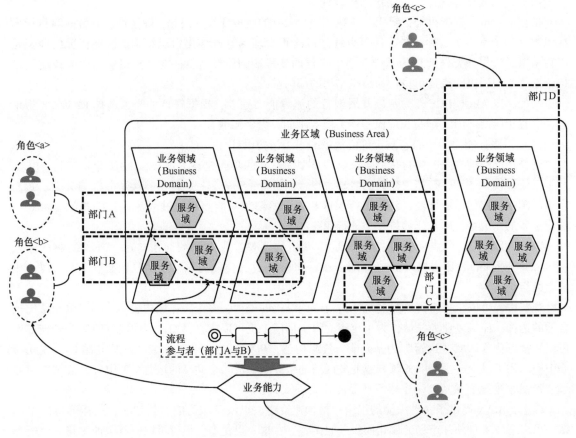

图 5-50　BIAN 框架体系下业务能力、服务域与部门人力资源的分配机制

图中也包含了另一层含义：组织部门的界限在物理层面逐渐被淡化或消除，部门更多地被赋予逻辑上的意义，这是一种打破现实部门墙的逻辑组织结构。

2. 岗位设置

岗位是人力资源的一种角色，表明其能够做什么活动，实际上是根据人力资源的能力进行划分的职责。

BIAN 服务域的全景视图结构给银行的人力资源角色划分提供了某种方案，从业务区域到业务领域、服务域等，相应人力资源的能力也可以按照这种层级进行不断升级。

数字化转型时代的运营管理，需要具备一种柔性资源管理的机制，即：组织实现对人的多种能力的管理。将组织中人的能力进行分区（Partition）定义，随着业务活动的需要而进行合理的调度，增加资源的使用效率，提升人的综合能力；与此同时，沿着 BIAN 框架的能力结构图（服务全景视图）路径实现晋升。

3. 流程设计

业务能力的价值体现是通过活动来完成的，BIAN 提供了一种业务场景（Business Scenario）设计的规范：基于服务域为纵轴、服务操作为横轴的业务场景线框图实现了业务场景的表达。

实际上，业务场景时序图在形式上已经与流程图表达形式（泳道图）具有了一定的相通性，这在理解业务场景时很容易产生这样的反馈。业务场景时序图虽然没有标记参与者，但 BIAN 支持为每个服务操作的执行指定参与者，包括人、系统、RPA 等。

实践中，建议以 BIAN 的业务场景作为流程设计的参考起点，根据银行的具体需要进行编制流程活动。对于国内商业银行来讲，这部分重构的工作量相对会比较多，毕竟业务特点与特定的市场环境上下文有关。

具体设计可以现根据银行价值链活动与所需业务场景的活动进行适配，确定目标活动在价值链中的位置，进而沿着 BIAN 价值链视图进一步匹配支持业务活动的服务域，这一阶段，可以根据具体情况进行服务域的合并与拆分。

确定服务域后，就可以定义相应的服务操作（API），与此同时，确定参与者类型。可以按照流程泳道图进行设计，相当于在业务场景时序图上增加参与者栏目，参见后面示例介绍。

4. 应用设计

按照 BIAN 的观点，应用可与若干个服务域形成映射，即：多个服务域可以形成一个应用（Application），例如：多个服务域组合成一个 CRM 或 ECIF。从而实现了面向业务架构设计的服务域向信息系统架构中的应用（一个拥有明确限界上下文的领域）导入。如果实现了服务域中所有的服务操作、业务对象，那么，就可以实现一个应用系统。

但是，需要特别注意的是：上述应用系统是分布式微服务架构。理论上，虽然也可以作为一个集中式架构构建一个单块应用，但这与业务上建立的"原子化架构"理念产生了某种不协调。

5. 开放服务

服务域的最终逻辑实现是通过一组服务操作（Service Operation）来实现，其形式为真实的 API，也是应用服务（API）的基础。

这些 API 可以完全按照 BIAN 的规范进行命名定义，只不过需要根据银行的具体情况来实现其内部的业务逻辑。

现实中，业务逻辑大部分已经在存量的各种应用系统中实现。作为一种过渡方案，可以在现有应用系统上开放出符合 BIAN 服务操作（API）规范的接口。

6. 应用部署

不同业务领域中的服务域通过不同的组合可以构成多个应用。

如：两个不同业务领域中的服务域组合可以构成应用 A、应用 B；一个业务服务域就可构成应用 C；同一个业务领域中的多个服务域组合可以构成应用 D 等。不同业务领域中的服务域通过服务操作之间的编排可以构成一个业务流程。由于服务域的服务操作可以通过编程语言实现一个可运行的程序。每个程序形成了一个 API 文件。将这些 API 文件打包成如 Docker（容器）文件，就可以在云环境中部署（如 x86 计算资源），真正向价值网络生态提供业务能力服务，如图 5-51 所示。

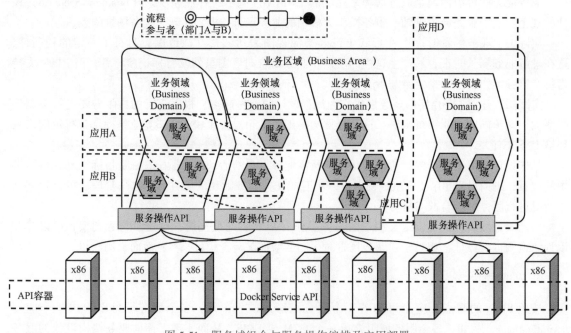

图 5-51 服务域组合与服务操作编排及应用部署

在此基础上，可以实施 DevOps 开发运维一体化的流水线工作机制。

理论上，一个或多个服务操作形成一个 APIs 文件并打包成 Docker 文件，发布到云环境的微服务架构体系中。由于 API 的独立性，可以根据业务变更实现单独的管理，对软件发布的影响做到了最低程度，进而增强了持续发布的能力。

7. 业务对象与业务分析

BIAN 框架体系也为银行开辟了一条结构化需求管理的道路。

由于服务域都有自己明确的限界上下文，可以由银行不同的资源团队开展相应的需求管理，包括业务对象的设计、服务域与服务操作的设计、服务接口的设计等。根据 BIAN 提供的上述资产进行客制化的裁剪以满足银行的具体要求。

业务对象是另一项重要的工程，业务对象模型（BOM）的设计存在一定的难度。

但是，BIAN 的 BOM 元模型和内容结构提供了非常清晰的设计思路（参见 5.3.2）。在裁剪 BIAN 所提供的 BOM 时，需要将银行不需要的业务对象（Business Object）移除，有些业务对象也可以根据实际情况进行合并。

关于业务分析这一点，服务域按照价值链视图的布局结构，可以增强银行基于价值链的数字化运营管理能力。主要体现在从业务活动到价值链活动以及各个构建块的具体运行情况纵览。

例如：建立银行数字化运营管理的仪表盘。可以从业务活动开始，展示业务活动所涉及的银行价值链活动视图，并同时查阅价值链活动所映射的组织部门的（人力、系统、设备）资源使用情况。进一步，可以跟踪到业务域（独立的运营机构），查阅其运行质量和资源调度情况。进而可以跟踪到服务域，观察切片级的活动运行视图，洞察信息构建块、能力构建块、服务构建块的完整信息结构和动态数据信息。从而建立了从顶层市场活动与客户服务到深层业务实体的资源匹配关系，为银行资源的科学管理提供了直接的决策依据，BIAN 资源对业务分析的支持如图 5-52 所示。

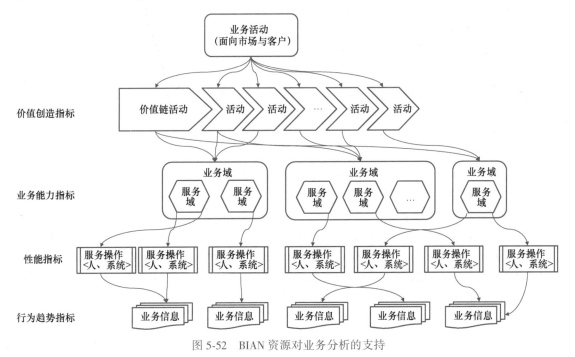

图 5-52　BIAN 资源对业务分析的支持

8. 示例：业务场景（Business Scenario）设计

假设已经完成了各个业务线的价值链图谱编制，接下来，以一个具体示例来展示业务场景的设计。

仍以"跨行支付汇款"为例，消费者通过代理银行将付款电汇到另一家银行的账户。

首先，根据银行跨行支付汇款的业务场景给出陈述性描述（已有的经验或银行相关的流程处理要求，按照执行过程的序列化形式表达）；然后将这些陈述性描述提炼成服务单元；最后，将这些服务单元与银行价值链图谱中的服务域列表进行映射，从而确定陈述性的业务场景（可以直接参考BIAN官网提供的业务场景示例，然后进行相应的客户化改良，https：//bian. org/servicelandscape-10-0-0/views/view_53086. html）由若干个服务域装配而成。确定了服务域后，选择适合的服务操作进行编排，形成时序图。

服务操作编排业务场景"跨行支付汇款"如图5-53所示（资料来源BIAN. org），由两部分构成：一个是一组需要的服务域列表，共计7个服务域（其中的Current Account显示有两个，体现其内部两个不同的功能操作）；另一个是面向业务执行的过程序列化的表达形式。整个执行过程由3段业务处理活动组成：

- 客户发起电汇申请指令、付款人账户余额更新、活期存款账户（科目）的头寸借记完成，图中的①②③。
- 在客户余额更新完毕，资金贷方（收款资金）登记到过渡户（中间账户或往来账户）的余额，完成贷方记账，图中的④⑤。
- 待转资金从过渡户通过SWIFT报文发送到对方行，图中的⑥⑦⑧。

通过上述3个业务处理活动的分析，将这些业务活动具象化，并与BIAN的服务域全景视图中的服务域列表进行映射。另外也可以根据业务场景的总体目标，判定各个活动的类型：核心活动或支持活动，从而通过价值链视图确定所需的服务域。

选定了服务域，就可以进一步通过服务操作的编排来描述业务活动的详细过程。

将服务域在泳道模式下的编排序列图转换为流程编排模式下的服务域交叉调用视图如图5-54所示（资料来源：BIAN. org）。图中显示序号的部分与线框泳道图相关，而整体则体现为详尽的服务域信息交互关系。

在业务场景设计完毕后，可以根据价值链服务域配置图谱进一步确定服务域的资源配置，如：部署地点、人力资源选择、是否需要集中化或公共协调化等工作。后续的服务水平协议也是在此基础上进行确定并形成标准发布。

确定服务域装配模型后，可继续细化服务域涉及的业务对象模型（BOM）。

需要说明的是，服务域的线框连接方式是BIAN推荐的一种快速描述业务场景的表达方式，这种方式聚焦在业务能力的表达准确性，更方便银行业务与技术人员的理解。此外，这种方式可以很容易过渡到偏向技术侧的流程模板设计（如：BPMN2. 0）。

9. 在实践中构建新的语义级API

通过对实际业务需求场景的分析，利用BIAN的服务域进行价值链图谱的映射，使用框选方法（Wire Frame）来框定相关的服务域列表的范围以及周边的边界，但是现有服务域可能存在因行为限定符缺失的实际业务场景需求（注：如果现有的服务域中的服务操作列表API能够表达实际业务场景的需求，可以直接进行API具体业务逻辑细节的设计与实现）。因此，需要对特定的服务域进行新增服务操作，即定义新的API。

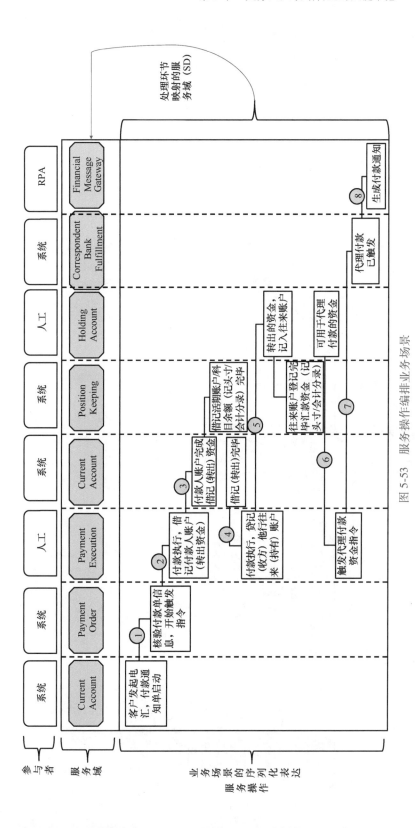

图 5-53 服务操作编排业务场景

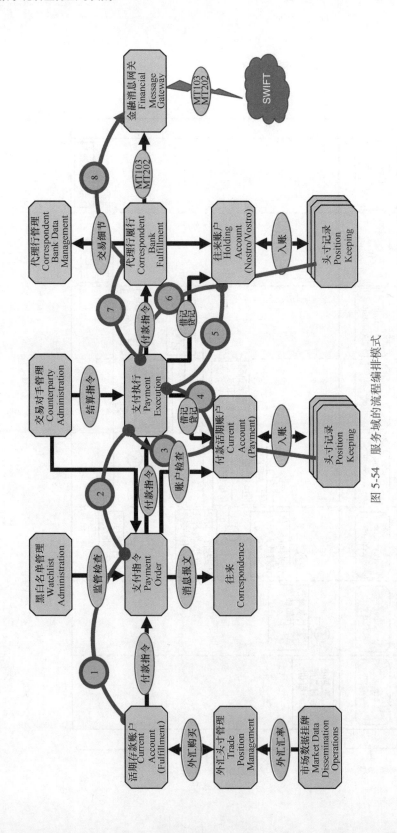

图 5-54 服务域的流程编排模式

从业务上下文可以分析出来，实际业务场景会因不同的客户有特定的要求，上下文中隐含了需要对业务对象的更新，包括新增业务实体（核心实体、从属实体、关系实体等）。

实体的数据字典可以参照 ISO 20022。而且，金融业业务本体（FIBO）定义了金融业务应用程序中感兴趣的一组事物以及这些事物之间的相互联系方式，也是可以借鉴的体系，而且 FIBO 信息交换格式更接近实践。

构建新的服务操作 API 的基本过程包括若干项关键点，如图 5-55 所示。

图 5-55　BIAN 构建服务操作 API 的基本过程

1）借助 BIAN 的业务场景，定义服务操作 API 访问的业务上下文。

2）如果需要，在服务域扩展定义模板中，增加服务域所包含的服务、事件、信息。

3）然后，根据 ISO 20022/FIBO 的数据规范来定义标准数据字典，形成实体描述、业务对象定义、控制记录属性信息。

4）接着，根据前述的输入信息，形成 BIAN 的服务操作 API 规格。

5）最后，还可以将服务操作 API 的交换消息规范映射到 ISO 20022 通信消息规范。

更多的有关开发的内容，请读者参考《BIAN How-to Guide Developing Content》。

5.6.7　BIAN 与 TOGAF ADM 阶段成果验证

TOGAF ADM 的阶段成果如何验证？这是一个非常现实而重要的问题，验证的目的是为了评估阶段工作的成效，是否将 EA 工作导入一个正确的轨道，毕竟每个阶段的工作对后续工作产生至关重要的影响，一步错、步步错，就是这个道理。

这里有两种验证思路。

1. 根据阶段的文档进行成果验证

文档是所有智力活动的形式产出物，作为一项重要的工作，其内容承载了所有设计类的工作成果。

文档的内容是否完备、逻辑合理、方案是否可落地？在没有完成最终交付，或者没有阶段性交付（如 MVP）物的时候，如何评价文档所代表的方案这类描述性内容的权威性？这种情况下，需要建立一个逻辑严格的评价体系。

如果文档内容的形成过程建立在系统思考以及多种科学方法的基础上，并且假设文档内容具有一定的完备性，即内容不缺失、不遗漏，逻辑合理、技术可行，那么，可以认为文档具备最终实现交付物的标准。上述的逻辑概括为一句话就是：如果过程是正确的，那么结果也是正确的。但是，基于文档的 ADM 阶段验证仍然偏重于理想化。

2. 在业务架构阶段采用结构化的需求分析方法验证

第二种验证思路是在第一种思路的基础上，采用结构化需求分析方法验证，该分析方法能够确保文档以一种更偏向结构化的方式进行表述。

结构化业务需求在一定程度上，将业务需求划分为一组具有明确限界上下文的单元，这种方式在开始阶段就建立了一个可靠的基础，而且非常容易回溯。因其脉络清晰，很容易判断需求的范围、分解的单元是否存在遗漏的情况。如果这个结果最后呈现的是阐述组织全部需求的若干个不重复的价值构建块（Building Block），那么，对每个构建块分析的结果就具有很高的权威性，这样就可以在理论上确保业务架构阶段所形成的分析内容是全面的。

BIAN 的服务域构建块在这一方面提供了非常适合的参考。

TOGAF ADM 方法中，采用相应的文档工件作为阶段产出物，验证该产出物时就可以使用 BIAN 的服务域视图来映射，如图 5-56 所示。

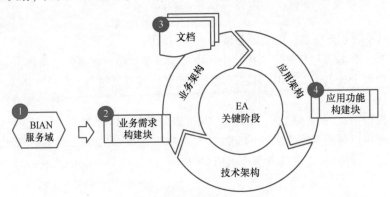

图 5-56　BIAN 与 EA 阶段成果验证

将银行的全部业务架构涉及的内容（标号❸）映射到 BIAN 的服务域视图（标号❶、❷）中去检视，相当于预先绘制了一个"坐标无误"的需求构建块组成的业务需求地图，有利于审查出业务需求文档内容是否完备。验证和修改之后的业务需求文档实际上形成了 BIAN 业务需求构建块构成的具体业务需求描述工件。之后的应用架构工件，也成了应用功能构建块（标号❹）描述的应用架构文档。即：后续阶段的工作都是在这个"BIAN 业务需求构建块地图（标号❷）"基础上产生的连续结果。

以往业务架构的需求分析设计，很少采用结构化需求的分析方式，主要是以业务部门的需求为导向。以银行为例，通常以面向部门级业务需求的视角，开始分析交易、流程。忽略了构成这些交易或流程后面可共享的资源——价值构建块，故做了很多重复的分析工作。

此外，由于分析构建块需要进行大量的调研、总结、抽象工作，其成果不如直接面向应用级的交易或流程来的成效快。但这种门槛较低的"流水账"式的需求分析方式，为后续的应用系统实现埋下了问题的种子。

从上述分析，就更能体会到业务建模的重要性，BIAN 框架提供了结构化分析银行业务能力的参考方法。从资产类型出发，设计业务对象，基于 MECE 方法，形成企业级不重复、原子级的服务能力，这就是一种典型的结构化需求分析方式。

5.7　领域驱动模型（DDD）——服务组件的设计

领域驱动设计是结构化分析业务的方法，DDD 包含一组分析问题的模式语言，如：实体、值对象、模块、领域服务等。DDD 重点强调在一个限界上下文（Bounded Context）中内容表述的通用性。

前面章节提到的 IFW 框架、BIAN 框架、APQC PCF 流程分类框架等内容，这些框架中关于领域模型的构建思想与 DDD 的理念是相通的。它们本质上都是一种结构化的问题分析策略，最终形成组织的各类原子化的资源构建块。这些构建块成为 SOA 组件，更容易被组织管理与持续的治理。

接下来，我们将介绍 DDD 的一些关键概念，通过对这些概念的介绍，希望能够在银行服务组件的设计中，有效地利用 DDD 的设计思想，包括与 BIAN 框架进行结合使用，从而能够设计出组织级可复用、易治理的服务组件（API），创建银行的价值网络。

5.7.1　DDD 的关键概念

（1）实体（Entity）

实体代表了一种现实存在，其"存在"是通过定义一组特征来实现，这些特征包括静态和动态两类，前者为属性信息，后者通常表达实体所能产生的行为。

实体主要分为三种类型。

- 客观实体：客观存在的实体，通常是拥有某种能力的载体。
- 抽象实体：主要是指不可见的实体，如软件实现的功能，作为能力的载体。
- 关系实体：描述的是两个实体之间存在的某种联系，这种联系是实体构成复杂系统的关键特征，也是分析两种业务实体（代表业务变量）行为趋势的基础性依据。

（2）值对象（Value Object）

值对象是类（Class）定义中几乎不变的数据，或具有一致变动性的特征，这些属性通常关系紧密，一个发生改变，其他通常也会跟着改变。例如：值对象"结算方式"中的凭证类型和凭证号码，当凭证类型发生变化的时候，凭证号码也会跟着变化。

（3）限界上下文（Bounded Context）

"限界"是指实体资源开展的活动空间边界，也就是领域边界。"上下文"是业务语义所关联的上下文环境。

限界上下文就是：在活动空间边界的上下文环境内，使用一种通用语言和一组确定的领域对象，保证限界上下文的沟通术语、领域对象存在明确的定义和解释，不存在歧义。因此，限界上下文主要是体现出语义标准化的边界。

例如：银行某职能部门的日常业务活动内容就是一种限界上下文，在这个活动内容中，大家遵循通用的业务语言进行沟通，处理大家可以共同面对的业务对象，如图5-57所示。

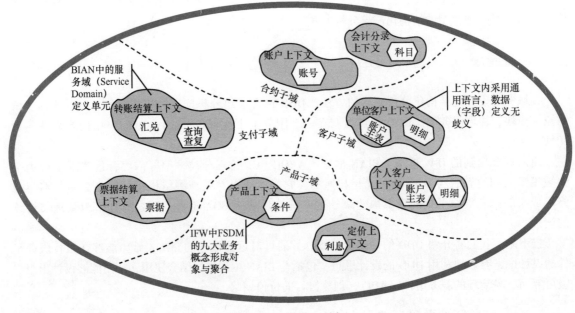

图 5-57　限界上下文

上图中，"账户"在单位客户上下文中，指代的是单位（对公）账户，在个人客户上下文中，指代的是个人（对私）账户。

对于每个子域中的限界上下文，可以成为新子领域的基础，即：可以根据需要进一步地划分子域。通常一个限界上下文可以映射为一个SOA服务。

合理地划分限定上下文的界限是DDD的核心内容。

现实中，"合理划分"是一项很难的操作过程，似乎经验的成分更高。按照领域驱动设计的原则，需要预先确定核心域，即：该领域必定有一个核心的能力需要实现，所谓核心的能力表现在对关键的业务对象开展的某种行为。其他的支撑域（子域）都是围绕该核心域而展开。

例如：存款账户余额更新，核心域是账户更新（代表客户资产的数据最为重要），支撑域是日志登记、明细记录、各种登记簿、会计分录等。

按照目前银行乃至其他类型企业的应用系统建设经验，一些通用的领域（通用子域）已形成共识。例如：身份权限管理上下文、日志管理上下文、监控系统上下文等等。这些限定上下文在理解上没有太大差异。关键是业务领域的上下文，在细分子域的过程中，尚没有统一的划分原则。

（4）领域（Domain）

领域是各类实体资源的活动空间。

人是一类最重要的客观实体，软件功能是最重要的抽象实体，都称为核心实体。而原材料、服务器设备、网络就是人类进行活动的从属实体。实体之间的协同就是关系实体。

实体的活动通常存在某种"业务"目标,目标的范围大小决定了可开展活动的边界,即领域边界。目标通常可分为若干个子目标实现,例如:银行战略目标分解为多个具体的战术目标,由不同的部门实现,每个部门从事不同的领域工作。因此,将目标可作为领域分解的一个标准,从而实现限界上下文的定义。

领域分解的结果表现为核心域、通用域、支撑域。其中,每种域又分为更细的子域,每个子域存在自身的限界上下文。例如:业务领域:客户,可以再分为:个人客户子域、单位客户子域。子域还可以再分,最终以单一职责作为原子级的子域标准。可以为子域构建领域模型,从而成为微服务实现的基础。

(5)通用语言(Common Language)

通用语言是构建在活动空间(限界上下文)内,能够让各类实体资源理解一致的业务表达规范。这些规范主要体现在各种构建块的术语表述。BIAN 框架就是一套银行利益相关者之间的沟通语言,BIAN 所建立的银行通用能力规范可以在企业级实现理解的一致性。

(6)领域模型(Domain Model)

领域模型是由各种实体(客观、抽象、关系)所编织交互形成的逻辑"结构网络",体现的是对现实业务活动现象的原理揭示。其形式化表示为服务能力以及业务对象。

每个业务对象不仅包含实体(Entity),也包含过程(Process),DDD 的关键落地目标是构建领域模型,为技术实现提供关键输入。如:BIAN 的服务域(Service Domain)模型、由多个实体聚合形成的业务对象模型(BOM)模型等。

(7)领域事件(Domain Event)

领域事件是领域建模最为重要的概念之一,是实现基于领域模型构建业务逻辑的重要策略。同时,领域事件也是微服务架构实现过程中的核心处理机制。

首先,"领域事件(Domain Event)是一条记录,记录着在限界上下文(Bounded Context)中发生的对业务产生重要影响的事情。"(《领域驱动设计精粹》[美] Vaughn Vernon)

(8)聚合(Aggregation)

聚合在领域驱动设计中拥有重要的地位。作为活动空间的领域范围内的资源(能力载体),主要包括:实体、业务对象、作为能力载体的实体自身所承载的行为方法等。

聚合是多个具有相关性的实体(Entity)的汇集,现实中的业务对象通常被建模成聚合。每个聚合内有一个聚合根、实体、值对象、领域服务方法(Service Operation)等领域对象。如:个人客户(领域类型:聚合根)、地址(领域类型:值对象)、账户(领域类型:实体或值对象)。同一个限界上下文内的多个聚合,通过应用层组合在一起共同实现了领域模型的核心领域逻辑。

聚合在技术实现层面具有重要意义:与单体架构不同,在微服务架构中,业务对象分散在不同的服务(Service)管理范围内。因此,需要避免跨越服务边界(就是进程)的对象引用。第二个挑战是微服务架构下的业务逻辑设计,这些业务逻辑受到微服务下事务管理的种种约束,维护服务之间的数据一致性,需要使用聚合来解决这些问题。

聚合模式下,服务(Service Operation)的业务逻辑通过多个聚合组成的一个集合来体现(注:在阅读 BIAN 框架中的 BOM 模型时,也会发现在一个 BOM 中引用其他 BOM,也间接说明了业务逻辑由多个聚合(BOM)组成,相关内容参见 5.3.2)。

聚合是一组对象，可以作为一个单元来处理，其优点是：

- 可以避免跨服务边界的对象引用。现实中，聚合之间的引用主要通过定义主键（聚合内部其他对象的唯一标识），而不是通过聚合内部的对象地址直接引用。
- 事务与聚合的一一对应。即一个事务维护一个聚合内部处理过程的一致性。通常，不允许一个事务维护两个聚合的一致性，如果对于一个服务操作两个聚合，就需要维护两个事务。这一点，与微服务事务模型的约束相一致。

聚合是一个特殊的超级对象（Object）。接下来，以图 5-58 为例解释聚合的应用。

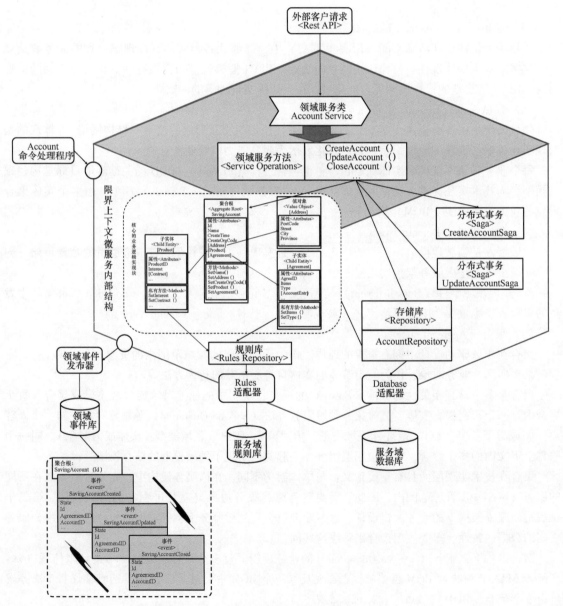

图 5-58　聚合的应用

图 5-58 中，Account Service 是领域服务类"账户服务"，其发布三个领域服务方法：CreateAccount（）、UpdateAccount（）、CloseAccount（），分别表示"创建账户""更新账户""关闭账户"。

SavingAccount 是聚合，它包含一个值对象 Address（地址），两个子实体：Agreement（协议）、Product（产品）。聚合内部对象之间的关系由规则库（Rules Repository）维护。分布式事务 Saga 管理聚合 SavingAccount 内部对象操作的事务一致性，包括两个事务：一个是维护创建账户的事务 CreateAccountSaga；另一个是维护更新账户的事务 UpdateAccountSaga。

由 Account Service 调用 AccountRepository 保存和加载 SavingAccount。现实定义中，AccountService 类具有针对多个"系统"请求处理的服务方法（Service Operations）。

对于 SavingAccount 聚合的每一次操作，都会通过领域事件发布器发布相应的领域事件（Domain Event），如：创建账户事件 SavingAccountCreated、更新账户事件 SavingAccountUpdated、关闭账户事件 SavingAccountClosed。

通过发布的领域事件，可以将聚合 SavingAccount 实例变化的各种情况记录下来，也就是保留了关于聚合变化的历史记录，为后续业务审计和监管要求提供依据，从而实现事件溯源（Event Sourcing）。

5.7.2　DDD 与 BIAN 的关系

通过对 BIAN 框架体系的认识，可以发现它与领域驱动设计的思想存在相通之处，BIAN 与 DDD 的相关概念存在可以映射的关系。接下来，本节从 DDD 的视角来认识 BIAN 框架体系，这样会更有利于加深对 BIAN 框架体系的理解。

1. DDD 资源与 BIAN 资源的映射关系

按照从上层服务场景到底层支撑资源的表达顺序，通过将 DDD 资源与 BIAN 资源按照功能建立映射关系，阐述两者在设计理念的相似性，以图 5-59 为例进行说明。

（1）服务场景层

服务场景层代表用户和银行进行业务活动交互的接触点，也是用户接口层。

如果以 BIAN 的视角，触点活动归属落到银行的业务区域（Business Area），即属于某个价值链的业务条线活动，如：客户条线、运营条线或产品条线。图中的服务场景为"资金转账"，它属于运营业务条线，故对应于 BIAN 价值链视图中"运营"业务区域。如果以 DDD 的视角，业务区域是一个顶层的限界上下文。

（2）应用层

应用层作为服务场景的表达层，是银行与客户之间传递的服务活动。

以 BIAN 的视角，则是属于业务领域（Business Domain）"清算与结算"中的服务域（Service Domain）所支撑的"支付"业务场景（Business Scenario），具体包括"行内汇款""跨行汇款""普通贷记"三项业务能力（Business Capability），当然业务场景还可以根据银行的设计需要进一步细分。

以 DDD 的视角，业务领域是一个限界上下文，它是承接服务场景实现的应用层，可以由不同的领域应用（由图中的"服务组件编排"而形成）提供场景服务，领域应用由领域服务层的领域服务组件组装而成。

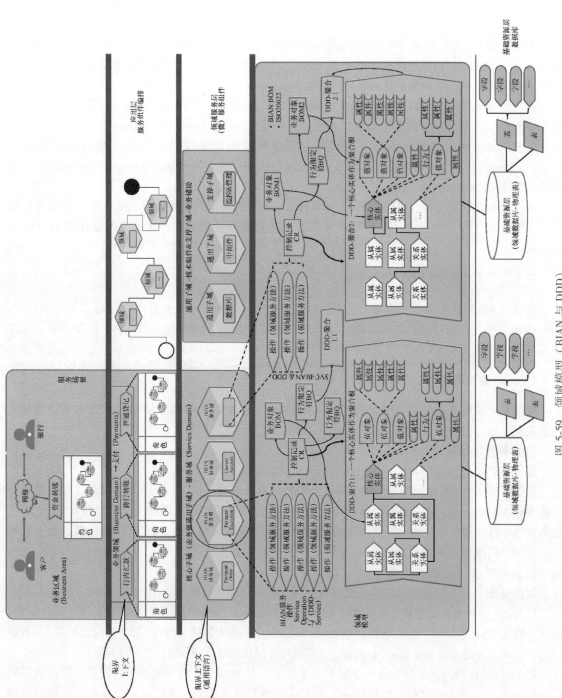

图 5-59 领域模型（BIAN 与 DDD）

（3）领域服务层

领域服务层是组织的核心业务逻辑层，通常属于基础的活动表述层。

以 DDD 视角，BIAN 的服务域就是领域服务层的"核心子域"，对应于 DDD 的领域服务（Domain Service），其包含的核心业务逻辑操作（Operation）是组织的核心资产，也是向价值网络生态开放的领域服务方法 APIs。同时，领域服务还包括一组"通用子域"和"支撑子域"，主要侧重于与业务逻辑无关的处理功能。

以 BIAN 的视角，领域服务层的"核心子域"是服务域，其整体结构模型与 DDD 的"领域模型"设计理念较为吻合。两者所涉及的资源组件可以实现一定的映射关系，具体如下：

1）BIAN 服务域拥有一个独立并且完整的上下文，它相当于 DDD 的限界上下文。

2）BIAN 服务操作与 DDD 的领域服务方法可以形成映射关系，两者都以企业级标准化的 API 形式对外发布。

3）BIAN 控制记录和行为限定符与 DDD 聚合形成映射关系，BIAN 的控制记录由一组业务对象聚合而成，这些业务对象与 DDD 聚合中定义的实体映射。

4）BIAN 业务对象与 DDD 实体及值对象形成映射关系。需要指出的是，DDD 实体和 BIAN 业务对象都是对业务概念的一种抽象，如：客户（Customer）是一个业务概念，供应商（Supplier）也是一个业务概念，但是参与者（Party）则是两者的一种抽象表达，就是业务对象。

此外，需要说明的是，BIAN 业务事件与 DDD 领域事件（服务域与领域事件代表了一个 SOA 服务，通过事件完成 SOA 服务之间的调用）功能相似，也可建立映射关系。

（4）基础资源层

数据库的存储层，由于领域模型涉及的实体（或业务对象）按照业务逻辑所设计，其与最终定义在数据库中的表结构，即实际的物理数据存储结构存在不同，两者不是普通的映射关系。

2. BIAN 服务域体现服务的内部结构

以图 5-60 为例，说明 BIAN 服务域的内部结构。

• 服务域"Saving Account"中的服务操作（Service Operations）作为领域服务方法，以 Rest API 形式"/DepositsandWithdrawals/…/Payments/…"对外部提供基于 http 协议的访问机制。

• 领域服务方法的操作数主要是以业务对象（BOM）为基础的各种行为限定符（BQ）、控制记录（CR）等资源。业务对象中定义了更为具体的领域服务方法和实际处理的实体对象，服务方法会根据需要使用在服务域规则库中定义的业务规则。

• 由业务对象导出的数据信息最终存储在服务域数据库中。

• 如果业务活动需要多个服务域（每个服务域映射为一个微服务）组合协作完成，并将不同服务域的领域服务方法编排构成支持业务活动的处理过程，那么，为了保证处理过程中事务的一致性，需要 Saga 机制实现分布式事务管理。

• 领域服务方法在执行完毕后会向领域事件发布器发布相关主题的领域事件，以供其他服务域的领域服务方法进行后续的业务处理。

需要指出的是：基于 BIAN 服务域所构建的 SOA 服务，在展现微服务架构下的事务一致性方面，与 DDD 聚合的事务管理机制相同。

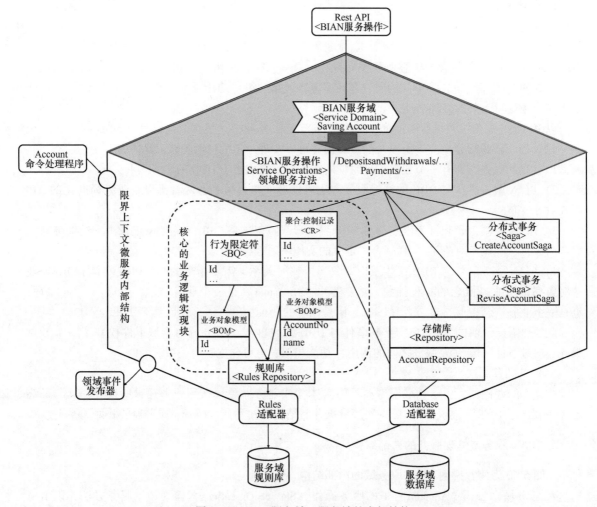

图 5-60　BIAN 服务域：服务域的内部结构

　　另外，BIAN 的核心业务逻辑由作为领域模型的 BOM 来实现，其中，BOM 中的实体对象之间的业务规则（注：主要是"if"条件表达式中的内容）可以独立出来，形成规则逻辑，定义在规则库中（如规则管理系统）。

　　至于领域事件溯源涉及的事件，可以记录在 BIAN 控制记录（Control Record）中。

5.8　银行产品建模

　　本节主要内容介绍如何通过产品建模来设计可定制化的银行产品。

　　首先，给出银行产品的定义，接着对定义内容进行解构，形成一组构件要素，并为每种构件要素定义一组特征参数，每个特征参数可以持续分解形成层级化结构体系。

　　然后，设计银行产品（建模），首要任务是确定银行产品的特征，而构件要素和特征参数为满足这一点提供了支持。其中，产品特征由产品属性和属性的值构成，产品属性由构件要素支持，而产品属性的值由特征参数赋予。

　　接着，基于构件要素和特征参数来设计定义银行产品的组件：元构件、条件构件、计算构件、基础产品件，并说明可售产品就是由这些组件组装而成。

　　本节最后，介绍了产品建模和 BIAN 框架体系的关系，解释了现实中，BIAN 服务域如何与产品建模的工作实现有效的衔接。

5.8.1　银行产品的定义

　　什么是银行产品？银行产品与制造业产品有何本质不同？如果结合"产品"的生命周期与价值创造过程来看，上述两种"产品"在产生来源、产品性质、流通性、所有权、风险等方面会有很大的不同。

　　（1）产生来源

　　制造业产品是企业需要耗费一定的成本，通过采购原材料，经过再加工生产的、具有使用价值的物品，通常是有型产品。

　　银行产品则是吸收社会闲散资金，通过对其占有一定的时间周期并付出相应的资金成本（存款利息），利用期限错配机制，对这些资金开展以放贷、投资等活动赚取收益（贷款利息或投资收益），获取的收益与资金成本的差额构成了银行的主要利润来源。从这个意义上讲，银行产品反映的是货币的时间价值。

　　（2）产品性质

　　制造业产品是一个基于原材料再生的有形产品，满足客户的使用需求。银行产品本质上则是一种"服务"，满足客户的生活、经营需求或者一种期望（如投资收益、通过存款获取利息等）。

　　（3）流通性

　　制造业产品因其具有使用价值，购买者采购完产品后，可以再经转手将其销售，最终产品的使用价值被持有者消耗殆尽，产品的生命周期以"报废回收"而结束。因此，制造业产品不能在市场中无限流通。

　　银行产品则不同，因其"材料"的特殊属性——货币等价物，有些银行产品（如大额存单、有价票据）可以在市场上无限流通，它没有所谓耗尽使用价值的说法，也不存在自身成本折损的情况（不考虑通货膨胀、利率变动等因素，此部分也不是本书讨论内容），银行产品始终被烙印上"价格额度"不变的资金属性。

　　（4）所有权

　　制造业产品的所有权一旦在交易活动完成、契约效力条件成就后，其所有权就发生了转移（详细的售卖包修包换等条款暂不考虑）。

　　银行产品的所有权并不存在转移的情况，其货币归属始终属于借贷者，要么是银行、要么是客户。银行产品所有权转移大多发生在客户购买的贷款产品出现违约、等价抵债押品所有权的转移。

　　（5）风险

　　制造业产品完成了产品交割，实现了所有权的转移，契约即刻受到法律保护，出售方基本不存在风险（产品的质量保证不在讨论范围内）。

银行产品即使完成了协议签订，并约定了详细的条款，但仍然会发生双方违约的风险。如：购买的存款产品可能会出现因银行经营问题导致的损失，银行出售的贷款产品可能因为客户的经济能力恶化而导致还不上借款。

综上，结合行业共识，银行产品是银行向市场和客户提供的一种赋予货币化属性的服务，该服务以满足客户社会性活动的某种需求，或者实现一种期望；同时，该服务需要满足一定的风险控制条款，以确保资金持有者及资金所有权的安全。

5.8.2 银行产品的设计模型

现实生活中，我们经常会遇到各类银行产品：存款产品、贷款产品、理财产品等。

根据上节对银行产品的定义内容，这些"产品"本质是银行提供的某种服务。而在这些"服务"中，却能发现一些相对固定的表现模式。接下来，通过分析银行产品中体现出某种共性特征的"模式"，以找到构成银行产品的基本结构。

首先，通过对这些"模式"进行抽象总结，定义出一般意义上的模式分类。然后，对每种模式分类解构成基本的构件要素以及构件要素之间的关系，构件要素代表了银行产品的"属性"。最后，对构件要素根据"分类描述符"进行详细分解并分类，形成下一级构件要素，直到确定影响"模式"的最小构件要素："特征参数"及特征参数之间的关系。这些特征参数是银行产品的属性更加具象化的"值"。因此，构件要素与特征参数形成了一个层次化结构的金字塔模型。

例如：构件要素"监管规格约束"可以按照不同监管机构（此时，"监管机构"作为"分类描述符"）下的不同监管政策，设置不同的监管规则，一旦选择了某一个监管规则，该规则条目就成为产品属性的值。因此，通过对构件要素的不断分解直到定义特征参数为止的过程，可以看出，这种处理方式与 BIAN 业务对象（注：10 个顶层业务对象）可以向下不断分解、衍生更具体的业务实体过程是相似的。

上述分析框架一旦建立，根据总结的构件要素和特征参数并为之定义数据字典，通过为构件要素选择不同的特征参数（体现为具体的数据"值"），定义出一个银行产品的特征（产品属性和产品属性值），进而定义出新的银行产品。

下面，通过对银行产品的结构图（见图 5-61），来进一步说明上述分析框架。其中，图中"(A)"表示不同构件要素的特征参数可以进行组合定义银行产品的特征。

图中，银行产品为整体树形结构的'根节点'，6 个分类模式为'子节点'，结构中一级构件要素为'子节点'，次级构件要素以及再次分类后的多级构件要素为'子节点'，特征参数作为不可再分的"构件要素"成为'叶子节点'。

1. 银行产品的结构分析

（1）模式

通过对银行产品的定义："银行向市场和客户提供的一种赋予货币属性的服务，该服务以满足客户社会性活动的某种需求，或者实现一种期望；同时，该服务需要满足一定的风险控制条款，以确保资金持有者及资金所有权的安全。"从中取得特征点如下：

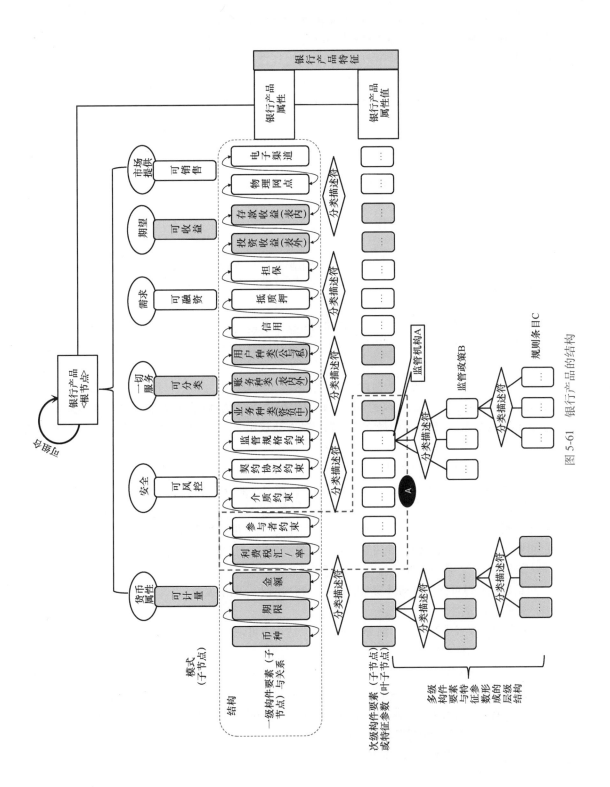

图 5-61　银行产品的结构

货币属性、安全、服务、（满足）需求或期望、（向）市场提供。

将这些特征点抽象总结为六种"模式"分类，分别介绍如下。

- 可计量："货币属性"反映了产品的价值可以计量，也就是银行产品能够以明确的方式计算产品的"价值"。例如：客户投入确定金额的存款在固定时间周期内会变得比原来的本金多。
- 可风控："安全"反映了银行产品具有可以进行风险控制的属性，通过利益相关者的条款约定，可以保证银行产品对应的资金安全。
- 可分类："服务"反映了产品可以分类，银行的产品种类存在多种类型（典型的外售产品，如资产类、负债类等）。
- 可融资："需求"反映了银行产品具有可融资的属性，客户通过向银行融资以满足生活、经营等社会性活动的资金需要。
- 可收益："期望"反映了银行产品能够为客户实现收益的价值，客户通过银行的产品服务实现资金上的收益。
- 可销售："市场提供"反映了产品可以向市场及客户进行销售，银行产品具有向客户流通的渠道。

（2）结构

按照六个模式分类来介绍每种模式包含的构件要素。

- 可计量：支撑可计量的基本构件要素，包括：币种、金额、期限、银行四率（利率、费率、税率、汇率）。
- 可风控：支撑可风控的基本构件要素，包括：参与者约束（客户、银行）、介质因素（确保业务活动能够正常执行）、契约协议约束（客户与银行之间定义的促使产品交易能够实现的所有条款，包括：双方权益、产品特征的最终定义都反映在协议中）、监管规格约束（监管层面对风险控制的把关）。
- 可分类：支撑可分类的构件要素，包括：业务种类（资产、负债、中间业务）、账务种类（表内、表外）、用户种类（对公、对私）。正是因为用户、业务、账务存在种类不同，才能够影响到银行产品实现可分类。
- 可融资：支撑可融资的构件要素，包括：信用、抵质押、担保等。
- 可收益：支撑可收益的构件要素，包括：投资收益、存款收益。正因为投资可以实现收益、存款可以实现收益，才能够影响到银行产品实现可收益。
- 可销售：支撑可销售的构件要素，包括：物理网点、电子渠道。

（3）构件要素分类

对每一个构件要素进行细分，细分的颗粒度以适用、可理解为原则。构件要素分类是一个持续改进的过程，分类的标准会因为来自市场和客户的需求而产生不同的结果。例如："用户种类"，选择按照'年龄（描述符）'分类或者按照'职业分类（描述符）'，最终会定义出不同的银行产品，如：老年人存款产品、工商个体户的贷款产品等。

一个银行完整的上述构件要素的全部分类结果，体现的是可定义的银行产品所涉及的全部产品属性或属性值（"属性"映射到物理数据库表为字段，"属性值"为数据记录），这些产品属性和属性值可以构成描述银行所有产品特征的命名空间。

2. 银行产品模型的两大构建块

上面分析了银行产品的结构,确定了若干项构件要素。由于这些构件要素彼此之间存在着关系,为了更有效地通过模型来快速设计产品,需要为这些构件要素建立一个更宽泛的分类,即:这些构件要素是否能够归属到一个或几个更大领域范围内。这样,就可以聚焦到这些领域范围内设计产品构建块。

从银行产品定义中,我们知道,安全性是银行产品一个重要的构成部分,因货币资金的所有权没有转移,银行与客户之间只是借贷关系。因此,安全性决定了产品实体和其他业务实体的关系是定义银行产品(安全性)不可忽略的组成部分。

我们在前面分析银行业务活动时,介绍了 10 种构成交易行为的要素,即:抽象的业务实体。这些业务实体在业务活动事件的整个过程中,产品处在中心位置(如图 5-62 所示)。

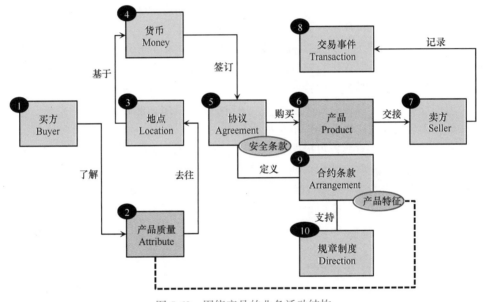

图 5-62　围绕产品的业务活动结构

有关产品特征和安全条款都反映到合约条款和协议中,产品特征记录了涉及产品自身(质量规格)的全部信息,安全条款记录了产品与其他剩余实体的关系信息约定,如:渠道地点、监管政策与银行制度等公共条款、协议本身(形式、生效信息)等。

因此,银行产品模型就可以按照两大构建块进行设计与实现:产品特征和安全条款。接下来,将银行产品的构件要素分别归类到产品特征和安全条款这两个构建块中。

5.8.3　定义产品特征和安全条款

有了构件要素和特征参数,就可以定义产品的特征。银行产品特征由产品属性和属性值构成。其中构件要素的定义可作为产品的属性定义,特征参数的定义可作为产品属性的值。

图 5-61 描述了银行产品的基本结构，但是，对于每个构件要素，下一层级的特征参数则需要根据更多的实际情况进行定义（如：产品的定价本身蕴含着极其复杂的金融学知识，已超出本书的写作范围）。我们以目前银行主流的产品类型来进一步认识产品模型，从而视其为银行产品定义的指导框架。

产品模型的价值是根据一个规律可循的框架去定义更多的产品，包括产品组合，而不是一次性给出银行全部的产品定义规格，这本身是一件难以穷举的工作。

接下来，介绍以产品模型为基础进行银行产品的定义——产品特征定义，这是产品建模的核心内容。银行产品特征定义实际包括两部分工作：一个定义产品本身的特征；另一个与产品相关的安全条款。

（1）定义产品（本身的）特征

定义产品特征主要涉及可计量、可分类、可融资、可收益四个模式。

可计量的构件要素有币种、期限、金额、四率。其中，币种可以分为本外币等国际法定货币；期限可以分为固定期限和灵活期限，固定期限可设置 6 个月、1 年、3 年、5 年、8 年等，灵活期限不受限制，一直到账户销户为止；金额可以设置为具体金额或区间金额；银行四率是指利率、税率、费率、汇率。上述构件要素作为银行的产品属性可以根据实际需要设置不同的特征参数，即定义产品属性值，从而体现产品的不同特征。

可分类的构件要素有业务种类、账务种类、用户种类。其中，业务种类包括资产、负债、中间业务类；账务种类包括表内、表外类；用户种类包括对公（单位）类、对私类等，对公类又可分为同业客户和非同业客户，对私类可根据更多的"分类描述符"（如：职业、年龄、行业等）再进行细分成特征参数集。

可融资类的构件要素有客户想融资的类型，包括信用贷款、担保贷款、抵质押贷款等融资形式。每种形式又可以结合其他构建要素的特征参数，实现参数组合后的分类，如：结合可计量的构件要素"期限"的特征参数"1 年期""10 年期"，形成期限为 1 年期的流动资金贷款、期限为 10 年期的长期贷款等分类。

可收益类的构件要素有：客户为获取收益通过银行开展投资活动的"投资收益"、向银行存入资金以获取存款利息的"存款收益"。其中，投资收益在结合构件要素"业务种类"的特征参数"理财""信托"的情况下，分别为理财收益、信托收益等；存款收益在结合构件要素"期限"的特征参数"定期""活期"的情况下，分为定期存款收益和活期存款收益。

（2）定义安全条款

定义安全条款主要涉及可风控、可销售两个模式。

可风控模式表示银行产品的"买卖"需要对参与者进行必要的约束，如：客户是否存在洗钱的情况。因此，KYC（Know-Your-Customers）对于风险控制是必要的。介质约束表示银行和客户之间达成的交易协议需要有法律认可的形式化凭证，如：银行卡、回单、对账单、支票等有价票据等。契约协议约束是基于银行制度定义的关于银行与客户之间关于交易合法性、产品规格等细则声明，协议受到法律保护。监管规格约束是监管机构、法律法规等公共框架约束下的关于银行业务活动的相关管理规定。

其中，契约协议约束定义了包括产品特征（由产品的属性和值来描述）以及其他特征在内的所有条款化的规则，因此，构件要素"契约协议约束"的特征参数可以如：对账单（形式和发送周期等）、回单（形式或发送时间）、密码（设置形式、密钥介质）、身份验证（人脸识别、身份证联网核查等）、例外条款（如：用户的一些涉及政策性的特殊业务处理）。该构件要素的特征参数与要素"介质约束"的特征参数"纸质""电子"组合，形成纸质协议或电子协议的定义，如：纸质对账单、电子对账单。

可销售模式表示银行具有向市场提供产品的渠道，包括物理网点或各种电子渠道。其中，电子渠道包括移动、网银、电话银行、视频银行、社交网络等。

产品特征体现为产品属性和属性值（由构件要素和特征参数支持），所有产品特征之间都可能存在直接或间接的关系，例如：期限的长短与利率的大小、利率的大小与客户（客户的某些性质会使其获得更优惠的利率）的评级、利率大小与信用质量、金额大小与用户评级（大额存款容易提升客户评级）、费率大小与渠道的种类（物理渠道汇款需要收手续费、有些电子渠道可能免收手续费）等。

5.8.4　基于组件的银行产品组装过程

构建一个银行产品，除了定义产品的基本说明外，剩下的工作主要是定义银行产品的特征，生成产品定义模板工件，最终借助技术加以实现。

前面介绍了定义银行产品特征的基本方式，产品特征由产品属性和产品属性的值构成，其中，在产品设计模型中，产品属性体现为一组构件要素，产品属性的值体现为特征参数。

产品的基本说明主要是指：产品自身基本的规格描述信息（或产品的元信息）：业务类别、产品类型、产品名称、产品描述、产品组别、生命周期定义（有效起始、终止日期）等，通过这些说明可以对银行发布的产品有个概括性的了解。

接下来，主要介绍定义产品特征的两个环节：构建银行产品的基本构件；利用基本构件组装成银行产品。

1. 构建银行产品的基本构件

基于产品的设计模型，构建银行产品的基本构件主要是指：对独立的构件要素及其特征参数集合设计的功能实体——元构件；元构件与元构件之间的组合形成的计算构件；计算构件与计算构件之间组合形成的基础产品件，元构件或计算构件在组合的过程中还需要条件构件，以控制组合的结果有业务意义。这些通用工件（Generic Artifact）共同构成了银行产品的基本构件。

（1）元构件

作为一个功能实体，元构件的结构包括过程和操作数。

其中，过程是对构件要素以及特征参数的管理过程，包括加载操作数、创建元构件实例等；操作数是描述构件要素及特征参数集合的业务对象，技术表达可以通过表结构和 JSON 数据结构进行定义，JSON 的嵌套数据结构形式能够更清晰地表达构件要素的层级分类结构。

元构件也存在一个基本说明，内容为：当前分类描述符、功能性描述内容、构件要素名称、特征参数、启用时间、终止时间、当前状态（是否可用）。

（2）条件构件

条件构件是用于处理业务规则的功能实体，它是实现元构件之间建立连接（组合）的桥接

"中间件"。如果没有条件构件，元构件之间的组合通常会缺乏必要的业务价值。

当一个元构件需要与另一个元构件建立连接时，源元构件将调用条件构件，将源元构件中的某个构件要素和特征参数作为条件构件的输入，条件构件将对这些输入的信息进行业务规则（通常是预先定义的具有业务意义的规则条目）的判定，判定完毕后，将返回的结果信息（通常也是特征参数）传给目标元构件。

条件构件的操作数即为"规则条目"，规则条目是一组预定义的输入特征参数和输出特征参数的记录，如图 5-63 所示。

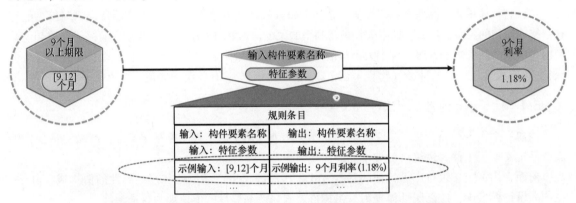

图 5-63 源构件中的特征参数通过条件构件处理输出特征参数

例如：图中"利率"构件要素的特征参数"9 个月利率（1.18%）"与构件要素"期限"的特征参数"［9，12］个月"进行组合前，需要由规则条目中定义的规则进行判定，该规则是："如果输入'［9，12］个月'，那么，需要返回'9 个月利率'"，如果没有这个规则，输入的特征参数'［9，12］个月'，将难以匹配到有效的特征参数。

因此，条件构件也是体现元构件之间联系的关系实体。

条件构件除了在元构件之间建立连接外，还可以在计算组件之间建立连接，实现具有更高业务价值的组合。图 5-64 显示了一个条件构件连接了两个元构件：处理期限的元构件和处理利率的元构件。

此外，条件构件的基本说明内容为：功能性描述内容、构件要素名称、启用时间、终止时间、当前状态（是否可用）、外部数据服务（调取动态的数据，如实时挂牌利率）。

（3）计算构件

通过将不同的元构件进行连接，可以形成具有更高业务价值的组合。计算构建之间的组合也是通过条件构件作为桥接而实现。

2. 基本构件组装银行产品

基本过程：首先，实例化元构件和条件构件；其次，组合元构件形成计算构件；再次，将计算构件组合形成基础产品件；最后，基础产品件调整规则条目和元构件的特征参数，形成多种可售银行产品。

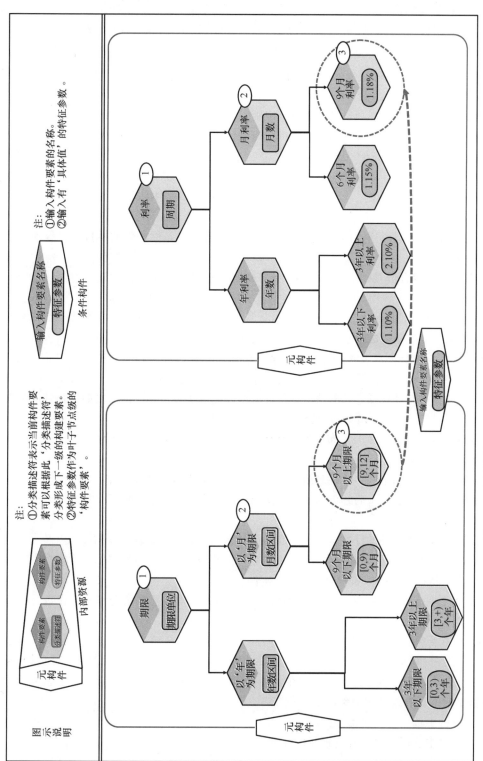

图 5-64　条件构件连接两个元构件实现有业务价值的组合

（1）构件的实例化

元构件的实例化：元构件本身是对构件要素及特征参数集合的整体功能定义。元构件的实例化，就是基于'构建某类产品'这一目的确定并选择特征参数。例如：图5-64中的"①②③"这一'枝叶路径'，表示了在构件要素"期限"和"利率"的'树形层次结构'中选择的特征参数。

如果条件构件选择了规则条目中的特定规则（记录），则条件构件完成了实例化。

计算构件的实例化是通过元构件的实例化而完成。

（2）计算构件组成基础产品件

基础产品件：多个计算组件连接，可以组合成一个基础产品件。

接下来，以图5-65为例，介绍元构件、条件构件、计算构件是如何组装成一个复杂的基础产品件。

1）元构件组合成计算构件：通过不同的元构件集合，在条件构件的桥接下，分别组合形成了两个计算构件。

2）计算构件组合成基础产品件：两个计算构件通过另外的条件构件建立连接，组合形成了一个基础产品件。

3）基础产品件的实例化形成可售产品：计算构件在实例化后，所有与基础产品件相关的特征参数全部确定，也就是完成了基础产品件的实例化。输出的工件就是一个可售产品。

4）调整元构件特征参数和规则条目记录：基础产品件通常代表了一种可售产品。现实中，对该可售产品中的元构件的操作数（构件要素的特征参数）进行稍微调整，并在规则条目中定义一条新调整的操作数与其他操作数的映射记录，就可以形成多种可售产品。例如：基础产品件是定期存款，可以通过调整期限，并在规则条目定义一条新调整的"期限"与其他"利率"的映射记录，即可实现不同定期存款产品的发布，如"1年期定期存款""3年期定期存款"等，不同期限的定期存款产品的利率显然是不一样的。

需要说明的是：两个或多个计算组件可以形成颗粒度更大的计算组件，也就是，在计算组件和基础产品件之间，可以为了后续创新银行产品而构建更多的计算组件模板，从而提升产品构建的敏捷性。

下面将介绍两类典型的计算构件：产品特征计算构件和安全条款计算构件，以及它们是如何组装成基本产品件的。

（3）产品特征计算构件和安全条款计算构件

1）产品特征计算构件：将与产品自身特征紧密相关的构件要素集合作为操作数并建立处理过程的功能实体。

以图5-66为例，图中的计算构件操作数为币种、期限、金额、利费税汇（四率）、业务种类、服务种类、用户种类、信用、抵质押物、担保、投资收益、存款收益等12项构件要素。接下来，定义一个"个人定期存款"产品，分别在上述12项构件要素中选择了9项，并从这9项构件要素中选择需要的特征参数（图中深色部分）。

- 从币种中选择"人民币"。
- 从期限中选择"月"作为期望的存款期限。

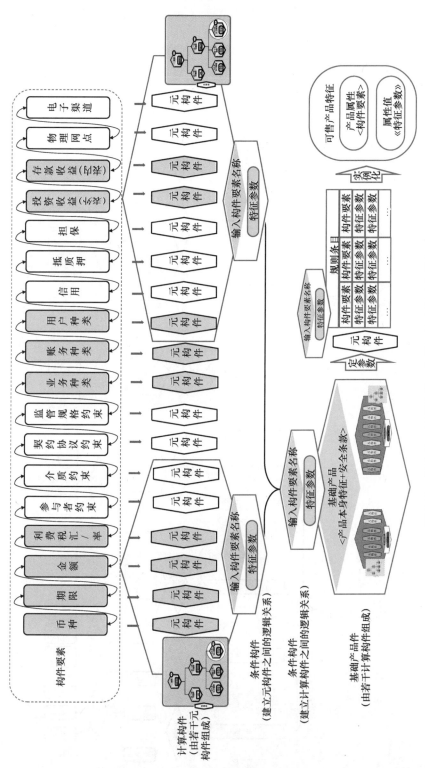

图 5-65　元构件、计算构件、条件组件及基础产品件

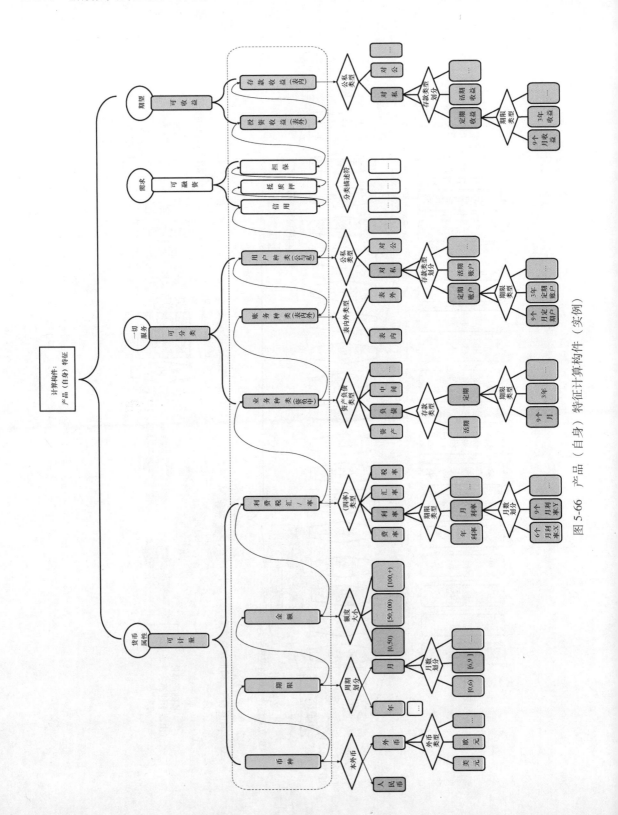

图 5-66 产品（自身）特征计算构件（实例）

- 金额 "50 万以下" 作为存款的期望存款额。
- 选择 "9 个月" 的利率作为基准利率。
- 选择 "对私" 的 "9 个月定期户" 作为账户开立标准。
- 收益对应为 "对私" 的 "9 个月存款收益"。

注：由于定义的是存款产品，图中 '可融资' 模式中的 3 个构件要素是不需要的。

综上选择的结果，一个定期存款产品相关的产品特征计算组件就构建完成。接下来，需要为该产品配套设置安全条款，毕竟银行产品的本质是服务，服务行为需要确保金融资金安全。

2）安全条款计算构件：将与产品安全条款紧密相关的构件要素集合作为操作数并建立处理过程的功能实体。

以图 5-67 为例，图中的计算构件操作数为介质约束、契约协议约束、监管规格约束、物理网点、电子渠道等 5 项构件要素。

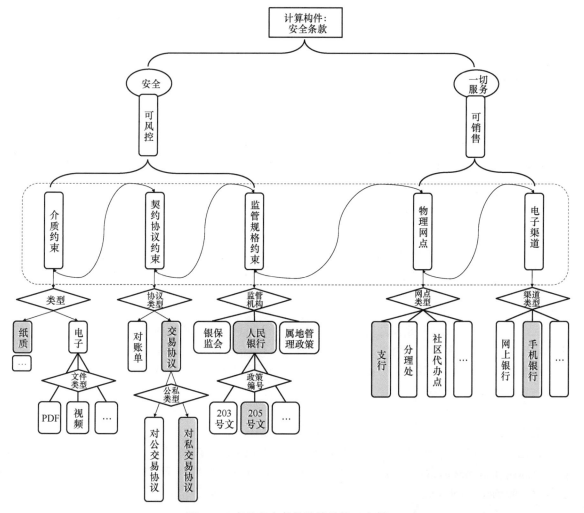

图 5-67　产品安全条款计算构件（实例）

接下来，继续为"个人定期存款"产品定义安全条款信息，分别在上述 5 项构件要素中选择需要的特征参数（图中深色部分）。

- 从介质约束中选择"纸质"。
- 从契约约束协议中选择"对私交易协议"作为产品的合约。
- 从规格约束中选择"人民银行"的"205 号文（仅供示例说明，不作为实际产品定义的条款标准）"作为产品需要遵循的监管要求。
- 产品可以在物理网点"支行"或电子渠道"手机银行"购买。

有了安全条款做保障，该产品可以就作为一个可销售的基础产品件。

通过将产品特征计算构件和安全条款计算构件进行组合，可以快速定义出银行产品，如图 5-68 所示。两个计算构件通过一个条件构件完成了组合，接着，对上述两个计算构件中所涉及的元构件以及规则条目的特征参数进行调整，就可以发布正式的可售产品，可售产品拥有完整的银行产品特征，体现该特征的产品属性和属性值，分别源自计算构件中涉及的构件要素与特征参数。

需要指出的是：每一个银行产品特征，除了核心特征外，还存在三个描述性特征："产品特征适用性价值""产品特征适用性起始日期""产品特征适用性终止日期"，表示产品特征的生命周期属性，即并非在任何情况下该产品特征都会被启用或有效。

总结：一组"计算组件"组装在一起，就形成了一个"基础产品件"或组合产品。从基础产品件中溯源到元构件中的操作数（特征参数）并加以调整，就可以输出一个基础产品件的实例，即：可销售的银行产品。

银行产品又可分为标准化产品和定制化产品。标准化产品几乎对同类客户群体适用，属于无差别化的销售产品。定制化产品可以根据客户的具体情况（各种 CRM 中定义的业务信息）进行针对性的产品定义（例如：VIP 客户的产品套餐，定义在契约协议中），理论上可以做到一户一产品。

5.8.5　银行产品模型与 BIAN 框架体系的关系

前面介绍了 BIAN 框架体系，BIAN 侧重在企业级能力建设领域，对于"产品建模"本身，是对产品如何设计与实现给出具体的方案细节。也就说，交付的"产品本身"是 BIAN 所阐述资源中的一个通用工件（Generic Artifact），这样，BIAN 服务域（包括服务操作）、通用工件、产品本身就建立了上下衔接的关系，如图 5-69 所示。

因此，银行在完成产品建模之后，就可以交付一个通用工件——建模规格（Specification），技术在实现产品之后，就可以交付另一个通用工件——开发项目（Development Project）。

理解了上述内容，在现实中，就可以清晰地平衡产品建模和 BIAN 框架体系运用的关系，也能够在两者之间形成有效的工作衔接。

下面，我们以 BIAN 提供的业务场景"创建新产品（Create New Product）"为例，进一步解释上述观点，如图 5-70 所示（资料参考来源：BIAN 官网-www. bian. org）。

创建新产品包括 6 个服务域：产品组合（Product Portfolio）、产品设计（Product Design）、系统开发（System Development）、产品部署（Product Deployment）、产品目录（Product Directory）、金融会计（Financial Accounting）。

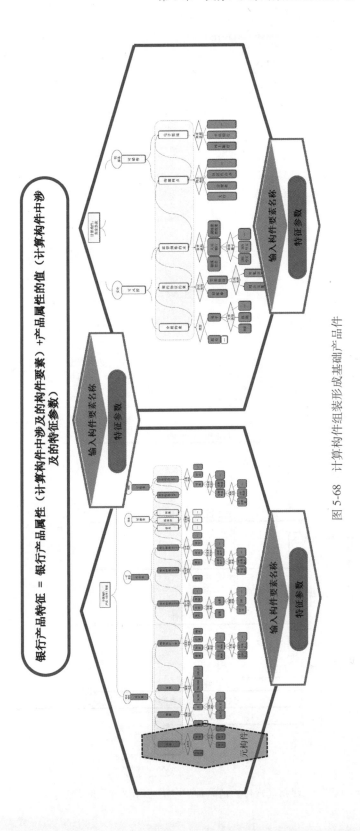

图 5-68 计算构件组装形成基础产品件

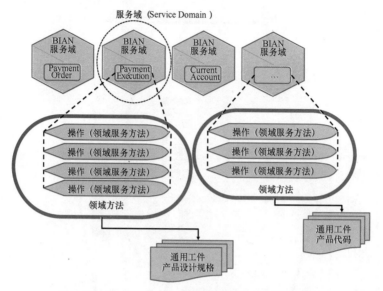

图 5-69   BIAN 服务域、通用工件与产品本身的关系

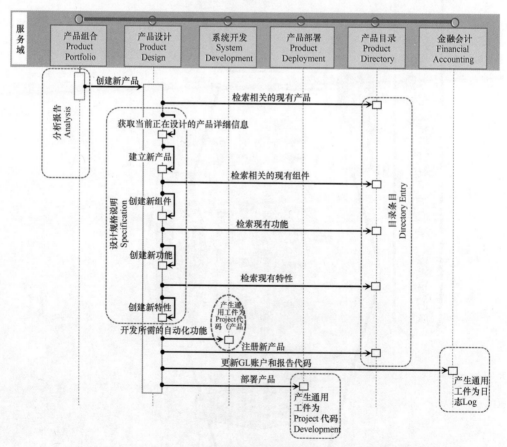

图 5-70   创建新（银行）产品-通用工件与产品建模的关系

下面，分别介绍每个服务域的能力输出和产生的通用工件。

1. 产品组合

该服务域"Product Portfolio"通过对市场需求的分析，产生了通用工件分析报告（Analysis）。然后，向产品设计服务域"Product Design"发起请求，现实中，可以理解为向该服务域的 API 团队申请产品设计的资源。

2. 产品设计

产品设计服务域"Product Design"收到分析报告（Analysis）后，由 API 团队开始设计产品。这其中需要经过四个主要阶段后，进入系统开发，这四个阶段是：

（1）检索相关的现有产品

通过银行产品设计模型，我们知道：银行新产品的规划，可以通过对现有的产品继承其功能的方式开展设计工作，毕竟，对于要设计的功能已经存在的前提下，会加速产品设计的进程和质量。

针对产品目录库中已有产品的详细信息，通过与分析报告（Analysis）的差异化比较，进而提出新产品的设计方案。

此阶段产生的通用工件是新产品的设计规格。

（2）检索相关的现有组件

对于新产品设计过程中需要的新组件（如：业务部件、元基件等），需要先检索产品目录库中现有的组件资源。如果需要的组件存在，就可以集成进来；如果不存在，就需要创建新的组件。

此阶段产生的通用工件是组件设计规格。

（3）检索现有的功能

对于新产品设计过程中需要的新功能，需要先检索一下产品目录库中，此前的产品是否已经实现了该功能，如果已经实现，就可以将这部分功能集成到设计方案中；如果不存在，就需要创建新的功能。

此阶段产生的通用工件是功能设计规格。

（4）检索现有的特性

对于新产品设计过程中需要的新特性，需要先检索一下产品目录库中，此前的产品是否已经具备了该特性，如果存在该特性，就可以借鉴到设计方案；如果不存在，就需要创建新的特性。

此阶段产生的通用工件是特性设计规格。

3. 系统开发

完成产品建模的工作后，根据输出的通用工件，向系统开发服务域"System Development"的 API 团队申请资源，以开发实现新产品。

此阶段产生的通用工件是一个产品开发项目（Project），即：新产品本身，包括：产品代码和相关技术实现文档。开发的产品注册到产品目录中。

4. 产品部署

将开发的产品（编译后的代码以及相关使用规范说明的文档），上架到产品目录库，以供后续的营销团队开展商品销售工作。

此阶段产生的通用工件是开发后的可售产品（Development）。

5. 产品目录

在产品设计和产品部署阶段，都需要向产品目录库检索相关已经存在的资产。该 API 团队维护着与产品相关的各种数字化资产。

此阶段产生的通用工件是产品目录库（Product Directory）。

6. 金融会计

该服务域的 API 团队主要对创建产品整个过程中的投资组合进行会计层面的管理。

此阶段产生的通用工件是日志或台账信息等（Log）。

综上，通过对 BIAN 框架体系下，创建一个新产品的过程分析，业务能力（服务域）的输出过程与产品建模的过程实现了统一，尽管产品建模是一个独立的过程。理解了 BIAN 和产品建模的关系，可以在现实中，更好的组织服务域的 API 团队和产品建模团队的工作协同。

第 6 章
DTbanko 的数字化转型

如果缺乏必要的投资组合准则，变革就会成为一时的冲动，从而产生种种谬误。

——托尼·萨尔哈德《数字化转型路线图》

从第 6 章到第 8 章，本书以 DTbanko 这个虚构的银行为例，介绍该银行实施数字化转型工程的实践情况。

本章就 DTbanko 银行实施数字化转型工程的背景、痛点、目标、关键举措进行了描述，并为后续开展数字化转型提供了指导性原则。

6.1 DTbanko 的基本情况

DTbanko 是一家在全国范围开设有分支机构的大型商业银行。DTbanko 开展信息化建设的历史已有 20 余年。在这个过程中，DTbanko 建设了近百个规模大小不同的各类应用系统，这些应用系统有力地支撑了业务发展，DTbanko 也因此积累了比较丰富的信息化实践经验。

近年来，随着全行业数字化转型的加速，DTbanko 开始积极引进各类有利于银行运营发展的技术解决方案，增强自身的数字化成熟度，并重点考虑运营变革，推进数字化转型。

DTbanko 全行拥有多种渠道，以部门银行为单位开展业务活动。业务部门与技术部门的项目合作一直遵循着委派关系。技术部门主要承接来自业务部门的需求，开展需求分析工作，搭建应用系统实现功能，最终交付业务部门使用。没有建立起技术部门提出创新解决方案，进而引领业务创新或运营模式变革的协作机制，而业务部门的创新大多局限在本业务单元内部，很难有精力去跟踪行业技术发展（当然，对于大多银行，跟踪技术发展这项工作本身也不是业务部门的职责）。业务创新也主要集中在引进同业银行已经付诸实施的方案，导致在市场竞争层面，DTbanko 差异化竞争优势并不明显。

为此，DTbanko 在业务线单元开展了一些数字业务场景的落地实践，但出发点是解决业务连续性问题。随着管理层对整体业态环境的深入分析，以及对数字化转型的深刻认识，该银行决定，需要以全新的系统视角来审视 VUCA 条件下的银行经营与管理，确保在接下来的市场竞争中建立竞争优势。

DTbanko 的管理层认为，以现有应用系统为支撑基础的运营体系，借助局部改良以提升效能，已很难适应未来不可预知的市场环境变化，银行需要建立一种敏捷应对市场与客户需求的能力。基于此，DTbanko 需要规划一个企业级的数字化转型方案。

DTbanko 决定通过实施数字化转型工程，为银行构建一个全新的组织管理模式：以营销 5.0 为驱动，以企业级构建块为价值创造资源，通过数字化技术赋能，实现客户与银行的价值共生。与此同时，建立一个以知识管理推动组织精进的机制，并具备持续转型能力的敏捷银行。

6.1.1 DT 工程实施背景

多年以来，DTbanko 一直重视技术赋能对于业务发展的推动作用。2000 年前后分别完成了传统柜面业务的物理集中处理、前后台分离的业务流程再造工作，取得了运营管理能力的提升。在此基础上，后期又对运营中的主干系统进行共享服务平台的能力建设，通过共享服务中心可复用的数据、流程和规则的组件，实现了运营管理能力又一个大的提升。

尽管现有支撑业务运营的应用功能已达极致，包括稳定性和效率都比较高，但是，DTbanko 秉承多年对经营管理能力和质量的高要求，对拥抱 DT 时代一直抱有浓厚的期待。

如何在卓越运营的同时把握 DT 机遇？这个现实的问题就摆在了 DTbanko 的管理层面前。因此，在继续对卓越运营进行数字化完善（在原有的价值主张上实现卓越运营）的同时，需要对支撑卓越运营的能力与数字化技术进行整合，重塑价值主张，以实现从卓越运营向敏捷运营——构建敏捷的数字银行跃迁。也就是，除了当前实现卓越运营的主干系统，需要继续建设数字平台这一新的能力，实现共享服务平台向数字平台的能力跃迁，如图 6-1 所示。

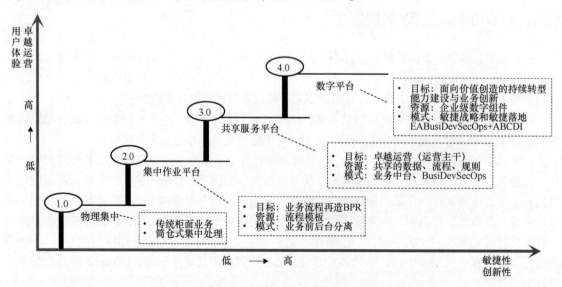

图 6-1 实现由共享服务平台向数字平台的能力跃迁

6.1.2　DT 工程实施总体思路

数字化转型是一项系统工程，无论是对组织的影响还是实施的难度，是以往各类以业务应用为导向的系统建设项目所难以比拟的。仅以数字化转型框架 DTF 所涵盖的内容，就可以体会到其困难程度。

因此，作为企业级层面的系统工程，必须要在实施前给出一个清晰的规划思路，从而为 DT 工程的实施奠定扎实的基础。在形成总体方案思路之前，DTbanko 对其所面临 VUCA 现状，以 STEEP 驱动因素（社会 Social、科技 Technology、环境 Environment、经济 Economic、政治 Political 五个领域）作为影响 VUCA 的因素进行了分析，如图 6-2 所示。

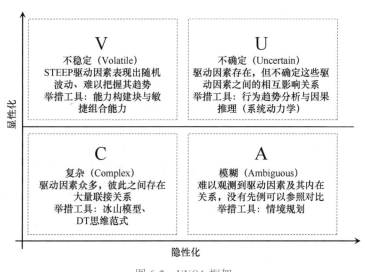

图 6-2　VUCA 框架

- V-不稳定性（Volatile）：主要是指 STEEP 的各个驱动因素表现出随机波动的现象，从而难以把握这些驱动因素所呈现的趋势。应对不稳定性，可采取的举措为能力构建块与敏捷组合能力，即：DTbanko 在具备企业级能力构建块体系并且基于这些构建块进行敏捷组合时，可以快速对"不稳定性"进行响应。

- U-不确定性（Uncertain）：表示 STEEP 驱动因素存在，但不确定这些驱动因素之间的相互影响关系，从而无法做出进一步的分析与决策。应对不确定性，可采取的举措为行为趋势分析和因果推理，即：DTbanko 需要对驱动因素之间的相关性，利用行为趋势图等进行分析可能存在的因果关系。

- C-复杂性（Complex）：STEEP 驱动因素众多，这些驱动因素彼此之间存在大量连接关系，难以从中获取清晰的关系脉络。应对复杂性，可采取的举措为冰山模型或 DT 思维范式，即：通过系统思考以分析出关键（少数有限）的驱动因素，从而把握复杂性的主因。

- A-模糊性（Ambiguous）：难以观察到 STEEP 驱动因素及其内在关系，没有先例可以参照对比，从而无法建立一个实际的方案。可采取的举措为情境规划，即基于现有已知的信息和合理的构想建立符合逻辑的场景（Scenario）和预案，从而为开展行动奠定基础。

通过上述分析，DTbanko 认清了其所面临的 VUCA 现状，在此基础上形成了项目总体方案的思路（如图 6-3 所示），主要包括以下三个关键点：

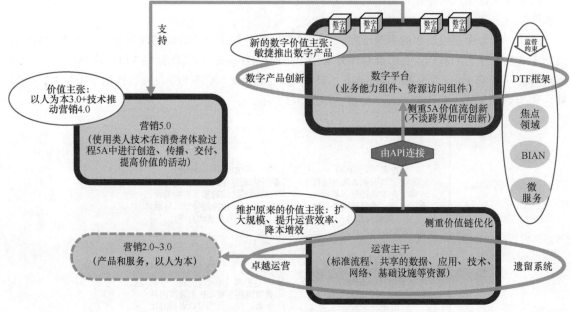

图 6-3　DTbanko 数字化转型的总体思路

1. 建立营销 5.0 驱动的数字化战略规划

营销 5.0 是营销大师科特勒特出的数字化转型时代的营销革命理念。营销 5.0 强调使用"类人技术"在整个消费者体验过程 5A 中进行创造、传播、交付和提高价值的活动。其中，类人技术主要是指各种数字化技术的协同实现所展现的技术能力。营销 5.0 结合了科特勒先后提出的营销 3.0（强调以人为本）和营销 4.0（技术推动营销）。实现营销 5.0，组织需要借助数字化技术构建一种"类人能力"，以实现 5.0 所倡导的人机协同的行为能力。

基于上述认识，DTbanko 首先需要转变思路，将"以我为主"的卓越运营开展得好就能够实现价值持续增长的观点，转变为关注整个行业生态因开展 DT 所带来的影响，进而实施主动进攻的策略。

营销 5.0 对于 DTbanko 的影响在于，它传递了这样一种理念：深度地感知客户体验旅程中的每一个接触点，重新认识客户价值主张，并能够敏捷地开展服务设计，进而让客户体验受到"无微不至"的尊重，当然，服务设计的规格需要遵守监管约束的框架。

综上，DTbanko 将业务战略（规划）聚焦于关注营销情境：时刻感知消费者在客户旅程（5A）中的每一个接触点的行为，并快速地输出匹配的服务。如果做到这一点，就需要 DTbanko 建立一种柔性的、持续创新的能力组件，以体现其应对 VUCA 条件下的敏捷性。

2. 构建支撑营销和数字产品创新的数字平台

支持营销 5.0，就是以客户旅程地图 5A 为切入点进行服务设计。

首先推导出银行客户侧的业务流程，然后推导出银行经营侧的业务流程。随着流程地图的配套组成部分不断完善，银行后台的核心流程、支持流程和管理流程会不断地被囊括进来。这样，一个端到端的客户体验流程就实现了驱动银行产品及服务产生"效益"的价值流。

数字平台的实现机制是基于 DTF 框架下，引用 BIAN 框架，对 DTbanko 进行概念化业务建模。将银行横向的企业架构层面（指导级、运营级）、纵向的关键领域（组织、文化、技术、客户、战略、员工等）方面进行网格化分区，这些网格形成了实用的业务能力组件、资源访问组件。

数字平台以这些（能力）网格组件为资源，开展独立的、自负盈亏的数字产品特性经营。通过为组件配置相应的人力资源，实现一种分布自治式的敏捷团队。组件的原子化特征，可以更加方便地获得云原生技术的支撑。

3. 持续优化运营主干

DTbanko 拥有众多的遗留应用系统，这些系统作为运营主干系统（简称：运营主干）支撑着卓越运营体系。遗留系统在支撑当前银行创造经营利润活动的同时，还需要为数字平台产品创新提供"锻炼和支持"的作用。

"锻炼"就是基于当前遗留系统的业务资产和技术资产，抽象出必要的、最迫切、最常用的组件。利用这些组件，实施一些数字平台产品的创新工作。这样做的好处是，避免了数字平台成为下一个新的信息孤岛。

"支持"则是遗留系统为数字平台提供业务主数据。数字平台或科技金融平台的特点就是非主数据丰富，缺乏业务主数据。所以，银行在开展生态合作时，运营主干还发挥着银行业务主数据支持各项业务活动的作用，同时，运营主干为营销 2.0 和 3.0 提供了产品及服务的持续优化职能。

随着数字平台业务运营的成熟度提升，最终实现运营主干向新的运营主干（数字平台）的自然过渡。

4. 持续优化以营销 2.0、3.0 驱动的当前产品及服务的卓越运营体系

历史上，国内外大型的传统银行都经历了营销 1.0、2.0 时代。营销 1.0 代表了卖方市场，一般产品管理优先于营销管理，营销更多体现在促销上，较少考虑客户体验。营销 2.0 则倡导了做好服务的理念，受理客户业务过程的服务态度得到了改善。但是，服务态度并不能代表银行产品及服务本身的质量和满意度。此时，客户更关注价值观层面的需求得到认同，也就是，客户可以主动选择服务提供方，这就是营销 3.0。

目前，银行作为服务实体经济的金融机构，在一定程度上享有卖方市场的特点，对某些业务的运营仍旧按照营销 2.0、3.0 的特点进行。所以，DTbanko 对这类遗留系统业务的运营，需要在管理上继续下功夫，减少成本、避免浪费、提高效率，实现更多的盈利。

可以确定的是，组织在营销观念上需要尽快跟上时代，营销不是促销、卖方市场正在不断减少。随着营销 5.0 时代的到来、数字经济及数字化产品的成熟，遗留系统提供的产品及服务运营会

呈现萎缩趋势。

6.2 项目实施准备的举措

考虑到数字化转型工程的复杂性与难度，DTbanko 认识到，在正式开展 DT 工程实施之前，有必要让全行人员正视这项工程。故需要确立指导 DT 工程实施的思考框架、转型框架、行动框架，以确保 DT 执行的总体策略不存在偏差。

上述三个框架反映了 DT 工程实施过程中，组织需要具有系统的思考方式、清晰的转型路线图、合理的行动指南。这才可以将 DT 工程引入正确的方向，而在 DT 工程实施的整个过程中，对上述三个框架的有效执行，很大程度上可以确保工程实施的成功。

6.2.1 建立组织级一致的思考框架

为什么思考框架对于开展 DT 是如此重要？思考框架是增强认知过程、提升认知结论的可靠性、权威性的重要工具。日常在认识问题时，如果我们建立的思考框架不牢固，得出的解决方案就很难具有说服力，难以在企业级范围内得到广泛的认可。

因此，在准备实施 DT 工程之前，DTbanko 管理层认为，有必要对全员进行认知 DT 理念的宣贯，阐述思考框架——DT 思维范式。通过这种方式，希望达到以下三个目标。

1. 在 DT 工程实施前对 DT 工程的实施建立正确的认识

数字化转型所承载的组织目标，显然不是一两个具象化的数字化场景就可以代表的。DT 工程实施的结果，是要为组织构建一个应对 VUCA 条件下来自市场或客户需求变化的敏捷反应特性，本质上是数字化技术加持下的企业级能力建设。

认识到上述这一点，需要对目前银行外部经济环境和社会环境做一个理性的分析。需要从各个组织的诉求中，明确银行数字化转型的内涵。这就需要组织基于冰山模型、DT 思维范式，对 DT 现象开展深层次的解构，从而得出 DT 工程的正确定位。

2. 在 DT 实施过程中确保不同团队和个体的观点可以快速地达成一致

现实中，DTbanko 中不同的团队或个体对 DT 如何实施和怎样实施有着不同的理解，这就会在组织中间形成因认知不同而导致 DT 实施目标不一致的情况出现。故 DTbanko 需要一个可靠的思考框架进行"认知矫正"。

DT 思维范式可以避免对实施目标认识不一致的问题，避免对各种不同观点验证而导致的不必要的试错成本。

3. 形成可靠性、权威性高的方案结论

DT 是企业级的系统工程，组织最终需要在企业架构的各个层次完成数字化转型。这一过程中形成的各种方案往往都是整个企业范围内产生效果的，影响大，范围广。

因此，DT 工程对于体现各种方案的通用工件（Generic Artifact）质量要求标准非常高。也就是

说，一旦工件成为企业级范围内通用的规范，那么其内容很少会发生变化。如，BIAN 框架体系的服务域能力规范一旦定义完成，通常情况下，其内容逻辑的稳定性需要在价值链活动的范畴内得到足够的保证。

尤其 DT 工程作为一个"复杂的动力系统"，各种企业级构建块无论在价值链还是价值流方面，对其他的构建块都具有一定程度的影响。因此，构建块（工件）必须建立在可靠的思想框架基础上，其权威性才能获得保证。

DTbanko 导入数字化转型框架（DTF）这个最主要的"工件"，就是希望为数字化转型工程的开展提供可信赖的指导方案。DTF 中涉及了开展 DT 工程所需要的知识范畴、支撑组织效能的一致性领域、企业架构、各种领域模型，以及最终实现 DTbanko 数字产品创新的数字平台与持续优化卓越运营的遗留系统——运营主干，这些都是开展 DT 所不可或缺的，需要在 DTbanko 中得到一致的认可。

6.2.2　导入数字化转型框架

银行数字化转型框架 DTF 是一个指导 DT 工程实施的路线蓝图。DTF 中定义了银行开展 DT 的六个顶层领域（企业架构中业务架构的关键领域）。这六个领域中的资源，如果能够对来自内外部的需求提供一致性的行为组合，那么，就表明银行的业务活动效率和质量达到最佳。

DT 工程的实施，核心工作是围绕 DTF 进行银行组织的构建块设计，这些构建块主要包括能力构建块、信息构建块、服务构建块。此外，各种构建块的定义规范必须是企业级适用标准。

DTbanko 结合自身业务架构，将六大关键领域映射到银行价值链体系，然后，利用 BIAN 框架体系的构建块进行映射，建立一套为 DTbanko 开展数字化转型的企业级构建块。

这些构建块是原子化架构的基础，而原子化架构下的能力构建块资源，能够为 AI 提供一种可计算的模式，在结合数字化技术的情况下，实现业务创新的涌现计算，为银行持续的转型活动提供有力的支持。

6.2.3　采取一致性的行动框架

DTbanko 认识到，在导入数字化转型框架 DTF 后，一个持续不断的重要工作是设计各种企业级构建块，以及利用这些构建块进行业务创新的组装活动。因此，需要为这两项活动定义行动框架，确定设计构建块和利用构建块进行业务创新的行动指南。

DTDM 是开展 DT 工程实施的行动框架，DTDM 始终按照八个核心要素作为指导进行 DT 工程的实施，能够在各个不同的独立经营团队（也称为 API 团队）之间建立一致性的行动方案，从而有利于这些团队资源的快速协调。这在敏捷团队的组织运作模式中是常见的组织建构模式。

通过导入 DTDM，由于各个独立经营团队采用的行动框架相同，团队人员具备了一组标准化且在 DTbanko 内部进行跨组别工作的能力，就可以实现人力资源的能力分区管理。

DTDM 包含企业级的行动规范，对于组织新进人员，可以通过快速地学习这个行动规范进行团队的建设、开展行动和人员之间的交互，从而在整个 DTbanko 体系中降低沟通成本，提升活动效率。

6.3 引入银行业企业能力框架——BIAN

BIAN 的框架体系为银行定义了一套从高层战略决策、管理层的流程管理，到运营层的开发运营等任务规范，从系统思考的角度为银行提供了结构化的管理手段。

BIAN 体系在组织、独立经营团队、价值链、价值流、与产品工厂的衔接、客户洞察等方面，涵盖了 DTF 焦点领域所需要的业务能力、业务对象、服务接口等标准。此外，BIAN 框架体系还提供了场景（Scenario）范例，为能力框架（服务域）的使用提供了指导以及情境规划参考，这些都有利于 DTbanko 顺利地开展数字化转型。

因此，DTbanko 决定引入 BIAN 框架体系作为构建银行企业级能力框架的参考模型，主要利用其构建能力构建块、信息构建块、服务构建块。

6.3.1 构建 DTbanko 的能力构建块

首先，将 DTbanko 的价值链视图与 BIAN 框架体系的价值链视图进行映射，分析两者的差异，为框定所需的 BIAN 能力构建块——服务域（Service Domain）确定范围。

其次，将 BIAN 框架体系中的业务区域（Business Area）、业务领域（Business Domain）与 DTbanko 现有的业务区域、业务领域进行映射，分析两者的差异，按照 BIAN 的业务区域与业务领域标准，作为 DTbanko 数字化转型的业务区域和业务领域。

再次，分析 BIAN 框架体系中的业务领域中的服务域，考察这些服务域与 DTbanko 现有能力体系的映射分析情况，如图 6-4 所示。

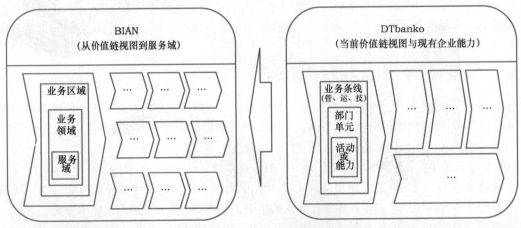

图 6-4　BIAN 服务域框架与 DTbanko 现有能力体系的映射分析视图

能力构建块的确定，为后续的组织管理、价值链活动的确定奠定了基础。

BIAN 框架体系中的服务域，不仅可以作为现实中单独运营的实体，而且，每个服务域的资源都可以构成一个独立经营团队。因此，BIAN 的服务域设置为组织结构的转型提供了直接的落地方案。

6.3.2　构建 DTbanko 的信息构建块

DTbanko 的遗留系统承担着运营的主干功能。因此，遗留系统中本身拥有各种信息——业务对象（Business Object）。这些业务对象构成了 DTbanko 现有的信息构建块。

在上述情况下，DTbanko 需要按照 BIAN 框架体系中的业务对象模型——BOM（Business Object Model）分析当前遗留系统（包括各个竖井式业务应用系统）的信息模型，分析这些信息模型中关于业务对象定义的规范性。DTbanko 遗留系统的各个应用系统中存在大量的重复功能的实现。DT-banko 需要梳理遗留系统中的数据信息，按照每个服务域管理一个对应的业务对象模型（BOM），以更加合理的方式构建适用于 DT 的信息管理模式。在技术实现层面，BIAN 的业务对象能够转化为分布式架构的数据（模型）存储与管理模式，如：将各个竖井式的数据库按领域（如服务域）划分，形成 DTbanko 一套共享且一致性的主数据信息，通过对 BIAN 业务对象模型与 DTbanko 遗留系统中数据信息的映射分析可以实现该目标，如图 6-5 所示。

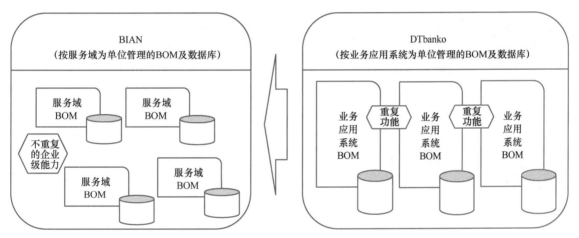

图 6-5　BIAN 业务对象模型与 DTbanko 遗留系统中数据信息的映射分析视图

此外，由于 DTbanko 的应用功能接口中的消息规范主要是以业务应用系统满足部门单元的业务需要而设计，导致在编排应用系统的功能接口形成业务场景时，通常都面临很多的困难，造成应用功能对接不顺利。在这种情况下，如果贸然地修改接口消息规范，又会对遗留系统的现有对接渠道资源产生波动性的影响。

BIAN 的服务操作接口中定义的消息规范，能够确保 API 在集成时实现高效的对接，其根本原因来自于业务对象模型的设计是企业级要求，从而便于 API 在对接处理上，很少会出现因消息规范定义不合理而导致的对接失败。

6.3.3　构建 DTbanko 的服务构建块

DTbanko 实施数字化转型的目标是建立一个以 DTbanko 为中心的行业生态环境，将各类利益相关者纳入到这个生态环境，推动利益相关者实现价值共生。

因此，DTbanko 需要编织一个生态级的价值网络，并以生态驱动者的姿态连接利益相关者，敏锐洞察客户需求，快速地建立各种价值流。

  服务构建块是 DTbanko 最终和利益相关者建立连接的物理表现形式，服务构建块通过发布开放的 API 接口规范，以供服务消费者使用。这与 DTbanko 现有遗留系统提供的大颗粒度功能集成模式有根本的不同，这些功能集成模式大部分是封闭的接口，通常与已有固定的渠道实现了紧耦合模式下的集成。由于功能颗粒度较大，大部分不适合直接发布给利益相关者，难以为生态资源提供更加灵活的连接方式，所以需要把 DTbanko API 规划向 BIAN API 规划对齐，为了实现这一目标，需要对 BIAN 服务操作接口 API 与 DTbanko 大颗粒度功能集成接口进行映射分析，如图 6-6 所示。

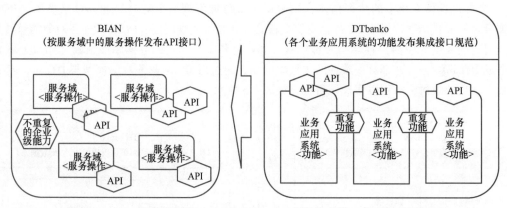

图 6-6　BIAN 服务操作接口 API 与 DTbanko 功能集成接口的映射分析视图

第 7 章
DT 工程具体实施详述

凡是在理论上一切争论而未决的问题，那就完全由现实生活中的实践来解决。

——车尔尼雪夫斯基

本章介绍 DTbanko 银行在实施数字化转型工程时的关键举措，包括：实施团队建设、重点转型领域、数字平台建设、工程管控方法、阶段性反馈机制等方面，以便为后续的技术承接方案提供方案指导。

7.1　成立 CEO 领导的战略规划 CXO 团队

本节说明了 DTbanko 组建数字化转型团队的情况，涉及了管理组织、运营组织和技术组织。

7.1.1　组建以 CDO 领衔的转型管理组织

DTbanko 管理层为了确保数字化转型工程能够按照科学合理的方向持续开展，组建以 CDO 领衔的转型管理组织成为 DT 工程开展的首要任务，这也是从 DTbanko 顶层构筑确保 DT 工程不断成功的基石。为此，DTbanko 设计了以 CEO 统领全局的 DT 转型变革管理团队，如图 7-1 所示。

- 根据 CDO 候选者既是创新型高管又熟悉数字技术的要求，DTbanko 确定了 CDO 人选，专门负责数字业务创新。银行的 COO 是经营型高管，负责当前盈利业务，COO 负责推动运营主干系统对数字创新所需资源的支持工作，CDO 与 COO 处于 CEO 的领导之下，共同向 CEO 汇报 DT 工程的实施情况。

- CDO 组建 TMO 转型管理办公室，作为 DT 日常工作的常规管理和协调中心。该办公室具有两个核心功能：一个是对 DT 转型过程实施日常生命周期管理，另一个是对 DT 过程涉及的投资组合的决策。针对这两项核心功能，CDO 确定了相应的人选。

- 按照 DTbanko 整体战略确定的数字业务分类进行独立经营团队的搭建，每个经营团队内部可以再细分子业务经营团队。组织级的经营团队包括："客户洞察"团队、"客户吸引"团队、"服

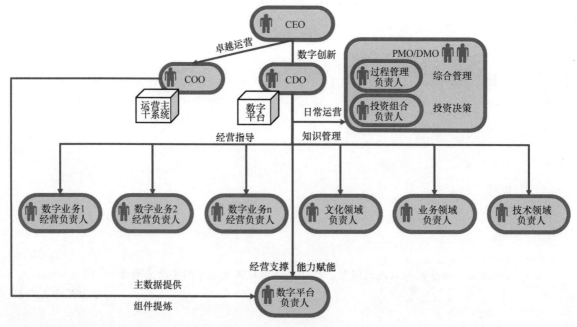

图 7-1　DTbanko DT 的转型变革管理团队

务内容"团队、"产品及服务"团队、"营销"团队、"品牌"团队，DTbanko 高层定期对这些团队进行经营指导和资源协调，但不干涉各团队的内部运营。

- 确定人力资源的协调和分配。人才分为"文化领域""业务领域""技术领域"三类，CDO 确定三类人才的负责人。这些负责人配合 CDO 及各经营负责人，把相关资源分配到各经营团队中。
- 确定数字平台负责人，为各经营团队建立业务创新平台。同时，COO 要在当前盈利业务的运营主数据、运营的业务及技术抽象等方面对数字平台负责人进行支持和提供。

通过以上这几支队伍的协同，建立起了 DTbanko 在战略层、管理层、运营层的动态响应、预测、决策机制，最终目标是建立数字银行的迭代经营管理体系，实现银行经济价值、社会价值、客户价值、股东和员工价值。

7.1.2　建立以客户需求为中心的经营团队

DTbanko 数字业务经营的分类划分，取决于银行对经营目标的战略定位，在执行层面，起步于这些产品及服务提供给客户旅程体验的接触点设计，推导出银行前端业务流程、再导出银行中后端业务流程、引入关联的银行支持流程。

我们把这些内容定位为基于客户的需求，按照营销 5.0，在满足面向产品或服务的卓越运营基础上，向客户提供以生活事件为中心的精益服务，降低客户解决问题的总成本。

所以，以客户需求指导银行经营落地是数字业务经营团队的核心参考点。为此，DTbanko 设计的数字业务经营团队如图 7-2 所示。

- CDO 牵头相关人员根据 DTbanko 对数字业务的战略定位，确定 DTbanko 的数字业务经营的分类。

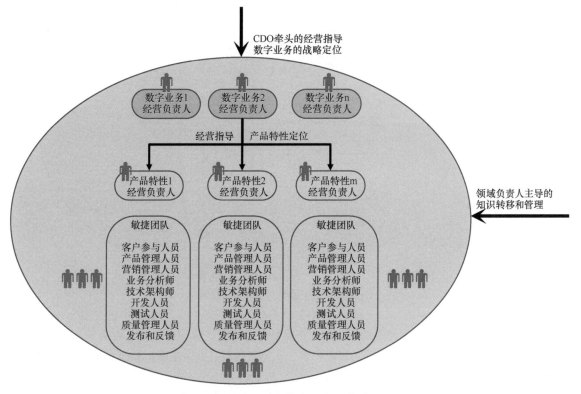

图 7-2　DTbanko 数字业务经营团队

- 根据确定的数字业务经营目标，分为若干独立经营这些产品的团队；CDO 等高层负责资源协调和经营指导。
- 每个经营团队内部根据各自的情况，可以再分为独立经营的敏捷团队；每个敏捷团队内部包含的人员角色基本齐全，岗位相互独立但服务于共同的目标。
- 每个独立产品团队中的人员，从专业角度都接受各相关岗位专业人士的知识指导，并开展定期交流。

7.1.3　建立数字赋能的技术团队

DTbanko 非常重视 EA BusiDevSecOps 整体目标和流程的一致性。根据企业战略到业务架构，再到技术架构与实现的整个连贯过程，DTbanko 设计了如图 7-3 所示的业务与技术领域专家团队。

- 组织级领域专家，包含了本组织所有经营业务所需要的各领域人才（分为：文化类、业务类、技术类）。每个领域的负责人，定期给本领域的岗位人员提供辅导。
- 文化类团队：在文化类领域层面，负责主动创新文化、敏捷试验文化等的企业文化检核；根据数字团队自负盈亏、数字人才管理的诸多新特点，该团队按照数字平台创新要求管理和协调相应的岗位人员；为数字人才创造所需的外部环境、创新机制。

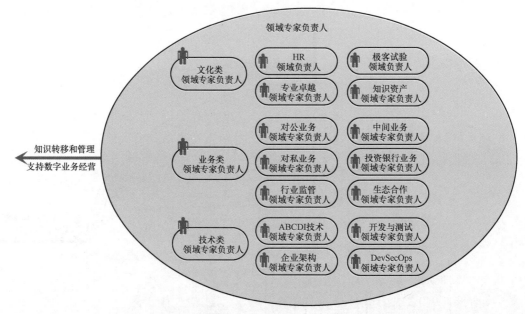

图 7-3　DTbanko 业务与技术领域专家团队

- 业务类团队：在业务领域层面对于数字产品特性的经营，领域专家给予业务知识上的支持，并形成数字业务不同于传统业务特点的知识积累。在监管科技、数字生态、科技金融等接口和合作方面提供专业指导。
- 技术类团队：在技术领域层面给予其他领域层面的支撑，主要包括利用数字技术 ABCDI 赋能的团队、开发与测试专家、DevSecOps 以及增强企业架构非功能属性等的专家资源。

7.2　DTbanko 在六大焦点领域的实施落地

DTbanko 需要解决的一个核心问题是：怎样才能使接受银行服务的客户旅程不中断和被放弃。为此，DTbanko 围绕 DTF 六大焦点领域而开展 DT 的相关举措，并设计了相应的解决方案，具体包括三方面：

- 一是从营销 5.0 驱动的客户旅程地图作为切入点，掌握第一手的业务需求来源，逐步推导出银行在客户接触点的前台流程以及内部需要实现的业务流程。
- 二是通过情境规划方法，通过对未知情境进行 AI 计算预案，设计情境构建块，以解决客户旅程中断问题。
- 三是围绕 DTF 构建业务能力以支撑情境构建块的实现，而利用 BIAN 服务域能力构建块和开发的能力构建块，则是实现六大领域业务能力的基础。

7.2.1　以营销 5.0 驱动的全景方案

为了解决银行客户旅程中避免因外部环境的变化而放弃旅程的核心问题。或者说，如何不受外部影响地"持续牵引"客户愉悦地体验完银行服务旅程。需要从数字时代客户的旅程特点、结合 VUCA 环境特点来进行分析，从而推导出银行前台提供的流程和内部的业务流程。

客户旅程（5A）是数字时代营销 5.0 提供的核心内容之一，这也是 DTbanko 采用以营销 5.0 驱动的业务战略的原因所在。经过 DTbanko 的努力，规划了开展 DT 工程的方案，方案围绕一个关键问题：VUCA 时代如何更合理地维护银行的客户旅程（5A）体验？

图 7-4 通过分析客户旅程（5A）的结构，给出了支撑维护 5A 旅程体验的关键因素。

- STEEP 框架：是指推动组织不断演进的驱动力，可以用 STEEP 框架加以总结。
- 5A 客户旅程：主要是指营销大师科特勒提出的通用框架：5A 模型。包括：察觉（Aware）、吸引（Appeal）、提问（Ask）、行动（Act）、宣传（Advocate）。科特勒认为，5A 描述了数字化时代消费者购买和消费产品服务的整个历程。此外，该 5A 旅程可以很好地与数字化技术进行融合。
- 服务接触点：消费者在 5A 旅程中通过服务接触点（包括银行提供的信息），实现与银行或企业的互动，感受银行的服务，并实现客户的价值主张。
- 服务（价值流）设计：针对接触点，银行（或价值网络生态者资源）提供有助于实现客户价值主张的运营价值流。
- 情境构建块（Scenario Building Block）：DTbanko 认识到，在 VUCA 条件下，需要对 5A 旅程进行情境规划，形成 DTbanko 预测客户与银行连接行为的情境模板，即：以 5A 元素为内容的情境构建块，其中涵盖情境中出现可能异常行为的对策预案。
- 数字化转型框架（DTF）：为了快速支持情境（或对策）构建块的执行，DTbanko 需要敏捷提供具有行为一致性的业务能力，这些业务能力则由 DTF 框架六大领域进行输出。
- BIAN 框架体系：实现 DTF 六大领域输出业务能力的基本服务构建块，这些构建块与数字化技术融合，最终反映到对 5A 旅程中的服务支撑。

7.2.2　通过情境规划解决核心问题

DTbanko 为了解决"客户旅程不中断"的核心问题，主要采用了"情境规划 AI 计算"的方法，以建立客户旅程体验可能的演进蓝图，并给出实现蓝图的解决方案。

所谓情境规划，就是以合理性为出发点，将现实与虚构进行有机融合，并构建一个符合现实世界的心智模型。该模型反映了 VUCA 条件下客户旅程体验的过程蓝图。当构建的情境逻辑（不只有一个）拥有足够的合理性，其在真实世界中成功运行的概率就越高。

DTbanko 以冰山模型作为情境规划的有力工具，为此勾勒出一个"客户旅程"情境的"冰山"，如图 7-5 所示。

浮在水面上的"冰山"代表了银行的各种客户（消费）活动（情境），这是在现实中可见的部分。支撑客户活动事件的则是处在水面之下、表现为一组具有通用行为的模式：5A 客户旅程体验。支撑 5A 客户旅程模式的结构，则是银行所能提供的具有组织行为一致性的 DTF 能力构建块。

DTbanko 以 STEEP 框架作为基础，总结了 12 项驱动因素。这些驱动因素大部分是不确定性的。为此，DTbanko 围绕这些驱动因素设计了情境构建块，工件形式为各种情境规划模板。有了情境构建块，DTbanko 就可聚焦到实现这些情境的业务能力——DTF 六大领域。

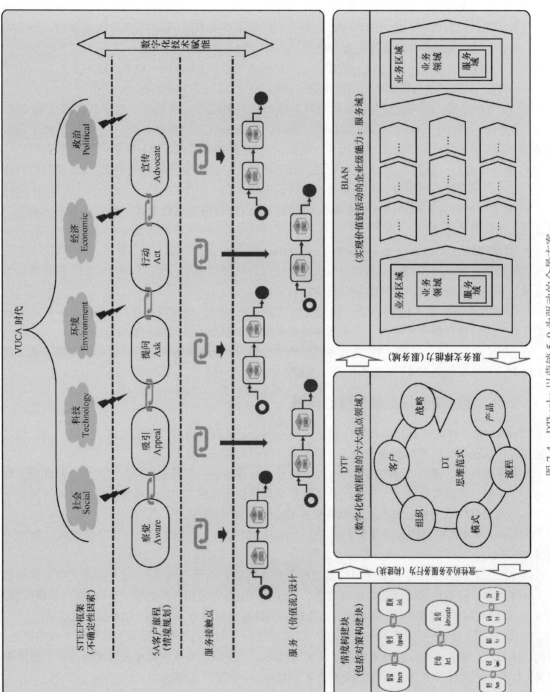

图 7-4 DTbanko 以营销 5.0 为驱动的全景方案

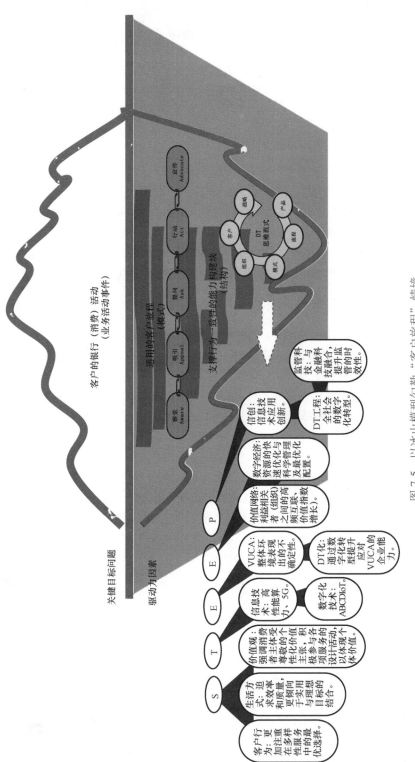

图 7-5　以冰山模型勾勒"客户旅程"情境

7.2.3 围绕 DTF 构建业务能力

通过以上的分析，DTbanko 得到了一个重要的结论：无论在 VUCA 条件下的客户体验旅程情境如何设计，都需要 DTbanko 具有敏捷的业务能力做支撑，这些业务能力来自 DTF 六大领域，它们能够针对不同的情境提供一致性的行为，从而支撑 DTbanko 输出高质量的价值流。

接下来，DTbanko 总结了在 DTF 六大领域中用于维护客户体验旅程的业务能力，这些业务能力是基于 BIAN 提供的服务域构建块以及 DTbanko 自行开发的能力构建块而实现。

1. 客户体验模式领域

DTbanko 以 BIAN 服务域作为基本能力构建块，开发了一系列面向客户体验模式的业务构建块，构建了客户体验模式方面的业务能力。在数字化技术的加持下，DTbanko 可以快速地将客户体验模式的"情境（构建块）"通过这些业务构建块进行编排"响应"，从而转化为现实场景，满足客户体验模式的需求。这些能力构建块包括（以业务领域大类进行列举）：业务管理-企业关系构建块、业务管理-企业服务构建块、客户-关系管理构建块、客户-销售构建块、客户-客户关怀构建块、业务发展-营销和发展构建块等。

2. 业务战略领域

在业务战略领域，DTbanko 认为推动客户数字化转型需要积极促进客户融入数字化的旅程，将DTbanko 的 5A 体验传播到拥有潜在客户更广的价值网络中。

为此，DTbanko 建立了 5A 旅程体验的质量跟踪机制，重点关注 5A 旅程的客户显性（例如：客户反馈意见或建议、客户评价等）或隐性的（例如：位置数据、行为数据、心理数据等）反馈。DTbanko 通过及时捕获反馈、察觉引发指标波动的驱动因素、加强客户参与，从而避免行业颠覆者的"破坏"行为导致"引流客户"。

为达到上述目标，DTbanko 从顶层视角、自上而下地构建了端到端的跨职能部门的业务流程，整合 BIAN 提供的服务域能力以及自定义的特色业务能力等构建块，为客户带来前后一致的旅程体验；同时，在内部也做到了各职能部门的目标一致。这些能力构建块主要包括：资源管理-人力资源构建块、资源管理-平台运营构建块、业务发展-渠道管理构建块、客户-销售管理构建块、业务管理-企业服务构建块等。此外，DTbanko 开发了业务战略维度的业务构建块，用于提升业务战略对客户旅程外部影响因素的情境规划和预案组合计算的支持，同时提升了客户 5A 旅程体验的质量跟踪机制。

3. 业务模式领域

在业务模式领域，DTbanko 重点定位于如何在客户旅程环节中为目标客户创造价值、如何从某环节处获取价值。为此，需要构建相应的业务能力。

从客户旅程体验地图 5A 可以看出，客户在意识、吸引、问询、行动、宣传环节中很可能跨越了多个价值创造方，包括：银行渠道、社交网络、广告方、利益相关者（包括商户）等，银行除了在客户方进行价值获取外，也可能在利益相关者（包括商户）那里获取价值。

图 7-6 展示了在 5A 旅程的不同阶段，DTbanko 可以根据价值创造方与价值获取方，利用业务能

力构建块设计不同的业务模式，以实现价值挖掘。

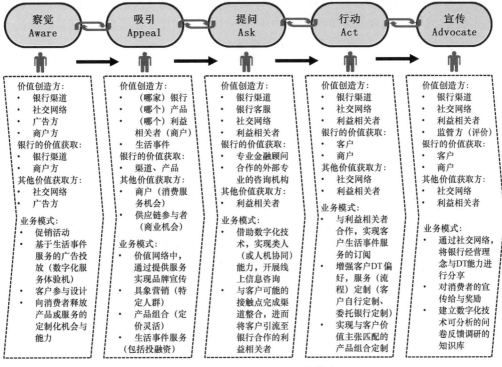

图 7-6　客户旅程 5A 与业务模式

为此，使用的能力构建块主要有：数字技术构建块、客户洞察构建块、产品工厂构建块、流程设计构建块、渠道管理构建块、定价构建块、销售计划构建块、客户管理、市场分级构建块等。

4. 组织结构领域

在组织结构领域，DTbanko 更多地依靠自身多年运营的基础，依据自身组织结构特点构建支撑 5A 旅程质量的相关能力，即：BIAN 人力资源服务域能力可以借鉴，但具体结构形式由 DTbanko 确定。

对于组织的高层来讲，对 DT 数字平台与创新方面有两个任务：

一是确定初步的组织分布式经营战略，划分基于 BIAN 服务域组合的分布-自治型经营团队，并给予定期或事件触发的经营指导和必要的资源协调；另一个是需要考虑将 CMO 纳入业务模式创新的主要人选范围，因为 CMD 非常了解消费者行为，在进行客户驱动创新上最有发言权。

DTbanko 在解决客户旅程中断因素情境与预案的问题时，首先确定客户旅程接触点引起的相关银行后台跨职能服务，如果这些服务属于运营主干的遗留系统，需要把这些相关系统进行连接并提供统一服务接口和状态数据共享；如果这些服务属于数字平台，则提供的统一服务更容易由这些服务域之间的服务连接来实现。这样就解决了线上、线下服务一致性和状态同步问题。

DTbanko 战略高层在将组织结构与文化理念进行了宣贯和制度培育之后，通过客户旅程接触点服务向服务设计推导后，确定了业务的分布式经营方案，成立了不同的业务经营团队，初步确立了面向客户的业务分类：意识、吸引、问询、行动、口碑宣传、产品、品牌，不同的经营团队又细分了不同的小经营团队，给这些团队分配了相应的人力资源，并给予了经营指导。团队之间按照岗位类型，成立了专业级交流团队，在专业领域方面提供支撑。

另外，CMO把积累的客户旅程在内的经营数据和经验，定期或动态地把知识融入组织业务模式机制的流程中，供高层作为业务模式创新的参考。

5. 流程设计模式领域

DTbanko 构建了视角一致的价值流，其核心资源包括：5A 客户旅程、客户接触点、银行前端流程、中后端流程、数字平台、运营主干。

为确保价值流得到有效的实现和运行，DTbanko 采用了 BIAN 的服务域线框图和业务场景资源作为基础，采用使用服务域构建块作为流程运行所需的业务能力资源。考虑到对数字化转型价值创造影响关键的运营流程，主要采用的服务域构建块是 "运营业务" 领域（Business Domain）的全部构建块。

此外，DTbanko 利用旅程数据信息、外部驱动因素信息、运营数据信息和数字化技术开发了情境管理构建块、对策构建块。

通过对外部驱动因素信息以及客户旅程数据信息的捕获，规划出持续改进的客户旅程 "情境" 以及设计响应的 "对策"。这类工作已经嵌入到了日常运营管理活动中，利用数字化技术，对情境构建块和对策构建块进行匹配计算，从而实现业务流程（前、中、后端）的运行路径的变化决策，形成对价值流的持续改进机制。例如，不同级别的客户、同业利率突然的改变、贷款客户的市场信息等都可以触发情境预案，如图 7-7 所示。

DTbanko 通过基于资产类型的 BIAN 服务域，积累了业务元组件——对策构建块。通过框选和泳道图的方式或 BIAN 提供的业务情境（Business Scenario）样例模板，在数字平台（digitalPaaS 能力）上实现业务流程的低（或无）代码设计，结合流程模板和对策（流程或服务域能力）构建块，快速组合出创新业务流程。通过 A/B 测试尽快取得客户反馈，并计算客户旅程体验和业务战略设计的盈利指标，决定了投资组合的后续投入和经营指标对照。

6. 产品设计模式领域

DTbanko 的产品设计模式与营销 5.0 驱动的业务战略实现对齐。

为此，在产品设计模式领域，DTbanko 利用了数字平台的数字组件存储库中的服务域能力资源，如：客户洞察构建块分析 5A 客户旅程，利用产品目录构建块中的产品设计模板，利用产品设计构建块分析产品需求并进行产品规划，利用系统开发构建块进行产品实现，同时，利用遗留系统中的产品配置工厂提供的产品业务逻辑实现成果作为构建块的通用工件。对于在数字平台上开发出的新的数字产品、生成的产品模板、产品规则库以及产品工件，这些信息资源存储在产品配置工厂的数据库中。

此外，DTbanko 利用产品运营数据信息、外部驱动因素信息、产品数据信息等数据资源，结合 AI，开发了分析客户价值主张的产品情境规划能力，该项业务能力可将计算出的情境规划结论融入产品设计流程中，如图 7-8 所示。

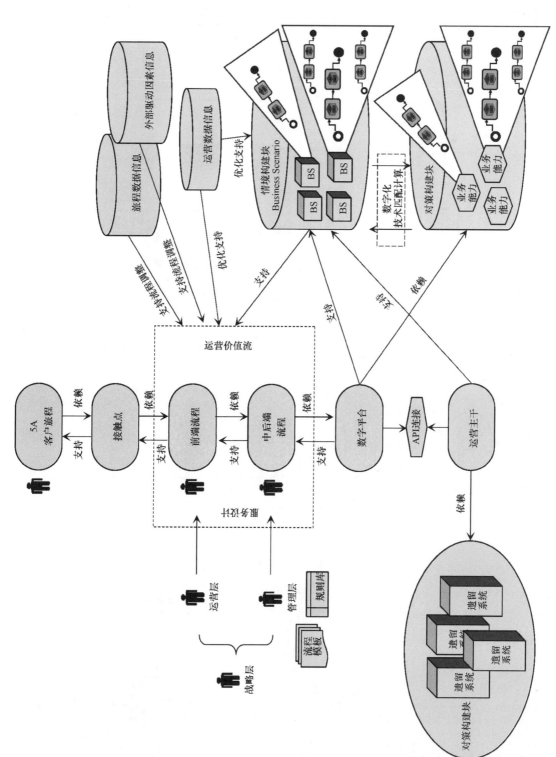

图 7-7　客户旅程 5A 与流程设计模式

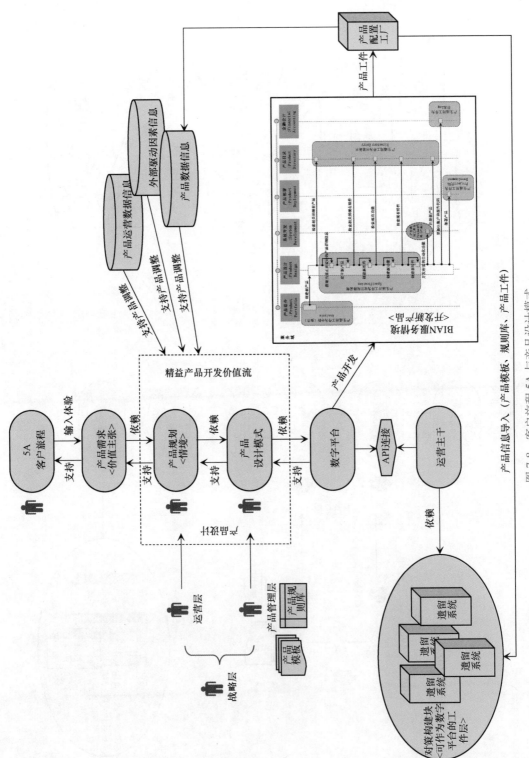

图 7-8 客户旅程 5A 与产品设计模式

最后，为了提升面向客户价值流的产品设计水平，也包括整体质量和产品创新的敏捷性，DT-banko 导入了精益产品开发体系，银行人员参与产品设计的广度和深度与以往相比有了很大提升，也更有积极性，学习型组织逐渐迈向成熟阶段。

7.3　建立数字化转型的业务操作系统——数字平台

在完成了 DTF 焦点领域的构建块规划后，DTbanko 需要将这些构建块转化为技术层面的服务组件，以实现 DTbanko 开展数字业务创新和连接运营主干系统。而承载技术层面的服务组件，则需要一个支撑数字化转型的业务操作系统，在"操作系统"之上执行组件以实现数字产品的设计与发布。业务操作系统就是承载 DT 落地的关键平台——数字平台。

7.3.1　数字平台的定义

什么是数字平台（Digital Platform）？数字平台是银行开展持续数字化转型的基础性平台。数字平台是所有可以用（有价值）资产类型所衡量的资源存储库，这些资源是由 DTF 所导出的基础构建块，即由 BIAN 服务域所定义的能力构建块构成。这些构建块形成了可供价值生态网络中利益相关者使用的数字组件，数字组件使用 API 形式向使用者暴露访问接口。DTbanko 的数字组件 API 标准采用了 BIAN 服务操作的定义规范。

数字平台是业务人员发挥业务创新的共享业务操作系统。基于数字平台，利用企业级的数字组件，根据开发的情境转化为落地创造商业价值的数字产品和服务，而 DTbanko 创新团队可以编排各敏捷经营团队提供的组件，实现应对 VUCA 条件下，来自市场或客户需求的能力。因此，数字平台就是 DTbanko 的价值创造人员发挥主体价值的"场"。

银行开展数字化转型工程，数字平台是最为重要的一项输出。以营销 5.0 驱动的情境运营（ScenarioOps）是数字平台上开展的最为重要的一项活动。

7.3.2　数字平台的组成与功能

DTbanko 数字平台的组成包括数字组件资源和平台的编排、设计、分析、运营能力资源，如图 7-9 所示。

1. 数字组件

数字平台的核心能力是利用数字组件进行数字产品的编排与配置，从而体现银行输出业务能力的敏捷性。

构成这些数字组件的构建块资源有：能力构建块（BIAN 服务域）、业务对象构建块（BIAN BOM）、服务构建块（服务操作）；不断沉淀积累的具有业务价值的情境构建块（BIAN Business Scenario）；工件构建块（与 BOM 相关的业务对象的业务逻辑内容，包括产品构建块、账户构建块等）；访问运营主干资源（包括遗留系统）的组件；PaaS 资源访问组件（主要是与业务无关的技术类组件，如：安全认证、消息管理等组件）；IaaS 资源访问组件（主要是访问计算资源、网络资源、存储资源等）；数字化技术资源访问组件（访问 ABCD 技术所提供的共享服务能力）。

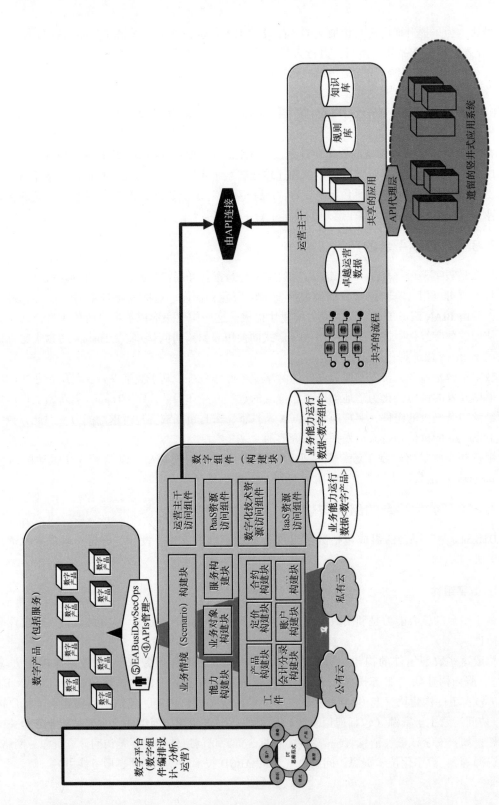

图 7-9 数字平台与运营主干系统

2. 面向数字组件的编排与配置能力

数字产品编排与配置能力是指利用数字组件生成数字产品的过程，包括两种方式。

（1）使用低代码工具进行数字组件的编排

以情境为输入，以数字组件为构建块资源，使用低代码工具对数字组件进行编排与配置，实现数字产品（情境规划）的落地。

其中，低代码工具的使用策略为：基于数字组件进行层次化组装，例如：使用 BIAN 服务操作作为原子级数字组件（包括形成的可执行组件）进行编排，形成符合情境的流程描述，体现的是一组数字组件协同完成一个 5A 接触点的服务设计或中后端的运营流程；使用产品组件进行组合编排，生成新的银行产品。

（2）使用 AI 与数据信息进行涌现计算

低代码工具侧重于人的创意发挥，AI 技术基于业务能力运行数据以及其他数据信息资源（产品相关的数据、业务规则等）进行涌现计算，以根据数字产品的情境组合内容，利用数字组件生成新的数字产品。

3. 数字产品的分析能力

对问题域进行情境规划，数字平台通过对运营主干的运营主数据进行访问，如：CRM 数据、ECIF 数据、产品运营数据等，使用低代码工具或 AI 进行情境规划的分析过程。

（1）低代码工具方式

利用情境构建块、产品构建块、服务构建块等数字组件，以 5A 客户旅程为基础，共同进行情境规划。通过对上述构建块组件的编排以及社区测试，适时推出 MVP，并向特定渠道发布，通过客户的反馈信息进行迭代优化。

（2）AI 方式

利用市场调研信息（与 STEEP 框架相关的信息）、互联网信息、客户参与的反馈信息，利用如自然语言处理（NLP）等技术进行信息的分析，结合利益相关者的意见形成具有建设性的方案。利用构建块组件进行组合编排，并通过测试反馈以及迭代优化推出 MVP。

4. 数字产品的运营管理能力

在数字平台上建立的数字产品的运营管理能力，主要包括三个方面。

（1）数字产品的生命周期监控

主要是关注数字产品在不同阶段的状况，包括：

- 设计阶段：数字产品的设计情况，设计方案及方案的评审情况，敏捷团队的落实情况等。
- 研发阶段：数字产品在研发阶段的情况，研发的资源、投资组合情况，研发的计划，MVP 预计发布周期等。
- 发布阶段：数字产品的发布情况，包括：支持的渠道、客群，营销资源与策略，后援支持的敏捷团队，中后台资源，风险评估信息，产品版本等。
- 营销阶段：数字产品在 5A 中的运行情况，产品的问题反馈、产品的服务支持等。

- 退出阶段：数字产品从 5A 中退出，进行产品优化、升级或下架（不再销售该产品）。

（2）数字产品的运营管理

主要面向 5A 旅程，对营销资源、中后端资源进行有效的管理，以提供高质量的运营能力。具体体现为中后端资源对渠道营销资源的后援服务支持，以提供更多有助于数字产品成功营销的信息、服务活动等。

针对营销经理反馈的信息及时记录，并反馈给数字产品的敏捷开发团队，实现 EABusiDevSecOps 运营管理模式。

（3）营销策略方案的管理

在数字产品的过程中，不断地根据客户在 5A 接触点的服务反馈，进行营销策略方案的管理与优化，以应对在 VUCA 下客户在 5A 旅程中关注点的转移，确保以敏捷的营销策略推动客户历经全部的服务旅程。

5. 数字组件 API 管理能力

数字组件之间的关系建立是通过接口（API）信息实现，接口信息体现了数字组件在价值网络中的关键身份特征。

数字平台需要建立数字组件 API（注：这里的 API 并不特指传统编程语言意义上的函数 API，也可以是能够执行的小程序库等）的注册机制。每一个注册的 API 都将成为可使用的资源。由于 API 作为银行的开放资源，因此，对 API 的管理需要建立严格的审核、身份确认机制，确保 API 的访问安全。

6. EABusiDevSecOps 管理组件

数字平台成为 DT 时代银行进行数字业务创新的平台，它汇聚了银行的创新团队和所有产品敏捷团队在上面开展工作。因此，数字平台需要具备支持从组织战略、业务设计（情境规划）、数字产品开发、安全管理、数字产品运营的一体化工作流程设计与实现、执行。

7. 数字平台运行数据

数字平台产生的数据主要是业务能力运行数据，包括数字产品和数字组件在执行过程中产生的各种数据信息。这些数据反映了数字产品的历史销售情况、资源使用情况（系统资源以及人力资源）、工件（产品、账户等）的使用情况，以及对运营主干的资源使用情况等。

数字组件在技术层面成为微服务的基础，运行数据也包含了微服务之间的调用情况，领域事件数据等。

7.3.3 运营主干系统

运营主干系统包含五项资产：流程、运营数据、应用功能、规则库、知识库。

DTbanko 的运营主干系统存在两种情况的混合：一种是银行已经实现企业级共享的一组数据、应用功能、流程以及规则和知识库，此时部分遗留系统已经彻底被重构（不同遗留系统中的重复的应用功能，经过合并后形成企业级唯一的标准功能）；另一种是内部遗留系统仍然存在，但在这些遗留系统上构建了一层企业级的 API 服务，这些 API 是遗留系统中应用功能的代理层（见图 7-9）。

1. 流程——共享的服务

流程资产包含了银行的管理活动、生产活动、经营活动在内的全部运营活动的流程定义。

业务流程的创新成果，最终体现为运营活动的价值创造能力。银行的流程类型主要分为：管理流程、生产流程、经营流程。这些流程在运营主干中表现为若干组流程模板。

（1）管理流程模板

该模板承载了对银行各种资产类型的生命周期与调度管理，包括外部资源的管理，实现银行价值网络的建立与运行，需要与外部进行业务组件的互换（功能或许可范围内的数据）。如：共享服务中心资源的准入管理，这些资源可能包括新进的人员、派遣的人员、外包的人员等；业务能力的新建，需要设计资源的申请、临时建立超文本组织相关的资源申请与调度。

（2）生产流程模板

实现银行产品和业务处理流程的建立与运行。主要包括产品的设计组装过程，前中后端的业务处理流程设计与开发过程，如共享服务流程。

（3）经营流程模板

在产品和业务处理流程交付后，需要根据客户生活事件设计以客户为中心的价值流。价值流实际上是由客户旅程与业务处理流程共同组合而成。经营流程模板的定制化程度比较高，其柔性程度相对管理流程、生产流程更加易变。

无论是管理流程、生产流程、经营流程，都是为银行的业务能力创造价值而服务，按照相关利益者的不同，形成价值网络（外部合作伙伴为主要参与者）、价值流（外部客户与银行为主要参与者）、流程（银行内部资源为主要参与者）。

其中，DTbanko 价值网络的构建基于数字平台的 iPaaS 能力，价值流的构建基于 bPaaS 能力，流程的构建基于 bpmPaaS 能力（PaaS 相关内容参见 8.3 节）。

2. 运营数据——卓越运营管理

运营主干中包含了银行业务运营最为重要的数据资产（主数据或过程数据），银行基于这些数据进行卓越运营管理，通过对各类流程活动的指标评测，为流程质量和效率的优化提供基础。

卓越运营管理的目标是实现面向资产类型的量化价值量管理体系建设，主要包含两个层面的含义：

第一：卓越运营管理是对各类运营活动，包括管理活动、经营活动、生产活动，通过开展面向资产类型的资源价值量管理，以实现精细化运营体系的建设。过程中，对各资产类型在活动中以价值量计量投入与产出，以反映 DTbanko 各类活动的价值创造与收益的情况，同时提升银行在运营质量、效率、风险、成本的管控能力，数字化在这里体现的是对运营管理活动信息与评测的量化。

第二：利用数字化技术，实现上述各类运营活动价值量的精准与快速计量，发现运营活动背后隐藏的真相和原理，进而提升银行决策制定的敏捷性。

实践中，卓越运营管理主要聚焦在提升 DTbanko 的运营质量、运营效率、运营中的风险、运营成本，进而为营销资源投入提供决策的依据。

3. 应用——输出功能的系统

应用为业务活动的开展提供了最终支持。

在运营主干中,应用功能主要来自遗留系统。银行会根据当时应用系统建设的实际情况,考虑遗留系统的应用标准化,以提供企业级共享的功能。DTbanko由于此前开展了BPR业务流程再造工程,并建立了企业级流程平台。借助流程平台的服务编排能力,实现对遗留系统应用功能(服务)的二次封装,即:以遗留系统为基础,构建一个连接多个应用系统的代理层,该代理层以标准化的API形式向价值网络开放可访问资源。

因此,代理层的API资源可以被数字平台的相应数字组件进行访问。需要说明的是,数字平台的组件规格是严格按照DTF的企业级构建块标准所构建的,而运营主干系统的代理层API则更多体现的是一种过渡性方案,该层最终会被数字平台所取代。

4. 规则库——显性化的业务规则

规则库是显性化的业务规则,无论是数字平台还是运营主干,随着对敏捷能力的要求提升,业务规则的变化在VUCA时代是高频的业务调整活动。因此,建立企业级的业务规则库是银行DT时代必要的工作。

大多数银行在规则库建立方面都呈现滞后的局面,甚至有很多银行尚未认识到独立共享的企业级规则库对业务价值的重要性。

规则库进一步将业务逻辑从传统的程序代码中独立出来,并成功将其交由业务人员进行管理和日常维护,这极大提升了EABusiDevSecOps一体化的业务技术融合能力。

5. 知识库——卓越运营的持续改进驱动力

知识库早期在DTbanko以决策库的形式存在,是卓越运营过程中不断积累的经验资产,包括支持情境规划的STEEP驱动因素的持续总结也是在知识库中实现管理。

知识库在银行同业间竞争中,为卓越运营提供了宝贵的智力支持,它是银行全体人员智慧创意等活动的形式化总结。随着AI对于深层业务逻辑等暗知识的发现能力不断提升,这些由AI所揭示的价值资产也成为银行知识库的重要来源。

DTbanko高度重视知识库的建设,DT时代的差异化竞争中,在竞争者数字化技术应用能力趋同时,最终反映竞争力高低的就是知识库所支撑的情境规划能力。

7.3.4 开放平台:实现开放式创新

开放平台是除了数字平台和运营主干系统外,银行为了开展引智活动,将银行的部分能力资源开放给社区或银行内部组织机构而建立一个开放性的环境。通过开放平台,银行与商业伙伴、投资者、金融科技公司、行业专家、高等院校、竞争对手等建立联系,进而通过更广泛的引智行为,创造价值共赢的机会。

DTbanko的开放平台由以下三部分构成。
- 社交平台,提供内外部开发者人力资源的社交能力。

- 交流社区，提供内外部利害关系者、开发者的信息实时沟通能力。
- 专家智库，提供内部外部专家的知识存储、共享能力。

7.4　DT 转型的工程管理

DTbanko 数字化转型工程的管理，采用了如图 7-10 所示的模式。其特点是：

- 引入 DTbanko 数字化转型变革管理平台，除了管理平台具备的常规工程生命周期管理内容之外，还将"变革管理模型"（例如：领导力管理模型、个人变革管理模型、变革阶段模型、个人过渡模型等）以引擎的方式融入到了平台过程管理的功能中。
- 将整个 DT 实施任务划分为三阶段：DT 启航阶段、DT 组织活动阶段、DT 持续转型阶段。
- DT 实施任务的每个阶段包含了若干 DTbanko 数字化转型涉及的活动。

7.4.1　DTbanko 数字化转型管理平台

DTbanko 数字化转型管理平台主要提供 DT 工程管理和 DT 模型管理两类管理能力。

1. DT 工程管理

这项能力涵盖了 DT 工程管理所涉及的各项管理功能，如：领导力管理、变革影响管理、利益相关者管理、沟通管理、人机协同知识管理、领域及元素相互关系管理、时间任务优先级管理等。

这些管理功能相对于信息化时代的管理要求来说更加丰富，原因是 DT 工程实施的外部条件由信息化时代相对稳定的外部条件转变为了 VUCA 条件。

2. DT 模型管理

这项能力涵盖了支撑 DT 工程有效开展的各种模型，如：心理学模型、行为学模型、个人变革模型、组织变革模型、系统动力学因果关系模型、变革生命周期管理模型、转型情境规划模型。这些模型的导入主要考虑到 DT 工程所展现出的组织转型变革复杂性。

将经典有效的组织变革管理模型（例如：领导力变革模型、变革阶段模型、个人变革模型、个人过渡模型等）自动、组合、适时、综合地运用到管理平台中；并将基于 AI 的情境规划引擎，加入到该平台中，增强了组织变革管理活动的掌控力。

此外，鉴于转型变革的多领域、多要素的相互影响造成的"组织"这个系统的复杂性，需要参考 DTbanko 的 VUCA 框架（6.1.2）以实施外部环境管理；同时，管理平台需要预测、积累和学习组织内部要素关联关系的管理、从系统动力学角度的业务变量因果关系的管理、知识管理角度的人机协同管理。

7.4.2　DTbanko 数字化转型的三个阶段

DT 工程的实施划分为三阶段：DT 启航阶段、DT 组织活动阶段、DT 持续转型阶段。

1）DT 启航阶段，涉及启动 DT 工程的初始筹备工作，作为第一责任人的 CEO 进行 CDO 的选择工作、筹建 TMO，并确定企业级的 DT 愿景、目标和战略。

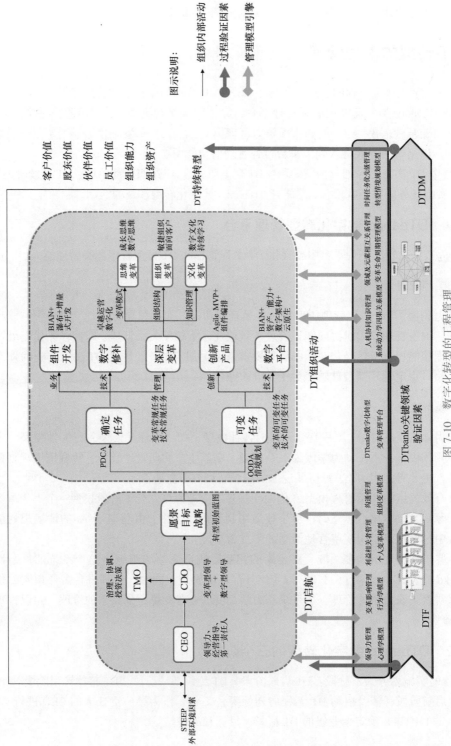

图 7-10　数字化转型的工程管理

2）DT 组织活动阶段，DTbanko 将各种任务分成了两类：确定任务、可变任务。

● 确定类任务：指确定或可控的组织活动，适合用 PDCA（计划-执行-检查-处理）的方式来管理。

● 可变类任务：是指可变或不可预测的组织活动，适合用 OODA（观察-定位-决策-行动）和情境规划（根据不同类型的外部环境因素进行可预见情境及预案的提前规划）的方式来管理，其中的产品创新部分可以使用敏捷方式（对产品特性级别进行快速实现和取得反馈）来管理。

3）DT 持续转型阶段，将 DT 组织活动阶段产生的价值和资产（客户价值、股东价值、伙伴价值、员工价值、组织能力、组织资产），作为新的组织输入条件，以开展下一轮的转型。

7.4.3　DTbanko 数字化转型涉及的活动

上述 DT 工程实施中的三个阶段包含了 DTbanko 数字化转型涉及的如下各类活动。

1. 组件开发

在遗留系统中通过抽象和总结，开发出基础的业务组件，包括其使用的技术组件，用于对数字平台进行产品快速创新的支持。使用的开发管理方法是瀑布式开发、增量式开发。在企业级业务建模方面，参考了 BIAN 概念模型。

2. 数字修补

银行现有运营主干系统（如：继承 BPR 留下的流程平台），可以利用数字技术加以改进，但因为产生不了新的商业模式，仅仅是提升效率或质量，所以称不上是数字化转型。通过数字修补过程，可以积累数字化技术的使用经验和组件抽象工作。

3. 深层变革

是银行在组织变革层面的活动，包括思维变革、组织变革、文化变革三方面。组织转型变革在实践中不能只讨论单个领域，需考虑多个领域的综合作用因素。

4. 创新产品开发

创新产品的开发以数字平台为核心，按照组件编排的方式进行产品创新，是 DTbanko 对新商业模式的创新和试验，代表着银行的未来业务发展方向。该活动采用敏捷开发管理方式。如果创新产品逻辑较简单且需要快速的上市时间，也可以使用数字平台中的低代码工具，由业务人员直接进行应用的开发。

5. 数字平台建设

作为银行业务运行操作系统，数字平台的建设弥补了以往运营主干无法进行新商业机会实践的问题。它是未来 DTbanko 数字经济的希望。该活动采用了对 DTbanko 进行整体业务建模的管理方式，建模依据是 BIAN 的面向资产类型构建企业级基础业务能力的分析方法，技术管理则采用数字架构建设、云原生和敏捷的开发管理方法。

第 8 章
DT 工程技术承接方案

银行是技术的早期采用者，其中许多目前仍在使用传统的大型机和基础设施。然而，正是由于这种设施的复杂性、成本和信息技术等问题，导致了很多银行没有成功实现数字化。

——贾森·艾博年 布莱恩·曼宁《商业新模式——企业数字化转型之路》

本章就技术承接方案中的原子化架构体系、支撑数字平台的技术基础平台、遗留系统应用服务化、工程实施管理进行介绍，这些实现了 DTbanko 银行数字化转型解决方案从方案到技术产品层面的落地。

8.1 构建原子化的架构体系

原子化架构理念源自于业务架构中的组件化设计，意指由一些小型服务（针对某个资产类型进行生命周期管理这一职责）作为资源的分布式架构。在这一架构中，服务之间可以根据业务场景的需要快速构建出运营价值流，从而支持客户旅程服务。

数字平台的核心资源是一组独立的能力构建块，这些构建块是对 DTF 领域进行组件化设计的结果，并能够输出一组小型服务。故原子化架构也是 DTbanko 实现数字平台即服务的基础。

构建原子化架构体系的主要工作是绘制微服务组件地图，然后实现微服务组件。

8.1.1 绘制微服务组件地图

DTbanko 通过实现组件化设计来支持数字化转型框架中的领域能力建设，包括：服务流程的快速组装、（开发或运营）价值流的快速合成、银行产品的快速"生产"等。原子化的组件构成了数字化转型框架的基础构建块（Building Block）。这些基础的数字化构建块，形成了银行的微服务组件地图。

微服务组件具有模式化的结构，内容主要包括：能力、业务对象、服务 API。对应于 BIAN 框架的构建块内容，分别是：服务域（Service Domain）、业务对象模型（BOM）、服务操作（Service

Operation）。

微服务组件地图的绘制有两种模式：

第一种是按照 BIAN 框架指引，根据 BIAN 银行价值链视图（Value Chain View）与银行的价值链蓝图进行比对，从而对重合的价值链活动所涉及的服务域进行选择并生成地图。确定了服务域后，以 BIAN 框架的业务对象模型 BOM 为基础，进行银行业务对象的设计，形成银行数字化转型所需的业务对象组件集合，这些业务对象是微服务管理的数据信息。然后，根据 BIAN 服务域的服务操作（Service Operation），结合银行的具体业务活动，确定银行 API 服务组件集合，如图 8-1 所示。

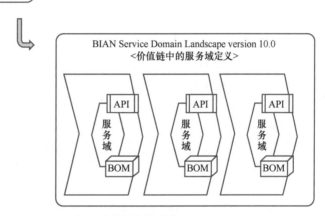

图 8-1　BIAN 银行价值链与构建块

第二种是按照 BIAN 框架服务域的构建原理，通过资产类型（Asset Type）设计银行特有的服务域、BOM 模型、服务操作，从而生成微服务组件地图（相关内容参见 5.3 节）。

现实中，以采用第一种方式为主，对于银行有特别需要的服务域，可采用第二种方式进行新组件的设计。

对于反映数字能力的服务域，是按照 BIAN 服务域的构成机制，由银行自行定义数字能力的服务域，包括 AI 能力（设计算法、开发、部署、计算……）、大数据能力（开发、部署、检索……）等。

DTbanko 数字平台构建的总体方向：以 BIAN 构建块资源为基础绘制组件地图并构建微服务架构体系。以服务域作为微服务的定义标准，以业务对象模型作为定义微服务的数据模型基础、以服务操作作为实现具体业务逻辑的开放服务 API。

8.1.2　微服务架构模式下的数字平台

有了微服务组件地图，接下来，DTbanko 开始设计微服务体系架构，而这正是构建数字平台的关键。

由于完整的微服务架构体系内容涵盖众多，在这里，我们将重点聚焦在支撑起数字平台主体内容的各种能力构建块如何将其适配到微服务架构中，以及支持 DTbanko 数字化运营的周边系统与数字平台的关系上。阐述内容涵盖 DTbanko 如何利用 BIAN 框架构建块资源实现微服务架构，以及现有遗留系统如何服务化改造等。

图 8-2 展示了 DTbanko 基于微服务架构的数字平台。平台共划分为四个组成部分，分别是：渠道运营与营销模块、中心运营（共享服务）模块、遗留系统（运营主干）、数字平台（核心引擎与各种数字组件资源）。

（1）渠道运营与营销模块

渠道运营与营销模块利用数字平台的资源实现各种为银行挖掘商业价值机会的业务活动，主要包括物理网点、电子渠道、价值网络、零售数字化转型的接触点等。

渠道运营与营销模块主要利用数字平台开放的业务能力，进行各种营销活动的（流程）设计，其特点主要是根据 5A 客户旅程快速地推导出开展活动的流程模板，并部署到数字平台中。

渠道运营与营销模块的具体技术实现形式是：在低代码开发 IDE 中，从数字平台的数字组件库中选择反映业务能力的微服务组件，通过封装 BPMN2 等流程组装形式组合编排微服务组件，构成营销活动的一个情境（构建块）。这些微服务组件的开放方式为一组符合 BIAN 服务操作（Service Operation）定义规范的 Rest API。

现实中，为了敏捷地支撑渠道运营和营销，对于微服务组件的编排组合可以由客户经理或业务人员在低代码开发工具 IDE 环境中选择"数字技术"类型和位置进行设计与部署，形成运行时的渠道端应用；也可以直接利用数字组件库中的已有资源实现开箱即用。

渠道端应用在实际执行时，根据渠道运营与营销的不同类型，访问微服务架构资源的不同方式，主要包括公有云入口访问（如：价值网络中的利益相关者、生态系统中的服务开发者）或私有云内部访问（如：物理网点）。

（2）中心运营（共享服务）模块

DTbanko 已经建立了共享服务运营中心，提供基于遗留系统的中心运营能力。在实施数字化转型后，DTbanko 会要求共享服务运营中心承载更多的可复用能力输出，为此，实现共享服务运营的中心运营模块所需要的资源将包括两部分：支撑中心运营所需要的业务组件资源，如流程组件、数据处理组件、规则组件、应用组件、知识库访问组件等；对数字平台的创新业务开展具体运营的人力资源。

中心运营模块的应用接入数字平台时，可认为是一种银行内部资源的接入，即私有云访问模式。对于遗留系统的卓越运营活动，可以按照原有 API 的集成模式访问，对于一些已经按照组件组合的方式转入到数字平台的服务，则需要通过数字平台开放的 Rest API 进行访问。

（3）遗留系统（运营主干）

这一部分实现两项工作内容：

一个是将共享的应用、数据、流程、知识库、规则库等资源，以基于 Rest API 的服务化接口形式与数字平台实现对接。这样，数字平台的业务能力执行时，如果需要这部分遗留系统的资源（这些资源主要是一些单体应用形式的功能，如开立账户、计提等），可以通过运营主干中注册的 Rest API 进行访问。

另一个是把尚未实现共享的那些应用进行服务化并开放接口，主要涉及了 DTbanko 外围业务系统

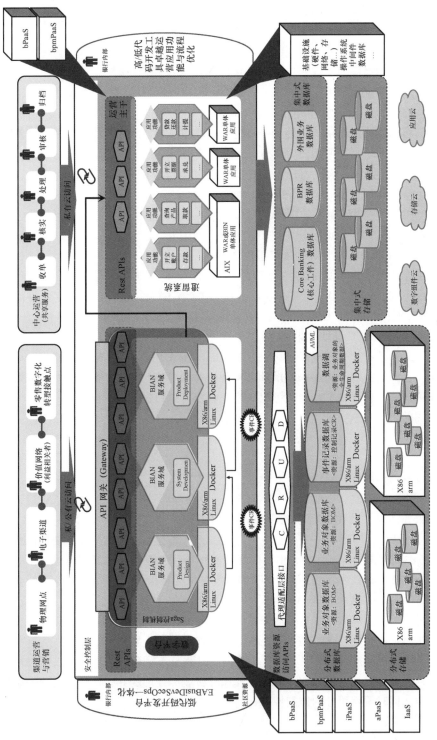

图 8-2　DTbanko 基于微服务架构的数字平台

或核心系统中的某些领域功能。对于这部分工作内容，可遵循 BIAN 框架体系，依据业务区域（Business Area）、业务领域（Business Domain）、服务域（Service Domain）逐级进行领域划分（DDD），分解出的领域功能与相关服务域中的 API 进行映射。

例如：久悬账户的销户是核心系统中一个尚未实现共享的应用功能，其属于账户领域，那么，就可以将该领域功能与对应的"账户"服务域中的相关 API 进行映射。

在保留这些遗留系统原有集中式架构的基础上，将这些领域功能（"久悬账户的销户"）封装出 RestAPI，发布到运营主干中，并可由数字平台中的 API 所调用。这样，服务消费者就可通过数字平台来消费已有的这些领域功能，另一种情况是，这些新封装出的遗留系统 API 资源可被中心运营模块发起的服务请求所直接调用。

在技术层面上，利用高/低代码开发工具实现卓越运营应用功能与流程的优化。此外，运营主干和数字平台可以依托相同的 PaaS 资源。例如：运营主干的 Rest API 注册定义在 bpmPaaS（参见 8.3.1）中，共享的流程服务依托于 bPaaS，bpmPaaS 与 bPaaS 同样是数字平台的重要能力支撑。

（4）数字平台（核心引擎与各种数字组件资源）

数字平台是支持数字化转型和数字化运营的"核心引擎"，数字组件是平台的关键资源，依托于数字平台实现 EABusiDevSecOps 一体化活动。在 7.3.2 节中介绍过，构建数字组件的基础能力构建块是 BIAN 服务域，而 BIAN 服务域就成为实现微服务的逻辑单元。

- 利用低代码开发工具设计微服务

低代码开发工具是数字平台不可或缺的组成部分，其基于组件的高效开发能力，可以快速支撑数字业务场景、各种新型服务构建块的设计与实现。是构建支撑 EABusiDevSecOps 战略、业务、开发与运维一体化的可视化开发平台，从组织战略、业务规划到服务开发至部署，在低代码开发工具上完成流水线式的工作。

低代码开发工具支撑了 bpmPaaS、iPaaS、aPaaS、bPaaS（参见 8.3.1）等能力，最终支撑了 digitalPaaS 能力。

- 利用 Docker 部署和运行微服务

由于 BIAN 服务域包含一组围绕资产类型进行全生命周期管理的服务操作（API），那么，现实中，将这一组服务操作（及其业务逻辑实现后）API 打包并部署到 Docker 容器中（参见图 8-2 中的 Product Design 服务域），即形成一个小型的"应用服务"进程，供其他微服务使用消费。

DTbanko 考虑到日常运营过程中，出现因变更需要导致的微服务内部逻辑优化，故提升交付敏捷性将变得至关重要。在技术实现层面，以 BIAN 服务域为单位（一个敏捷团队可能会管理多个服务域），通过采用 DevOps 流水线处理机制，将一个服务域作为一个 Docker 容器部署资源进行管理，提升了快速交付能力。同时，由于一个服务域内部业务处理逻辑的内聚性，其优化过程不会对其他服务域的逻辑执行造成影响，这也是对 DTbanko 业务连续性的重要支撑。

微服务（API）之间的调用采用事件驱动模式，即微服务发布的事件，可以同时被多个其他服务所调用，这种模式可以有效支撑在线业务处理和分析业务处理的并行执行。目的是确保服务得到准确及时的响应，同时增强服务的连续性执行。

● 利用 digitalPaaS 能力作为数字平台的技术底座

数字平台即服务，意味着在数字平台上，可以获取开展数字化转型的各种资源。数字平台的 digitalPaaS 能力为 DTbanko 内部创新、外部社区协同创新提供了各种数字组件资源（API），通过这些数字组件，能够访问银行所有可开放的数字资产，如知识库。

digitalPaaS 能力的技术实现是建设数字平台的一项重要内容，是构建数字平台的技术底座。 digitalPaaS 反映出构建数字平台所需要的全部技术资源，如：工作流引擎、决策引擎、事件引擎、流处理引擎、数据库、内容管理引擎等。

● 数据管理

以业务对象模型转化而成的微服务领域数据信息（图 8-2 中的业务对象数据库），通常与微服务配套部署到容器中，可以根据微服务的非功能特性（例如：高频访问特点）配置独立的数据库集群。原则上，防止不同的微服务对相同数据的同时访问。

在对数据信息进行访问时，数字平台通过一个代理适配层实现对数据库资源的访问，即：通过一组 API 实现 CRUD 操作。

此外，在事件驱动模式下，对各个业务数据信息（映射 BIAN 的业务对象 BOM）的操作记录日志记录在数据库中（图 8-2 中的事件记录数据库），以作为跟踪信息，实现业务运营过程中出现的异常并触发数字平台进行业务回滚处理。数字平台的数据类型包括传统的结构数据和非结构数据，随着时间的增长，这些数据集会变得极为庞大，通过构建数据湖实现所有数据的全生命周期集中管理。

8.2　技术实施难点

微服务架构体系在实施过程中，有两项内容的实现难度比较大，这两项内容将对整体架构的实施质量产生重要影响。

第一项内容是微服务规格的设计，这部分工作可通过领域驱动设计或直接导入 BIAN 框架定义的构建块资源得以实现；第二项内容则是微服务与领域数据的处理机制，该部分工作从难度和复杂性方面，可以说是微服务架构体系在落地过程中最大的，也是对微服务架构最终能否高效运行有着决定性影响。

接下来的内容，将主要围绕微服务和领域数据的处理机制进行阐述，这部分工作也是 DTbanko 优先要解决的实际问题。

8.2.1　实现微服务

James Lewis 和 Martin Fowler 在其关于微服务的开创性论文（https：//martinfowler. com/articles/ microservices. html）中指出，"微服务架构风格是一种将单个应用程序（single application）开发为一套小型服务（small services）的方法，每个服务都在自己的进程中运行，并以轻量级机制（通常是 HTTP 资源 API）进行通信。这些服务是围绕业务能力（business capabilities）构建的，可通过完全自动化的部署机制独立进行部署。"

上面关于微服务架构风格的阐述，揭示了微服务的两个特性：一个是微服务内部具有高内聚性的功能集、微服务可以独立部署；另一个是微服务之间是松耦合关系，相互之间以轻量级机制进行通信。这两个特性可以说是微服务的必要特征，是实践中不能被破坏的规则。那么，DTbanko 如何实现微服务以体现上述两个特性？

（1）高内聚性的功能集、独立部署

围绕业务能力构建微服务，正是 DTbanko 所采取的方案。

服务域（Service Domain）作为构成银行业务能力的基础能力构建块，其定义了企业级不重复、不遗漏（MECE）的银行基础业务能力。因此，考虑如何将服务域直接转化为可运行的微服务，就是 DTbanko 重点要实现的工作。

一个 BIAN 服务域中包括多个开放的 API 服务，即服务操作（Service Operation）。这些服务操作构成了银行对某个资产类型（Assets Type）的生命周期管理，资产类型的 MECE 特点决定了服务域本身也是一个独立完整的功能运营体系，故服务域可以由单独的敏捷 API 团队进行全过程管理。因此，这些服务操作因对资产类型从创建（入库）到关闭（销毁）的全过程管理，彼此存在着更高的相关性，它们共享一套资产类型以及一套业务对象模型（BOM），物理实现角度就是共享一套数据资源，这些数据资源的结构可以用数据库表（Table）进行定义。

此外，由于服务操作的功能定义根据业务对象的属性（映射为表的字段），增加了行为限定符加以区分，从而实现针对某一个或某一组局部的属性进行管理的更为详细的 API 服务列表。这就形成了由服务域的全体服务操作（API）构建的、对业务对象所能施加的完备的功能体系，从而体现了内聚性特征，该服务域也成为管理业务对象资源的"主服务域"。

现实中，其他服务域即使共享了同一个业务对象（Business Object），通常只是引用该业务对象进行数据查询，所有针对业务对象的数据修改职责都是由主服务域进行维护。

基于上述分析，一个服务域可以完整地部署到一个 Docker 容器中，以一个进程（Process）提供多种 API 服务（参见图 8-2）。

（2）微服务之间松耦合、以轻量级机制通信

在将 BIAN 服务域中的所有服务操作的具体业务逻辑实现之后，部署到 Docker 容器中，这样就形成若干个拥有独立运行空间、可独立运维（包括性能指标监控）的微服务进程。这些微服务之间以轻量级机制（如 Rest API）进行通信。

通信的消息以业务对象模型中的信息结构为基础。通信过程中会产生业务事件，与此同时，为这些业务事件定义事件的数据结构，如：利用控制记录 CR（Control Record）的数据结构转换为数据库中的表（Table）结构，可以记录每一次业务事件所产生的数据信息，为跨多个微服务（服务域）的业务处理过程，提供分布式事务管理的相关（回滚或补偿）支持信息。

接下来将详细介绍 BIAN 服务操作数据的机制。

8.2.2 数据处理与数据库设计

通常来讲，每个微服务应该有自己的数据集如关系数据库表，也就是说，不同的微服务之间不应共享相同的数据集，尤其在数据管理（主要是指对数据的修改）方面。但是，这是否意味着在成百上千的微服务中都需要配置各自所属的数据库集群（Database Cluster）呢？答案是否定的。

按照 BIAN 所定义的服务域数量，如果每个服务域都拥有自己独立的数据库集群，那么，这种资源投入力度（包括物理存储资源的配置）是任何企业都难以承受的，同时也会对数据库集群的运维管理造成难度。因此，行业的建议是：微服务可以共享一个或多个物理数据库集群。

按照上节介绍的两个微服务特性，只要不违反多个微服务之间不允许共享数据操作（主要是修改数据）的规则，在逻辑意义上确保一个微服务独享其数据集的管理行为，物理层面的数据库集群规划可以按照更实用的方案实施。

例如：一个数据库运行实例管理若干个数据库定义（Database）资源，每个数据库定义资源包括若干个表（Table）；也可以在一个数据库运行实例中定义一个数据库定义资源。无论哪一种方案，微服务对数据资源的访问都限定在其逻辑定义的表空间内，即：逻辑上不同的微服务所管理的数据集是隔离的。

接下来，从数据在磁盘中的存储模式入手，描述 BIAN 服务域的服务操作（API）关于数据处理的详细机制，以进一步体现其设计的合理性，如图 8-3 所示。

（1）微服务的数据来源

微服务的数据来源基础是实例化的业务对象模型（BOM），这些 BOM 中的业务对象反映了当前微服务的业务行为（参见 5.3.2 节），由业务对象模型转化为记录业务行为的数据结构（Database Table），就可实现对业务行为（主要）过程的信息记载。

（2）磁盘数据的存储模式

当由一个业务对象定义结构（图中"业务对象 A"）转化为一个表结构（图中"关系表 A"）时，如果表 A 已经产生了数据，在磁盘中，存储数据的单元就是块（Block）或页（Page），每个块或页可以存储一条或多条数据记录（如图中显示的数据记录 1、数据记录 2、数据记录 3……）。

以数据记录 2 为例，包括三个字段的数据，分别是字段 1（AuthenType）、字段 2（Address）、字段 3（ConnectType）。

目前，主流数据库的锁机制下，最小的锁颗粒度是行级锁，即：以一个数据记录作为上锁机制，也就是说，在访问该数据记录的某个字段数据并进行修改时，会将整个记录进行加锁。

（3）服务操作 API 处理数据的设计机制

现实中，一个业务对象（映射"表"）包括若干个属性（映射"字段"）。更新业务对象的属性信息（映射字段"数据"），通常是具有一定业务目的的业务行为。

例如：以图 8-3 为例，客户地址变更，就是对描述客户基本信息的'地址'属性内容进行更新；再如：客户认证类型的变更（由密码认证变更为生物识别认证），就是对描述认证类型信息的'AuthenType'属性内容进行更新（Update）。AuthenType 是一个业务对象，假设有 3 种认证方式，分别为密码、生物识别、安全 U 盘等；如果将 AuthenType 的定义结构转化为一张同名的数据库表映，则至少包含三个字段，分别为 Password（密码）、Biometric（生物特征）、Device（安全 U 盘）。

这样，实际执行时，就需要提供两个 API 服务：客户地址变更、更新客户认证类型。

从图中可以看出，字段 AuthenType、Address、ConnectType 在同一张数据库表中定义，即使如此，每个 API 服务执行操作时，也是在更新不同的数据区域（即不同的字段），并没有产生更新数据的冲突（不考虑实际数据记录的行级锁情况下）。

行为限定的意义在于服务操作 API 只是针对不同的业务对象进行管理。这种情况下，所有的服务操作 API 所管理的业务对象（BO）是不重合的，如果将每个业务对象看作成一张数据库表，API 所更新的数据通常是数据库表的部分或全部字段的数据。

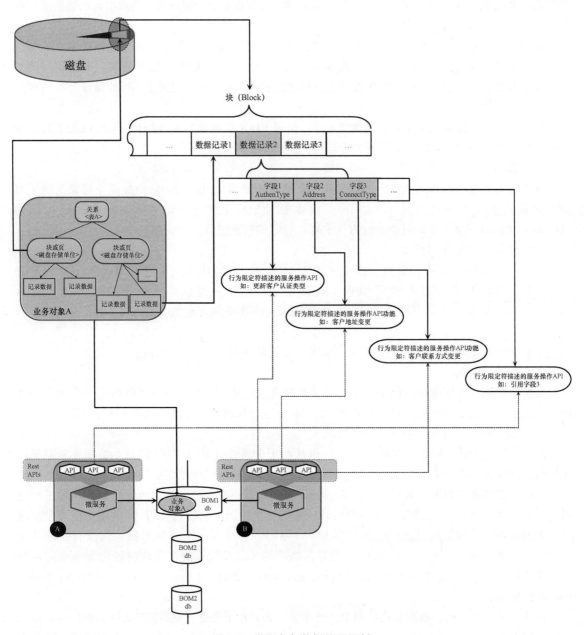

图 8-3　微服务与数据处理机制

（4）业务对象资源（BOM）的共享

业务对象资源由一个主服务域进行维护，当其他服务域引用了主服务域中的业务对象时，从业务行为上通常有两种需求：一个是需要查询被引用的业务对象数据；另一个是需要对被引用业务对象的某些属性内容（数据）进行修改，但是，修改的行为需要向主服务域发起申请（通过 API 发起请求），而发起调用的服务域本身是不能直接访问业务对象的属性资源（物理上就是不能访问业务对象转化的数据库表中的数据）。

8.2.3　编排微服务 API

对于一个服务域中的多个服务操作，在定义具体的业务场景时，有时可以利用 API 网关（Gateway）的服务组合能力，对横跨不同服务域的服务操作进行组合，形成一个统一的业务能力级 API，开放给使用者调用。

实践中，两种不同颗粒度的 API 都会发布给渠道应用，以根据不同的场景需要来选择不同颗粒度的 API，如图 8-4 所示。

例如：某个业务场景只需要部分信息，而某个细颗粒度的 API 就可以满足这个需要，那么，渠道应用就不需要通过 API Gateway，直接调用这个 API 服务即可。如果某个业务场景需要一个功能更加完整的服务，这些服务通常是一组细颗粒度 APIs 组合而成，那么，可以利用 API Gateway 通过组合编排提供一个统一的 API 服务。

对于第一种业务场景，DTbanko 在做数字业务创新时，会根据不同的渠道类型，选择细颗粒度 API，由渠道应用端进行自行组合使用。

对于第二种业务场景，主要是价值网络中的利益相关者，其通常需要从 DTbanko 那里获得一个端到端的完整服务过程，此时，统一的 API 服务就会满足类似的需求。

综上，API 服务资源的使用属于支持数字业务创新的技术实现范畴，在满足功能性要求的情况下，可根据性能、实现安全性、访问便捷性等其他方面综合考虑采取合适的 API 的调用方式：渠道应用单独调用、组合调用还是由后端组合成可供统一调用的服务 API。

8.2.4　运营主干的遗留系统服务化

运营主干的遗留系统服务化，其目标与数字平台的服务化有所不同。原因在于，数字平台是以营销 5.0 驱动，追求持续的数字业务创新以创造更多的商业价值；而运营主干是以运营模式转型为驱动力，意在提升银行的卓越运营能力。在这个意义上，运营主干无法满足 DT 时代的组织行为一致性的要求，更多的是提供标准化的业务流程。因此，银行的敏捷能力满足不了 VUCA 条件下来自市场及客户高频变化的需求以及应对颠覆者充满"破坏性"的竞争活动。

与其他一些主流银行一样，DTbanko 完成了业务流程再造（BPR）工程，实现了流程银行的运营模式。但从系统层面上，更多的是完成了流程与规则、知识库的共享。对于众多业务应用功能和数据，仍然以单体形式运行在竖井式建设的遗留系统中。

随着数字化转型工程的实施，运营主干的基本 bPaaS、bpmPaaS（参见 8.3.1）能力已经具备。遗留系统的微服务化改造则是一个渐进的工程。主要是因为 DTbanko 拥有上百个各类的应用系统，支撑着银行各个业务条线的日常运营活动。

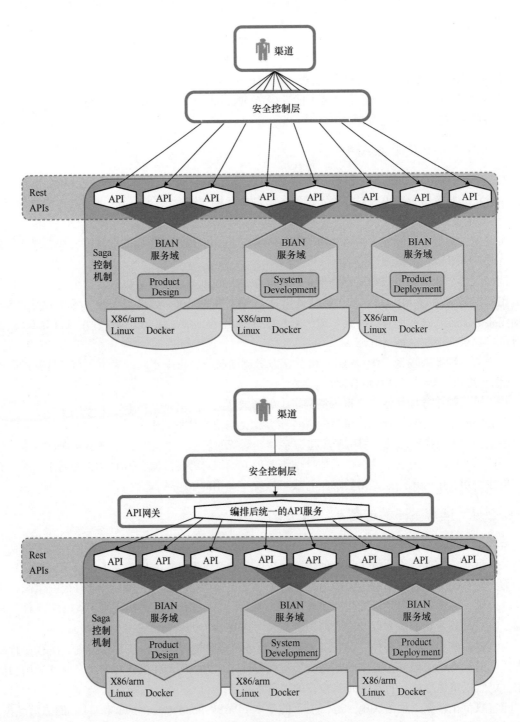

图 8-4　两种不同的 API 调用方式

　　DTbanko 的策略是，按照 BIAN 框架体系，逐步将各个应用系统拥有共性特征的功能按照限界上下文约束的业务领域（如：按业务能力为单位）实现微服务化，并迁移到数字平台，微服务应用部署到 Docker 容器中。

　　通过前面的分析可知，数字平台本身也能够输出 bPaaS、bpmPaaS 能力，这一点与运营主干相同，尽管两者的业务目标不同。

　　接下来，看一下 DTbanko 的运营主干、遗留系统、数字平台的 API 服务以及与数据库资源是如何协作以完成不同的业务目标的，如图 8-5 所示。

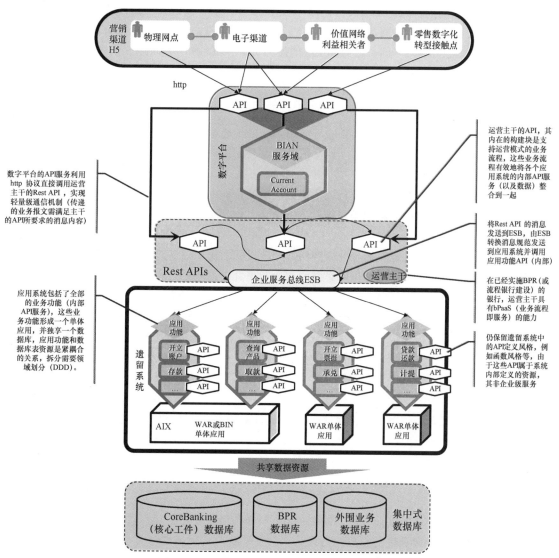

图 8-5　运营主干、遗留系统、数字平台、数据库资源的协作关系

(1) 遗留系统的 API 服务

这些 API 服务维系了竖井式系统建设时的存在形式，其设计的目标通常是为了满足一个特定的任务（如：仅支持某项业务活动或某个渠道应用的使用需要），API 即使发布到企业服务总线（ESB），使其具备其他遗留系统的服务调用能力，但仍不能将这些 API 视为企业级的服务标准。

(2) 运营主干的 API 服务

为了构建 DTbanko 全行标准化的流程体系（BPR 工程），需要将各个遗留系统的 API 服务打通，以构建卓越的运营体系，并支持外部多种渠道的服务请求，包括第三方的服务合作。

在这种情况下，首先需要将遗留系统的 API 服务利用 bpmPaaS 的能力进行组合串接，使其成为有业务价值的流程服务 API（即：成为 bPaaS 的能力资源，bPaaS 与 bpmPaaS 内容参见 8.3.1）。这些 API 的规格需要以开放的协议（Rest API）进行定义，从而为外部渠道或第三方合作机构以轻量级通信的机制实现服务对接。

(3) 数字平台的 API 服务

遗留系统的 API 服务能力更多的是业务应用系统的核心逻辑，包括产品、账户、支付、合约等领域内容。这些核心逻辑的实现，在 BIAN 框架体系中就是服务域能力输出过程中所产生的通用工件。

因此，数字平台的 API 服务在进行数字业务创新的过程中，可以轻量级通信方式直接使用运营主干的 API 服务，这些 API 是将遗留系统的 API 服务二次服务化的结果。

(4) 数据库资源

遗留系统的数据库资源是按照竖井式应用配套建设的，每个独立的遗留应用系统都至少有一个独立部署的数据库集群。相比于数据库集群的改造和整合，这些独立的数据库所定义的业务对象资源（数据表）才是整合难度最大的工作。

主要原因是各个数据库的业务对象资源，没有按照企业级数据模型的过程构建，经验成分更多。这种方式直接导致很多银行开展了各种效果并不理想的数据治理工程。因此，DTbanko 利用本次实施 DT 工程的机会，重新设计了企业级的数据模型，主要以 BIAN 业务对象模型（BOM）为重要参考来源，从而实现了对全行业务数据统一规范的定义，解决了以往数据重复定义、理解不一致的问题。

这样，通过渐进式的数字平台构建块（数字组件）增量的实现过程，完成全行企业级的数据工程建设。

8.3 构建 digitalPaaS 平台

数字平台囊括了支持数字业务创新的数字组件资源以及配套服务，利益相关者、社区资源可以利用数字平台上的各种资源进行业务能力提升。数字平台对外输出的就是一种 PaaS 能力，可以称之为 digitalPaaS——数字平台即服务。digitalPaaS 支持商业上的双边平台、多边平台等多种模式，例如：交易平台、创新平台、集成平台、投资平台等。

下面，以 PaaS 的视角介绍 digitalPaaS 所涵盖的服务类别。

8.3.1　聚合 PaaS 平台——digitalPaaS

Gartner 对 PaaS 的定义：平台即服务（PaaS）是一种将应用程序基础架构（中间件）功能作为服务提供的云产品。Gartner 跟踪多种类型的 PaaS（xPaaS），其中包括应用平台即服务（aPaaS）、集成 PaaS（iPaaS）、API 管理 PaaS（apimPaaS）、功能 PaaS（fPaaS）、业务分析 PaaS（baPaaS）、物联网 PaaS 和数据库 PaaS（dbPaaS）。PaaS 功能可由服务提供商管理或用户自我管理、多租户或专用交付。

按照 Gartner 的描述，PaaS 可以根据提供的能力分类自行增加其他的 PaaS 类型，也就是说，PaaS 本身也可以形成具有不同功能“构建块”特征的 xPaaS 平台。对此，定义 DTbanko 银行数字化转型的 PaaS 平台为 digitalPaaS，其拥有 bPaaS、bpmPaaS、aPaaS、iPaaS 等能力。因此，digitalPaaS 是一种聚合 PaaS 平台，digitalPaaS 的概念架构模型如图 8-6 所示。

集成开发环境（IDE）是 digitalPaaS 的一项重要能力，依托于低代码平台，不同的业务人员可以开展面向不同目标的业务应用开发。例如：最终用户、业务人员或社区人员基于图形 IDE 实现业务逻辑、业务实体，技术人员负责对其进行后续开发周期管理任务的自动执行的支持，并可以实现实际的业务逻辑组件或遗留系统应用组件。

需要说明的是，digitalPaaS 的 IDE 能力与常见的面向程序语言开发的 IDE 能力不同，digitalPaaS 的 IDE 能够将由业务领域场景语言表示的小程序接口库转换为领域语言（如：类似 BIAN 的领域专用语言），直接进行解释或编译，也可再由领域语言解析为不同的程序语言（如：Java、C、C++等）。

接下来，介绍 digitalPaaS 所具有的各种 PaaS 能力。

1. aPaaS 平台：应用平台即服务

aPaaS（Application as a Service），强调的是输出与业务逻辑无关的基础应用能力。也就是说，aPaaS 平台的中的应用可以适配任何业务系统建设的需要。通常这类基础应用以工具形式向上一层提供服务，主要有：设计工具、关系数据库或 NoSQL、目录服务（LDAP）、内容管理引擎、变更管理工具、DevOps 工具等。

提供各种类型的基础应用软件都属于 aPaaS 平台中服务能力构建块的定义范畴。可以说，在提供基础平台服务（操作系统、容器资源等）的 PaaS 上，aPaaS 是为技术开发提供能力的核心应用平台。

2. iPaaS 平台：集成平台即服务

与 aPaaS 的基础应用资源可独立提供服务能力不同，iPaaS 的服务能力的价值在于将不同的 aPaaS 应用整合成一个解决方案应用。

数字化转型时代，iPaaS 平台的作用越发显得重要。主要是由于价值网络生态的构建，利益相关者通过 API 组件实现服务价值的交换。对于每一个价值网络生态中的一员，需要时刻准备和云中的参与者进行应用的集成，这就必须通过 iPaaS 平台的能力实现。

iPaaS 优势是 API 管理。应用程序编程接口（API）是应用程序和服务的绑定代理。API 集成作为一种近实时集成应用程序的模式正在迅速发展。具有 API 管理功能的 iPaaS 能够开发、发布、管理、监控、弃用和使用 API，以协调跨越防火墙内外的多个云和本地系统的业务流程。

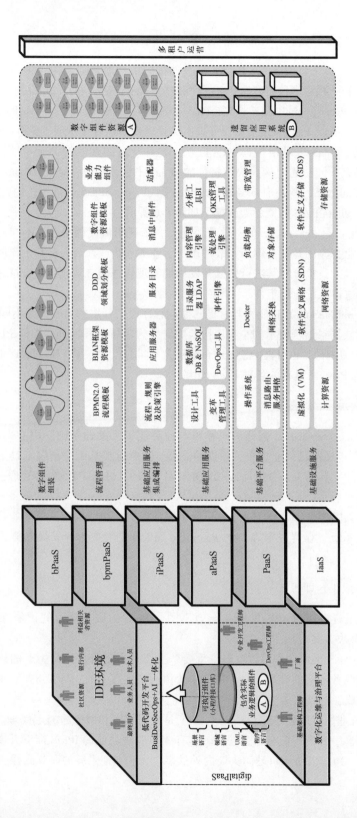

图 8-6 聚合 PaaS 平台：digitalPaaS

iPaaS 平台上的应用集成与流程管理相关，iPaaS 的应用集成可以使用流程引擎完成，以提供可视化、即时验证的应用整合效果。但是，仍然有必要将 iPaaS 与 bpmPaaS 分离出来，主要是由于后者聚焦于基础的组件级能力构建块的实现，管理的单元是各种流程活动（Activity）模板，而 iPaaS 管理的对象是 API，该 API 已经具备和利益相关方，如：价值网络生态中的众多参与者实现价值交换的能力。

3. bpmPaaS 平台：提供业务流程管理能力

bpmPaaS 指业务流程管理套件（BPMS）或以 PaaS 形式交付的智慧业务流程套件（iBPMS）构成的基础 BPM 平台。专业开发人员和业务应用编写者使用基础 BPM 平台来开发和组合应用程序，实现工作无代码自动化。

Gartner 提出的 bpmPaaS，将业务流程管理作为一个重要的 PaaS 分层，可以在 bpmPaaS 提供流程设计、测试、发布、管理等服务化能力。

目前呈现流行趋势的低代码平台本质是 bpmPaaS 结合领域模型的能力输出：实现以流程为中心的应用程序的无代码开发机制。业务人员和 IT 人员可使用 BPMS 加速流程变更和改善业务结果。应用开发负责人使用 iBPMS 来支持业务流程的重塑和改进。

aPaaS、iPaaS、bpmPaaS 或者其他的 xPaaS，其能力主要是利用与业务逻辑不相关的基础软件来产生具有业务意义的数字组件，但数字组件的组装与复用才是数字产品和服务创新的 DT 目标。要实现这一点，就需要 bPaaS 的能力。

4. bPaaS 平台：业务流程即服务

有 iPaaS、aPaaS 还有 bpmPaaS，为什么还需要 bPaaS？实际上，从技术的演进过程可以发现，可标准化的服务或者功能基本上都是与业务无关的，如：操作系统、数据库、中间件、工作流引擎、规则引擎等，它们是支撑业务模型实现的工具类产品，本身的实现内容不含有行业专属的业务模型。

bPaaS 输出的服务是（可复用）一组具有更高级业务价值的数字组件，即业务能力组件。通过对数字组件提供的开放 APIs 进行"组装"，可构建面向客户旅程服务的价值流，进而实现各种具有业务价值的 SaaS 应用。

bPaaS 与 bpmPaaS 的关系如下：

bpmPaaS 提供的能力侧重于提供通用的流程运行引擎，用于流程模板的版本管理，流程的测试、部署等，可以用 bpmPaaS 的低代码开发模式实现一个数字组件（BIAN 的服务域 Service Domain）。而 bPaaS 则用于管理这些数字组件，实现数字组件的二次组合，构建与客户互动的业务能力组件。如：实现充满竞争力的客户体验旅程（价值流）。

尽管 bPaaS 为数字业务创新持续"生产"业务能力组件资源，但技术上，bPaaS 依赖于 bpmPaaS，bpmPaaS 则依赖于 aPaaS、iPaaS。

8.3.2　digitalPaaS 的技术实现——云原生架构

本节将重点介绍云原生架构模式下，针对银行微服务互联的技术实现。对于云原生更完整、更详细的内容不是本书的重点，读者可以参考这方面众多的资料和书籍。

云原生是一种构建分布式应用的方法，也充分体现了云计算基础架构的特性（参见图 8-6）。DevOps、持续交付、微服务、容器是目前行业公认的云原生四要素。在这里，考虑到银行微服务化的复杂性，尤其微服务的组合又是实施中的难点，此处给出微服务互联的技术实现范例加以分析说明，如图 8-7 所示。

上图中，主要体现四个方面的内容：

1. 容器设计原则

DTbanko 以 BIAN 服务域（Service Domain）作为微服务的划分单位，以服务操作（API）作为具体输出的微服务。因此，容器设计原则为一个容器中包含有一个服务域构成的微服务。

例如：以 Java 语言编写的微服务业务逻辑，通过内嵌模式部署到 Docker 中的 Tomcat 应用服务器中。同时实现容器与数据库集群的分离，即：从容器内部来访问外部由多个微服务共享的数据库集群。与数字组件有关的微服务，在访问数据库集群时，可通过一个数据库访问组件（微服务）实现数据库资源访问的委托模式。

2. 微服务之间消息交换方式

根据不同的场景需要，针对微服务通信可采取不同的消息交换方式。

（1）请求/响应方式

这是一种微服务之间的同步消息交换方式，发起方在将消息传送给接收方后，需要同步等待接收方的业务逻辑处理完毕后返回的结果。

（2）发布/订阅方式

这是一种微服务之间的异步消息交换方式，发起方在将消息传送给接收方后，无须等待接收方业务逻辑处理完毕后返回的结果。此外，发起方的消息按照接收方订阅的主题，可以由多个接收方获取消息，并进行各自业务逻辑的处理过程。

实现发布/订阅，需要引入消息队列管理机制，技术方案可以采用 Kafka、RabbitMQ 等实现消息管理。

发布/订阅方式是 DTbanko 非常需要的微服务互联方案，这种方式可以增强业务响应的敏捷性：一个发送的消息可以有多个接收者，每个接收者有不同的功能职责。例如：在线业务分析、实时业务处理、系统运行监控、营销事件推送等，这些工作由不同的敏捷团队在维护。

3. 聚合（微）服务

微服务通常体现为单一职责，即只完成一件事。但实际业务场景通常需要多个微服务组合协同才能完成。

考虑到 Kubernetes 对容器的管理主要体现的是运行时编排的能力，这就注定：涉及复杂业务场景的微服务编排，在托管到 Kubernetes 管理前就要交付。

因此，需要 digitalPaaS 的服务能力完成微服务的编排（如：bpmPaaS 能力），形成一个聚合（微）服务对外发布，由于 Kubernetes Service 具备 API Gateway 网关的能力，因此，支持外部访问者调用聚合（微）服务。

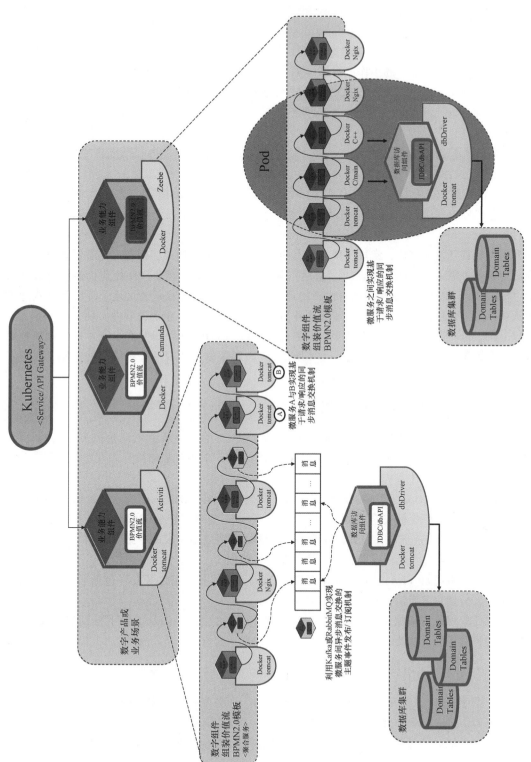

图 8-7　微服务互联的技术实现

4. 业务能力组件

聚合（微）服务形成了一个业务能力组件，由于使用了 bpmPaaS 的流程编排能力，业务能力组件的运行需要部署到容器中的工作流引擎（如：Activiti、Camunda、Zeebe 等）。

综上，对于 DTbanko 在实现微服务互联的技术层面，上述四项内容在实践过程中需要重点关注。毕竟，DT 持续转型一旦成为常态，微服务组合编排就是日常工作的最主要内容。

8.4 EABusiDevSecOps——战略、业务与技术的协作新方式

DTbanko 认识到，数字化转型时代的组织需要具备良好的敏捷性。为了实现这个目标，DTbanko 构建了 EABusiDevSecOps 软件开发流水线，实现从战略需求、业务需求到技术层面的自动化处理过程。

构建这类软件开发流水线，常规实现方法有两种：瀑布式和敏捷式，但都避免不了业务人员向技术人员传输业务需求信息的环节，即"沟通"环节。遗憾的是，如今软件行业仍然没有改变大多数 IT 项目结果不理想、IT 维护费用占比高的现状，主要原因之一就是通过逐个环节传话沟通方式，导致业务需求信息往往会被曲解，造成业务需求没有得到及时、正确的软件实现。

所以，DTbanko 借助数字化转型的机会，在 EABusiDevSecOps 软件开发流水线建设中创新地提出了战略、业务与技术协作新方式（如图 8-8 所示），破解了软件实现过程中的沟通难题，实现了敏捷性的需求目标。

8.4.1 EABusiDevSecOps 概述

在 VUCA 条件下，组织若要体现出足够的敏捷性，从 5A 客户旅程到最终价值流活动的交付，整个过程不仅只有 DevOps，也不仅是 BusiDevOps，而是从客户洞察到战略设计以及业务规划、开发运营等一系列完整的执行体系。

因此，EABusiDevSecOps 所反映的就是围绕数字化转型框架（DTF）创造业务价值的持续循环过程（Sec 表示增强过程中的安全机制）。EABusiDevSecOps 实现了企业战略、业务、技术及运营（或运维）的高度协同与连贯性，最大程度确保了 DTbanko 端到端需求的一致性理解，这就为 DTF 六大焦点领域通过输出能力所展示的行为一致性奠定了前提。

以下从企业战略规划（EA）、业务应用开发（Busi）、技术执行组件开发（包括运营或运维 DevOps）三个层次分别对三者协作新方式进行介绍。

三个层次任务划分的依据是"专业人干专业事"，图 8-8 中的左侧从上到下分别对应着战略、业务、技术的开发任务及涉及的人员。

1. 企业战略规划（组织战略制定者、业务领域专家）

在这里，企业战略规划是指银行的组织战略制定者、业务领域专家按照 OODA 方法，通过一系列活动，确定 DTbanko 的业务目标，包括任务。

- 观察（Observe）：先通过客户洞察，确定客户的诉求、愿景和价值观（图中第一个 **O**）。

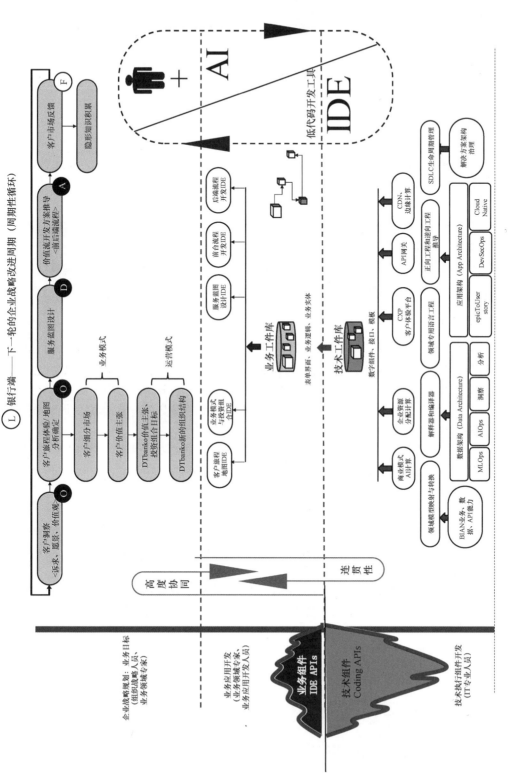

图 8-8　EABusiDevSecOps 战略、业务与技术的协作新方式

- 分析确定（Orient）：围绕客户旅程体验/地图这个核心环节（图中第二个 ⚫）分析：客户细分市场与客户价值主张，以确定 DTbanko 的业务模式（商业价值创造为驱动因素）；与此同时，思考 DTbanko 的价值主张、投资组合目标以及应匹配的组织结构，目标是选择适合的运营模式（流程设计有效性为驱动因素）。
- 决策（Decide）：完成服务蓝图设计（图中 ⒟）。
- 行动（Act）：推导出价值流开发方案，主要是如何规划出合理的前后端流程布局（图中 ⒜）。

整个上述任务推导过程由人工和 AI 结合方式进行计算、控制和记录，形成的交付工件是战略任务，落实到业务层次的开发任务是：前台流程、价值流开发、后端流程，并由工作流方式发送给其下"业务层次的"业务应用开发人员。业务领域专家与业务应用开发人员统称为业务人员，前者通常为少数人员，任务侧重于业务应用开发的方案制定；后者人员数量较多，通常按照前者制定的方案在 IDE 上开展实际的"开发"工作。

此外，在 OODA 过程完成之后，还需要对业务目标执行进行绩效评测，评测方法是通过客户市场反馈的方式（图中 ⒡），形成隐性知识积累后启动下一轮的企业战略改进周期（图中 ⒧）。

2. 业务应用开发（业务领域专家、业务应用开发人员）

业务应用开发是指业务应用开发人员在得到战略任务（业务目标）信息后，根据业务领域专家制定的应用开发方案，使用本领域专用语言的语法和语义（如：DTbanko 采用的 BIAN 框架定义的语法和语义规范），借助图形工具表达业务信息和业务逻辑（如：利用低代码开发工具 IDE 开发的更便于业务人员理解的可视化 API 组件）。之后，系统会自动调用由 IT 专业人员提前提供的技术执行组件去最终实现业务应用的发布。

业务领域专家以及业务应用开发人员参与应用开发的环节是冰山在水面上较少的那部分，而主要工作，也就是冰山在水面下的那部分，IT 专业人员已经提前做好了。

3. 技术执行组件开发（IT 专业人员）

技术执行组件开发是指构建支撑业务应用开发所需要的完整底层业务逻辑，打个比方就是生产"零部件"。这些"零部件"分为两类：一类是企业级基础（业务）能力的定义与实现；另一类是交付应用功能的解决方案工件的内部逻辑实现。

因此，业务应用开发人员在开发完业务应用后，IDE 后台会自动调用和执行技术执行组件，这类组件由 IT 专业人员提前开发好、存储在技术工件库中备用。技术执行组件的整个开发任务包括了从业务逻辑到技术实现的映射、语义转换、API 开发、组件测试、集成、构建、部署等内容。

这样，业务人员与技术人员之间各自完成了软件开发不同阶段的任务，而且是使用自己擅长的方式来完成自己擅长的工作。同时，规避了在业务应用开发时，两者在沟通业务需求过程中可能出现的需求理解偏差问题。

8.4.2　业务人员应用开发方式

对需要开发的前台流程、后端流程等任务，DTbanko 的业务应用开发人员根据业务领域专家制定的应用开发方案，在交互界面上（低代码开发工具的 IDE 环境）使用业务领域专用语言（期间会得到业务领域专家的支持），将本环节的业务逻辑和业务实体进行图形化的定义。

- 其中的 IDE 环境，主要涵盖了客户旅程地图、业务模式与投资组合、服务蓝图设计、前台流程开发、后端流程开发。其中定义的数据基础，来自于后台 AI 计算（业务模式、投资组合、组织战略）。IDE 环境支持开发人员从业务工件库中以拖拽方式选择基于 BIAN 的相关服务域定义的数字组件完成业务泳道图的情境模板定义，还支持实时进行合法性检查并以数字组件的不同颜色方式来提示和调试。

- 业务应用开发人员将在 IDE 中的开发"成果"——工件通过工作流会传递到另一个业务开发环节使用。这样，多个岗位的业务应用开发人员开发过程中形成的所有新业务工件（表单界面、业务逻辑、业务实体）会自动记录在业务工件库中，统称为情境模板。

- 业务应用开发人员完成所有的开发任务之后，在 IDE 上确认任务完成之后，会自动调出技术人员提前提供的技术执行组件，实现软件后续生命周期的自动执行，直至业务应用（情境模板）自动发布到云上或本地指定地址。业务应用开发人员很快就可以看到自己定义的软件实际执行情况，实现了战略任务的落地。

综上，业务应用开发实现了业务应用开发人员与技术人员在基于数字组件组合应用层面上的完全解耦，即：数字组件组合数字产品的过程并不需要技术人员参与，这是以往的应用开发方式所不具备的。

8.4.3　IT 专业人员组件开发方式

IT 专业人员对业务应用层面的支持，需要有提前开发和预制的组件，还有 API 接口、开发模板等多种不同方式的技术工件库。

对于这类组件开发，主要包括三个方面。

- 进行业务模式、战略内容、投资组合为主的 AI 计算。反映在图 8-8 中是技术层次的第一层，主要包括业务应用开发中所需的业务模式计算、战略任务的计算、投资分配等 AI 算法类动态计算。这些计算形成了虚拟的"管理咨询专家"在"幕后"实时提供当前的运营情境规划、决策信息，供业务人员开发应用时使用。

- 战略模型和业务模型向技术模型的映射、转换、自动生成代码的解释或编译、集成、测试、部署、向云上发布等。反映在图 8-8 中是技术层次的第二层，具体包括了领域模型映射与转换、解释器和编译器（代码翻译）、领域专用语言工程（业务应用开发中的图元开发）、正向工程和逆向工程推导（为了方便问题定位和维护方便）、SDLC（软件开发生命周期）管理的能力支持。

- 业务领域专用语言，可拖拽式图元、表单、业务模型、业务实体，BIAN 服务域控件，BIAN 服务域控件之间的泳道图连接。反映在图 8-8 中是技术层次的第三层，具体包括了 BIAN 业务、数据、API 能力；数据架构、应用架构、解决方案架构治理。其中的 BIAN 业务、数据、API 能力，实现了 BIAN 服务支撑能力的全覆盖；数据架构实现了数据全用途、全生命周期的统一管理，用途可集中用于 MLOps 机器学习数据流水线、AIOps 人工智能数据流水线、数据洞察与数据分析；应用架构涵盖了 epic To User Story（业务需求由史诗级别到用户故事级别的分解支持）、DevSecOps（对代码编译、集成、测试、部署、发布的支持）、云原生解决方案和开发手段的支持；解决方案架构治理，实现了在厂商级技术软硬件环境下，对所有开发原则的确定。

结语

达尔文在其旷世名著《进化论》中有句名言："能生存下来的物种，并不是那些最强壮的，也不是那些最聪明的，而是那些对变化做出快速反应的。"

在数字经济时代，能够对变化做出反应的恰恰需要一种敏捷的能力，这项能力的构建不是建立在掌握一项具体的技术工具，也不是掌握了一套逻辑自治的解决方案，而是以行动为导向的系统式思维方法。正如哈罗德·尼尔森和艾瑞克·司杜特曼在《一切皆为设计》中所提到的："系统式思维是一种现实的方法，因为它是以行动为导向的。"

当组织掌握了系统式思维方法，技术工具和解决方案也就成为一种自然选择的结果。而在它们中间起到桥梁作用的则是指导行动开展的纲领，数字化转型框架正是担当此任。本书强调转型框架的意义在于构建银行开展数字化转型工程的企业级主题，引领银行资源从管理层到基层能够深刻地理解框架对银行运营变革运动的影响。

没有规矩，不成方圆。数字化转型作为一项系统工程，其复杂性决定了所有参与者怀有一种构建银行运营新秩序的决心，按照物理式的思考分析态度，自上而下、自下而上、自中向上而下的勾画银行的资源结构，最终为银行形成精细化的运营文化奠定坚实的基础。

是改良还是变革？这是摆在数字化时代面前银行所面临的痛苦抉择。

如果说，本书给出了银行数字化转型的 DT 思维范式与转型框架，那么，最终能否实现银行数字化转型工程的落地还是要靠管理层的战略选择。数字化转型是企业级的，短暂的局部改良也许会在资产负债表上有所改观，但这不是数字化转型的使命。

因此，我们一直强调，管理层对数字化转型的深刻认识是开展数字化转型工程的必要条件。银行数字化转型是从管理、业务、技术的融合来重新认识数字时代下银行运行的基本原理，就此意义而言，管理层在过程中的企业架构（EA）能力不可或缺，也是无可替代。

银行已经站在了变革的风口，后疫情时代，不可预测的变化将成为常态，计划型的可持续竞争优势的理念将让位于瞬时竞争优势的构建。利用所有跨领域的知识，在生存中学习，在学习中创造知识，将是银行在市场环境中能够保全乃至领跑的基本能力。

在数字化时代，一种新的"自然选择"机制将创造出一个迭代速度更快的组织进化论。最后，为以积极的心态迎接数字化时代，用《数字跃迁》中三位作者拉兹·海拉门、习移山、张晓泉的一句话结束本书的数字化转型之旅：做个数字化理念的偏执狂是有价值的。